国家社科基金重大课题《“一带一路”背景下中国价值观的国际传播研究》（项目批准号：17ZDA285）的研究成果

U0800914

中华文化海外传播的新境界

中西传播思想的分野与对话

The New Realm of Overseas Dissemination of Chinese Culture

The Division and Dialogue between Chinese and Western Communication Thoughts

谢清果 等◎著

中国戏剧出版社
CHINA THEATRE PRESS

图书在版编目（CIP）数据

中华文化海外传播的新境界 ：中西传播思想的分野与对话 / 谢清果等著. — 北京 ：中国戏剧出版社，2020.10
（中外文化与国际传播研究丛书 / 唐润华，张恒军主编）
ISBN 978-7-104-05022-3

Ⅰ. ①中… Ⅱ. ①谢… Ⅲ. ①中华文化－文化传播－研究 Ⅳ. ①G125

中国版本图书馆CIP数据核字(2020)第186082号

中华文化海外传播的新境界：中西传播思想的分野与对话

项目策划：张恒军
项目统筹：王松林
责任编辑：邢俊华
责任印制：冯志强

出版发行：中国戏剧出版社
出 版 人：樊国宾
社　　址：北京市西城区天宁寺前街2号国家音乐产业基地L座
邮　　编：100055
网　　址：www.theatrebook.cn
电　　话：010-63385980（总编室）
传　　真：010-63383910（发行部）

读者服务：010-63381560
邮购地址：北京市西城区天宁寺前街2号国家音乐产业基地L座

印　　刷：北京九州迅驰传媒文化有限公司
开　　本：787mm×1092mm　1/16
印　　张：29.5
字　　数：436 千
版　　次：2020年10月　北京第1版第1次印刷
书　　号：ISBN 978-7-104-05022-3
定　　价：198.00 元

总序

唐润华　张恒军

一

文化，因其丰富性而具有迷人的魅力，因其重要性而备受关注和重视，因其复杂性而令研究者辗转反侧。

何谓文化？众说纷纭。《说文解字》云："文，错画也，象交文。"① "文"原指各色交错的纹理，引申成为包括文字在内的各种象征符号，又具体化为文书典籍、文章、礼乐制度等。"化"指二物相接，其一方或双方改变形态性质，由此引申出教化、迁善、感染、化育诸义。《周易·贲卦》云："观乎天文，以察事变；观乎人文，以化成天下。"② 可见，中国先贤对"文化"的理解，已经形成了中国特有的与"神文"倾向相区别的"人文"倾向。在西方，1871 年，英国文化学家泰勒（Edward Tylor）在《原始文化》中为"文化"赋予了明确的定义："就其广泛的民族学意义来说，是包括全部的知识、信仰、艺术、道德、法律、习俗以及作为社会成员的人所掌握和接受的任何其他的才能和习惯的复合体。"③ 文化定义本身成为一个争论不休的学术现象，足以说明文化的重要价值。

文化在型构民族气质、推动国家发展和人类文明的进程中发挥着重大作

---

① （东汉）许慎:《说文解字》，中华书局 1985 年版，第 297 页。

② （清）李道平:《周易集解纂疏》，中华书局 1994 年版，第 246 页。

③ ［英］爱德华·泰勒:《原始文化》，连树声译，上海文艺出版社 1992 年版，第 1 页。

用。文化是一种象征符号的系统，是一个国家、一个民族的灵魂。一个国家、一个民族在长期共同生活和社会实践中，不断地发明和运用符号，即创造文化。在以文化人的过程中，民性、民风会呈现出士风、士气，并传承后世，形成改变历史、推动民族进步的文化活力。这种文化活力将延续一个国家、一个民族的精神血脉，在薪火相传、代代守护和与时俱进、推陈出新中，保持国家和民族的生机与活力，支撑经济社会的发展。在人类文化发展的进程中，不同思想文化相互碰撞、彼此交融，又会共同推动人类文明的进步。尤其是 16 世纪以后，文艺复兴、工业革命、法国大革命等推动的现代文化，显著地改变了人类文明的进程。

文化是国家软实力的重要组成部分。20 世纪 90 年代初，约瑟夫 · 奈（Joseph Nye）提出了软实力的概念，认为软实力即国家的文化力量[①]。文化确实越来越成为一个民族凝聚力和创造力重要源泉，成为国家综合实力的重要指标。尤其是作为文化软实力灵魂的核心价值观，对外，它会展示出国家的创造力、思想的影响力、观念文化的亲和力以及文化产品的辐射力等；对内，它会表现为国家的凝聚力、民族发展的生命力、公民的创造力等。因此，习近平说："文化自信，是更基础、更广泛、更深厚的自信。"[②]文化自信是一种广普自信，是国家、民族、人类的灵魂，也是信仰、信念的底气和支撑。文化自信是国家软实力建设的关键内容。

文化是建立国与国之间良好沟通及和谐世界的重要桥梁。随着全球化时代的来临，国家、民族之间的差距在缩小，不同文化之间和谐相处是最大的利益所在。其实，不同文化的本质或精神是相通的，约翰 · 贝利（John Bayley）的适应理论、特纳（Brian Turner）等人的社会认同感理论等，都是建立在此基础上的。因此，20 世纪 50 年代，爱德华 · 霍尔（Edward Hall）系统研究"跨文化传播"，旨在研究来自不同文化背景的人们如何进行交流和沟通。的确，文化可以成为国与国之间良好沟通的重要桥梁，丝绸之路、宝

① 〔美〕约瑟夫 · 奈：《软实力》，马娟娟译，中信出版社 2013 年版，第 1 页。

② 《习近平在庆祝中国共产党成立 95 周年大会上的讲话》，《人民日报》，2016 年 7 月 2 日，第 2 版。

莱坞电影、熊猫丛书等，都是跨文化传播的典型案例。

二

中华民族在5000多年文明发展进程中，孕育了博大精深的中国文化。及至五四新文化运动，中国文化揭开了现代转型的序幕。源于中华民族内生性的演化，当代中国最终选择了社会主义文化，实现了马克思主义、社会主义与中国传统文化的有机融合，最终形成了新时代具有中国特点、中国风格、中国气派的中国文化。

中国文化是一种一体多元文化。一体，即中国文化始终内蕴着统一的核心形态的价值理念，成为各种具体文化思想的主流规范；多元，即各民族共同创造的，故其形式呈开放辐射性，内容多元而丰富。中国文化主要有三个方面的特质：一是“和而不同”的仁爱精神。“和而不同”思想将有助于建设一个人与自然、与社会、与人之间和谐的、可持续发展的美丽新世界。二是万物“共生”的生命精神。中国文化主体是以“生”为核心范畴的生命本体论，强调“共生”“天地与我并生，万物与我唯一”①“兼相爱，交相利”②“远人不服，则修文德以来之”③“四海之内皆兄弟也”④“己所不欲，勿施于人”⑤，这些中国人的处世哲学，也是奉献给当代世界的核心价值理念。三是以人为本的人文精神。以人为本的人文精神是中国文化最根本的精神，是中华民族对人类的一项重要贡献。

当代中国文化深植于中华优秀传统文化。习近平总书记在评价中华优秀传统文化时，多次用精神命脉、重要源泉、坚实根基、突出优势、最深厚的软实力等，突出其地位和作用。当代中国文化继承了中华优秀传统文化中讲仁爱、重民本、守诚信、崇正义、尚和合、求大同等基因。当代中国文化立

---

① （清）王先谦：《庄子集解》，商务印书馆1934年影印版，第13页。

② （清）孙诒让：《墨子间诂》，中华书局2001年版，第103页。

③ （清）刘宝楠：《论语正义》，中华书局1990年版，第649页。

④ （清）刘宝楠：《论语正义》，中华书局1990年版，第488页。

⑤ （清）刘宝楠：《论语正义》，中华书局1990年版，第485页。

足于红色革命文化。从红船精神、井冈山精神、长征精神、延安精神、西柏坡精神到当代中国特色社会主义文化的繁荣，是党领导人民在革命、建设、发展中，创造了革命文化和社会主义先进文化。

中国正处在全球化背景下实现民族复兴的关键时期。如何实现中华文明与世界文明交流互鉴，用文化自信唤醒世界对中国的新认识，确认自身文化的主体性，建立一个可持续的后现代文明，是中国的历史性机遇。所幸的是，一种新的建设性的思维方式和建设性的后现代化之路正在中国不断推进，"后现代是人与人、人与自然和谐共处的时代"①，因而要"建设持久和平、普遍安全、共同繁荣、开放包容、清洁美丽的世界"②。

2012 年，中共十八大明确提出"要倡导人类命运共同体意识"。这一理念的建构与流变过程不仅彰显了中国与世界同呼吸共命运的发展战略与交往策略，同时也传递了源自中华民族传统文化精髓的伦理价值观。正如贝克所说："全球化首先是人类共同命运的意识，世界所有国家和民族已经被纳入一个休戚与共、相互依存的'风险共同体'。"③这一理念有利于破解国家理性的自利性及国家间合作共赢格局的困境，体现了各国命运与共的根本格局对国家间合作共赢的新要求，预示着人类命运共同体意识和人类共同价值的双驱动。

2013 年 9 月和 10 月习近平分别提出建设"新丝绸之路经济带"和" 21 世纪海上丝绸之路"的合作倡议。"一带一路"倡议不仅造福中国人民，而且造福各沿线国家和整个人类，不仅将推动沿线国家乃至全球的经济社会发展和变化，而且将会推动中国与沿线国家乃至全球的信息交流与文化碰撞，让世界真真切切地感受中国。"一带一路"不仅是实现中华民族振兴的伟大构想，也是沿线各个国家的共同事业，使经济互补、地缘毗邻、文化趋同的国家间形成紧密的合作关系。"一带一路"蓝图的设计，向世界展现了一幅横贯

---

① 汤一介：《当前中西文化交流与会通的一种可能趋势》，《跨文化对话》29 辑，生活·读书·新知三联书店 2012 年，第 25 页。

② 习近平：《决胜全面建成小康社会　夺取新时代中国特色社会主义伟大胜利》，人民出版社 2017 年版，第 58—59 页。

③〔德〕乌尔里希·贝克：《自由与资本主义——与著名社会学家乌尔里希·贝克对话》，路国林译，浙江人民出版社 2001 年版，第 104 页。

东西的战略布局，为未来的世界发展带来了无限的生机。

与此同时，中国面临的外部环境正在发生巨大变化：传统的政治经济格局、全球治理体系不断深刻调整，尤其是世界多极化、经济全球化、文化多样化、社会信息化日益发展，国际传播的场景和模式都发生了深刻变化，文明交流互鉴面临着新机遇、新挑战，中国价值观国际传播也面临新问题、新需要。传统的全球理论、文化理论、传播理论都逐渐无法适应新的时代特征，中国的对外交流和国际传播需要寻求新的理论支撑，从新理论中寻找方向指引、解释工具和应对方案。

三

人类文明千姿百态，文化千差万别。差异形成了人类文化的丰富多彩、博大精深，差异也造成了不同文明、文化间的冲突。

中国文化和西方文化作为人类社会非常重要的两大文化系统，差异性是客观存在的。文化学的解释不外乎三种视角：第一是地理环境，不同民族所处的地理环境不同；第二是种族，认为种族不同，文化就不同；第三是历史，认为文化是在长期积淀中逐渐形成的，而不同的历史背景造就了不同的民族文化。

差异不可怕，人类历史就是各种文化互相传播、碰撞、融合和不断创新的过程。尤其是在全球化、高科技时代，各个文明相互之间的冲突，意味着所有文明的整体毁灭。所以，亨廷顿也说，“在文化间的战争中，受损失的是文化”。因此，文化多元共存是人类可持续发展的需要。文化单一性必然导致脆弱，文化多样性产生稳定性；单一性导致极端性，多样性产生包容性；单一性容易导致文化中心主义，多样性有利于弘扬文化相对论。

文明的冲突归根到底是价值观的冲突。价值观念是指本民族共同坚守的行为道德标准，任何一个民族都希望自己的文化与价值观得到他民族的认同并影响他民族。国家价值观就是人们对自己国家存在意义的估价或最高评价，是人们判断国家存在、发展和变化的根源。每个国家都有自己的“核心价值观”。国家核心价值观是一个国家长期形成并经其成员认可的基本价值理念，集中体现了国民的价值追求和行为取向，是社会意识形态最重要的组成部分，对于增强本民族的向心力、凝聚力和软实力极其重要。西方的个人主义价值观和东方的集体主义价值观都有其优秀的一面。

与此同时，人类文明的进步需要各国人民形成并遵循一个共同价值观，而这个共同价值观不仅需要与各国的国家价值观兼容并蓄，而且需要各国价值观的滋养与贡献。吸收和消化不同文化传统中的优长以达到“会通”是人类文化发展的必由之路。正如罗素所说：“不同文明之间的交流，过去已经多次证明是人类文明发展的里程碑”①。

20 世纪以来，国际社会可谓风云激荡。随着民族意识、民族思想的崛起及其在民众间的普及与深化，第三世界国家和地区普遍寻找话语权，期待发出自己的声音。如何确立自己的文化身份，寻求走向现代化的多元模式和道路；如何有效展开主体间性，确立不同文明间的对话立场，呼应和平发展、和谐相处的时代主旋律，成为理论界、学术界探索的核心命题之一。

“9·11”后，研究者开始关注文明的冲突，关注跨文化沟通。国际传播的主体是谁？国家、国际性非政府组织、全球媒体和全球公民在哪些层面、哪些场景下互动？信息的跨国流动在不同的文化、制度下带来了哪些问题？文化间或者文明间的冲突不可避免吗？康德所构想的永久和平是否只是一个美丽的梦？

对于理论界、学术界而言，我们必须通过对人与人之间、文化与文化之间、国家与国家之间的深入研究，建设跨文化的学术共同体，通过“行动”和“一起做事”，探讨人类共同问题的解决之道。这也是国际传播研究的新趋势。

四

基于上述理解，我们决定出版这套“中外文化与国际传播研究丛书”。

本丛书的主要内容侧重于跨文化传播，尤其是文化的国际传播，既包

① 〔英〕罗素：《一个自由人的崇拜》，出自《中西文化之比较》，时代文艺出版社 1988 年版，第 8 页。

括从学术上对文化传播的相关理论进行多视角、跨学科的探讨，也包括从应用上对文化传播的现实路径进行深入、系统的回顾与前瞻；既包括对中国传统文化和当代文化及其蕴含其中的价值理念的阐释，以及对中华文化海外传播历史与现状的检视，也包括对他国文化及其海外传播进行全面深入的案例剖析。

丛书同时作为国家社科基金重大项目《"一带一路"背景下中国价值观的国际传播研究》（项目批准号：17ZDA285）的阶段性研究成果和延伸性研究成果。阶段性研究成果主要由该项目课题组成员提供，这些成员包括来自中国传媒大学、华中科技大学、武汉大学、复旦大学、北京外国语大学等国内著名高校的资深学者以及来自人民日报、新华社、中央电视台等权威媒体的资深专家。这些成果主要关注中国价值观国际传播的环境演变与理论创新研究、"一带一路"沿线国家对中国价值观的认知与认同研究、国家价值观念国际传播的中外比较研究、人类命运共同体视域下中国价值观的跨文化阐释研究、"一带一路"背景下中国价值观国际传播创新研究等。延伸性研究成果主要由大连外国语大学的教学与科研骨干提供，学科领域包括新闻传播、国际关系、中国文化、比较文学、对外汉语等，主要关注跨文化传播前沿理论研究、中华文化本体研究、东西方文明与中外文化比较研究、中华文化国际传播研究等。我们希望这些学术探索对于促进全球化时代中外文化的交流互鉴、深化"一带一路"背景下中国价值观的国际传播研究等会有所裨益。

最后，感谢大连外国语大学、中国戏剧出版社对本丛书出版的大力支持。

目录

contents

三　华夏组织传播的调适

四　华夏大众传播的形态

五　华夏跨文化传播的实践

六 华夏身体传播的形态

七　华夏家庭传播的风采

八　华夏说服传播的实证

九 华夏公共传播的反思

十 华夏舆论传播的机制

十一　华夏修辞传播的特色

引　言

抚今追昔，中华人民共和国走过了风雨兼程的伟大70载，我们一方面在为伟大祖国繁荣昌盛感到无比自豪，因为中国比以往任何时候都更接近世界舞台的中央，而另一方面，风云变幻的世界局势也让我们清醒地意识到，我们还需要沉心思考“中国何来”“中国何往”这一全局性的问题，换言之，即我们期望什么样的中国，世界需要什么样的中国，而这一问题也是世界关心的问题。可以说，如果不能向世界说明一个日渐崛起的“中国”对世界意味着机遇与合作的话，那么，中国的下一个十年乃至七十年都将难以行稳致远。中美贸易摩擦，从一定意义上讲，正说明我们还未能向美国乃至世界说明一个崛起的中国是美国乃至世界和平发展的福音而不是威胁。因此，我们比任何时候都更深切地感到，我们需要大力推进中华文化海外传播，需要大力推动中国价值观的世界表达，尤其要在“善”与“爱”这一人类共同价值上做文章，阐释中华文明的世界意义。

然而，一个不争的事实是，我们中国人自己对“何为中国”这一问题知之甚少，但却热衷于追捧一系列包括“中国”概念的表述，例如“最早的中国”“我们的中国”“作为方法的中国”“中国道路”“中国力量”“中国方案”等，而恰恰忽视了“中国”本身这一中华民族的神圣信仰，抑或称之为“民族胎记”“民族图腾”的元传播符号。从根本上讲，越是危机四伏的时代，越是能焕发出“中国”观念的勃勃生机，因为此时更易显现出中国的智慧与担当。笔者曾撰拙文阐述了“作为传播观念的‘中国’”，本文是其姐妹篇，意在通过从文明传播的高度探讨“中国”观念背后的“文明”意蕴，以为建构和谐世界与人类命运共同体提供坚实的理论支撑。因为从人类“传播之网”而言，光是凭借媒介与符号进行“信息传递之网”与“关系建立之网”的打造还不够，还需要建构“意义分享之网”。因为只有不同国家和不同民族能够充分地进行意义分享，亦即对彼此文明的核心信仰能够相知相亲、交流互鉴，那么世界才能和平发展。这也正是民心相通的要义所在。从这个意义上讲，我们在努力向世界说明“中国”的时候，就应当自觉地传播“中国”的文明意涵，而不只是传播一个作为符号的“中国”，更要强调对“中国”符号背后的意义诠释，从而占领中华文化海外传播话语权的道义制高点。

“中国”是我们再熟悉不过的一个称呼，然而，我们作为中国人却可能大多遗忘了这一称呼背后的“文明”意涵。令人高兴的是，近年来习近平同志在各个场合不断阐释中国对人类文明交往的独特看法。比如，他在党的十九大报告中的“坚持和平发展道路，推动构建人类命运共同体”部分中旗帜鲜明地亮出了中国的文明传播观：“要尊重世界文明多样性，以文明交流超越文明隔阂、文明互鉴超越文明冲突、文明共存超越文明优越。”①其后，在2019年5月的首届亚洲文明对话大会上，他进一步明确、深刻地概括出中华文明的和谐交往特质：“亲仁善邻、协和万邦是中华文明一贯的处世之道，惠民利民、安民富民是中华文明鲜明的价值导向，革故鼎新、与时俱进是中华文明永恒的精神气质，道法自然、天人合一是中华文明内在的生存理念。”②紧接着，在6月召开的亚信第五次峰会上，习近平又一次阐释了中国的文明交往观：“我们要落实好今年5月亚洲文明对话大会共识，树立平等、互鉴、对话、包容的文明观。要扩大域内外国家间人文交往，以多样共存超越文明优越，以和谐共生超越文明冲突，以交融共享超越文明隔阂，以繁荣共进超越

① 习近平：《决胜全面建成小康社会　夺取新时代中国特色社会主义伟大胜利——在中国共产党第十九次全国代表大会上的报告》，新华网（http://www.xinhuanet.com/2017-10/27/c_1121867529.htm）。

② 习近平：《深化文明交流互鉴　共建亚洲命运共同体——在亚洲文明对话大会开幕式上的主旨演讲》，新华网（http://www.xinhuanet.com/world/2019-05/15/c_1124497022.htm.20190515/20191210）。

文明固化。”[①] 这些论述都为中华文化海外传播提供了思想引领,强化了问题意识，那就是要向世界说明一个致力于促进人类文明交流互鉴的“中国”；提升了“方法自觉”，也就是传播中华文化，就要围绕阐明这样一个宏大而又切实的主题:“中国”是一个善沟通、讲文明的国家，本质上是一个追求“共生交往”的国度。

而为了进一步向世界说明中国，阐述中华文明的世界意义，我们有必要从最基础的观念入手，而这个观念正是“中国”本身。为此，作为传播学者，笔者曾就“中国”何以成为一个概念或观念，作为一个观念的“中国”其基本内涵是什么，中国又何以成为一个元传播观念，进行过发问与探讨。本文则着力从文明传播的角度来继续追问“中国从何处来?”，以此观照历史的“中国”，流动的“中国”；“中国是什么？何为中国?”阐述作为文明的“中国”和天下的“中国”；“中国往何处去？如何表述中国?”就是要建构善沟通（传播）的“中国”，从而塑造出可沟通的“中国”形象。这也应是中华文化海外传播的根本着力点。

一、中华文化海外传播应当高扬“文明传播”情怀

“文明传播”作为传播学领域一个崭新的学术观念，当发端于中国社会科学院新闻与传播研究所与北京的多家新闻媒体联系发起的“文明工程”运动，“这在当时是全国第一次用新闻学、传播学及其跨学科理论和方法解决文明行为和设施问题而进行的社会实践”，而真正从学理上进行探讨，则始于 2007 年 8 月“文明传播的跨学科研究与学科创建”课题获中国社会科学院以重点课题立项，其成果便是 2012 年出版的《文明传播的哲学视野》一书。该书的作者们有着一个令人敬佩的理想:“力图形成一个以文明传播研究为核心的传播学中国学派。”[②] 具体做法是追求挖掘、描述、解读、反思、推广中华特质文化的历史功能和现实意义，尤其是具有生命力和持续力的特质文化在传播过

---

① 习近平:《携手开创亚洲安全和发展新局面——在亚信第五次峰会上的讲话》, 新华网（http://www.xinhuanet.com/world/2019-06/15/c_1124627485.htm.20190615/20191210）。

② 杨瑞明、张丹、季燕京、毛峰:《文明传播的哲学视野》，中国社会科学出版社 2012 年版，前言第 3 页。

程中的动因和结果，矛盾表象与悖论形态、内在机理和外化特征、价值模式与当代启迪 。概而言之，要为中华文明可持续发展提供思想依据与理论支撑。

（一）文明传播：中华文化海外传播的精神气质

“文明”自身就是个传播观念，因为文明本质上是探讨人如何与自然、社会以及自身身心、国家与国家之间如何和谐共处的问题，文明就是人意识到人应当以人的方式来对待这个世界的一切，因此“文明”正是“人的方式”的标识和结晶，从根本上讲，文明如同集真、善、美、乐于一身的幸福女神。世界上不存在不以真、善、美、乐为旨趣的文明，文明当以追求真、善、美、乐为目标，进而不断调适人类自身行为的长期奋斗的过程。从这个意义上讲，“文明传播”正是强调了文明于传播中生成，即在现实的社会关系、国际关系等的交往中积淀和反思的结果，文明映射出人性的光辉，人类懂得反省自身的行为与思想，从而以“文明”为目标前进。而人的一切关系、交往、实践也应当以“文明”为导向，亦即传播文明，沟通文明，共享文明，以文明的方式来传播（交往），或者说，文明地传播。如此看来，文明涵摄传播，传播推动文明。“人类文明是传播的内在灵魂，传播是文明的全部过程和方法。”[①]白文刚博士认为历史上和当今世界最大的传播单位不是国家，而是文明。而文明往往本质和外化为一种政治传播，于是他解读了西学东渐的中西文明传播过程中的受众主体性及其带来的效果[②]。毛峰教授曾深情地期盼中国传播学派建立：“传播学的核心对象与内容，不仅仅是作为文明表层的大众传媒、新闻信息，而是要直探本源，深入研究这些大众传媒现象背后的深层传播机制，即一个文明的内在传播秩序、机制、框架。文明传播，将替代信息传播、新闻传播，成为未来传播学的中心。”[③]而杨瑞明教授更致力于构建“文明传播学”：“以文明进程为学术视野和思维框架的文明传播学研究，核心论题是探究文明传播的历史实践和现实意义，着力于重新理

---

① 杨瑞明、张丹、季燕京、毛峰：《文明传播的哲学视野》，中国社会科学出版社 2012 年版，第 18 页。

② 白文刚：《文明传播中的受众动机与传播效果》，《南京社会科学》2016 年第 12 期。

③ 毛峰：《创立传播学的中国学派》，《新闻与写作》2007 年第 3 期。

解和阐释中华文明的传承、传播及其与世界文明的对话与互动。文明传播的研究宗旨，是超越现有的传播学研究的对象与基本问题，不仅仅关注传播表层现象的大众媒介或大众传播，还深入大众传播表象下的社会变迁与文明传播机制，探究文明内在的传播秩序、价值导向等文明传播规律，尤其是要揭示一种文明具有生命力和持续力的特质文化在传播过程中的内在机理与外化特征、价值模式，以及当代启迪和悖论形态。”①

既然要研究“文明传播”这一领域，就需要对这一概念进行界定。毛峰、季燕京曾试图这样定义：“所谓文明传播，就是人类在交流过程中克服这些矛盾（注：人与自然、人与社会、人与自身之间的重重矛盾）的努力中所达到的历史进度和高度。”② 这一说法比较笼统，它既强调了人类在文明创造过程中，传播发挥着中介作用；也关注文明是人类在历史实践中面临诸多矛盾，处理诸多矛盾而达到的思想高度与技术进步。一定意义上讲，文明传播是基于媒介技术的进步所展现出的人类文明进步，或者说是文明进步在媒介技术上的表现。只不过，这里的媒介技术当是如麦克卢汉意义上的泛媒介，即只要人可以凭借以处理人与自然、人与社会、人与自身关系方面的手段与渠道，甚至福柯的“自我技术”，都可以视为“媒介”。当然，核心还应当集中并不限于围绕传统关注的语言、文字、铁路、电报、留声机、广播、电视、互联网等媒介入手，不过，应该强调的是要关注传播过程中的主体——人类自身。探讨的核心问题是人类如何在自身对象化的媒介进行共生、共存、共荣的关系问题，特别是要处理好身体（灵与肉）的媒介生存问题，重点是呵护人自身如何诗意地栖息在媒介的世界中，而不成为媒介的奴隶，谨防人类创造的媒介阻碍人类结成真、善、美、乐的共同体这一崇高目标，努力将媒介打造成为形塑健康有序的文明交流的传媒环境，使人类在政治、经济与文化交往的各个场域里都能够用“文明”来关照传播实践，用传播实践来传承文明精神，锻造出属于人类这一宇宙精灵的理想交往范式，同

① 杨瑞明：《构建文明传播思想体系》，《中国社会科学报》2016 年 12 月 1 日第 3 版。

② 杨瑞明、张丹、季燕京、毛峰：《文明传播的哲学视野》，中国社会科学出版社 2012 年版，第 13 页。

时逐渐成为全人类的文明共识。此外，杨瑞明老师应中国社会科学院新闻传播研究主持的新闻学与传播学名词审定委员会邀请所写的词条“文明传播”（communication of civilization）是这样表述的：“在一定历史时期，不同文明和不同区域的特质文化，通过一定的传播方式或传播媒介进行沟通互动、交流融合，获得传承延续与发展跃迁的内在秩序与过程。”杨老师将文明视为特质文化的传播过程，而这些特质文化属于特定时空的产物，文明自然有其时空属性，时空既是文明的摇篮，也可能造成文明的阻隔。人类需要跨越时空去交流，时空的距离给了不同文明下的人们欣赏的可能，如果只有一种文明，人们对它就会“日用而不知”。而不同的文明交流需要时空的连接，比如古代丝绸之路开辟，比如鉴真东渡日本，比如玄奘天竺取经，比如郑和下西洋，比如哥伦布发现新大陆，比如明末清初传教士来华……一件件，一桩桩都是文明沟通的努力。文明交融是个过程，由浅入深，由器物经制度到文化的理解与吸收的过程，即从互动到融合，再到传承发展的过程，这样的过程有其内在秩序，亦即人类文明交流的逻辑。文明交流在阵痛、困惑甚至冲突中走向涅槃，抑或走向毁灭。这一切构成文明的演变史，也为文明如何走向文明奠定了智慧与道德的双翼与两轮。

这就是中华文化对“文明传播”的理解，也是中华文化海外传播所秉持的光明正大的传播理念，即以“文”为媒，以“明”为妙。“文”可以是包括书籍、艺术、武术、孔子学院、经贸等一切文化载体，而“明”是目标，即达到明白事理、心意相通的世界大同之妙境。

（二）“修文德以来之”：中华文明海外传播遵循的基本信条

“中国”这个概念从狭义而言是历史上变化着的历史中国，从广义而言，中国是个“内含天下的中国”（赵汀阳语），也就是说，“中国”本身是一种世界理念，是一个可以包含世界他国的“中国”，亦即无外的“中国”。这是“中国”意涵中最可宝贵的地方。她体现出一种独特的文明观念，那就是兼容并包、和谐共生的观念。这种观念无疑是世界和平的重要思想来源与动力。这也是世界离不开中国的地方。世界上少有哪个国度有中国这样的胸襟：始终将世界放在自己的心上。然而，正是这样一个神圣的观念——“中国”，我们自己的国民却是日用而不知。以至于明末传教士利玛窦来华时，他熟悉了中华经典与中国传统后，在拟给教皇进呈的中国见闻中是这样介绍中国的：“中国人自己过去曾以许多不同的名称称呼他们的国家，将来或许还另起别的称号。……因此，我们读到，这个国家在一个时候称为唐，意思是广阔；另一个时候称为虞，意思是宁静；还有夏，等于我们的伟大这个词。后来它又称为商，这个字表示壮丽。以后则称为周，也就是完美；还有汉，那意思是银河。在各个时期，还有过许多别的称号。从目前在位的朱姓家族当权起，这个帝国就称明，意思是光明。现在明字前面冠以大字，因而今天这个帝国就称为大明，也就是说大放光明。”[①] 从他者的视角，传统中国的美好愿望从这个称呼中可见一斑。远古时期如尧舜时代，那时的中国大地的先民便已心存天下，追求圆满和谐，可久可大。哪怕只是遐想，也是弥足珍贵，因为此时的向往已然逐渐成为日后民族的文化基因，代代相传。利玛窦也注意到，当时朝代还一直沿袭一个称呼。他说：“今天我们通常称呼这个国家为中国（Ciumquo）或中华（Ciumhao），第一个词表示工国，另一个词表示花园。这两个字放在一起被翻译为‘位于中央’。我听说之所以叫这个名称，是因为中国人认为天圆地方，而中国则位于这块平原的中央。”[②] 现在看来，当时中国人对世界的想象似乎是幼稚的，却始终抱有向域外传播自身文明的美好愿望，始终有着深厚的“文化自信”，哪怕有些许无知或自恋，但至少大多时间内中国人是真诚和友善的。这就是一种对交往（传播）的渴望与传播主体责任的深切认知，而且也关注对自己行为的约束，即“远人不服，修文德以来之”。坚持以文化之，而非以武威之。这正是我们华夏文明内在精神的宝贵之处。以和平的方式开展交往，内含朴素的平等、自由与民主意识。

二、“共生交往观”：中华文化海外传播应着力阐扬的沟通观念

卢德之先生认为：“中国发展的本质是中国共享文明的发展，中国崛起的

① 〔意〕利玛窦、〔比〕金尼阁：《利玛窦中国札记》，何高济、王遵仲、李申译，中华书局 1983 年版，第 5 页。

② 〔意〕利玛窦、〔比〕金尼阁：《利玛窦中国札记》，何高济、王遵仲、李申译，中华书局 1983 年版，第 6 页。

本质是中国共享文明的崛起。”[①] 共享文明是人类共同的终极的文明观,不共享必失败。中华文化所孕育的共享文明观是其中突出的组成部分。中国的“道通天下”与“天下一家”的理念都包含着共享精神。究其实质，中华的共享文明观当源于共生意识。中华文明有着强烈的生命关怀意识，且强调守一、抱一，以强调整体（“一”）的重要性，强调个体当融入集体才能获得永存。中国人的家国情怀、天下体系正是集体、整体意识的体现。共生即生生，使每一个生命都有其生存的权利与价值，而且生命与生命之间既有竞争又有合作，竞合本是生命的本真状态。

（一）共生的共同与共同的共生：倡导“共生交往观”的学理基础

“共生”概念于1879年由德国真菌学家德贝里（Anton De Bary）提出后，现代生物学家将这一概念表述为两种不同的生物密切地、专性地生活在一起的生存方式。20世纪中叶以来，共生观念在经济学、社会学、政治学、哲学等领域获得长足探讨。就哲学视域而言，共生被阐述为事物间或单元之间形成的一种和谐统一、相互促进、共生共荣的命运关系，表现为多元共存、异类同生、互利共生等现象，呈现出本原性、自组织性、共进性、开放性、可塑性等特征。[②] 换言之，共生是事物存在的终极方式。事物经过自然演进最终达到共生这一最佳生存方式，而无法共生的事物将逐渐消亡。而这一进程是自组织的适应过程，不应人为干预，人力的作用当遵循“以辅万物之自然而不敢为”（《道德经》第六十四章）的原则，充当了事物共生方式建构的促进力量。共生讲究的是事物的共同进展，是相关方在协同中各自获得了更好的发展，而不是丛林法则。同时，有活力的共生系统应当是开放的，是可以不断增加共生的程度，而不只是世外桃源般的周而复始运作。正因为开放，所以共生系统是可塑的，是可以不断跃升的。就像人类当前面临的问题，任何一个国家都不能自外于其中，应是在共生的原则下，共同面对，人类才能有光明的回来。从这个意义上讲，共生正是人类相处的最优方式，自然也是交往（传播）的理想样态。日本学者尾关周二早在20世纪90年代

① 卢德之:《论共享文明——兼论人类文明协同发展的新形态》，东方出版社2017年版。

② 参见李思强《共生构建说》，中国社会科学出版社2004年版，第134—136页。

就从“交往”（Communication）角度反省当时日本社会面临的校园“欺侮”问题、信息时代的电子共同体影响问题、日本的国际化问题以及人与自然的关系问题，从而倡导“共生的理想”。他在著作中设了“共生与共同的理论——超越‘自由主义’”的专章。他认同井上达夫的共生观：“‘共生’，是走向异质者开放的社会结合方式。它不是限于内部和睦的共存共荣，而是相互承认不同生活方式的人们之自由活动和参与的机会，积极地建立起相互关系的一种社会结合。”[①] 作者强调共生是一种竞赛关系，而不是竞争关系，因为后者容易产生过激倾向。他着重区别了共同与共生的差异，认为共同强调的是当事者共同具有某些价值、规范和目标；而共生则是以肯定异质为前提，认为即便价值、规范和目标有差异，当事方也能建立“相互生存”的关系。当然，这两者并不矛盾，反而是相互协调的，或者说一定程度上也是共生关系：“对于约束共同体内部的人际关系，必须用‘共生的共同’理念加以积极的解释，而对于不同共同体之间的人际关系，则有必要用‘共同的共生’理念加以解释。”[②] 可见，“共生交往观”的优越之处正在于对“共生”这一人类高尚目标的坚守。

（二）生生之德：中华文化对人类共生交往关系的切身思考

作为群经之首的《周易》提出以下观念：“日新之谓盛德，生生之谓易。”“天地之大德曰生。”可见，易之原则在于变易、简易与不易，而其精神内核应该落实在“生”上，也就是说“变易”。强调“变”是为了更好地“生”；“简易”表明“易”的趋向当是去繁就简，为“生”减负；而不易则是说明易内在的“生”有其一以贯之的原则，一切都应当以尊生为最高原则，此为“生生”之要义。《辞海》“生生”的解释是“指变化和新事物的产生”。“生生”将生字复用，直接含义当是强调“生生不息”之意，而这个生生不息的本体是易，直观而言，万物生于天地之间，易道（天地）是万有生

---

① 〔日〕尾关周二：《共生的理想：现代交往与共生、共同的思想》，卞崇道等译，中央编译出版社 1996 年版，第 120 页。

② 〔日〕尾关周二：《共生的理想：现代交往与共生、共同的思想》，卞崇道等译，中央编译出版社 1996 年版，第 133 页。

命创生之源。易道之广大在于“生生”，亦即从起源而言是不断地创造生命，从过程而言，使生者生，则是赋予万有以自己的生命活力，从而使宇宙间充溢着蓬勃生机。后世直接提出“生生之谓德”，即生生之德。因为日新体现为盛德，因为“德者，得也。得其道于心而不失之谓也”[①]。有得于易道而为生，即为德。因此，德的基本义正是“生生”，即一种能使生命成其为生命的强大力量。从引申义而言，战国时期“德”字形为上“直”下“心”，故直道而行即为德。从而由自然哲学意义上的“德”衍生出伦理意义上和价值意义上的“德”，为人生天地间立了规范。周敦颐的《太极图说》在阐述了阴阳、动静、五行之意后，指出“圣人定之以中正仁义而主静，立人极焉。故圣人与天地合其德，日月合其明，四时合其序，鬼神合其凶吉。君子修之吉，小人悖之凶”[②]。圣人的高明之处在于能够法天象地，以其德与天地之德交相辉映，从而为人间确立了共生共存之道，即“立人极”。从这个角度讲，《周易》乃至所有中华文化元典都在探讨人类社会的共生之道。无论是儒家之仁义，道家之自然，佛家之慈悲，都为人类确立起“共生法则”，笔者称之为“共生交往观”。雷蒙·威廉斯曾明确认为：“关于传播的任何真实理论都是关于共同体的理论（theoty of community）。大众传播的技术，只要我们判定它缺乏共同体的条件，或者以不完整的共同体为条件，那么这些条件就与真正的传播理论互不相干。”[③]以此观之，中国先人提出的以“生生”为思想特质的共生交往观可以称得上是真正的“传播理论”的胚胎，并具有发展成为中国传播观念（理论）的势能。这是因为中国人在先秦的轴心时代就确立了自己“配天”的立身处世意识，换句话说，他们在自己编织的“意义之网”中以自己的方式生活。因为格尔茨所认同的韦伯的观点：“文化就是这样一些由人自己编织的意义之网。”[④]不同民族、不同国度的人在自己经营的文化即意义之网中进行着信息的传递、意义的建构与解释及其基于此而展开的

---

① （南宋）朱熹：《四书章句集注》，中华书局2011年版，第91页。

② （北宋）周敦颐：《周敦颐集》，岳麓书社2007年版，第7页。

③ 〔英〕雷蒙·威廉斯：《文化与社会》，高晓玲译，吉林出版集团有限责任公司2011年版，第327页。

④ 〔美〕克利福德·格尔茨：《文化的解释》，韩莉译，译林出版社2008年版，第5页。

交往过程。中国人就在以“中国”为核心的意义之网中，将中和、共享建构为自己的社会规范，并延续至今。这或许正是华夏文明能够绵延五千年而不中断的内在文化因素，即以维护共生作为行事的最高准则。[①]因此，将共生交往观传播到世界，就应当是中华文化海外传播的核心追求，因为它是我国为人类文明顺畅、交流、互鉴而提出的“中国方案”。[②]

（三）中华文化以“中”的精神来追求“共生”的传播目标

“中国”内含的共生交往观首先饱含有“互联互动精神”，那就是生与生是互联互通的，每个事物都以其他事物为自己存在的前提。其次，“互助互通精神”，因为“生生”首先就是不同生命个体的独立存在，而这种存在又是相互依存，和谐共生的，其精神正是“和而不同”。最后，还含有“感恩感动精神”，这是因为万物都要赞天地之化育，即《道德经》所言“万物莫不尊道而贵德”。任何一种道所创生的事物都有其存在的合理性与价值，万物自身有着感恩的内驱力，同时也有催生感恩的自觉力。因为中华文化中无论是儒家的“致中”，道家的“守中”，释家的“空中”，都在关系和谐中追求“中”。“致中”体现的是儒家的自强不息精神，以止于至善为鹄的；“守中”，强调的是对“中”这种状态的尊重与珍惜，把维护这种“中”，当成保有生命常态的法宝；“空中”，强调的是“中”的流变性，“中”没有自性，唯在诸相中。即《心经》所言“色不异空，空不异色”。执着于“中”，则已不“中”，因此，空中，忘中，乃能入“中”。

中华文化海外传播首先要考虑的是我们要传播什么样的中华文化这一根本问题。而把握这一问题的关键，在笔者看来，正是理解“中国”本身，因为“中国”观念背后浓缩着整个中华文化的精髓。也就是说，我们可以也应当将把握与阐扬“中国”意涵这一核心工作作为传播中华文化的着力点，以达到事半功倍的效果。

---

① 谢清果：《文明共生论：世界文明交往范式的“中国方案”——习近平关于人类文明交流互鉴重要论述的思想体系》，《新疆师范大学学报（哲学社会科学版）》2019年第6期。

② 谢清果等：《共生交往观：文明传播的“中国方案”》，九州出版社2019年版。

三、“文明中国”：中华文化海外传播当着力塑造的“中国”意象

向世界说明“中国”，基本要点就是要阐明“中国”这个观念说到底是以“中”立国，明中道，行中庸，以求在时间与空间上能够永续地与他者共生，换言之，“中国”观念始终在关系中思考问题，且以关系的和谐为处理关系的原则，即“共生”。这样的“中国”观念本身是“文明”的，这或许是中华文明能够绵延五千年背后的精神支柱。我们理应珍惜，并加以光大。下文，笔者着重从历史、文化与符号三个方面阐释中华文化海外传播当优先塑造一个“文明中国”的形象。换言之，以说明“中国”为着眼点，展现的则是整体中华文化精神本身。

（一）“宅兹中国”：历史上的“中国”观念源于族群交往空间的自我定位

作为炎黄子孙心灵故乡的“中国”，她确实发端于一个地理概念。何尊铭文中有言：“武王既克大邑商，则廷告于天曰：余其宅兹中或（国），自之乂民。”① 中国古代政治传播的通常模式，便是通过祭天，以宣告帝王权力的合理性，以顺应上天的旨意来进行人世的活动安排。此铭文表明营造成周（洛邑），是在灭商后稳固社会安定的需要。因此，宅兹“中国”是为了“乂民”，安顿人民。而为了彰显统治的合理性，稳定人心，“何”氏向宗小子训示“丰福自天”“恭德裕天”，明显有要求当时贵族共同维护政权的安定，像他们的祖辈一样效忠于王室，以建立功勋的意涵。其实，营造成周正是为了对付殷商遗民以及徐戎、东夷、淮夷。如此看来，一个重要城池的营造，构建出一个新的交往时空。在这个时空中，这个城池的营造，本身是一个宣示，是对当时国家与其他族群关系紧张的一个安排。对统治阶层而言，需要统一意志，坚定地加强国家安全建设，因为管叔、蔡叔之叛正是个反面的明证。

这里特别需要强调的是何尊首次采用的“中国”表述，其实也是有来源的。因为在殷商甲骨中，我们多次看到如“中商”一词：“戊申卜，王，贞：受中商年。”“□巳卜，王，贞，于中商乎御方。”同时武丁、文丁时期，有称

① 马承源：《何尊铭文初释》，参见马承源《中国青铜器研究》，上海古籍出版社2002年版，第211页。

自己国家为“商方”的，方，正是国的意思。同时还有“大邑商”，邑当时与国相通。因此，“大邑商”代表“商国”。[①]再者，“大邑商”一说通常与四方相对而言，而有表明以之为中心之意。《诗经·商颂·殷武》有言：“商邑翼翼，四方之极。”郑玄《笺》：“极，中也，商邑之礼俗翼翼然，可则效，乃四方之中正也。”如此看来，中商可称中商国，如此，中国之意呼之欲出了。因此胡厚宣就说“商而称中商者，当即后世中国称谓的起源”，也就是说“‘中国’的称谓的起源定然是从商代开始的”。[②]可见，“中国”一开始便洋溢出强调自我族群认同，同时增强自身政权主体性的意识。对当今中华文化海外传播的启示在于，中华文化可以也应当在中外文明传播中崛起，即增强自身的竞争力，而不是在文明传播中消亡，即被他者同化。因此，在中华文化海外传播中要增强“中国”意识，其意旨在启发国人在人类文明交流互鉴中要注重保持自身文化的主体性，也就是说，“文化安全”本身也是当代中华文化海外传播的重要考量因素。

（二）“礼乐中国”：文化传统中的“中国”凸显与他者关系场域中的主流意识

从文化传统看，“中国”观念本身意味着对文明的追求，体现着自我与他者关系的积极调适，始终关心自己利益的同时也保障他者利益，并以和谐共生作为最高准则。从这个意义上讲，“中国”观念体现出中华民族的“文明自信”，即中国当以礼乐的方式，展现文明生活。诚如《礼记·文王世子》中所言：“乐所以修内也，礼所以修外也。礼乐交错于中，发形于外，是故其成也怿，恭敬而温文。”如此，可臻至《易经》所说的“内柔顺，外文明”。

1. 以文化的名义与他者交往的“中国”观：中华文化海外传播的历史经验

“中国”一词从西周初年出现之后，整个先秦时期以至现代都在使用。何志虎先生著书阐释了“中国观”，认为：“‘中国观’就是中国的地理环境、经

① 叶玉森：《殷墟书契前编集释》，大东书局 1933 年版。

② 胡厚宣：《论五方观念及中国称谓的起源》，参见《骨学商史论丛初集》（第二册），成都齐鲁大学国学研究所 1944 年版。

济、政治、文化等因素在人们头脑中的综合反映。由于国情是发展变化着的动态系统，所以‘中国观’也是一个动态系统。”①在何先生看来，中国是一种文化模式的存在，早在西周“既被外称为‘中国’而又自称为‘中国’，西周虽仍不是具有明确边界的国家，但王室和诸侯国构成了一个有权力所属关系的政权网络，对其网络中的土地与人民，周王有统治权，故云‘普天之下，莫非王土，率土之滨，莫非王臣’，这是主权归属观念”②。历史上变化的“中国观”，内含疆域、人民、文化、主权四方面的观念变迁：中国所属的地域范围是中原，还是九州等更广大的范围？哪些族群算是中国治下的百姓，是只有华夏族，还是包括其他民族？是坚守礼乐文化、农耕文化，还是包容两种文化？“中国”的主权由谁来行使，亦即正统的资格问题，是以入主中原为标志，还是以华夏族为标志，哪怕偏安一隅也算？③而其中的文化观则是核心，是最为“中国”的意涵所在。例如，春秋初年秦穆公尚言“中国以诗书礼乐法度为政”④。辽国的辽道宗自言:“上世獯鬻猃狁荡无礼法,故谓之夷。吾修文物彬彬，不异中华，何嫌之有?”⑤金代的赵秉文认同金为中国，认为:“有天地，有中国，其人则尧、舜、禹、汤、文、武、周、孔，其书则诗、书、易、礼、春秋、论语、孟子，其民则士、农、工、贾，其教则君令臣行，父慈子孝，兄友弟恭，夫妇睦，朋友信，其治则礼乐刑政，纪纲法度，生聚教育，冠婚丧祭,养生送死而无恨。”⑥许宏先生则认定二里头文化是“最早的中国”，理由是“中国”本义就是“王国都城及京畿地区”，而相当于夏商时期的二里头文化具有二里头遗址这一“华夏第一王都”，而且具有强大的文化辐射能力。遗址上的宫城，青铜礼乐器群，城市干道网，龙形象文物，白陶和原始瓷，骨卜习俗，鼎鬲文化合流等“中国”元素大汇聚。⑦当时虽然没有“中

① 何志虎:《中国得名与中国观的历史嬗变》，三秦出版社2002年版，第9页。

② 何志虎:《中国得名与中国观的历史嬗变》，三秦出版社2002年版，第24页。

③ 何志虎:《中国得名与中国观的历史嬗变》，三秦出版社2002年版，第9—10页。

④ 司马迁:《史记》，岳麓书社1988年版，第43页。

⑤ 李澍田:《长白丛书》，吉林文史出版社1986年版，第22页。

⑥ 张金吾编:《金文最》，中华书局1990年版，第421页。

⑦ 许宏:《最早的中国》，科学出版社2009年版，第15—18页。

国”这一词，但实存的“中国”与有文化意义的“中国”已然在缔造之中。

2.“中国”观彰显中华文化深厚“文明自信”的精神底气

虽然从春秋战国以降，“中国”的意涵有变化，或为京师，或为王畿，或为中原，或为华夏文化圈的标志以与四夷相对，不一而足，但是最终都指向以文化中心的“中国”观。“中国”这个符号的意指，可以用《战国策·赵策》中所言来概括：“中国者，聪明睿知之所居也，万物财用之所聚也，贤圣之所教也，仁义之所施也，诗书礼乐之所用也，异敏技艺之所试也，远方之所观赴也，蛮夷之所义行也。今王释此，而袭远方之服，变古之教，易古之道，逆人之心，畔学者，离中国，臣愿大王图之。”此为公子成谏赵武灵王的一段说辞。公子成从不同方面阐释了中国所在的文明程度：其一，此地域所居之人普遍具有极高的文明素养；其二，物质生产与商业活动活跃；其三，国家尊重贤圣，推崇教育；其四，社会运作以仁义为施政纲领；其五，民间交往以诗书礼乐为媒，颇有崇文之气象；其六，全社会鼓励百姓创新，人尽其才；其七，国家凝聚力强，偏远之地都来观摩学习；其八，文化传播能力高，连蛮夷之地也效仿实施其文化制度。就当时而言，向“中国”学习，成为一时时尚、国际潮流，逆潮流而动，背离“中国”之道，非国家强盛之路。可以说，战国时期的“中国”已然成为文化的标杆。这种局面的形成，得益于当时诸侯兼并，族群融合，中原地区文化优势日益彰显，集中体现在诸子百家争鸣的文化大发展气象。当时社会观念越发开明，形成了崇文尚武的风气。以至于后世的“夷夏之辨”就不再以地域论之，而以“华夏文化圈”为准。韩愈曾在《原道》中评述说：“孔子之作《春秋》者，诸侯用夷礼则夷之，进于中国则中国之。”宋代石介著有《中国论》：“居天地之中者曰中国，居天地之偏者曰四夷。四夷外也，中国内也。天地为之平内外，所以限也。夫中国者君臣所自立也，礼乐所自作也，衣冠所自出也，冠昏祭祀所自用也，缞麻丧泣所自制也，果瓜菜茹所自殖也，稻麻黍稷所自有也。”文章持论虽有文化优势感，但格局较小，坚守华夷之别。既没有像汉唐开放包容之气象，又没有文明外播之责任与使命感，概宋代有边境辽、金、西夏政权威胁的生存压力。杨度也曾评论道：“中国可以退为夷狄，夷狄可以进为中国，专以礼教为标准，而无有亲疏之别。”[①]可见，“中国”概念的历史演进中内含着人类文明共生的旨趣，这是最为弥足珍贵的。

（三）符号中国：阐释“中国”元传播符号，再造中华文明

如上所述的“中国”已然成为一种文明传播的观念，而这种观念如同文学创作中的“母题”，亦如同“原型”“意象”一般，成为中华民族的集体无意识。中国人总是倾向自觉不自觉地把“行中道”作为基准，合乎中道的才是正常的，允许的，值得提倡的。反之，则认为是反常的，怪异的，往往会遭受排斥。因此，笔者倡导把“中国”视为元传播符号，是因为在当代固然有许多人物和事件都可以成为传播中国形象的“符号”，不过，这些符号化运作本身最终都是为了丰满地说明“中国”这个元传播符号。从这个意义上讲，强调“中国”是个元传播符号，一方面有利于各行各业更自觉地通过自身的符号来促进“中国”这个元符号的含蓄意义得到更多的丰富，另一方面，加强对“中国”这一元符号本身的传播，也有助于加强受众，尤其是国外受众对来自中国许多具体符号的强化认知。隋岩曾指出长城、雷锋等是强符号，而“强符号是社会共同体的价值认同、主流意识、社会关系，包括媒介、组织、群体的主观推动等因素的共同结晶。强符号是从吻合社会心理的大量普通符号中脱颖而出，并不独立于符号系统。在符号化的现代社会中，强符号是进行国际传播的有效途径”[②]。不过，要落实到如何高扬“中国”这个强符号，是依然运用“china”这个英文阐述，还是如同对“龙”的译法的处理方式一样，即我们不称“龙”为“dragon”，而直接称“long”，那么，“中国”似乎亦可直接英译为“zhongguo”之类的符号。当然，我们也可以维护原来的英译，只不过要加强对背后的“中国”（China）观念的阐释，让世人理解中华悠久历史中对“中国”自身的定位与阐释。不能想当然地认为我们强调“中国”，外国人就会像我们中国人一样明白“中国”的意蕴。因此，在对外传播中要更注重培养这种意识，唯有如此，方能开展“再造中国”的历史进程，在新时代“再造中华文明”，树立起为世界文明交往提供“中国方案”的

---

① 王晴波编：《杨度集》，湖南人民出版社 1986 年版，第 373—374 页。

② 隋岩：《符号中国》，中国人民大学出版社 2014 年版，第 215 页。

“中华新文明主义”。[①]

总而言之，我们研究“中国”及其延伸的传播观念，有着深刻的意义与价值内涵，可以用吴予敏先生为研究中国传播观念史指明的方向来表明：

> 我们所要追寻的是：那些构筑了中国社会文化基本特点的传播观念在历史演进过程中发挥了什么作用，还在发挥什么作用？我们是否可能在传统中发掘出那些刚健、质朴、坚贞、诚信的精神品质的传播观念重新充实于当代社会？在传统的传播观念中所包含的人生智慧、策略思想、技艺方法，是否可以经过创造性转化而焕发出新的实践价值？在今天建构新的传播伦理的过程中我们可以向古代学习什么？我们如何通过阐释传播观念重新审视中国的传播制度和政治制度？我们如何在传播观念中理解中国人的人际关系、中外交流的特点，以便在跨文化传播中更好地理解中国人的沟通习惯和认知模式？对于富于中国特色的言语观、图像观、交往观、仪式观，我们可以作什么样的整理和解释？我们是否可以从传播观念和传播制度设计的角度重新审视中国社会的经济、政治、军事、法律、文化、教育的结构和运作？[②]

当前，中国正致力于推动“构建人类命运共同体理念”的伟大时刻，我们更应自觉地阐发包括“中国”观念以及其他中华民族在探讨建构和谐身心关系、人际关系、国际关系、人与自然关系等诸方面在内的中国式思考，不断发出中国好声音，这不仅是树立“中国”形象的需要，更是世界文明共生共存的需要。作为传播学者，我们有责任在传播学领域里基于中华五千年文明对人类文明交往的思考，从文明传播的高度，全面阐发中国的交往观，并积极与西方传播学者进行对话，共同致力于促进有利于人类共生的文明交往观念的早日形成。而当前重要的着力点就是围绕“中国”观念，来阐发“文明中国”理念，树立中华民族从来都是追求“共生交往”为特质的民族的形

---

① 谢清果:《文明共生论：世界文明交往范式的“中国方案”——习近平关于人类文明交流互鉴重要论述的思想体系》,《新疆师范大学学报（哲学社会科学版）》2019 年第 6 期。

② 吴予敏:《中国传播观念史研究的进路与方法》,《新闻与传播研究》2008 年第 3 期。

象，从而从学理上树立起“中国”是可沟通、能沟通乃至善沟通的光辉形象。而这正是中华文化海外传播的终极目标所在。明了这一点，中华文化海外传播方可行稳致远！

（谢清果）

一

华夏内向传播的旨趣

第一章　克己复礼:《论语》的内向传播思想

作为儒家经典代表作品的《论语》，集中体现了孔子的哲学思考与道德思想，在儒家作为传统中国正统思想的数百年以来，对古代中国乃至现代中国国民性格的塑造起到了不可忽视的作用。因此，在现代社会中研究《论语》中的修身思想，既是对中华传统文化中的优秀特质进行挖掘与传播，也是对儒家思想现代化语境的阐述与转化。在传播学的解读下，"仁"可谓是孔子在内向传播上的文本主体与核心价值，而"克己复礼为仁"正是孔子所提倡的成为"君子"的修身之道。在西方内向传播理论的视角之下解析《论语》中的内向传播思想，探讨《论语》中关于内向传播的思想表达、理论体现与传播价值，是将中国传统文化价值加以重新阐释，为现代化的思想道德养成提供古典渠道与启发。

第一节　内向传播概念与研究路径

内向传播，也称自我传播、人内传播、自身传播等，指"一个人接受外部信息并在人体内部进行信息处理的活动"[①]，在传播的五大类（内向传播、人际传播、群体传播、组织传播、大众传播）中属于"人类最基本的传播活

---

① 郭庆光:《传播学教程》，中国人民大学出版社 2011 年版，第 61 页。

动”，“也是人类一切传播活动的前提和基础”[①]。

一、研究回顾

自 20 世纪 80 年代“内向传播”概念由西方传入，中国学界对于其一直存在争论，主要围绕“内向传播（人内传播）”是否要作为传播学的考察对象而展开。其中，以陈力丹和郭庆光为代表的学者认为内向传播是存在的，认为“人的内向传播，过程显然并不简单，同样要经过信源、传播者（I）、媒介（大脑）、受传者（Me）的程序，最终达到自我调节行为的目的”[②]。另有一部分以董天策、林之达、聂欣茹、陈红梅为代表的学者则认为将内向传播纳入传播学“忽略了认知心理学、心灵哲学等诸多学科的研究成果，混淆了传播学与这些学科不同的特点，在哲学上有坚持身心二元论的嫌疑，在形式上扭曲了米德的社会学理论”[③]，因而应当摒弃“内向传播”的概念。

在争议之下，内向传播研究仍然在国内取得了一定成果。早期，对于内向传播的研究主要集中于对于其的社会学、心理学阐释与概念辨析上。学界对于内向传播过程是传播者与接收者（处在某个社会环境中的一个人）—传播的信息（面临的事件、现象或问题）—传播渠道（大脑神经）—传播效果（做出分析、判断以及采取某种行动）[④]，以及具有感觉、知觉、表象、概念、判断、推理六个环节[⑤]等的看法大都大同小异，内向传播的概念达成基本一致。之后，国内学者开始针对个案进行内向传播分析，研究领域广、观点多样，主要分为两类，一类是对于文化与宗教的内向传播理念进行分析，如《基督教的自我传播浅析》（尹淑云）、《内向传播视域中的佛教心性论》（谢清果）、《先秦儒家“君子与中庸”式的传播》（张金萍）等；另一类主要是用内向传播过程指导当代实践，《从独白式微博书写看媒介中介化自我传播》（张放）、《浅析健康传播视角下的大众传播与自我传播关系》（马丽）、

---

① 胡正荣：《传播学引论》，北京广播学院出版社 1998 年版，第 121 页。

② 戴元光：《传播——人的本能》，上海交通大学出版社 2003 年版，第 13 页。

③ 聂欣如、陈红梅：《“人内传播”再商榷》，《上海大学学报（社会科学版》）2018 年第 2 期。

④ 陈力丹：《自我传播与自我传播的前提》，《东南传播》2015 年第 8 期。

⑤ 郭庆光：《传播学教程》，中国人民大学出版社 2011 年版，第 64 页。

《译者内向传播认知模式研究》（柏杰）等。除此之外，内向传播的研究往往与人际传播等传播形式相结合，探讨二者或多者的关系与互动，从个体与整体的角度更加全面地分析事物的传播方式，如《微信平台上的女大学生自我互动与人际交往研究》（王红娜、孙祎、汪丽聪）、《外向传播应基于内向传播——浅谈对外文化传播中的本末倒置现象》（胡畔）等。另外，也有一些新的内向传播理论被提出，如刘金星在林之达的“两级效果论”上发展出的“蛋式传播模式”等。总体来说，内向传播研究在我国起步较晚、发展时间较短，但研究角度多样、具有传统和当代语境的多重分析，以文本分析方法为主，不断在争议中前进。

在内向传播研究中，华夏内向传播从传统文化的传播学阐释的角度，获得了一定学者的关注与研究。如谢清果、董方霞、张金萍等学者，从内向传播角度对儒、道、法、释等各思想流派的传播内涵与传播方式进行了文本研究，从中总结出了具有高度概括性的思想内核。这些研究主要基于古代典籍与历史事件，加以现代化的理论解读，使之具有传播学的特质。但从总体来看，内向传播往往作为整体传播路径中的某个部分而简单带过，鲜少作为研究主体或重点而得到更多的关注。

关于儒家的内向传播思想，谢清果、杨伟、董方霞等学者均有著述见之于世，这些著述多从儒家学派发展流传的总体思想中进行总结提炼，融合其学派著作与人物述说，而针对某一传统典籍的具体研究往往不独见其中。而针对某一典籍的专著书刊往往只集中于思想、注解、新论等某一方面，缺乏传播学视角的解读。因此，为将二者有所融合，笔者欲将《论语》文本与内向传播理论相结合，以期从中获得些许新启发与新视角。

二、理论框架沿袭

华夏内向传播属于内向传播的范畴，界定此文所沿用的内向传播的基本传播结构和华夏内向传播的研究重点，是为对个别文本案例进行分析的理论基础。

（一）内向传播

如上文所述，内向传播是将人对于外界刺激的内化过程按照传播学的结构进行解释，“是个人内部意识、思维、心理的某种综合活动过程”[①]，具有传播者、传播内容、渠道、接收者、传播效果这一完整的传播过程，符合“5W”的传播模式。尽管这一过程主要在人体内部经由神经网络进行，但仍然需要在与外界的互动下发生。

作为一种个人能动的意识活动，内向传播在社会心理上有着自我意识、自我觉醒、自我互动的过程[②]，这个过程受到西方社会学与心理学的影响，融合了米德的“主我”“客我”理论、库利的“镜中我”理论、荣格的人格分析、弗洛伊德的“本我、自我、超我”理论、威廉·詹姆斯的“社会自我、物质自我、精神自我”的自我分析、布鲁默的符号互动论等一系列关于认识自我、感知自我、形成自我的理论。这些理论极大地构成和影响了现代内向传播理论的解释方法与理论路径，为内向传播的研究提供了可供参考的理论范本。

（二）华夏内向传播

华夏内向传播主要面向中国古代传统文化中所体现的内向传播思想，从文本中进行总结概括，探究其内向传播的内容、方式、效果等。相对于西方对于个体认识的关注，华夏语境下则更关注个体人格的完善，“圣人”“君子”成为作为一个“人”之外的更高层次的追求。古代中国注重德行的教化，人之所以为人，最重要的是拥有自我反省与自我改进的能力。

华夏内向传播需要外界的教导与身教，才能促使人进行自我反思，通过内向传播过程完成道德的内化。相比于西方对于科学的推崇，传统中国则拥有一套超验的道德教化体系，更讲究人内心的虔诚与自发的追求，“更倾向于‘心诚则灵’（Believing is Seeing）”。[③]

① 王德海：《农村发展传播学》，中国农业大学出版社2012年版，第141页。

② 段鹏：《传播学基础：历史、框架与外延》，中国传媒大学出版社2006年版，第19—22页。

③ 谢清果：《新子学之“新”：重建传统心性之学——以道家“见独”观念为例》，《人文杂志》2017年第5期。

第二节 《论语》内向传播思想的三个面向

内向传播在社会心理学过程中，经历了“自我意识、自我互动、自我觉醒的过程”。这三个阶段既是相互关联和顺承的，又有着各自的特点，构成了内向传播的普遍过程。

自我意识是内向传播的开端，只有拥有了自我意识，才具备了内向传播的载体——人的概念。所谓自我意识，包括自我形象与自我认同两部分，即自己对自己的定位与社会期望，以及对自我的认可程度。拥有了自我意识，也就区分了他人与自我，于是在与他人的社会互动中形成了自身的互动：“人是拥有自我的社会存在，人在将外界事物和他人作为认识对象的同时，也把自己本身作为认识的对象。在这个过程中，人能够认识自己，拥有自己的观念，与自己进行沟通或传播，并能够对自己采取行动”[①]。自我觉醒“就是为了能更好地理解自己对自己的一种反思活动，也是一种重要的人内传播形式”[②]，也就是通过所谓“自省”的方式，进行一种自我思考。

《论语》成书于春秋战国时期礼崩乐坏的背景下，该时期儒家的内向传播思想集中体现为“仁”，理想的传播效果是成为“君子”，具体要求是“克己”，理想化的社会目标是“礼”。下面，笔者将从以上三个方面对《论语》中的内向传播思想进行文本探讨。

一、“名正言顺以成礼”的自我意识

最早从传播的角度对人的自我意识及其形成过程进行系统研究的是美国社会心理学家米德（George Mead）。他提出，人的自我是在“主我”和“客我”的互动中形成的，又是这种互动关系的体现。自我可以分为作为意愿与行为主体的“主我”和作为他人社会评价和社会期待的“客我”，“自我具有下列特征，即它是他自己的一个对象——这种特征既使它与其他对象区别开来，也使它与身体区别开来”[③]。有学者认为，“主我和客我在自我构建的过程

---

① 段鹏：《传播学基础：历史、框架与外延》，中国传媒大学出版社 2006 年版，第 20 页。

② 段鹏：《传播学基础：历史、框架与外延》，中国传媒大学出版社 2006 年版，第 21 页。

③ ［美］乔治·赫伯特·米德：《心灵、自我与社会》，霍桂桓译，华夏出版社 1999 年版，第 147 页。

中，分离统一”[①]。

美国社会学家库利（Charles Cooley，1864—1929）将自我的形成过程阐释为“镜中我”（the Looking-glass Self），人们彼此映照着对方。就像詹姆斯所说，一个人有多少人认识他，他就有多少个社会自我。从米德和库利的理论角度，强调的是一个人在社会互动中对自我的期待与定位，集中体现为个人为达到社会期待的“自我”而表现出的言行举止。从另一个角度来说，这类似于戈夫曼的戏剧理论，人们扮演着社会角色以达成社会期待和自我期待。

对应到《论语》中，则集中体现为“正名论”，也即儒家对于自我身份认识的基本要求。在《论语》中，直接体现的有如下语句为例：

> 子路曰：“名不正则言不顺，言不顺则事不成……故君子名之必可言也，言之必可行也。君子于其言，无所苟而已矣。”（《论语·子路》）[②]
>
> 子曰：“其身正，不令而行；其身不正，虽令不从。”（《论语·子路》）
>
> 子曰：“不在其位，不谋其政。”曾子曰：“君子思不出其位。”（《论语·宪问》）

由此可见，孔子注重“名正言顺”的处事方式，即先摆正自我的位置，正确认识到自我在此位置之上所需承担的社会责任与义务，以及可以行使的社会权利。唯有“名正”作为前提，才能产生“言顺”的效果，最终使人信服而达到“事成”的结果。另一方面，在明确了“名正”的意涵之后，需要进行自我审视，看自己的言行是否符合自我角色的他人期待，如果不符合，就应当及时纠正，促使自我向“君子”方向进步。

另外，“名正”也从符号层面有所体现：

> 子曰：“礼云礼云，玉帛云乎哉？乐云乐云，钟鼓云乎哉？”（《论

① 葛熠：《浅谈主我和客我在自我构建中的特征和关系——对米德自我构建理论的研究》，《剑南文学（经典教苑）》2012年第7期。

② 梁海明：《论语》，山西古籍出版社2000年版，第163页。

语·阳货》）

子曰："觚不觚，觚哉！觚哉！"（《论语·雍也》）

从字源上而言，"礼"来源于"礼器"[①]，那么器物作为符号则提醒着其所代表的身份地位；而达成符号共识的基础是个人对于社会层级的内化与社会秩序的统一，这就需要有共同认可和施行的"礼"的行为准则。

从更深层次来看，孔子的"正名论"恰恰是儒家"礼"的个体微观体现。儒家之"礼"讲究君臣父子之等级关系，一旦逾越即被视为"于礼不合"，社会秩序将被破坏。"'正名'的目的在于去除现实中的伪蔽，使名所指谓的真实在现实中呈现出来，以完成立身成德与敦民化俗之功。"[②]从宏观来看，这是孔子所提倡的礼教社会，旨在成风化民以规范社会层级秩序，进而巩固封建统治；从微观来看，每一个社会个体都应该在"礼"之教导之下通过内向传播过程将其内化为自我角色定位之思想，外显之则是"不逾矩"的社会行为。孔子对于以"礼"为核心的传播符号的推崇，是为了实现社会秩序的重构，"名"则是社会地位及权力的代表。[③]达成"礼"即是达成社会的"教"，"'礼'是'教'的重要部分，目标是'齐'，整齐民众的言行，使之合乎规范"[④]。

在这里，内向传播过程所塑造的，恰是从"客我"角度出发，通过"礼"的约束来校正规范自身的行为，逐渐克服"自我"中不符合"礼"的部分，向社会表现出身份所赋予的行为和形象。人们彼此映照，不断通过内向传播促进自我向社会规范靠拢，完成"礼"的外化，并在"礼"的条件之下实现"仁"。

二、"先知己后知人"的自我互动

布鲁默提出的"社会互动论"认为"人们是根据客体对人们所产生的意义来采取活动的（他所说的客体亦包括了人自身），人们通过互动来理解

① 杜维明：《诠释〈论语〉"克己复礼为仁"章方法的反思》，（台北）"中央研究院中国文哲研究所"2015年版，第18页。

② 云龙：《孔子"正名"与儒道精神》，《湖北工程学院学报》2018年第1期。

③ 杨伟：《孔子思想的传播学解读》，《西部广播电视》2016年第22期。

④ 崔炼农：《孔子思想的传播学诠释》，湖南大学出版社2008年版，第111页。

对方的指示，人们通过理解、评估他们所处的现实环境从而采取相应的行动”[①]。在此过程中，人们在互动中相互理解、评估和修改意义，包括了被动与主动过程。米德也认为现实的自我是在“主我”与“客我”的互动中形成的，并且这个自我离不开社会互动的情境，自我在“主我”的自由意愿与“客我”的秩序规约的博弈中实现社会化，进而实现自我的沉沦或者升华，理想的情况是主我与客我的融合。主我与客我的对话过程，体现了个体的社会化过程，也是自我适应社会，成就自我的过程。[②]“只有当个体采取其他人的态度时，他才能够使他自己成为一个自我”[③]，他人态度映射到内心，形成自我互动。

弗洛伊德的“本我、自我、超我”理论也有着相似之处，“自我”是“本我”的社会化产物，“超我”是“自我”的社会化理想，三者相互对话、相互促进和牵制，“我”的升华在社会互动与自我互动中完成。“即使是内向化的自我传播，其实都是在折射与外界的交流，或者说，是外界刺激带来了自我传播”[④]，“认知是一个身体—世界—他人的三维动态互动过程”[⑤]。

在孔子看来，这种自我互动中，理解他人的前提是理解自我。

> 子曰：“不患人之不己知，患其不能也。”（《论语·宪问》）
>
> 子曰：“不患人之不己知，患不知人也。”（《论语·学而》）

这里出现了别人所认为的“我”的形象，即社会自我的概念，讲述如何处理他人期待与自我行为之间的关系。从社会交往的角度来看，“君子”不会担心没有人了解自己，也不会忧虑不能树立美好的名声，只忧虑自身的修养不够深厚，不能去充分了解别人。在孔子看来，在社会互动中，不要急切地去寻求自我展示，而是要返回自身了解自己的优劣长短，努力加强自身的修

① 罗贝贝、王晓江：《内向传播的社会性与文化性探讨》，《新闻前哨》2019 年第 6 期。

② 谢清果：《新子学之“新”：重建传统心性之学——以道家“见独”观念为例》，《人文杂志》2017 年第 5 期。

③ ［美］乔治·赫伯特·米德：《心灵、自我与社会》，霍桂桓译，华夏出版社 1999 年版，第 210 页。

④ 陈力丹：《自我传播的渠道与方式》，《东南传播》2015 年第 9 期。

⑤ 王慧莉、崔中良：《符号互动论思想下的具身认知研究》，《外国语文》2018 年第 1 期。

为，进而对他人加以理解。这里似乎透露出一种“桃李不言，下自成蹊”的意味，当自身的修养和能力足够时，自然会有“人之己知”。

修身具有“内心与外在交往一致的意涵。君子正是以人格魅力作为影响和感召天下万民的重要手段，所以修身就成为儒家教民化俗的着手处和归结点”①。个人的修为需要接受外部刺激、学习、思考等一系列内在传播过程来完成，在这个过程中，人逐渐明白何为“知（智）”，何为“仁”，何为“君子”。成为“君子”的过程并不容易，既需要不断地学习，也需要对“自我”甚至“本我”进行克制，努力完成自身在“我”的对话中的升华。

三、“自省克己以成仁”的自我觉醒

自我觉醒是为了更好地理解自己而对自己进行的一种反思活动，也是一种重要的内向传播形式。这种自我觉醒和内省式思考只有在一个人遇到困难、障碍等新的问题状况，对既有的行为方式是否适用难以做出判断之际，才会活跃起来。自省的过程不是封闭的，而是与周围的社会环境、与周围的他人有着紧密的联系，它不仅仅是一个横向的社会过程，而是一个将过去和未来联系起来的纵向发展和创造的过程。②根据米德的研究，当一个人遇到困难、障碍等问题，难以做出合适的行为方法的判断时，就会激发一种内省式的思考。③威廉·詹姆斯在经验自我的三个层次——物质自我、社会自我、精神自我——的理论之外也强调了“内省式”的自我观察方式，这是我们遇到问题时不得不最先和始终进行的依赖。④

在《论语》中，这种“内省”或“自省”成为一个人道德品质得以提升的重要手段，唯有不断自省才能完善自我以达到“仁”、成为“君子”。

曾子曰：“吾日三省吾身：为人谋而不忠乎？与朋友交而不信乎？传不习乎？”（《论语·学而》）

---

① 谢清果：《儒家“修身为本”的内向传播意蕴考析》，《吉林师范大学学报（人文社会科学版）》2018年第3期。

② 郭庆光：《传播学教程》，中国人民大学出版社2011年版，第77页。

③ 段鹏：《传播学基础：历史、框架与外延》，中国传媒大学出版社2006年版，第21页。

④ 罗贝贝、王晓江：《内向传播的社会性与文化性探讨》，《新闻前哨》2019年第6期。

司马牛问君子。子曰："君子不忧不惧。"曰："不忧不惧，斯谓之君子已乎?"子曰："内省不疚，夫何忧何惧?"（《论语·颜渊》）

《论语》中的"内省"是对自我言行的审视，包括与人相处、个人品格、学习态度等等，真正做到"内省不疚"，说明在自我审视上已经达到至臻完善，方可称为"君子"。"要完成自我人格的升华，由俗人向圣人转化，首先需要道德认知，其次以这个认知来观照自己，最后得到自醒的目的，是谓'内省'。"[①]然而孔子仍然意识到，并不是所有的人都具备主动检查自我的意识和能力：

子曰："已矣乎！吾未见能见其过而内自讼者也。"（《论语·公冶长》）

可见，尽管回想并不难实现，但正视自己的错误并加以自我批评却难以做到，非圣人君子难成之。对此，孔子提供了一种帮助自省的方法：

子曰："见贤思齐焉，见不贤而内自省也。"（《论语·里仁》）

孔子提出的建议是，把他人作为标杆来衡量自我的言行，学其长避其短，以此来激励和启发自我。这种"以人为镜"的修身方法，"把别人当作镜子，时时照见自己，肯于这样做的人必然寡过"[②]。

可以说，《论语》对内省的内容、方法、现状都有所提及。"内省"作为"克己"的一种方式，成为实现自身达"仁"的重要方法。不似西方在"内省"理论中强调借助其克服困难，《论语》中的"内省"更具有日常反思、检视的性质，成为一种常规的道德约束途径，其道德核心是"仁"；而"礼"则是最终可以达成的社会规范。"实践体现仁德的'礼'需要克制自己，体现了孔子对道德建设规律的认识。"[③]

---

① 谢清果：《儒家"修身为本"的内向传播意蕴考析》，《吉林师范大学学报（人文社会科学版）》2018年第3期。

② 孔健：《阳光下的孔子——孔子与大众传播学》，中国民主法制出版社2009年版，第178页。

③ 王恩来：《人性的寻找》，中华书局2016年版，第50页。

四、小结:《论语》中循序渐进的内向传播过程

由此可以看出，孔子在追求一个“一以贯之”的道德目标过程中，通过自我认识来达成“礼”，通过自我互动和自我觉醒来达成“克己”，最终实现“克己复礼为仁”的目的。这一过程包含了层层递进的自我认知阶段，强调内向传播对于“成仁”的重要作用。这一过程可用图 1–1 来简要表示：

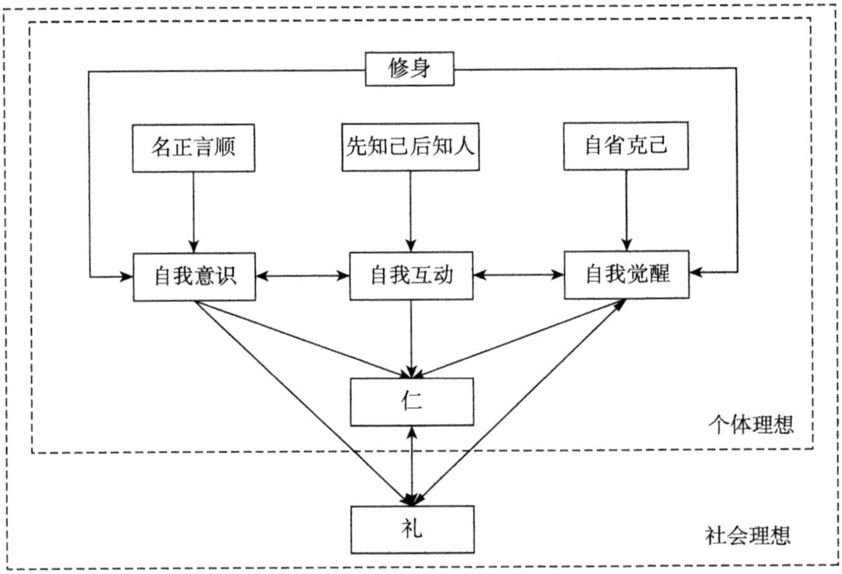

图 1–1 《论语》内向传播思想图示

在《论语》体现的内向传播思想中，自我意识、自我互动、自我觉醒三者是层层递进的，自我意识是自我互动和自我觉醒的意识基础，认识到“自我”是一个个体得以“立”的认知根底。在自我意识层面，出现了“主我”与“客我”的区分，“主我”与“客我”的双向互动形成了自我互动的两大主体，“客我”对“主我”的反映内化构成了自我觉醒的起点。

反过来，自我互动和自我觉醒的进行也在不断加深对自我的认知。自我互动使得“主我”与“客我”不断进行动态交流，“我”的概念在与社会的互动中越发明晰，“我”所处的社会角色和“名正言顺”的社会要求逐渐多样化，“我”逐渐具有社会属性。同样，自我觉醒的反省过程是“客我”对“主我”的不断打磨和升华，“我”在自省的过程中渐渐趋于理想化，促使“我”践行“爱人”的思想，达到“仁”的君子化的个体理想，并在社会的推广和规范下最终由点及面地实现“礼”的社会理想。

这一过程中，既有内向传播社会心理学阶段的横向渐进，也有传播效果的纵向扩展。可以说，孔子是怀有崇高的社会理想的，“修身”达到的“仁”和“礼”用以实现“君子”这一理想化人格，而“天下”的“仁”和“礼”才是内向传播不断外化的最高境界。

第三节　《论语》内向传播思想的特点

基于以上，结合《论语》所诞生的时代背景，笔者认为《论语》中的内向传播思想具有以下三个特点：

一、以“礼”为本的封建统治色彩

尽管《论语》中内向传播的最高目标是“仁”，但仍然不可逾越“礼”的约束。换而言之，只有符合“礼”标准的言行才有可能成“仁”，个人要永远处于社会礼制之下。在春秋战国背景之下，礼崩乐坏，朝纲不稳，的确需要建立礼制以恢复秩序。但放在当下而言，法治逐渐取代人治，恪守成“礼”反而有可能成为限制创新的阻碍。

当然这一封建色彩具有较强的社会关联性。孔子当时目睹了春秋战国时期诸侯割据混战、社会礼崩乐坏的现实，稳定与统一成为最大的社会诉求，社会对封建集权统治有着较大的需求；而“礼”就是封建统治规范的思想工具，尊卑有序的等级制度成为社会稳定的基础。

现代社会的“礼”逐渐内化进社会约定俗成的礼仪中，有了新的解读。“礼制”逐渐发展成为“法治”，社会等级虽然仍旧存在，但更多强调个人的发展和自由，“民主”成为更大的社会稳定前提。“礼”作为中华传统文化的一部分，以无形的道德和有形的仪式被保留下来，而不再是禁锢思想的工具。

二、强调社会互动之下的自身互动

尽管在《论语》中有“为仁由己，而由人乎哉”（《论语·颜渊》）的语句，但不难看出，孔子多在强调与他人的互动中学习和完善自我。很多时候，单纯靠自我的感悟很难做到清醒、客观地认识自我，而当有他人作为对照时，自身的优缺点得以在一定程度上放大，进而有利于个人的“修身”之为。从某种程度上来说，这也是在强调内向传播与人际传播的紧密联系，二者是相互映照、相辅相成的。

孔子在《论语》中体现出极高的社会理想，“修身”这一内向传播过程作为“齐家治国平天下”的人际传播、家庭传播、组织传播、公共传播等传播活动的基础，具有相当高的社会属性。不论是“见贤思齐”还是“不患人之不己知”，都是基于建设仁爱礼制社会理想之下的自我要求。因此，社会互动被特别强调出来，内向传播的社会功能被特别体现出来。

作为儒家的开山宗师，孔子崇高而有远见的理想境界使得儒学可以在之后的发展中作为“国学”而存在。个体是为社会而服务的，提倡舍小我而成大我的献身精神，是实现儒家理想社会的道德基础。

三、层层递进的内向传播思想

如上文所述，在《论语》的内向传播体现中，存在着正确定位自我、与自我互动、检视反省自我这一层层递进的过程，而每一过程都带有浓厚的儒家思想色彩和特点，从“正名论”到“先知己后知人”再到“自省克己”，都有着儒家“克己复礼为仁”的思想痕迹。在当下而言，这些思想仍然存在可以借鉴的空间，用以指导现代生活中的自我修养提升与教育。

定位自我以“立”，是内向传播的意识基础；有了自我意识之后才能形成自我互动的主体——“主我”与“客我”，而这二者的互动又是自我觉醒的结构基础。最终，自我觉醒强化了自我互动和自我意识，使得内省传播完成了对于“仁”和“礼”的完整的内化过程。这三者相互映照、相互促进，形成了环环相扣、层层互联的内向传播思想结构。

这种递进式的结构为有效的内向传播提供了用以实践的范式，为现实中的自我传播路径提供了可以操作的可能。

总体来看，“克己复礼为仁”这一思想主线以及“仁”的价值核心无一不贯彻、渗透进《论语》的内向传播思想中。“名正言顺”是“礼”的开端和最基本要求，是自我意识阶段的目标；“先知己后知人”是自我互动的前提，“知己”的自我互动是“知人”的社会互动的先行基础；“自省克己”从道德层面进行自我的升华，以达到“君子”的思想道德要求，真正实现“仁”。

《论语》中蕴含着深厚的为人处世之哲理，也为修身成仁提供方法和途径。尽管内向传播并不作为《论语》的主要传播内容，但其作为人际传播、公众传播等一系列传播活动的基础，对于儒家思想的普及与延续起着本源性作用。

在当代社会，儒家“克己复礼为仁”这一实现自我升华的思想，仍然有着重要的实践和发展意义。现代化的网络社会中，媒介讯息爆炸式增长，真假难辨，这就要求媒介的使用者拥有越来越高的媒介素养，可以对信息做出及时的反应和辨别，而这一判断和选择过程就需要内向传播起作用。儒家的内向传播思想为这一过程提供了可供参考的“仁”和“礼”的标准，也提供了“克己”“内省”等提高媒介素养的方法路径。在现代社会，儒家思想的精髓是促成和谐社会道德素质的重要组成。

（刘婉宁 谢清果）

第二章　道进乎技:《庄子·养生主》的内向传播思想

作为道家学派的重要代表人物，庄子的哲学思想对后世产生了十分深远的影响，其中《养生主》一文中所阐述的养生思想更是对后来中医中的养生理念产生了很大的影响，尤其是庖丁解牛的故事更是被列入中学课本进行广泛的学习。本章将着眼于庄子思想著作中的《养生主》一文，尝试从内向传播的角度分析庄子的养生思想，阐明其思想实际是历经自我认识、自我互动，最终实现自我超越。

第一节　庄子内向传播研究回顾

华夏传播学是自20世纪70年代末传播学传入中国而逐渐兴起的一门本土传播学。从最初的以海外华人学者为研究的中流砥柱到现在越来越多的国内外年轻学者参与其中，至今已有40年的历史了。那么华夏传播学研究的具体内涵是什么呢？关于这一问题，黄星民教授在《华夏传播研究刍议》一文中从时间范围、研究对象以及研究的内涵三个层次对其进行了解读："华夏传播研究是对中国传统社会中传播活动和传播观念的发掘、整理、研究和扬弃。"[①]华

① 黄星民:《华夏传播研究刍议》,《新闻与传播研究》2002年第4期。

夏内向传播作为华夏传播学研究的一个重要分支，同样是建立在“传播学研究本土化”的基础上，是专门针对中华文化自身传播智慧的研究。

一、华夏内向传播研究文献回顾

关于华夏内向传播的研究主要集中在对儒家、道家、释家三家思想的解读上，其中主要的研究成果有以谢清果为代表的对儒家的“慎独”和“中庸”、道家的“见独”、佛教“心性论”以及从内向传播的角度对《庄子》一书中“梦文化”的解读。从最初的“阅历即优势”[①]以老子的《道德经》为切入点开启华夏内向传播研究到慢慢地形成自己的知识和理论体系，在其所撰写的《我与华夏传播学体系的建构（中）——以“华夏内向传播”理论提出的过程为例》一文中，作者讲述了自己的华夏内向传播研究历程，并且提出了“华夏内向传播是华夏传播学体系建构的基石更是华夏传播学的特质所在的观点”[②]。和谢清果一样从内向传播的角度对老子的《道德经》进行解读的还有汪振军和杨利贞，除此之外，杨伟、王平、董方霞等学者的研究对道家的传播观、儒家的传播思想也略有涉及。整体来看，关于华夏内向传播的研究较少，研究对象也比较局限，还有很多的新领域等着我们去探索。

二、庄子《养生主》的文献回顾

庄子的《养生主》被称为是庄子内篇中最粗略的一篇，但还是有很多学者对其中的思想内涵进行了大量的探究。关于庄子的《养生主》一文的学术研究主要集中在对文本内容的分析和由此衍生出来的对庄子的生命观以及养生思想的研究上，如赵景飞在《〈庄子·养生主〉之庖丁解牛新论——从“观其间理”到“游刃有余”的生命解悟之途》一文中就从“物”与“理”、“人”与“道”的角度对庖丁解牛的故事进行了进一步的阐释。张郑波的《辨析〈庄子·养生主〉的养生观》一文则在总结分析庄子养生观的基础上对其进行了进一步的辩证分析。

---

① 谢清果：《我与华夏传播学体系的建构（中）——以“华夏内向传播”理论提出的过程为例》，《广西职业技术学院学报》2019 年第 6 期。

② 谢清果：《我与华夏传播学体系的建构（中）——以“华夏内向传播”理论提出的过程为例》，《广西职业技术学院学报》2019 年第 6 期。

三、庄子内向传播研究回顾

关于庄子内向传播思想的研究主要是着眼于庄子的整体思想而不是具体的文本内容。通常在研究《庄子》一书或道家思想时有所涉及，整体来说，关于庄子内向传播的研究文献较少。最具代表性的学者有谢清果，其所著的《内向传播视域下的〈庄子〉“吾丧我”思想新探》《自我与超我的蝶变——内向传播视角下的庄子之梦新探》《道家内向传播的观念、路径及其目标》已经成为庄子内向传播研究中的必读之作。由上也不难看出，关于庄子内向传播的研究主要还是包含在对道家整体传播思想的研究中，进一步细分的专门针对庄子内向传播的研究相对较少。

第二节 《养生主》的养生之道

庄子内篇中的《养生主》主要由三个故事组成，分别是“庖丁解牛”“公文轩问右师”“秦失吊丧”。采用总分的结构模式先在第一部分总述了养生的三个原则和三个层次。“三个原则是：绝智止殆，超越有涯；超越名刑，超越善恶；因循大道，顺应自然。三个层次是：全生、养身、尽年。”[①] 在第二部分，主要叙述了三个故事，第一个故事是“庖丁解牛”，故事叙述了庖丁解牛的三个层次，从刚开始宰牛时的“所见无非全牛者”，到三年之后的“未尝见全牛也”，再到后来的“以神遇而不以目视，官知止而神欲行”。庄子以庖丁解牛比喻人的养生，说明处世、生活都要“依乎天理”“因其固然”，而且要“以无厚入有间”，方能“游刃有余”，从而避开是非矛盾的纠缠，达到全生的目的。[②] 第二个故事“公文轩问右师”，通过公文轩和右师之间的一问一答，表达出了右师的养生观念。“泽雉十步一啄，百步一饮，不蕲畜乎樊中。神虽王，不善也。”草泽中的野鸡走十步啄一口食，走百步喝一口水，却不希望被畜养在笼中，在笼中虽然神气健旺却不自由。养生的重点不在于养育肉体而在于养育精神。最后一个故事是“秦失吊丧”，“适来，夫子时也；适去，夫

① 陈怡：《〈庄子内篇〉精读》，高等教育出版社2013年版，第85—86页。
② 陈怡：《〈庄子内篇〉精读》，高等教育出版社2013年版，第86页。

子顺也。安时而处顺，哀乐不能入也”，陈述了一种更高的境界：“超越生死”即养生的最高层次“尽年”。烛薪终究会燃烧殆尽，但是火的传承却永远不会穷尽。一个人所创造的价值就是他生命的延长。三个故事看似独立，但其实互相联结。“庖丁解牛”告诉我们要保全自己的肉体生命，不要轻易让它受到伤残。“公文轩见右师”告诉我们如果我们的肉体生命受到了伤残，也不要绝望，精神生命的重要性要远远高于肉体生命的保全。“秦失吊丧”则说明，人最终都要面对死亡，我们应该顺应自然，直面死亡，我们的生命虽然结束了，但是我们所创造的价值生命却会一直流传下去。①

“吾生也有涯，而知也无涯 。以有涯随无涯，殆已！已而为知者，殆而已矣！为善无近名，为恶无近刑。缘督以为经，可以保身，可以全生，可以养亲，可以尽年。”② 作为《养生主》中最关键的一段，对于我们理解全篇起着非常重要的作用。“生命是有限的，而知识是无限的，用有限的生命去追求无限的知识，真的是危险啊！”在表达了养生的重要性和必要性之后，该段阐述了庄子的生命观，即人的生命可以分为肉体的生命、精神的生命、价值的生命。而庄子的生命观又进而影响了他的养生观，养生不仅仅只是肉体生命的养生，更是精神生命和价值生命的养生，养生不仅仅只是养形，更要养心和养神。

总的来说，庄子的养生观可以阐述为，以“游心”③ 为基础，即顺应自然，达到“心灵自由”“逍遥自在”。但是“心灵自由”不代表“为所欲为”，“逍遥无为”也不代表真的一事不为。“逍遥”和“自由”更多指的是一种内心的朴素和自然。也就是说，在养生之前我们要有一个自然、平和的状态。但是“游心”并非是一个容易达到的状态，正如庖丁初解牛时“所见无非全牛者”，有时并非是我们不想顺应自然规律，而是因为顺应自然规律是基于对事物本质的了解。因此，我们在顺应自然的过程中还应该注意人和社会的和谐统一，注意了解洞察事物的本质规律。 只有如此才能做到“是以十九年而刀

① 陈怡：《〈庄子内篇〉精读》，高等教育出版社 2013 年版，第 99 页。

② 陈怡：《〈庄子内篇〉精读》，高等教育出版社 2013 年版，第 99 页。

③ 张郑波：《辨析〈庄子·养生主〉的养生观》，《青年作家（中外文艺版）》2010 年第 2 期。

刃若新发于硎”。“养形”和“养神”是建立在“游心”基础上的，两者都是为了让我们能够更好地顺应社会，达到“逍遥游”的状态。“养形”即保养形体，“养神”即保养精神，庄子的养生观强调“养形”“养神”缺一不可，提倡“神形并重、内外兼养”[①]的养生思想。正如篇名“养生主”，“主”即“大道”，养生的过程其实就是一个追求“道”的过程。正如“庖丁”所言“臣之所好道者也，进乎其技”，只有遵循“道”才可层层递进达到最高境界，参透事物的本质和规律。

第三节 《养生主》的内向传播理路

内向传播，指的是个人接收外部信息并在人体内部进行信息处理的活动。[②]其重要意义就在于通过自我传播，我们能够认识自己、改造自己，达成自我实现。胡正荣在《传播学总论》中提出“内向传播的核心其实是自我管理，而从某种程度上来看，这其实就是一个认识自我、完善自我的过程”[③]。基于以上论述我们不难发现，内向传播对于个体的意义首先是认识自己。学者于丹在《〈庄子〉心得》一书中讲道：“庄子始终保持着对自我清醒的审视。从物理意义上人生的状态，到精神意义上人生的境界，庄子始终保有清醒的观照。”[④]就《养生主》一文中庄子的养生观而言，这种自我审视不仅仅只是生理上的认知，还包括心理上的认知。“养生”，“生”即生命、生存、生长，不仅只是肉体的生命，更是精神和生命价值的生命。只有先知晓“生”的含义才能更好地对其进行养护，而这个过程就是“认识你自己”的过程。基于对自我的认知并结合外部信息的反馈，个体开始在人体内部进行信息处理，通过自我审视、自我分析、自我反思，个体开始调整自我的思想和行为以达到“主我”和“客我”之间的相对平衡，个体在这个过程中完成了自我互动并在此过程中实现了自我提升和自我完善，达成了自我实现。而在不同的文化背

① 孟娜：《简论庄子的养生思想》，《管子学刊》2016年第2期。

② 郭庆光：《传播学教程》，中国人民大学出版社1999年版，第73页。

③ 胡正荣：《传播学总论》，北京广播学院出版社1997年版，第125—126页。

④ 于丹：《〈庄子〉心得》，中国民主法制出版社2007年版，第37页。

景下，由于个体文化价值观和整体文化价值观的不同，个体对于自我实现的追求也存在着一些差异。

一、认识自己：由目有全牛到目无全牛的转变

认识你自己，参考心理学中个人认知的过程，胡正荣将内向传播概括为五种形式，即感觉与知觉、记忆、思维、想象、情绪和感情。以“庖丁解牛”为例，庖丁从最初的用眼睛观察、用感官感受到后来的用“意念”解构，其实就是一个内向传播的感知与记忆、思维与想象的过程。从“有形”到“无形”并非是庖丁主观臆造的，而是基于对客观存在的“全牛”进行加工的结果。首先是人脑对存在的事物最直观的感知，比如全牛的各个部位的大小、位置等等，这往往是基于事物的外在形象，在内向传播过程中这应该属于一个输入的过程。在感知的基础上，人会对自己所观察到的、感受到的信息进行内部加工，也就是记忆和思维的过程。最终输出的结果就是庖丁关于全牛的想象。除了信息的加工、处理和输出外，在这个过程中也贯穿着情绪和感情的变化，也就是庖丁从最初的面对牛时的“所见无非牛者”到后来的悠然自得、心满意足。

庄子以“庖丁解牛”的过程比喻我们人养生的过程，无论是从技术层面来看还是从哲学层面来看，其之所以能够达到“神遇而不以目视，官知止而神欲行”的境界，关键就在于其“依乎天理”。也就是说他对牛的天然生理结构足够了解，即便不用眼睛观察，他的心神都可以感受到牛的骨肉、经络的结构所在。正如养生先要认识自己的身体，包括自己的体质是否虚寒等等，才能有针对性地提出疗养方案。对生理自我的认知其实就是“认识你自己”的一部分，也就是自我意识的一部分。正如右师面对公文轩“为何你只有一条腿”的提问，能够非常淡定自若地回答道：“天也，非人也。天之生是使独也，人之貌有与也。以是知其天也，非人也。”说明他能够十分坦然地面对和接受自己的身体。这除了是对自己身体状况的生理认知之外，更多的其实是一种情感上的自我认知。在经历了“名刑”，当过高官却也失去一条腿之后，他不被生理上的缺陷所伤，而是超越肉体上的磨难，选择追求精神上的自由。“为善无近名，为恶无近刑。”不要都将名看作好事，不要都将刑看作坏事。

虽说要“百步一饮，十步一啄”但是他却不愿被困于牢笼中，而是选择追逐自由。虽然只有一条腿，但是他却自尊、自爱，有自我追求，不自卑，显示出了博大的胸襟和宽广的胸怀。如果自我认知在“庖丁解牛”和“公文轩问右师”中表现出的是对生理和情感的认知，那么在“秦失吊丧”中则体现为“适来，夫子时也；适去，夫子顺也。安时而处顺，哀乐不能入也”的智慧。正是因为意识到了生命是有限的，但是生命的价值和意义是无限的，所以我们才能超越生死，达到养生的最高层次：“价值生命”的养生。同时，也说明认识自己是我们实现自我互动和自我超越的重要基础和前提。

二、自我互动：精神与肉体合一的过程

米德在符号互动论中提出了“自我”可以分为“主我”和“客我”。“主我”是“自我”的积极主动的方面，对情境要求做出直接反应，允许行动中出现新的行为方式。“客我”是个人对在相互作用情境中形成的关系的掌握，是“自我”因循守旧、合乎习惯的机体，由他人的态度形成，作为人自己行为的指导，代表了对“主我”的活动进行监督的一种规范，人的任何行为都先由“主我”的冲动引发，然后很快地受到“客我”的限制，“主我”是行为的动力，“客我”是行为的方向。[①]

布鲁默作为现代象征互动理论的集大成者，由他提出的“自我互动理论”就提到人在将外在事物和他人作为认识对象的同时，也要把自己本身作为认识的对象。在这个过程中，人能够认识自己，拥有自己的观念，与自己进行沟通或传播，并能够对自己采取行动。[②]“自我互动”本质上就是一种个人与他人间社会互动行为的内在化。

无论是“主我”与“客我”还是“自我互动论”都充分说明了人内传播是一个互动性和社会性的过程。就好比养生，人人都希望有一个平和、朴素、自然的心态，希望与世无争、逍遥自在。但事实是，人是社会性的动物，我们生活在这世上难免为外物所束缚。“处世”即是生活中必不可少的一部分。正如庄子养生观的第一个层次即对“肉体生命”的保养。“良庖岁

① 贾轶峰、李洪波、扈文华：《行为科学词典》，山东人民出版社 1994 年版，第 129 页。

② 郭庆光：《传播学教程》，中国人民大学出版社 1999 年版，第 79 页。

更刀，割也；族庖月更刀，折也。今臣之刀十九年矣，所解数千牛矣，而刀刃若新发于硎。”优良厨师一年换一把刀，普通的厨师一个月换一把刀，而庖丁用了十九年的刀刀刃却像刚刚磨的一样。这中间的不同就在于优良的厨师用刀割牛，普通的厨师用刀砍牛，而庖丁却是根据牛的自然结构去解剖牛，刀虽然只是微小的移动，牛却豁然分解。这也阐明了洞察和遵循自然规律的重要性，先有洞察后有遵循。庖丁之所以技艺如此高超就在于他进行了勤奋的练习和实践。他的“技”达到了最高境界，已然是“道”了。“技”与“道”其实是一个互相促进的过程，就好比是“主我”和“客我”的关系。作为意愿和行为主体的“主我”和作为他人社会评价与社会期待的代表的“客我”二者其实是相互影响和推进的，“客我”可以促使“主我”发生新的变化，“主我”反过来也可以改变“客我”，两者不断互动以形成新的自我。[①] 正是因为长期努力地积极“处世”，庖丁才拥有了高超的技艺；在内向传播的过程中，庖丁正是因为顺应了自然，注意人和社会之间的协调和统一，“自我”才可以不断地进步。譬如养生，“肉体生命”的养生和“精神生命”的养生的内外协调统一是十分重要的。“肉体生命”就如“客我”，“精神生命”就如“主我”。在“处世”的过程中我们要注意“肉体生命”的保全，不要使其受到伤残，唯有如此，我们才能更好地追求自身的“精神生命”，甚至是“价值生命”。

三、自我实现：道进乎技的境界生成

需求引发动机，动机引发、指引、激励行为进而推动个体实现目标。动机的产生既需要有外部的诱因又需要有内部的需求，即内外部的同时刺激。而根据内向传播理论，传播是一个内向过程，人们无论接受内在或外在刺激都要经过人格、价值观、知识、信仰和态度的过滤，从而使它有意义。庄子养生观的形成就是一个内外刺激共同作用并经由人格、价值观、知识、信仰和态度过滤的典范。世间难免有许多的是非纠缠、善恶名刑，小聪明是无限的，但是生命是有限的。若想实现“自我超越”，要么就像庖

---

① 郭庆光：《传播学教程》，中国人民大学出版社 1999 年版，第 79 页。

丁一样修炼技术，遵循“大道”，直至游刃有余、怡然自得；要么就像右师一样接受现实，不受名刑阻碍，追求精神的自由；或者是像秦失一样直面死亡，超越生死。

根据马斯洛的需要层次学说，人的需要由低到高可以分为：生理需求（Physiological needs）、安全需求（Safety needs）、爱和归属感（Love and belonging）、尊重（Esteem）、自我实现（Self-actualization）五类。这其实和庄子养生观中所追求的肉体生命、精神生命、价值生命三个层次的养生有着异曲同工之妙。在马斯洛的需要层次学说中，高层次的需要是在低层次需要得到满足之后逐渐产生的，从低到高的层次需求是一个循序渐进的过程。然而，正如蔡继红在评述马斯洛需要层次学说时所说的，不同的民族文化有不同的价值需求，正如有的文化以物质需求为主导，有的文化以精神需求为主导，这就可能导致马斯洛的需要层次学说在不同的文化中有不同的层次和结构的变化。[①]而这个说法在庄子的养生观中就得到了验证，首先是肉体生命的养生和精神生命的养生，二者都属于自我实现的需求。但不同的是在庄子的养生观中，二者的关系并不是先满足肉体生命的养生再去追求精神生命的养生，而是二者同时发生的。“泽雉十步一啄，百步一饮，不蕲畜乎樊中。”草泽中的野鸡，十步一啄，百步一饮。这是它自我实现的需求，包括生理满足、安全、归属感，以及自己寻找食物所带来的自我价值感等等。这些需求和不希望被关在牢笼中是同时发生的。单纯的食物和水并不能使野鸡满足。右师所追求的不仅仅只是肉体生命的满足，还有精神生命的满足。在马斯洛的需求层次学说中，一个人最高层次的需求就是自我实现，这种自我实现是指实现自我理想或者是自我个性的发展，在庄子的养生观中自我实现主要表现在对价值生命的追求上。“指穷于为薪，火传也，不知其尽也。”即一个人的肉体生命虽然结束了，但是他所创造的价值却流传了下来。《养生主》中所阐述的“可以保身、可以全生、可以养亲”的养生追求其实就是人生所追求的三个不同层次的目标。“保身”即生理需求和安全需求，“全生”即爱和

① 蔡继红：《马斯洛需要层次学说述评》，《理论界》2011年第2期。

归属感以及尊重，“养亲”即自我实现。这种目标和追求层层推进，最终实现自我超越。达到淡然看待“刑”与“名”，不畏惧生死的境界，达到真正的“道”。

养生一直以来都是一个经久不衰的话题，其不仅仅只是“肉体生命的养生”更是“精神生命”甚至是“价值生命”的养生。“养身”又“养心”，只有内外协调统一才能实现真正的养生，达到“道”的境界，而这就注定了养生和内向传播之间千丝万缕的联系。只有顺应自然规律，注意人与社会的协调统一，才能“游刃有余”，避开是非矛盾的纠缠和困扰。

（左汝娇　谢清果）

二

华夏人际传播的观照

第三章　角色扮演：戈夫曼戏剧理论视域下的刘姥姥进大观园

《红楼梦》是我国古典小说的巅峰之作，小说对中国传统社会中的人情世故进行了极其细致而深入的刻画。本章以《红楼梦》中刘姥姥初入、二入贾府的片段为研究对象，尝试以西学中用的方法，以戈夫曼戏剧理论的视角针对刘姥姥的人际传播活动进行个案分析，探究刘姥姥在人际传播活动中所进行的角色扮演及相关策略。

第一节　《红楼梦》中的人物及其互动研究

作为中国古典小说之首，《红楼梦》一书刻画了形形色色、特色鲜明的人物，向读者展现了庞大、复杂而又极为精巧的人际空间结构，集中展现了中国古代的人际互动行为。其中，刘姥姥一角“以村野鄙人的配角之姿，却俨然有比肩，甚至凌驾于十二金钗之势，正因为如此低俗的边缘处境，造成与贾府与大观园之间的奇特冲撞，在高反差的情况下反而激射出饶有深度的火花”[①]，给人留下了极为深刻的印象。如此一个小小人物，其魅力究竟从何

① 欧丽娟:《〈红楼梦〉中的“狂欢诗学”——刘姥姥论》，参见欧丽娟《红楼梦人物立体论》，里仁书局2006年版，第375页。

而来？细读红楼便不难发现，刘姥姥前两次进入贾府期间的言行举止与各种人际传播活动均体现了强烈的个人特色，看似憨态十足，实际暗含玄机。

国内外对于《红楼梦》一书的研究始终处于繁荣发展的状态，其研究范围包括考证索引、文本艺术性研究、作品思想解读、人物角色评析等。

一、红楼人际互动研究现状

当前，学界对于《红楼梦》书中人际互动的研究主要分为三个方面：

一是从会话、语用的角度对小说中的人物语言进行分析，例如孙爱玲的专著《〈红楼梦〉对话研究》[①],以及此后的一些文章如张媛媛《会话含义理论指导下的〈红楼梦〉人物语言的语用分析及翻译》[②]、陆梅《文学作品中的语用隐含初探——以〈红楼梦〉为例》[③]、王德福《宝玉挨打后的会话结构分析》[④]等。

二是对书中的人际言语行为进行梳理与分析，例如：张平《〈红楼梦〉中詈骂言语行为的研究》[⑤]、王琴《〈红楼梦〉骂詈语》[⑥]均对《红楼梦》中的骂詈语进行了深入的研究；杨宁《从语用含意与人际交往原则的角度赏析〈红楼梦〉片段》[⑦]运用语用学中保尔·格赖斯（Herbert Paul Grice，1913—1988）的合作原则及杰弗里·利奇（Geoffrey Leech，1928—2014）提出的礼貌原则理论对《红楼梦》的一些经典人物对话进行分析；陈毅平《人际关系对称呼语使用的制约——以〈红楼梦〉会话为例》[⑧]结合《红楼梦》会话,讨论与人际关系密切相关的身份、地位等客观因素和态度、动机等主观因素对称呼语使用的制约作用；刘晓玲《人际关系管理理论视角下〈红楼梦〉委婉

---

① 孙爱玲：《〈红楼梦〉对话研究》，北京大学出版社1997年版。

② 张媛媛：《会话含义理论指导下的〈红楼梦〉人物语言的语用分析及翻译》，广西大学硕士学位论文，2004年。

③ 陆梅：《文学作品中的语用隐含初探——以〈红楼梦〉为例》，《学术论坛》2008年第11期。

④ 王德福：《宝玉挨打后的会话结构分析》，《红楼梦学刊》2010年第1期。

⑤ 张平：《〈红楼梦〉中詈骂言语行为的研究》，广西师范大学硕士学位论文，2005年。

⑥ 王琴：《〈红楼梦〉骂詈语》，西南大学硕士学位论文，2006年。

⑦ 杨宁：《从语用含意与人际交往原则的角度赏析〈红楼梦〉片段》，《沙洋师范高等专科学校学报》2008年第6期。

⑧ 陈毅平：《人际关系对称呼语使用的制约——以〈红楼梦〉会话为例》，《湖北师范学院学报（哲学社会科学版）》2008年第1期。

语语用研究》[①]将《红楼梦》作为文本，以人际关系管理理论为框架，对人物话语中的委婉语进行了研究。

三是针对性地对书中的人际传播进行探讨，然而这方面的成果相对前两方面而言较少，例如：谢清果、杨芳《人际欺骗理论与〈红楼梦〉"茗玉雪下抽柴"故事》[②]结合人际欺骗理论具体分析了《红楼梦》中"茗玉雪下抽柴"故事的相关片段，并对此提出了思考；张婷婷《〈红楼梦〉中的人际传播研究》[③]对《红楼梦》中的人际传播问题进行研究，探讨了中国古代人际传播的结构及特点，并借此反思人际传播的本真；范舒灵《浅析角色理论视阈下的人际传播——以〈红楼梦〉为例》[④]借助社会学的角色理论，具体分析了林黛玉的角色特征及其所对应的人际传播行为。

二、刘姥姥人物研究

与其他主要人物角色相比，国内学界对于刘姥姥现有的研究并不多，大体上可概述为三类：一是关于刘姥姥人物性格的研究，如周静、周礼文《次要人物中出色的艺术典型——谈〈红楼梦〉中的刘姥姥形象塑造》[⑤]；二是关于刘姥姥一角在小说中所起的作用与意义的探讨，如刘永良《刘姥姥对人物性格的映衬作用》[⑥]、余洋洲《试析刘姥姥形象的意义——兼述红楼梦主旨》[⑦]等；三是从刘姥姥身上研究语言学和公关学问题，如高志忠《智慧艺术与现代公关——刘姥姥进大观园之我见》[⑧]、胡习之《刘姥姥三进荣国

① 刘晓玲：《人际关系管理理论视角下〈红楼梦〉委婉语语用研究》，上海外国语大学博士学位论文，2011年。

② 谢清果、杨芳：《人际欺骗理论与〈红楼梦〉"茗玉雪下抽柴"故事》，《闽江学刊》2016年第4期。

③ 张婷婷：《〈红楼梦〉中的人际传播研究》，安徽大学硕士学位论文，2016年。

④ 范舒灵：《浅析角色理论视阈下的人际传播——以〈红楼梦〉为例》，《东南传播》2018年第11期。

⑤ 周静、周礼文：《次要人物中出色的艺术典型——谈〈红楼梦〉中的刘姥姥形象塑造》，《铜陵学院学报》2002年第4期。

⑥ 刘永良：《刘姥姥对人物性格的映衬作用》，《内蒙古民族师院学报（汉文版·哲学社会科学版）》2000年第3期。

⑦ 余洋洲：《试析刘姥姥形象的意义——兼述红楼梦主旨》，《江西理工大学学报》2010年第4期。

⑧ 高志忠：《智慧艺术与现代公关——刘姥姥进大观园之我见》，《红楼梦学刊》2000年第1期。

府的言语交际学分析》[①]、刘丽莉《〈红楼梦〉刘姥姥进荣国府的会话含义分析》[②]等。

由以上文献综述可见，当前学界对于红楼梦中人际传播的专门研究尚较少，且未针对特定人物进行个案的分析，说明这一领域仍有深入探讨的空间。因此，本章将视线聚焦于刘姥姥一角，从传播学的视角，试图引入西方近现代经典理论并与中国传统社会相联系，主要结合戈夫曼的戏剧理论来解读刘姥姥的人际传播的过程及其中的言语、行为和策略。

第二节　戈夫曼戏剧理论及印象管理

作为符号互动论的第三代代表人物，在20世纪五六十年代，社会学家欧文·戈夫曼（Erving Goffman，1922—1982）于《日常生活中的自我呈现》一书中独创性地将戏剧语言引入了社会学分析，创立了“戏剧理论”（又称“拟剧理论”）。在戏剧理论中，戈夫曼借用戏剧表演的特有概念，生动形象地描述并概括了日常生活中人与人之间的面对面互动，即“当若干个体面对面在场时，彼此行为的交互影响”[③]。

戈夫曼的拟剧理论关注的是日常生活中人们如何运用符号预先设计或展示在他人面前的形象，即如何利用符号进行表演，并使表演取得良好效果。[④]在戈夫曼看来，人生犹如一场表演，世界是一个大舞台，人人都是戴着符号制作的“面具”的演员。在人际交往中，每个人都在某种特定的场景之下依照特定的角色要求打扮、包装自己，并尽量控制自己的一言一行，以期在观众面前呈现一定的角色特征。在这一过程里，观众看到的并非演员本身，而是演员所着力表现的角色；当表演结束时回到后台，演员又恢复本来的自我。

---

① 胡习之：《刘姥姥三进荣国府的言语交际学分析》，《阜阳师范学院学报（社会科学版）》2003年第4期。

② 刘丽莉：《〈红楼梦〉刘姥姥进荣国府的会话含义分析》，渤海大学硕士学位论文，2015年。

③ 〔美〕欧文·戈夫曼：《日常生活中的自我呈现》，冯钢译，北京大学出版社2008年版，“引言”第12页。

④ 芮必峰：《人际传播：表演的艺术——欧文·戈夫曼的传播思想》，《安徽大学学报（哲学社会科学版）》2004年第4期。

“不管个体心怀何种特定目的，也不管他怀有这种目的的意图何在，他的兴趣总是在于控制他人的行为，尤其是他们应对他的方式。这种控制主要是通过影响他人正在形成的情境定义而达到的。他能通过表达自己来影响这种定义，给他人留下这样一种印象，这种印象将引导他们自愿按照他自己的计划行事。”[①]戈夫曼认为，在人际互动中，人们总是在塑造某一种特定的印象，从而影响他人的态度和行为，这就是所谓的印象管理。印象管理在戏剧理论中有着重要的地位。对此，戈夫曼通过大量的经验材料对人们在日常生活中进行人际互动时采取的印象管理策略进行了描述与分析。宋林飞教授将印象管理策略归纳为四个方面[②]：

（1）理想化表演。理想化表演是指掩饰那些与社会认同的价值、规范不一致，或者与意图表现的印象不相符的行为，而表现出符合社会认同的价值、规范或既定角色要求的行为。其最突出的特征就是掩饰。

（2）误解表演。在表演过程中，表演者试图营造的印象有可能是真实的，也有可能是虚假的。使别人产生错觉，得到虚假印象的表演，即为误解表演。这种表演有时是善意的，有时是恶意的。

（3）神秘化表演。与观众保持一定的距离，以使之产生崇敬心理的表演，叫作神秘化表演。

（4）补救表演。戈夫曼指出，“人们不断地采取预防措施来避免情境定义发生崩溃的窘境，不断地用校正措施来补偿没能成功避免的窘困局面”[③]。这种用于应对一些预期之外的状况的表演行为，就是所谓的补救表演。

可以看出，戏剧理论虽为社会学理论，但是从本质上看，它与传播学研究尤其是人际传播研究领域有着很强的关联性。

---

① 〔美〕欧文·戈夫曼：《日常生活中的自我呈现》，冯钢译，北京大学出版社 2008 年版，引言第 3 页。

② 宋林飞：《西方社会学理论》，南京大学出版社 1997 年版，第 288—292 页。

③ 〔美〕欧文·戈夫曼：《日常生活中的自我呈现》，冯钢译，北京大学出版社 2008 年版，引言第 11 页。

第三节　刘姥姥的角色扮演意识与印象管理策略

每个个体都具有其独特的社会文化背景。因此，在人际交往中，传播者的外在形象、对话交流、肢体动作等传播活动往往表现出自身的丰富特征。

提起刘姥姥，许多人眼前都会不由自主地浮现出一个满头花朵、手舞足蹈的村野老妇形象。曹雪芹在书中写到，刘姥姥是来自“千里之外，芥豆之微，小小一个人家”（《红楼梦·第六回》）①的小人物，她少见多怪，言行粗笨滑稽、憨态十足，俨然一副小丑面貌，与贾府众人的高贵文雅形成了鲜明的对比，并在贾府和大观园中闹出了不少笑话，以至于“刘姥姥进大观园”久已成为一句人尽皆知的俗语。清朝张新之有云：“闲人幼读《石头记》，见写一刘老老，以为插科打诨，如戏中之丑脚，使全书不寂寞设也。”②

那么，刘姥姥其人是否真如文中所表现的那样，是一个傻瓜呢？以其前两次入贾府时的一系列表现，即其人际传播活动作为对象，便可一探究竟。

一、刘姥姥的角色扮演意识

在人际交往中，人与人之间的关系依其品质可分为三类：其一，“人格的”关系，即充分表现自我独特属性，并不断进行真诚交流以消除隔阂的高品质的亲密人际关系；其二，“次人格的”关系，即以各自的社会角色相联结起来的交往关系，在这种关系中，各人依照各自的角色行事，以维持关系的稳定；其三，“非人格的”关系，即基于利益相互利用的工具性的传播关系。③显然，刘姥姥在前两次进贾府时所进行的人际传播属于“次人格”关系的传播。换而言之，此时在人际传播过程中，她一直在有目的性地扮演某种角色。

在小说里，作者很早就提到“这刘老老乃是个久经世代的老寡妇”（第六回），之后又再次提及，“那刘老老虽是个村野人，却生来的有些见识，况

---

① 曹雪芹：《红楼梦》，中华书局 2001 年版，第 44 页。

② 张新之：《红楼梦读法》，参见朱一玄编《中国古典小说名著资料丛刊〈红楼梦〉资料汇编》，南开大学出版社 2012 年版，第 704 页。

③ John Stewart, *Bridges Not Walls: A Book About Interpersonal Communication*, New York: McGraw-Hill, 1999, p.36.

且年纪老了，事情上经历过的”（第三十九回）。冬日寒冷，生活难以为继之时，刘姥姥首先即是对女婿一家展现了自己的担当，带着板儿进城攀亲求生，正如汉乐府《陇西行》所云“健妇持门户，亦胜一丈夫”。她历经困难，先是见到了王夫人的陪房周瑞家的，当被问到今日是路过还是特来的，刘姥姥说：“原来是特来瞧瞧嫂子你，二则也请请姑太太的安。若可以领我见一见更好，若不能，便借重嫂子转致意罢了。”（第六回）这段话既给足了周瑞家的面子，又表明了来意。对此，脂砚斋批语云：“刘婆亦善于权变应酬矣。”[①]初次见到贾母时，她立刻想到一个奇特而巧妙的称呼并向贾母请安：“请老寿星安。”一声“老寿星”正中贾母作为富贵人家老太太对长寿、健康的向往，当即博得了其好感。此后，她与贾母的许多对话也表现得十分得体。刘姥姥有如此卓越的口才，在人际关系错综复杂的贾府中游刃有余，表明她实际上是一个“见过世面、饱经沧桑、世事洞明人情练达的人，富有心机而不露痕迹”[②]。

欧丽娟指出，刘姥姥的逗趣的过程中“充满一种‘扮演’的人工意味——亦即一种以自身本有之特质为基础，有进一步自觉地加以善用而刻意强调此一特质的‘自身扮演’”[③]。在大观园宴上，刘姥姥说“这里的鸡儿也俊，下的这蛋也小巧”。仔细一想，作为乡下农民，且是“久经世代”“有些见识”，难道刘姥姥当真不认得鸽子蛋吗？当王熙凤和鸳鸯为拿刘姥姥当“女清客”设计取笑一事向她赔罪道歉时，她却笑着说：“咱们哄着老太太开个心儿，可有什么恼的！你先嘱咐我，我就明白了，不过大家取个笑儿。我要心里恼，也就不说了。”（第四十回）

由此看来，对于自己的滑稽言行，刘姥姥心中是有清晰的认知的，一切都是刻意为之。可知，在贾府中进行互动时，刘姥姥始终保持清醒并不断地进行表演，不失为一名出色的演员。她“虽然身为来自乡野荒郊的小家村妇，

① 曹雪芹：《脂砚斋重评石头记·上》，天津古籍出版社2006年版，第51页。

② 黄涛：《刘姥姥新论》，《红楼梦学刊》1994年第3期。

③ 欧丽娟：《〈红楼梦〉中的“狂欢诗学”——刘姥姥论》，参见欧丽娟《红楼梦人物立体论》，里仁书局2006年版，第384页。

却又能纵横于富贵场中临机应变、游刃有余；既身在戏局之中，却又是洞察深刻的旁观者，能够灵蛇善舞地掌握人心之所向，并站在制高点上操纵谐笑的波澜，进而掀起勃发的高潮，小丑与傻瓜不过是她藉以挥洒世态、展现机锋的一种假面身份而已”[①]。

对于人际互动中的表演，戈夫曼认为，这一过程首先包括表演者对自己将要表现的角色和具体场景的领悟和理解，因为只有演员充分理解和把握了特定的角色及相应的要求，他才能把自己希望呈现出来的东西准确地传达给观众。[②]由此便需要追根溯源，探究刘姥姥此番表演的动机及其对于自己所将要扮演的角色的理解。

（一）角色扮演动机

身处于众人言行举止均万般讲究的贾府，刘姥姥自愿充当丑角，大出洋相，其动机为何？以美国心理学家威廉·舒茨（William Schutz）的“人际需求论”来看，其行为是有理可循的。人际需求论认为，人与人建立交往关系意在于满足人类的三种需求，即情感需求、归属需求和控制需求。其中，控制需求指的是影响他人和操纵事件的需要。[③]同样地，戈夫曼也强调：“当个体出现在他人面前时，他往往会有许多动机，试图控制他人对当下情境的印象。”[④]

早在刘姥姥初入贾府之前，小说中就已交代了事件的背景：“这年秋尽冬初，天气冷将上来，家中冬事未办。”（第六回）眼看着家中生活陷入困境，刘姥姥建议道：“当日你们和金陵王家连过宗的，二十年前，他们看承你们还好……他们家二小姐着实响快，会待人，倒不拿大。如今现是荣国府贾二老爷的夫人。听得说，如今上了年纪，越发怜贫恤老，最爱斋僧敬道……你何

① 欧丽娟：《〈红楼梦〉中的“狂欢诗学”——刘姥姥论》，参见欧丽娟《红楼梦人物立体论》，里仁书局 2006 年版，第 387 页。

② 黄建生：《戈夫曼的拟剧理论与行为分析》，《云南师范大学学报（哲学社会科学版）》2001 年第 4 期。

③ 〔美〕Rudolph F. Verderber，Kathleen S. Verderber：《人际关系与沟通》，曾端真、曾玲珉译，扬智文化出版公司 1996 年版，第 131—133 页。

④ 〔美〕欧文·戈夫曼：《日常生活中的自我呈现》，冯钢译，北京大学出版社 2008 年版，引言第 11 页。

不去走动走动？或者他还念旧，有些好处亦未可知。只要他发一点好心，拔一根寒毛比咱们的腰还壮呢。”不难看出，刘姥姥进贾府最直接的目的就是“打抽丰”，也就是向贾府寻求经济或物质的援助。要实现这一目的，就免不得要先取得贾府众人尤其是权力地位最高者——贾母的欢心，逗大家一乐。由此，在人际传播过程中，刘姥姥就不得不有意地逢迎，扮演一个特定的角色，以在对方心目中留下积极的印象，从而影响其对自己的态度、行为，实现自己的意图。

（二）角色定位

“由丑扮演的人物，无论是好是歹，必须带点滑稽性，或出语幽默，或扮相怪诞，或动作郎当，或行事诡奇，各有其招笑之处，或与众不同之点。人既然都愿笑口常开，因此丑角遂成了观众绝对欢迎的人物。”[①] 刘姥姥作为乡下的农民，本就与养尊处优的太太小姐们有着天差地别，对贾府众人而言是十分新奇有趣的，这也是贾府中人们欣赏她的最主要原因。因此，精于世故的刘姥姥自然利用了自己的优势，选择了在自身基础上加以夸张化，扮演一名丑角，决心在众人面前呈现一个见识短浅、言语粗笨的村鄙老妪的怪诞而滑稽的形象，博观众一笑。她的一言一行不仅仅是自然本性的表露，更是以他者为镜反观自己后，根据他者的需要来突显或张扬原有的特点。于是，刘姥姥“为了应景所需与投其所好，不但保有这份原属‘本色’的村野之趣，甚至还懂得在适当时机将此一‘本色’加以夸大，以制造更大的对比张力并产生更强的冲撞效果，让‘资笑’的功能发挥得淋漓尽致”[②]。

二、人际传播中的刘姥姥角色扮演策略

明确自我概念、充分理解了自身的角色及相应的要求后，演员刘姥姥便对自己的人际传播选择并采取了一系列的表演策略，以便将希望传达的信息传递给众人，其策略主要集中于内在的思想态度和外在的言语表达、非言语表达三个方面。

---

① 刘嗣：《国剧角色和人物：丑角》，百花文艺出版社 2013 年版，第 6 页。

② 欧丽娟：《〈红楼梦〉中的“狂欢诗学”——刘姥姥论》，参见欧丽娟《红楼梦人物立体论》，里仁书局 2006 年版，第 384 页。

（一）态度——放低姿态与自嘲

进行“次人格”关系的人际交往时，人对人的认识常常局限于社会角色所提供的价值标准之中。这些社会角色容易使人产生社会差别意识，产生人看人的尊卑等级定式。[①]

在贾府中，刘姥姥一见到贾母上来便赔笑“福了几福”，道：“请老寿星安。”（第三十九回）但实际上，刘姥姥本人甚至年长于贾母。此后的对话中对贾母、宝玉以及各位太太、小姐，甚至贾府中的各式器物、饮食、亭台楼阁的称赞、恭维不绝于口，其尊敬自是不用多加说明。除此之外，对于贾府的下人们，她也毕恭毕敬，十分谨慎。初次入贾府时，刘姥姥带着板儿来到贾府门前，先是“掸掸衣服，又教了板儿几句话，然后蹲在角门前”，观察了一会儿才壮着胆子上前去向坐在门上几个“挺胸凸肚，指手画脚的人”道了“太爷们纳福”，赔笑道自己要找周大爷，“烦哪位太爷替我请他老出来”。明明自己是老者，却尊称其为“太爷”，其态度何其低微。历经周折见到了周瑞家的以后，她又在恭维对方之中委婉地阐明自己的来意。（第六回）在大观园中，丫鬟琥珀拉着她走好走的石子路时，她仍坚持把路让出来给大家走，以免弄脏了姑娘们的绣鞋。（第四十回）二入贾府，当平儿进屋时，刘姥姥“忙跳下地来，问：‘姑娘好？’”（第三十九回）一个“跳”字便形象地刻画了刘姥姥动作之急，更体现了她对平儿的尊重。以中国传统文化来看，长者为尊，然而刘姥姥却从未秉持这样的想法，而是始终将自己置于弱势地位，以对方为尊，顺从、讨好对方。

不仅如此，在逗乐过程中，刘姥姥始终将自己作为嘲笑的对象来娱乐大众。在席间，她说自己“食量大如牛，吃个老母猪不抬头”，引得众人狂笑不止；凤姐给她插了满头的花时，她还笑道：“我虽老了，年轻时也风流，爱个花粉儿的，今儿老风流才好。”（第四十回）刘姥姥的种种谐语都将矛头对准了自己，对于他人来说是完全无害的，因此众人得以全身心地欣赏她的表演并沉浸其中。欧丽娟指出，“若以弗莱在《批评的剖析》一书中对嘲讽喜剧的

① 王怡红：《人与人的相遇——人际传播论》，人民出版社2003年版，第4页。

人物所区分的两类而言，刘姥姥乃是属于 eiron——一种自贬的、自我解嘲式的类型，虽然藉自我解嘲来表现幽默，却是有知识的人”，因此受到了大家的欢迎。①

（二）言语——多重话语技巧

言语是进行人际传播的一个重要而有力的工具。作为表演者，刘姥姥显然意识到了言语的重要性，并在人际传播实践中综合运用了多重话语技巧，展现了过人的人际传播水平。

1. 捕捉受众心理需求，度时而言

传播实际上是一个传播者与受众双向互动的过程。初见贾母，刘姥姥对贾母独特的称呼“老寿星”就令人眼前一亮。作为名门望族最高地位者，贾母有着诸多尊贵身份，荣华富贵已然达到了极致，唯独身体的健康与寿命是不可控的因素，也是其内心的渴望。在这时，刘姥姥称其为“老寿星”，传达的是对对方最真诚的祝福，完美契合了听者的心理，第一时间就赢得了对方的好感。

随后，晚饭后的“故事会”更加体现了刘姥姥出色的“审时度势”能力。（第三十九回）她讲的第一个故事发生在寒冷的冬天，地上积了三四尺深的雪，听到外面柴火响声，便“巴着窗眼儿一瞧，却不是我们村庄上的人”。说到这第一个悬念，她便突然停住了。贾母这时接了话：“必定是过路的客人们冷了，见现成的柴，抽些烤火去，也是有的。”刘姥姥一看，明白听众已经开始进入了自己的故事情境中，这才笑着继续讲述，说是一个十七八岁“梳着溜油光的头，穿着大红袄儿、白绫子裙儿”的极标致的小姑娘。白绫裙是夏天穿的单薄衣服，在此并不合时宜，但却营造了很强烈的戏剧冲突的张力。仔细一想，这个故事中的女孩形象其实就是以刘姥姥面前这群十几岁的女孩子们为原型构建出来的，如此一来，听众们发现故事中的人与自己或自己身边的人极为相似，便更容易被带入到故事中产生共鸣。所以当故事中断后，宝玉对这个女孩儿还念念不忘，两度追问故事的后续。

---

① 欧丽娟：《〈红楼梦〉中的“狂欢诗学”——刘姥姥论》，参见欧丽娟《红楼梦人物立体论》，里仁书局 2006 年版，第 385 页。

正讲着抽柴火的故事，马棚失火了，吓得贾母“忙起身扶了人出至廊上瞧”，“唬得口内念佛，又忙命人去火神跟前烧香”。火情得到控制后，宝玉想接着听刚刚的故事却被贾母制止了。于是，刘姥姥很快地捕捉到了其中的讯息，识趣地换了话题，讲起了另一个故事，说有一个九十多岁的老奶奶天天吃斋念佛，感动了观音菩萨，于是又得了一个聪明伶俐的孙子。不难看出，这段故事同样取材于贾府，故事中的老奶奶原型就是贾母，去世的孙子原型是宝玉的哥哥贾珠，而这后得的男孩便是宝玉。故事的走向与贾府之事如出一辙，虔诚之心感动菩萨的情节更是大大迎合了吃斋信佛的贾母和王夫人的心理，所以“连王夫人也都听住了”。

讲这两个故事时，刘姥姥虽为“信口开河”，但却绝非一味地胡编乱造，而是着眼于眼前的听众，依着他们的经历、兴趣和心理需求编造了他们爱听的故事，并在这个过程中不断控制讲述的节奏，观察听众的反应，时刻对自己的传播活动进行调整。因此，贾府的老老少少都听得十分入迷。

2. 言语夸张幽默，善用俗语

在小说中，刘姥姥的话语“俗谚语成串，比喻生动，用词别有情趣，满嘴的农村生活字眼，带有浓厚的乡土气息，就像她带来的水灵灵、脆生生的新鲜瓜菜一样，清新自然”①，给所有人都留下了难以磨灭的印象。

一进贾府时，王熙凤给了刘姥姥二十两银子，刘姥姥喜得眉开眼笑道：“俗语道：‘瘦死的骆驼比马还大些。’凭他怎样，你老拔一根寒毛比我们的腰还壮哩！”（第六回）这话说得既粗鄙又夸张，吓得周瑞家的在旁听见后，“只管使眼神止她”。二进贾府时，刘姥姥比上一次更加地收放自如。宴席上，拿起王熙凤和鸳鸯备下的镶金象牙筷，刘姥姥说道：“这叉爬子比俺那里铁锨还沉，哪里犟得过它？”逗得大家都笑了起来。一入席，她又高声道：“老刘老刘，食量大如牛，吃个老母猪不抬头！”一番话罢，众人更是笑得失了态。这些极为夸张的形容充满了幽默感，引来了一阵又一阵的笑声。此后行起酒令，刘姥姥说出的“是个庄稼人罢”“大火烧了毛毛虫”“一个萝卜一头蒜”“花儿

---

① 何士龙：《“俚言博笑”的刘姥姥》，参见何士龙《〈红楼梦〉语言美鉴赏》，中国地质大学出版社 1989 年版，第 95 页。

落了结个大倭瓜”等语同样充满了浓浓的泥土味儿，与其他人形成了鲜明的对比。（第四十回）这些村言俚语言虽有些粗鄙，但却十分生动形象，夸张的用词将喜剧效果推至最高点，显示了强烈的个人风格。

3. 言语礼貌得体，不吝赞美

正如前文所述，在贾府，刘姥姥的话语中大量使用了敬语，如尊称贾母为“老寿星”，对贾府里的丫鬟们都礼貌地叫一声“姑娘”；就连贾府最底层的看门人也称之为“太爷”，想请他们帮忙通报一声还用了“烦请”这样表示恭敬的礼貌语。

除了语言上的尊敬得体外，刘姥姥也从不吝惜自己的赞美。贾母说自己成日也就吃吃睡睡、和孙子孙女说说话罢了，刘姥姥立即说“这正是老太太的福了，我们想这么着不能”。（第三十九回）进了大观园，她说大观园“竟比那画儿还强十倍”，若能照着这园子画一张带回去给同乡人见见，“死了也得好处”；见了惜春，说惜春“这么大年纪儿，又这么个好模样儿，还有这个能干，必是个神仙托生的罢”；吃饭时说贾府的菜美味，“那怕毒死了，也要吃尽了”。一句句夸张的赞誉之辞给足了贾府众人尤其是贾母面子，说得听众们心花怒放。

（二）非言语——借助人体的多媒体传播

区别于言语表达，非言语表达即通过身体来传达信息的表达方式。戈夫曼指出：“在若干人相聚的场合，人的身体并不仅仅是物理意义上的工具，而是能够作为传播媒体发挥作用。”① 在人际传播中，非言语传播常常用于重复、强调言语讯息，具有巧妙的力量。② 刘姥姥显然深谙其道，并在自己的表演中频繁地运用人体的多媒体传播，通过自己的姿态与肢体语言增强表演效果。

朱光潜在谈及“诗与谐”时曾说：“尽善尽美的人物不能为谐的对象，穷凶极恶也不能为谐的对象。引起谐趣的大半介乎二者之间，多少有些缺陷而这种缺陷又不致引起深恶痛疾。最普遍的是容貌的丑拙。”③ 在小说中，王熙凤

① 〔美〕欧文·戈夫曼：《聚集现象的结构》，东京，诚信书房 1980 年版，第 108 页。

② 王怡红：《人与人的相遇——人际传播论》，人民出版社 2003 年版，第 100 页。

③ 朱光潜：《诗论》，生活·读书·新知三联书店 2014 年版，第 30 页。

把一盘子各色的菊花给刘姥姥横三竖四地插了一头，而刘姥姥并未如众人所言"拔下来摔到她脸上"，而是欣然以此作态逗笑，甚至戴着满头花逛了大观园。如此一来，这般反常的外形打扮便时刻透露着幽默的意味，在她之后每一次逗乐时都额外增强了逗乐的效果。

在宴席上说完"食量大如牛"一番话后，她便鼓腮不语，以表情神态与言语相结合，进一步丰富了自己的表演，将表演的喜感推向了顶峰。在这之后，她拿着沉重的筷子笨拙地夹鸽蛋，"在碗里闹了一阵，好容易撮起一个来，才伸着脖子要吃"，"闹""撮""伸着脖子"这一系列笨拙荒诞的动作传神地表现了刘姥姥的小丑形象，让人忍俊不禁。（第四十回）

从总体上来看，刘姥姥无论是姿态、表情还是行为之中，都充满了滑稽的意味，更加增强了其表演，形成了极佳的逗趣效果，可谓是"一个善于运用肢体语言来进行人际传播的高手"[①]。

三、刘姥姥的自我印象管理

在他人面前，个体常常会"按照一种完全筹划好的方式来行动，以一种既定的方式表现自己，其纯粹是为了给他人造成某种印象，使他们做出他预期获得的特定回应"[②]。表演过程中，刘姥姥始终十分注重自己的印象管理，具体体现为三个方面。

（一）理想化表演与误解表演

刘姥姥到了贾府主要的表演是少见多怪，常出憨相，大观园中的人们欣赏她的原因正在于此。[③]如前文所述，刘姥姥所意图塑造以及贾府众人想要看到的并非传统意义上符合社会主流规范的"理想人物"，而是一个没见过世面、诙谐滑稽的乡下老太形象，这便是刘姥姥在进行角色扮演过程中实际表现的理想化形象。为此，刘姥姥不惜刻意地扮憨装傻，塑造了一个与自身并

① 马经义：《刘姥姥的人际》，参见马经义《红楼论稿集》，四川大学出版社2017年版，第236页。

② 〔美〕欧文·戈夫曼：《日常生活中的自我呈现》，冯钢译，北京大学出版社2008年版，引言第5页。

③ 王昆仑：《刘老老是丑角吗?》，参见王昆仑《红楼梦人物论》，北京出版社2009年版，第118页。

不完全相符的角色形象，并成功地使众人沉浸其中。

（二）神秘化表演

在研究中，戈夫曼发现："人们不仅会对身份高的表演者感到敬畏和有距离，而且对身份低的或同等身份的表演者也会有这样的感觉。"[①] 对于贾府众人的言行举止，刘姥姥从未刻意地去趋从学习，而是始终保持了自己的"土气"，与众人保持了一定的距离，从而维护自己所塑造的角色形象。在与贾母等人聊天时，她深知众人饱读诗书，自是见多识广，唯独对乡间之事不太了解，便着意挑些大家从没听过的乡野奇事趣闻，甚至编出一些故事来讲给大家听。此时，在众人看来，刘姥姥是来自与自己迥乎不同的另一个世界的人物，她的身上充满了未知与神秘，因而格外吸引人。

（三）补救表演

实际上，刘姥姥的表演过程也并非始终都在预料之中的。初入荣国府时，刘姥姥带着板儿在房中紧张地等着见凤姐，板儿见桌上摆着的鱼肉便吵着要肉吃，刘姥姥便"一巴掌打了开去"（第六回）；一行人游览大观园，来到探春的房间里，板儿先看到摆着的白玉比目磬，便要摘那槌来击；被丫鬟们拦住后，又想要那佛手来吃；接着又跑来看探春的纱帐，把上面绣着的蝈蝈和蚂蚱指给大家看。刘姥姥急忙"打了他一巴掌，道：'下作黄子！没干没净的乱闹。倒叫你进来瞧瞧，就上脸了。'打得板儿哭起来"。板儿尚为年幼，并不知道刘姥姥在贾府中表演的小心谨慎，其顽皮的行为有可能引起众人的不快，威胁到了刘姥姥的表演，甚至有可能会造成努力建立的表演情境定义崩溃。在这时，刘姥姥顾不上这么多，"既担心板儿闯祸冒犯主人，也为了向贾府表明自己管教晚辈的能力"[②]，因此赶忙粗暴地打骂了板儿，制止其行为，以补救自己的形象，防止表演走向失败。

---

① 〔美〕欧文·戈夫曼：《日常生活中的自我呈现》，冯钢译，北京大学出版社 2008 年版，第 56 页。

② 刘丽莉：《〈红楼梦〉刘姥姥进荣国府的会话含义分析》，渤海大学硕士学位论文，2015 年，第 13—14 页。

综上所述，区区村野老妇刘姥姥，只因两进荣国府，“装疯卖傻”博人一笑，竟收获了上百两银子和许多上好的绸缎、衣服、药品等，如此传播效果可谓是“四两拨千斤”。

从表面上，刘姥姥似乎是一个丑拙粗鄙、滑稽傻气的丑角，其举止行为荒诞可笑，在雅俗之间形成了巨大的反差。但是，通过分析不难发现，这实际上是她在人际传播中所采取的一种策略，即刻意扮演丑角博人一笑。在其角色扮演中，她对自己所要扮演的角色形象有着清晰的定位，采取了一系列得当的扮演策略，并始终注重自己的形象管理，最终成功地使观众们沉浸于自己塑造的表演情境之中，从而达到了自己的目的。就此而言，刘姥姥之“傻”实在是精明。

（潘麒颖　谢清果）

三

华夏组织传播的调适

第四章　人生如戏：民营戏曲剧团的组织传播研究

民营戏曲剧团是我国传统文化的重要载体，戏团班子人员推动了戏剧文化的艺术革新和发展，同时，民营戏曲剧团也是我国民营经济和文化产业中的重要部分。本章从组织传播的角度分析了其在市场上的灵活管理机制，包括经营方式、人员管理、运作程序以及它的传播内容和传播特点，从传播学的角度分析其在民间市场下所发挥的组织传播功能，从中探讨民营戏曲剧团的发展历程以及传播影响。

第一节　戏曲组织传播研究回顾

组织传播这个概念出现于20世纪50年代。国际传播协会到60年代后期正式设立了组织传播组，结合传播及相关学科的学者对有关组织传播问题进行系统的研究。组织传播是组织机构运转和体系建设的一项基本行为，是组织赖以生存和发展的必要条件，组织传播秩序性强、目标明确。多元化信息体系覆盖下的组织传播，在实现组织协调和组织目标过程中，明确其时代新属性，实现传播效能最大化，为组织发展和社会和谐融通做出贡献。

一、组织传播定义

组织传播是特殊的社会传播现象，它有其他人类传播活动的共性，同时又具有本身特有的属性。“组织传播的总体功能，就是通过信息传递将组织的各部分联结成一个有机整体，以保障组织目标的实现和组织的生存发展。”[①] 总的来说，组织传播的功能大致可分为以下四种：一、内部协调；二、指挥管理；三、决策应变；四、形成共识。“组织传播功能为手段性功能、确保组织内部的协调合作、确保组织与外部之间的正常的输入输出的交换活动、满足性功能、保证组织内部的情感交流。”[②]

关于组织的界定，往往涉及以下维度：具有一定物质资源和人力支撑的，目标明确的社会集合体。组织的生存样态千差万别，规模可大可小，大到世界政治联合体、跨国集团、政治组织，小到小区居委会、小家庭都可视为一个组织。我们最普遍的组织称谓主要特指政府机构、企业公司、社会公益组织等。“组织”和普通社会群体明确的分界点就是组织具有清晰确然的分工和岗位责任，具有阶梯化的领导体系，以及管理角色和组织成员的可替代性和岗位的可流动补充性，以及组织各部门间的相互依赖和紧密协调性和系统内人际协调和互动的规范化常态化。所以，组织是一个有序化的、由人组成的群体，他们具有共同的目标、协调统一的系统和为组织成员普遍接受的具有约束力的规范。

组织传播是组织的一种基本行为，传播是组织产生存在的前提，而组织传播是组织赖以生存和发展的必要条件，组织是利益与价值实现的载体，组织传播所体现出来的组织文化是组织成员理想追求以及集体处事习惯所形成的具有约束力、感召力和激发力的精神氛围。任何一个成功的组织，任何一个注重组织成员成就感与满足感的企业，都是以优良的组织效率和与时代同步的责任意识为前提的。具有一定伦理智慧的组织传播将会建立起一个个高效能、充满人性温暖的和谐组织世界。

要确保组织的生命力，实现最终目标，必须有效发挥组织内部各部门、团队和组织成员的作用，通过配合、协作共同朝一个方向努力，而支撑和推动这一切的关键就是组织传播。本章将从组织传播的角度对华夏重要文化输出产业——民营戏曲剧团进行分析，帮助我们探究民营戏曲剧团在迈向现代

① 郭庆光：《传播学教程》，中国人民大学出版社 1999 年版，第 17 页。

② 董璐：《传播学核心理论与概念》，北京大学出版社 2016 年版，第 65 页。

产业化的道路上，如何保持内部统一和协调，维持其独特的个性和发展规律，对戏曲文化这一非物质文化所起到的传承作用。

二、戏曲传播发展趋势

有关研究指出，20 世纪 60 年代，地方戏曲种类繁多，仅记录在案的地方戏曲就超过 300 种。从 20 世纪 80 年代开始，戏曲行业受外界环境的影响，面临巨大的生存危机。具体表现为，戏曲演出率下降、专业性剧团数量骤减、不少剧种处于失传边缘，权威报告指出，2000 年正常演出并进行剧目创新的剧团已不足 130 个。这也意味着戏曲传播面临着重大的考验。①

由于地方戏曲本身具有明显的多样性、地域性与历史继承性的特征，所以，与其他类型的文化相比，地方戏曲传播较为困难，其受众也具有明显的局限性。从当前地方戏曲传播受众来看，中老年群体相对较多，而青年群体大多对戏曲并无太多兴趣。

现阶段，随着新媒体的出现，传播媒介日益趋向于电子化，传播形式也倾向于碎片化，更加容易被青年群体所接受。所以，可充分利用新媒体的功能与作用，扩大地方戏曲的传播受众，不仅要让中老年群体参与到地方戏曲文化传播当中，也要提高青年群体传播地方戏曲的积极性。

三、民营戏曲剧团的概况

民营戏曲剧团主要是指群众自发组织的戏曲演出团体，俗称“戏班子”。剧团的主要收入来源是演出收入和赞助捐助，没有政府财政拨款（公益性演出补贴除外），主要采取自筹资金、自主经营、自负盈亏和自我发展的运营方式。剧团的管理采用自愿组团、各司其职与自定分配。剧团在收获经济效益的同时，也承担着对传统民族艺术的传承和发展。

作为民间艺术传承发展的一个载体，中华人民共和国成立伊始，全国各地民营戏班通过政府的“改制”逐渐由原来的“戏班”变成了剧团，开始面向市场实现自我发展。艺人们也由最初的演艺谋生过渡到政府编制内旱涝保收的“文艺工作者”，应该说，这种高度的计划经济体制依托于国家的财力支

① 耿靖恒：《浅析新媒体时代地方戏曲媒介传播发展模式》，《艺术评鉴》2019 年第 19 期。

持，有效地保护和发展了文化事业。戏曲剧团演艺行业是传统文化产业的一部分，是华夏文化产业的基础和核心，“有着丰富的传统资源和群众基础，具有现场性、专业性、渗透性等特点”①。

由于各地民营戏曲剧团发展数目众多，在这里将以辽宁地区的剧团发展概况为例作简要说明。从 2010 年开始，除了嗙儿喽剧社、啥剧社、意外剧社等几个有影响力的剧社依然坚持戏剧创作外，辽宁省的几个民营剧团已开始尝试转变经营方向，求得生存空间。其中一部分剧社通过募集社会资金，进行了网络电视剧、网络电影的拍摄与制作；另一部分剧社也通过参加综艺节目，扩大自身知名度，暂时远离戏剧舞台。据统计，辽宁的民营剧团创作的戏剧作品，基本上以话剧为主，在省内演出近 1500 场，获得了省内观众的较高认可，此外，辽宁民营戏团也面临着重要的考验——民营剧团无法留住优秀戏剧人才，导致戏剧人才的普遍缺乏，这也是剧目质量低下的一个原因。在尽量压缩投资的戏剧运营中，剧本创作及引进费用、演员培养费用、演出制作费用都没有富裕的空间。因此，演出质量只能大打折扣，作品艺术质量较差。②同样，中国各地民营戏曲表演团体也面临着一样的人员短缺的困境，运转资金不足、受众人群的缩减、创新的有限以及戏曲演出市场萎缩与无序也制约了戏曲表演团体的发展。本章在组织传播功能的分析下，探究戏团组织内部的管理如何有效帮助组织成员稳定信心，克服组织面临的种种问题，共渡难关，将剧团维持并发展壮大。

四、戏曲的传播符号研究

人们经过共同约定用以指称一定对象的标志物就是符号艺术形式同样要通过符号来实现表达，因此艺术具有符号性。德国哲学家恩斯特·卡西尔创立了符号—形式美学，他提出艺术作为一种文化形式，与其他文化形式一样，是一种符号形式，艺术行为是一种符号化的行为。③作为舞台艺术的戏曲亦有一

① 王克岭、芮明杰：《微观视角的西部民族地区演艺业创新与发展研究》，《经济问题探究》2010 年第 10 期。

② 李龙：《辽宁地区民营剧团的生存现状》，《戏剧之家》2019 年第 8 期。

③ 〔德〕恩斯特·卡西尔：《人论》，甘阳译，上海译文出版社 2013 年版，第 280 页。

套完整、体系化的符号系统，戏曲程式正是这一符号系统中的重要构成元素。

符号学主要创始人皮尔斯曾提出“三元构成说”，他认为符号可以分解为：代表物、对象与解释项。代表物是符号的载体，对象是符号所代表的东西，解释项是符号在解释者心中所产生的意义或思想。以戏曲程式中的“一桌二椅”为例，作为舞台道具的桌椅即符号的代表物，它直观呈现于受众眼前。受众看到了桌椅，而他们看到的又不仅仅是桌椅，而是通过桌椅联想到的其他事物。根据桌椅的不同摆放方式，代表物有时意指的是存在桌椅的环境如书房、卧室或衙署，也可能是与桌椅在视觉形态上完全不同的山、楼、床、门等。“一桌二椅”所指物即对象，而实现将舞台道具与受众联想连接起来的桥梁就是解释项。

我们常常考量的传播效度是指传播结果的有效性和准确性，即传播有没有达到预期目的，观众是否能通过戏曲演出所呈现的人、物、景去读懂演出的中心思想，是衡量戏曲传播成败的重要指标。以道具为例进行举例，我国传统戏曲从舞台布置到道具的使用更着重于写意，往往讲究以虚代实，强调神似胜于形似，传统戏曲历来有“以鞭代马、以桨代舟”的说法，舞台符号以局部来指代对象物，以部分代替整体，是传统戏曲最常用的手段。

再举“脸谱”这一符号为例子，这是一种极具中华民族文化特性的戏曲元素，是舞台表演的辅助手段。通过脸谱，表演者可以直接地向受众传递角色信息。经历了长时间的历史积淀与流变，我国的传统戏曲形成了一套完整而相对稳定的脸谱符号系统。它是由民族文化为基础的审美心理所决定，沉积成民族的集体无意识，通过不同颜色、图案作为象征人物性格、心理的规约符号。红色代表忠勇，白色代表阴险狡诈，黑色代表刚正不阿，人物性格与脸谱颜色之间并不存在自然因果关系，而是在社会文化习俗约定基础上建立的符号与对象之间的对应关系。[①]受众通过这样的颜色符号对应关系，可准确解码出符号意指的对象，这是建立在欣赏经验基础上的，即受众默认接受了戏曲艺术表现方式的规定性。在皮尔斯看来，符号的丰富性就在于相似性、

① 刘莉：《程式符号与传统戏曲的传播效度——基于艺术的符号性及其解释机制》，《大舞台》2019年第4期。

指示性和规约性的有机结合。“各种规约性原则保障了这类相似符号中的相似性关系之达成。”①

五、戏曲在大众传播上的窘境

沿用施拉姆大众传播模式，可以把戏曲的传播过程简单地归纳为戏曲信息经过表演者的艺术加工形成可以被传播的戏曲符码，戏曲观众接收到符码并进行解码，提取信息。在“编码 / 解码”模式基础上，霍尔提出了三种假想的“解码立场”——主导式、协商式和对抗式。“主导式”立场是指受传者完全接收到传者意图传达的意义，传者的传播目标与受者的信息获取实现完美对接，信息在传播过程中没有出现扭曲和损耗。②

传播得以成立的重要前提是传受双方存在共通的语义空间，但戏曲传播者与观众在社会阅历、文化程度以及对戏曲艺术的了解程度等各方面存在差异，导致双方对传播符号形成不同解读，信息在传播过程中出现“扭曲”和“误读”。在戏曲传播中，持有对原有符号理解的观众主要是戏曲资深爱好者，他们对戏曲有充分的了解，能和戏曲表演者就戏曲符号的解释达成共识。然而当下这一群体正迅速缩小。当下戏曲的受众群体老龄化严重，中青年一代对戏曲多持有漠视、反感的排斥态度，认为戏曲与时代脱节，是一种过气的艺术，不符合当代审美口味，且欣赏门槛过高。当原有社群逐渐瓦解，并被新社群替代，新的规约建立起来，原有的符号系统在传播过程中将面临无法被解读的考验。再有，当下戏曲受众群体日益缩小，造成戏曲无法展开大规模高强度的广泛性传播，使其传播广度大大下降。

第二节　戏班的组织结构与管理

民营剧团内部处于松散型组织结构，具有三个明显特征：一是剧团组合的自愿性。二是人力资源的简约性，具体表现为一专多能、一人多职。三是管理方式的随机性。民营剧团的内部管理很少有成文的规章制度，主要是以

① 〔法〕安德烈·巴赞：《电影是什么？》，崔君衍译，文化艺术出版社 2008 年版，第 9 页。

② 赵毅衡：《指示性是符号的第一性》，《上海大学学报（社会科学版）》2017 年第 6 期。

团长集中成员并交代任务的方式管理群体。一台戏剧演出的成功来自整个剧团全体演职人员的共同努力，职员之间互相配合、相互协作，完成每个人的工作。在人事设置上，剧团具备团长、剧务、财务、行政、后勤、演员、乐队、导演、编剧、后台人员、舞美人员、司机等职位，但大多剧团里的职员都是一人身兼多职。

一、人员组成

（一）专业人士

目前的民营戏曲剧团主要成立于改革开放之后，规模比较小，人数在 20 人至 30 人。剧团队伍人员的构成呈现多元化，主要人员来自已经解体的各市县级专业剧团，这部分人员大多有过专业的学习，因此业务能力强，是民营戏剧团的艺术骨干人员；同时有一部分演出团体人员来自当地周边各个戏校的毕业生，他们经过长时间的专业训练，完成过基本的课程学习。学习基本的文化知识使得他们的表演更有层次，对人物的刻画更加独特、有韵味。但在演艺技艺上，由于有过实战操练，老一辈的戏剧演员比刚毕业的学生演员更扎实，刚毕业的年轻演员因为没有过多的演出经验，在戏团中仍接受老演员的指导与教育，在一次次的演出中进步与成长。

（二）未经培训的业余爱好戏曲人员以及退休人员

另一部分人员是热衷于戏曲艺术的农民和市民，这些人员的来源分布广泛，有喜欢戏曲从小跟着剧团的小演员，有的是在剧团担任道具、厨师、司机、司仪等的工作人员，有的还是喜欢音乐、乐器的退休人员，他们会把在剧团的生活当作乐趣来享受，大部分职员原先的工作跟戏曲无关，因喜欢乐器和戏曲，所以选择进入剧团。虽然没有经过系统的专业培训，但是在团内的艺术骨干人员的配合合作下，不断在团内演出表演中积累经验，在众多的实践过程中他们良好的艺术天赋得到充分的发挥，也逐渐成为剧团中的优秀演员。

同时，剧团还会吸引专业剧团的部分退休人员，邀请他们担任剧团的艺术顾问。这类专业剧团的从业人员多以剧团演出为职业，并常年坚持演出，内部管理规范、紧凑，剧团经济效益较好，艺术表演水平比较高。

二、管理运作

剧团里的戏曲艺术爱好者不以演出为谋生手段，剧团接到演出任务后召集成员演出，演出任务结束，剧团成员就地分酬后便解散。剧团成员并不保持每日的日常排练，演出节目多为传统戏剧，演出水平相对较低，剧团成员流动性强。另外一类的群众自发组织的民营戏曲剧团没有任何的商业演出，主要依靠公益性补贴、赞助捐助和个人自筹等途径筹集资金，以此来实现剧团的正常运作。民营剧团本着自愿原则进行组建，剧团人员没有编制身份的限制，流动性较大，因此，按照市场规律自然形成明显级差的收入分配，来调节与优化人才资源配置，成为民营剧团最有效的手段。“无论是在历史上，还是在目前的民营剧团以及个体演艺人员自由组合的演出群体中，演艺人员内部在分配上按照市场规律自然形成的明显差距，都是保证这个行业生存与发展的巨大动力。”①

民营剧团的内部管理虽然比较灵活，但基本上还滞留在传统戏班子的组织管理方式，个人家长制或家庭作坊式的剧团管理比较普遍，由班主或出资人组织召集人员进行演出活动，与文化产业的现代化管理有很大的差距。

第三节　民营剧团的组织传播分析

民营剧团内部经营管理模式，充分体现出“自筹资金，自主经营，自负盈亏，自我发展”的自主性，在人员聘任制度、经济分配方式、市场运作模式、舞台表演形式、内部管理体制和日常生活方式等方面都凸显了民营艺术组织团体的特质。

特·巴纳德指出，组织是有意识地协调两个以上个人的活动或力量的一个体系。一个组织成立的条件是：“（1）有能够互相进行信息传播的人；（2）这些人愿意作出贡献；（3）实现同一个目标。”②赫伯特·西蒙在《管理行为》一书中将组织定义为一个人类群体当中的信息传播与相互关系的复杂模

① 傅谨：《文化市场发展与剧团体制改革》，《文艺研究》1998 年第 4 期。

② 李唐周：《国外组织文化研究综述》，《心理学动态》1996 年第 1 期。

式。早期，对于组织传播学的研究基本停留在对组织成员之间下达命令、协调工作以及获得雇佣服从方面，在1924年霍桑实验后，艾尔顿·梅奥等人提出了有关人际关系导向的思想，倡导关注组织气候、沟通对话，以注重组织成员的心理感受。

20世纪80年代，组织传播进入了成熟创新期。美国传播学者杰拉尔德·戈德哈伯出版了第一本以“组织传播”为名的教科书[①]，加入了包括复杂组织形式、机构性传播、组织困境与挑战、组织情感生活以及应用实践等内容，探讨了文化与组织发展和生存间的关系，个人与组织层面的传播行为以及其相互作用而建构的组织结构，组织传播学研究因而得以蓬勃发展。[②]

在组织传播领域发展历程中，比较有影响且获得公认的学派包括古典学派、人际关系学派、行为科学学派和批判学派。以下将采用几个不同的学派观点对戏曲的组织传播进行研究探讨。

一、古典学派角度

古典学派的管理理念在于科学制度，“科学管理之父”泰勒本人的“任务系统”管理理念主张管理要做到有效率地生产，即基于特定的工作要求和人员条件来选拔管理者和分派任务，管理者的职能是规划和组织。在戏曲组织当中，也有相似的上下层任务分配制度，戏曲导演完成戏曲剧本后，交代戏曲组织的主管根据每个组织成员的特征来安排各个角色，由班主负责全团人员的经济收入和演出开支。在演出业务工作方面，仅仅凭剧团的影响力和慕名而来的请戏人是远远不够的，因此在戏曲传播渠道中，奉行着“剧团—经纪人—戏头”的市场运作模式。拿台州民营剧团举例，剧团里有一名经纪人担当，经纪人是剧团与地方之间演戏业务联系的中间人、介绍人，俗称“中介”。[③]这样的角色熟悉剧团情况又精通门路，戏剧演出的举办方与剧团的“放戏”需要经纪人作为红娘牵线搭桥，推进剧团演出的市场化运作，理顺社会关系。

---

① 鲁曙明主编：《沟通交际学》，中国人民大学出版社2008年版，第144页。

② 胡河宁：《组织传播学：结构与关系的象征性互动》，北京大学出版社2010年版，第39页。

③ 傅谨：《戏班》，北京大学出版社2010年版，第192页。

亨利·法约尔在他的代表作《工业管理与一般管理》中给管理过程下了定义，按照他的观点，如果管理能使组织在计划、组织、指挥、协调等方面做出努力的话，其结果便是组织的效率。[①] 他认为，对于大的企业和行政机构来说，完全通过垂直和高度来进行管理。垂直的权限线一般都比较长，在分配任务处理问题时费时较多，因此，法约尔提出了“跳板原则”（图 4–1）。利用“跳板原则”处理问题非常简便、迅速和准确，比如图中的 F 和 P 之间，按照层级原则，需要传递 20 次、几周乃至几个月时间才能解决的问题，利用“跳板”，只需要一次直接协商就能够解决问题。剧团组织中，利用“经纪人”这一跳板，实现工作的简单化。

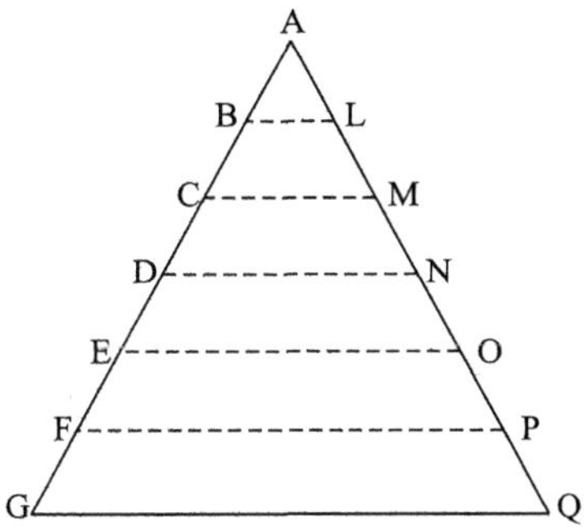

图 4–1　法约尔的“跳板原则”示意图

二、人际学派角度

人际学派主要运用心理学工具来研究组织传播，其观点是把组织传播的总目标看作维持一种动态的、和谐的人际关系，玛丽·帕克·福利特在她的《创造体验》一书中强调，必须考虑管理中人的成分和社会伦理。她认为，“我们不应对我们所遇到的每个问题都进行分类。我不认为我们有什么心理的、伦理的和经济上的问题。我们面临的是人类自身的问题，和你一样的，在心理、伦理和经济等各方面有问题的人的问题”[②]。可以看出，福利特的管理观点是人是任何组织活动的核心，管理的主要职责之一便是领导与雇员之

① 〔法〕亨利·法约尔：《工业管理与一般管理》，曹永先译，团结出版社 1999 年版，第 7 页。
② 〔英〕斯图尔特·克雷纳：《管理百年》，邱琼等译，海南出版社 2003 年版，第 71 页。

间建立一种积极的工作态度。按照福利特的观点，组织和谐包括以下内容：（1）通过直接接触的协调。不论在组织中居于何种职位，责任人都必然处于某种直接接触的状态中。为了达成协调，在组织层级中横向传播与纵向传播同样是必不可少的。（2）早期的协调。早期的协调和传播沟通有助于雇员士气的提高。（3）有助于特定情境中所有因素交互作用的协调。（4）持续协调。参与式卷入、不间断的联系、内部交流传播以及其他诸如此类的协调都是管理者必须肩负的持续不断的责任。①

团队领导者的主要职责就是让组织成员之间建立一种积极沟通和交流关系，人们在组织起来的群体里面拥有共同的目标并且不断地相互帮助，共同发展。在戏曲组织中，戏团领导者负责召集、动员组织成员，同时更要注重成员的心理成长，需要调节好戏团成员之间的关系，为促成一个和谐友好的戏团氛围而做出努力。

人际学派的代表学者卢因认为，任何群体都是一个整体，群体中每个成员之间都具有交互依存的动力。人们在组织起来的群体里面需要有共同的目标并且不断地相互帮助才能发展，个体成熟和组织的群体机能，也需要在相互依存的互动关系中才能实现。这一观点注重并且提倡组织内部的横向传播与相互沟通。一场戏曲演出的领导者，需要与剧作家、演员、舞台美术等其他部门成员合作，通过组织舞台的具体行动来达到戏剧思想性和艺术性的统一，可以看出，戏曲领导者对整个戏剧演出的思想性和艺术性有着至关重要的作用，戏剧导演与演员之间，不只是导演的单向信息传播，更多的是导演与演员通过双向交流获得多元化信息以及有效反馈。

古典学派的传播特点是垂直流动，通常是从上到下的流动，而人际学派观点并不把流动局限在这个方向，而是大力提倡横向的传播，强调情感和社会内容对满足较高层次需要的重要性。剧团采取的管理方式是“戏内紧密戏外松”，除开“戏”之外无额外的纪律要求，这样的管理方式让组织成员之间的关系更加亲密，组织气氛也格外和谐，班主在分配任务后，仍然会关心整

① Marry P.Follett, “The Meaning of Responsibility in Business Management”, in H.C Metcalf (ed.), *Business as a Profession*, Chicago: A.W.Shaw Corporation, 1927.

个演职队伍的集体生活状况，注重调节成员们的人际传播。

三、行为学派角度

行为学派把组织内部的信息传播视为最重要的一部分，它鼓励组织中各方面的信息流动，包括从上到下、从下到上、水平以及交叉方向上的传播，同时，行为学派注重通过满足人性的需求提高组织生产效率。

美国犹他大学管理学教授赫茨伯格证实，导致消极态度和工作不满意的因素包括：公司政策和管理、监管、薪水、人际关系、工作条件。这五个因素都与围绕工作场所的环境有关，赫茨伯格把这些因素叫作保健因素。而导致员工对工作满意的因素有：工作成就、工作得到认可、工作自身的因素、工作职责、工作发展。这些因素被称为“激励”因素，它们的存在将给雇员带来满足。行为学派强调了雇员动机对于整个组织的重要性，它对组织成员的士气和组织氛围产生了不可忽视的积极影响。

马斯洛需求层次理论中提出了五种基本需求的动机层次模型，分别是生理需要、安全需要、归属需要、尊重需要和自我实现需要。马斯洛认为，人的所有行为都是追求对五种基本需要的满足的原动力所激发的。在戏曲剧团中，组织成员的动机目的大多都是基于后两种较高层次的需要。组织成员入团的动机大多源于对戏曲的热爱，在剧团里，能够结识更多与自己相类似的人，组织成员有共同的兴趣爱好以及话题可以沟通交流。这样的基于心理层次的满足需求能有效提高戏团的演出准备。

同时，不少在农村的民营戏团有着传统戏曲素材，爷戏、满月戏、做寿戏、彩头戏、庙会戏等，组织成员们筹办演出不为俸禄，大多是为了一起感受演习时节的集体狂欢气氛，享受娱乐化的生活方式。“在这个短暂的时空内，观众获得极大的精神自由和人生意义的确证，身心的焦虑也可得到片刻的解脱，既为娱神，更为娱人。”[①]也正是这样的一种心理满足，使得戏曲传播能够一直进行下去，这就好像是一种仪式，是代代相传的文化继承。

---

① 叶志良:《中国婺剧的文化定位》,《戏曲研究》2009 年第 2 期。

四、从组织传播的内外分析

组织传播研究可分为组织内传播与组织外传播。

（一）组织内传播

内部传播，即发生在组织内部的信息交流行为和过程，包括组织与其成员，组织成员之间的传播。

剧团演职人员长期生活在一起，衣食住行都固定在一个范围中，相互之间的关系对剧团的组织管理息息相关。总体上，民营剧团的人际关系较融洽，尔虞我诈的现象比国营剧团少之又少，矛盾冲突较少。民营剧团在长期的发展过程中，形成了几种不同的班设形式，包括“窝班”“江湖班”“龙虎班”等不同称谓的戏曲社团。

“窝班”是戏曲“科班”的民间称谓，是旧时培养戏曲人才的主要社会组织与教育机构，发起兴办窝班的人员大多是喜爱戏曲又有较强经济实力的人，俗称“班主”或者“管主”。由“班主”聘用精通戏曲的艺人负责窝班的管理和教学工作，称之为“掌班”；从事教学工作的教师称为“师傅”。每一个班招收的学生一期不超过 30 人，教学模式大多是“口传身授”——老师“说戏”学生听，老师“做戏”学生模仿。一般在教学三个月后，学生便被安排上台演出，这便是边学习边演出的“教学实践活动”阶段，达到了既可以使每个学生得到丰富的艺术实践，又可以使剧团获得经济收入的效果。学生的学制一般是三年结业，期间不取报酬，在这之后学生就可算正式毕业，可以根据自己的意愿去搭班演唱。

当代民营剧团基本上都是自己办教育培养演员，采取的是随来随学的灵活机制。在每个演出旺季之际临时招收各类学艺人员，他们的社会来源广泛，年龄各异。与“窝班”相比，没有固定的专门授课的教师，多是富有舞台表演经验的老演员利用演出空闲时间，对新学员“口传身授”，学艺的时间并没有明确的限制规定，甚至某些有表演天分或稍有表演功底的学员进团可直接上台演出。另外，学生进团没有相关学艺契约和劳动合同，也没有所谓的“毕业”“出师”之说，可以根据自己的意愿，在提前与剧团负责人打招呼的前提下决定何时去留。

（二）组织外传播

外部传播，即一个组织与其外部环境的信息交流，包括组织与组织之间、不同组织成员之间的传播。“一旦组织切断了外部传播渠道，就如同人被放置于真空中，马上失去了生命力。因而，外部传播，是组织与相关外部环境进行信息互动的过程，包括信息输入和输出方面。”①

1. 信息输入

信息输入包括对其他剧团的演出技巧、技能、技术的交流与学习，客户、竞争对手、国家监管、媒体等戏剧艺术文化知识的输入，报刊、广播、电视、互联网、行业活动等都是重要的信息来源。当今丰富多样的网络文学、影视故事为戏曲剧本的创作提供了很好的素材，戏剧创作者可以选择符合戏曲表现形式的内容进行大胆改变，搬文学之本，借话剧之形，展现戏曲之美。

比如杭州余杭小百花越剧团根据蔡智恒同名网络小说改编的青春越剧《第一次亲密接触》，就是一部以越剧的缠绵悱恻来演绎的网络时代爱情故事。该剧在道白、唱腔、服饰、舞美、灯光等方面大胆创新，演员唱词也别具特色，采用了符合时下流行的网络口吻的台词来演绎剧本。这样的剧团演出获得了更多青年人对戏曲的好奇和喜爱，演出现场人数爆满，演出录像在网络平台也吸引了大量年轻观众的关注和点击下载，形成了可观的经济效益。

2. 信息输出

信息输出主要指组织有目的、有计划、有组织地进行信息传播活动，从而向特定的传播对象输出组织的产品、服务、理念以及有关组织的信息。任何一场演出都需要观众的存在来支撑，不管什么艺术，没有群众基础，那都将是无源之水，无本之木。戏曲剧团的信息输出对象主要是热衷于戏曲文化的普通群众，他们大多属于中老年人。戏曲的故事有非常广泛的体裁，立足于现实，满足人们的生活，随着人们的生活水平不断提高，戏曲体裁不断迎合现代剧的风格元素，从而具备符合时代的特征，综上所述，戏曲内容是富有审美情趣并且符合受众的心理需求的，既生动有趣，又曲折离奇，是剧本的要求，戏曲的伴奏和唱腔既保持着传统音乐的特色，同时也符合现代人的

① 郭庆光：《传播学教程》，中国人民大学出版社 1999 年版，第 106 页。

口味爱好。剧团所呈现的故事情节大多是贴近社会热点、反映现实生活、表现情感的作品，戏曲创作的内容与群众生活相贴近，塑造的艺术形象具有独特、个性鲜明的特征，具有极强的舞台观赏性，也彰显了时代特色，同时各种人物的行为、服装等特殊符号也向观众传达了中国的传统文化风俗。

同时，人民群众可以通过看戏来接受社会与历史的知识，戏曲剧团的信息输出包括价值观、情感、认知等，能够满足受众的精神需求，从中认识、理解中国传统文化，甚至是将这一种文化活动发扬光大。

五、戏曲组织的把关人理论

美国社会心理学家、传播学四大先驱之一的卢因提出了把关人理论。他在《群体生活的渠道》一文中，指出信息总是沿着含有门区的某些渠道流动，在那里，或是根据公正无私的规定，或是根据“守门人”的个人意见，对信息或商品是否被允许进入渠道或继续在渠道里流动做出决定。[①] 传播学者怀特认为在大众传播中，传媒组织成为实际中的把关人，由他们对新闻信息进行取舍，决定哪些内容最后与受众见面。把关人理论把信息的传播归因为大众传媒组织的有意操作，在更大范围和程度上影响传播效果。在传统戏曲现代传播的过程中，如果从传播媒介或者大众传播组织作为把关人的因素来看，其对于戏曲传播效果的影响，是不可忽视的。传播媒介组织筛选合适的戏曲内容进行大范围的信息传播，信息流动包括从上到下、从下到上、水平以及交叉方向的传播，两个群体之间必须是相互信任的、交流开放的，这样才能提高组织效率，满足传播信息给受众的最终目标。

第四节　戏团的组织传播功能分析

戏团作为组织，借鉴西方传播功能研究成果，可以做如下分析：

一、信息交流功能

中国戏曲能够持续发展并且受到社会普遍的欢迎，很大程度上是因为这一活动给观众提供了情感上的满足。中国戏曲的表现形式，是把中国人的生

---

① 武俊堂：《新媒体传播中的把关人研究》，《视听界》2019 年第 6 期。

活方式，用传统的审美方式通过舞台表现出来。观众与剧台上的演员们能有眼神、情感的互动交流，除此之外，表演通过“音乐”这一项媒介满足了观众的情感诉求。美国社会学家德弗勒在对媒介的观点中指出：“媒介可以是任何一种用来传播人类意识的载体或是一组安排有序的载体。”我们可以理解为，媒介是提供信息传递的物质渠道和传递信息的一切形式的物质手段，从这个意义上讲，音乐传播媒介即是提供音乐信息的物质渠道和手段。戏曲表演节目通过一个技术化、艺术化的空间，为戏曲作品从观念形态变为现实时空形态提供了重要的技术平台，通过布景、道具以及演员们的配合现场表演来全方位地向观众传递戏曲信息，是连接戏曲表演者与观众之间的传播纽带。戏曲的表演艺术风格是台上台下不断直接地交流与反馈之后，演员和观众才能达成共识。

拿京剧脸谱来说，不同颜色的脸谱象征着不同性格特征的人物，透过颜色这样的方式显现人物特征，使戏台下的观众一目了然。这是演员将舞台形象信息直接传达给观众的重要交流方式之一，这种具有特色的表演方式及时地为演员和观众提供表达和反馈的双向交流。此外，戏曲表演巧妙运用了符号系统，拿折扇举例——表演者打开折扇表示得意；敲额表示健忘；以扇击手表示恍然大悟。这种符号系统是模式化的，只要演员做出这样的动作，观众就能迅速从中明白其中特定的意义，是观众和演员之间约定俗成的信息交流模式。

二、教化功能

戏曲的传播具有教育价值，受众通过对戏台现场和作品进行欣赏和审美，从中获得某种有益的教育和启迪，使思想境界得到某种程度的提高，审美感情得到升华。

优秀的戏曲戏剧作品是在组织成员们共同努力下演绎出来的，除开各个演员们的倾情演出，还包含着创作者所想要表达的人生理想、价值判断、伦理态度等多方面的内容，往往具有积极向上的指导性内涵，使观众获得健康的情感与思想，且起到感化群众的作用。戏曲作品经过戏台的现场传播能够陶冶观众情操，激励斗志，例如粤剧舞台上表演的时装剧，大量歌颂辛亥革命，对观众有积极的教育和启迪意义，能达到完善人格的目的。

三、经济价值功能

戏曲表演把音乐、表演、思想等等以各种形式呈现在社会生活中，形成了庞大的戏曲文化消费市场，人们通过间接的货币形式来接触并解读其价值。戏台就好比一个戏曲消费商店，戏曲表演就是待售的商品，舞台上的演员们就是“推销员”，优秀的演员往往能够把一部戏曲完美地“推销”出去；而观众购买戏票就是用货币的形式在购买戏曲商品—— 一种音乐文化的娱乐服务活动。马克思曾经说过：“对于提供这些服务的生产者来说，服务就是商品。他有一定的使用价值（想象的或现实的），也有一定的交换价值。”[①] 因此，戏曲传播的商业化道路是必然会发展起来的。观众的消费需求和审美喜好主宰了戏曲传播市场，由于观众的审美需求不断地变化，因此戏曲团队组织需要不断地更新和提高表演项目和水准。社会上的艺术表演举办方往往会邀请或聘请民间地方的戏班进行演出，对民营戏曲的传播和发展有相当大的帮助，同时也打开了外地戏曲表演的娱乐消费市场。

第五节　戏曲剧团的传播新方式

戏曲以各种形式在网络上存在和传播，网络为戏曲提供新的生存空间，给戏曲的传播和发展提供了新的渠道、手段和机遇。戏曲在网络上主要通过戏曲类网站、综合类网站上的戏曲频道、视频网站上的戏曲资源等形态呈现。

网络是一个各种新闻、信息、资讯、思想、观念铺天盖地，取之不尽、用之不竭的媒体，海量性是网络媒介与生俱来的特性。戏曲网站也不例外。综合类戏曲网站上的戏曲资源丰富，有戏曲新闻、演员介绍、剧本介绍、戏曲知识普及等信息，更有戏曲音频、视频，大多数网站都提供戏曲音频、视频材料的下载或在线观看，这些给想通过网络听戏或看戏的受众提供了很大便利，也为想深入了解戏曲的人提供了便利。

戏曲专门网站多为非营利网站，大部分戏曲网站都是依靠个人自筹资金建立并运作的，并且发起人从中盈利很少。例如“咚咚锵中国戏曲网”的主

---

① 〔德〕马克思：《剩余价值学说史》卷一，人民出版社 1975 年版，第 149 页。

办者即为几位戏曲爱好者，分别负责网站策划、发布、运营、外联等业务。

作为一种视听艺术，戏曲类网站的音视频资源使网站成为网络时代的“虚拟剧院”；作为一种文化载体，戏曲类网站的戏曲知识又使网站成为网络时代的“戏曲博物馆”。网民们可以根据自己的需要到网络上搜索相关资料，从而实现自己对戏曲资源探索的需要。戏曲网站存在的意义就在于为戏曲艺术培养新的受众。调查发现，戏曲爱好者大部分集中于中老年人群，他们是戏曲艺术相对稳固的受众，而戏曲艺术的当务之急在于在年轻人中找到新的受众。网络作为一种多媒体传播工具，可以将戏曲制作成饶有趣味的MTV、壁纸、动漫，并将精彩的戏曲唱词作为文本进行传播，可以抓住年轻人的心。

综上所述，每一个艺术表演团体都面临着内部的管理问题，如果内部管理落后、混乱，再好的体制和有利的外部环境都无法呈现一个完美的艺术表演。出色的戏曲表演团体会注重每个部门的配合和信息沟通交流，及时地传达和反馈信息使成员们对戏曲表演的展现有莫大的帮助，在长期的合作下，成员们形成了共同的默契。民营戏曲剧团是民间文化创造和传承的主要载体，是民间文化产业化发展的具体体现，对提高民族文化产业的竞争力、传承华夏文化、创新中原中文化起到了至关重要的作用。只有组织、团体和谐相处，共同配合运营戏团，才能维持戏团的生存和发展，保护、传承并发扬光大这一项珍贵的华夏艺术文化。

（王　晴　谢清果）

第五章　礼乐传播：先蚕礼的组织传播考察

“礼”在中国古代很受重视，其中先蚕礼作为中华礼文化重要的组成部分影响深远。先蚕礼作为一种神圣礼仪，其运用程序规范，彰显出独特的组织力量，因此可以从中管窥华夏组织传播的强大力量。在组织传播视域下，传播行为就是组织背景下的符号传播，即经过象征性互动，组织成员之间遵循组织传播行为规则，达成共同协作。因此可以从组织传播角度分析先蚕礼运作过程中的符号互动所呈现的社会传播功能。

第一节　组织传播与中国礼乐文化

华夏组织传播是一种社会传播现象，中国传统社会中的传播模式往往能够反映人们的社会地位，本章从先蚕礼的系统运作分析来分析礼的传播功能对社会的构建作用。

一、作为组织传播研究对象的礼乐文化

本章从华夏组织传播的视角去探讨先蚕礼如何在社会组织上发挥传播作用。中国古代习惯利用礼作为仪式化传播手段，经过反复进行，先辈们把信息、思想传播到各个地区各个阶层，继而一直传承下去，所以说当礼文化流传下去，就一定程度上会影响人们之后的生活。直到今天，人们的生活也受到深远的影响。所以，我们从传播学的角度去更深入地挖掘在这种语境下礼

乐文化是如何凝聚了力量而推行至今的。

其实在国内组织传播的研究领域中，已经有学者作出了重要贡献。胡河宁是位杰出的代表。胡河宁既有本土化的教材《组织传播学：结构与关系的象征性互动》，又有《大禹治水：中国古代组织传播的前科学叙事》等系列论文，还在《今传媒》上主持了《组织传播专栏》，影响甚广。此外，还有谢静的《组织传播学》，谢清果、郭汉文的《和老子学管理：老子的组织传播智能》等等，再加上一些译著，因此组织传播在中国传播学中虽然并不热门，但是却在管理学、社会学领域有更广泛的影响。

（一）组织，是无处不在的，只要有人的地方，就有组织

胡河宁认为："组织是现代高度分化社会中的主要机制。通过这个机制，人们才有可能完成任务，达到每个个人都无法企及的目标，组织是无形的，看起来似乎可以感知，然而不能触摸，它只是作为社会性惯例的概念，存在于我们和他人的头脑中。"[①] 人类的强大正因为人会被组织起来。有很多事情，你会在不知不觉中与人们合作起来，以达成目标。可见，人们一旦被组织起来，就变成有意识地去为组织作出努力，共同协作达成目标。在合作中，组织要进行信息和能量交换，所以说有组织就会有传播。

（二）有组织就有传播

组织要实现目标就要进行传播，即传播根本就是组织实现目标的工具，他指出："作为组织中一个最普遍的现象，每个组织都会设计获取信息，处理信息，并将其分送至组织各系统适当接收者的方式。"[②] 那就使我们看出，从根本上来说，组织就是传播，因为组织要实现目标很多时候是由领导者透过一些管理手法，去散播他所传达的指令去管理这个组织，组织内的成员们再相互影响、相互依赖才能达成的。古代的那些领导者的传播手段，可谓是十分高明的。比如，当他们要把思想灌输给百姓，以让百姓遵守好秩序，从而建构出社会的稳定，那么他们最常见的一种传播手法，就是利用符号，形成象征性互动。作为互动的系统，如果要更好理解这个符号化传播，就可以重

① 胡河宁：《组织传播学：结构与关系的象征性互动》，北京大学出版社 2010 年版，第 2 页。

② 胡河宁：《组织传播学：结构与关系的象征性互动》，北京大学出版社 2010 年版，第 7 页。

回中国古代的礼文化传播，因为礼是中国古代十分看重的一种可以灌输思想，维持社会秩序，修养每个个体的道德伦理的形式。

正因为礼是作为组织传播的一种形式去凝聚力量、维系社会稳定的，所以中国是非常重视礼文化的。也因为礼文化表现了先辈的传播技巧和传播高度智慧，所以其仍是中国现实生活中重要的传播活动之一。如今已有很多学者开始从传播学角度研究礼文化，出版了系列成果，如黄星民的《礼乐传播初探》，张兵娟的“中国礼文化传播”系列文章，等等。笔者受此启发，拟重点研究古代先蚕礼在组织传播中是有着什么样的表现，因为蚕丝文化在中华民族有着很浓厚的文化气息，它的符号体系成为一种集体无意识，凝聚出中华民族的强大力量。所以笔者认为研究这个能拓宽我们的传播视野，但先蚕礼目前还没有一本完整的专著出现，于是本研究只能在收集已有的先蚕文化的研究资料基础上，分析先蚕礼的程序规范是如何在社会组织上起到传播作用的。

二、仪式传播：礼在中国古代社会中的呈现

中国的传播结构是由纵向圈层和横向圈层间的传播构成的。纵向即上下级之间的沟通，组织传播中，是指运用由下而上、下情上达这样一种方式去汇报情况。横向的沟通是指具有相对等同职权地位的官方组织机构，以及家族、乡社、职业社团、士人结社、信仰团体等民间组织间的流动。而这种传播结构是由礼乐制度操控的，不同等级地位决定着信息传授的地位。

（一）中国古代传播模式反映双方地位差异

重纵轻横是华夏组织传播的基本特点。中国古代信息是从上向下的垂直传递和由下而上的层层汇报，而横向的信息沟通是非常少的，甚至受上层领导猜忌。在这种归于一元的传播秩序中，皇帝对社会信息拥有绝对的制度权，作为整个社会信息的总源，而且会避免打破这种信息传递的原则，自然地，社会上的机构进行横向传播时会受到抑制，以强调皇帝的领导权威。换言之，在社会上处于高位的人，才更有能力把信息顺利传达，因为即使在少发生的横向传播中，也会出现等级主义，传统传播模式是由身—家—国—天下的结构构成，而家就是圈层的传播空间中最大的。这个圈层强调的是群体的道德和理想，个体要有家国主义的心，要把家的意向推至整个传播结构，意思就是说，只有在家的圈层规范好自己的道德信条，才更可能把这一模式推向更高的社会传播空间。同时，等级主义在这个圈层表现明显：在家庭中，父亲是一家之主，父权为大。进而因为家国同构，国跟家的结构形态一样，君王处于权力最高峰。因此，只要你的领导地位越高，传达信息就越顺利，形成了古代传播的等级性。信息的传播力度并不是取决于其信息的价值有多高，而是取决于传播者的地位有多高。

（二）礼乐传播是一整套国家治理体系

礼是中国一个独特的传统仪式，礼是一整套的制度、典章、仪节与价值规范。①现代学者更倾向认为，“礼”是“依靠国家的权力机器、借助国家推行的教化，以及社会的制裁力和个人的道德修养共同来维持政治、社会秩序的一种治理架构，一个文明的制度体系”②。要将礼解读为有一定的传播功能，那就是，礼这个仪式从表面上看只是在各种场合下举行的各种仪式，但每当举行一次礼仪，人们都会无意识地受到礼仪的约束，约束的表现为领导者将一些百姓日常生活中接触到的事物，作为一种象征性符号，这些符号在礼仪的整个过程中，形成了组织传播行为的规范，领导者就是运用这些符号，与百姓进行象征性互动，输出他们的思想，就是这些符号的规范，人类就会自觉地保存思想，并且将思想和文化传承下去。如果想了解礼在古代的作用，那么在《礼记》中就能读出大部分了。《礼记》是西汉时对秦汉以前汉族礼仪著作加以辑录，包括社会制度、礼仪制度和人们观念的继承和变化。书中《仲尼燕居》篇是孔子与其三个学生谈论礼的问答之辞，以阐明礼的内容、本质、作用和行礼的重要意义。在其中，孔子给出对礼的阐释：“子曰：‘礼者何也？即事之治也。君子有其事，必有其治。治国而无礼，譬犹瞽之无相与？伥伥乎其何之？譬如终夜有求於幽室之中，非烛何见？若无礼，则手足无所错，耳目无所加，进退揖让无所制。是故以之居处，长幼失其别，闺门三族失其和，朝廷，官爵失其序，田猎戎事失其策，军旅武功失其制，宫室失其度，量鼎失其象，味失其时，乐失其节，车失其式，鬼神失其飨，丧纪失其

① 张兵娟：《传播学视野下的中国礼文化与认同建构研究》，《新闻爱好者》2017 年第 2 期。

② 彭林：《中国经学：第十八集》，广西师范大学出版社 2016 年版。

哀，辩说失其党，官失其体，政事失其施，加於身而错於前，凡众之动失其宜。如此，则无以祖洽於众也。'”[①]在这段中，孔子解释了礼是什么，礼就是做事的办法，君子一定有要做的事，那就必定要有做事的办法，他认为治理国家而没有礼，就好比盲人走路而没有助手，迷迷茫茫不知该往哪里走。“凡治人之道，莫急于礼。礼有五经，莫重于祭。夫祭者，非物自外至者也，自中出生于心也，心怵而奉之以礼。是故，唯贤者能尽祭之义。贤者之祭也，必受其福。非世所谓福也。福者，备也；备者，百顺之名也。无所不顺者，谓之备。言内尽于己，而外顺于道也。忠臣以事其君，孝子以事其亲，其本一也。”[②]也指出了礼是管理百姓的重要手法，说到五礼要起到作用，最重要的是祭祀，因为它们在于潜移默化地影响百姓，没有存在明显的逼迫，大都是人们接受了礼的制约而发自内心，自觉地改变自己的行为。这说明了礼在社会上是一种无声的价值灌输，而其灌输的是道德，只有每个个体遵循了道德行为，才可以影响社会的稳定性，这是礼作为组织传播的目的。

（三）在礼乐传播中人们接受无声的价值灌输

人们之所以受到礼的影响，又能推行至今，是因为礼会潜移默化地流入当时整个社会，去改变百姓生活的各个方面，从而人们在生活上就要受到不同事物的规范、约束，达到行为和思想都具有秩序性并且统一，形成集体意识。这种看似不是传播的传播其实正是中国礼文化的特色。观念决定行动，中国崇尚“以礼治国”，故有许多“繁文缛节”[③]，而最为重要的就是五礼，即吉礼、嘉礼、宾礼、军礼、凶礼，每种礼都有其独特的传播功能，它们对建构文化认同，提供精神的慰藉与心灵的支撑仍将起到重要的作用。同时，从礼制、礼俗、礼器、礼乐等角度探讨礼文化传播的集体记忆功能、情感凝聚功能、政治秩序功能、社会整合功能等[④]，笔者认为这种礼仪其实已经流传到现在我们的生活当中了，比如说我们中国的节日中，举行着不同的礼，又或

① 戴圣：《礼记》，岳麓书社2002年版。

② 戴圣：《礼记》，岳麓书社2002年版。

③ 张兵娟：《传播学视野下的中国礼文化与认同建构研究》，《新闻爱好者》2017年第2期。

④ 张兵娟：《传播学视野下的中国礼文化与认同建构研究》，《新闻爱好者》2017年第2期。

是我们当今的婚礼、丧礼等等都在我们现在的生活中起到了作用，都成了一代又一代人的集体记忆。所以我们说，古代的礼，一直地传承再创新而影响我们，所以我们研究这方面是十分有意义的。

组织传播中，传播行为是组织背景下的符号传播，组织作为一个意义系统和符号处理系统，符号就是基本的传播概念，人与人之间的传播活动就表现为符号化和符号解读的过程。[①]传播组织中，每个人员的行为背后，其实都是不自觉地被传播者所传播的符号影响着，而且这些符号往往能规范着人们的个人行为，并对人们的人格存在着一种道德性影响。而领导者经常把外界的事物作为符号，形成象征性互动，无声地注入人们所需遵守的道德规范中，之后人们就很自然地记忆并流传下去，故社会的文化得以传承至今。这种情况通常体现在古时的礼上，因为人们时时会深受古礼的约束，尽管并不自知。本章就着重分析五礼中的“先蚕礼”。它是中华农耕社会中集体意识的仪式表达。通过对先蚕礼及其程序的解读，我们能够明白古人一直传承的一些重要观念，进而去重构中华农耕社会的文明。

第二节　作为组织传播活动的先蚕礼

中国古代非常看重养蚕的行为，因为我国古代是以农桑为本，蚕桑丝织是关乎国计民生之大事，是农业经济的根本。[②]那么我们都知道古人会把万物当作灵神来看待，因为要避免自己会遭遇一些灾难并且能一直有好运眷顾，所以古代的统治者都会举行不同等级的祭祀活动，并且这些活动会伴随着当时统治的规定去进行，从而，就能形成系统的国家祀典。这些国家祀典活动成为传承和发扬中华民族传统文化的重要载体。[③]

一、先蚕礼的出现

古人之所以要祭祀先蚕，是为了感念蚕神。据说，早在周代就有先蚕祭

① 刘枫：《中国古代蚕桑神话和先蚕礼的组织传播功能分析》，西南大学硕士学位论文，2014 年，第 3 页。

② 宗宇：《先蚕礼制历史与文化初探》，《艺术百家》2012 年第 8 期。

③ 宗宇：《先蚕礼制历史与文化初探》，《艺术百家》2012 年第 8 期。

祀。所谓先蚕，就最先教人们种桑养蚕织丝的神，又称先蚕神。[①]后来随着蚕桑礼的发展，才出现先蚕礼的这种仪式，祭祀的仪式又称为先蚕，且受到皇家的重视，这个先蚕礼位于中国五礼的吉礼之列。五礼分别是吉礼、凶礼、军礼、宾礼和嘉礼。先蚕礼是将蚕神作为祖先进行祭祀，由皇后亲自主持以育化民生的活动。[②]之所以变得重要，是因为古人是非常崇拜蚕文化的，因为蚕文化是在中华农耕时期作为核心的部分，因此产生的丝绸造就中华文化的服章之美，进而也可以说是著名的丝绸之路产生的根本原因。古代帝王重视农桑，事关国本，特别是其中养蚕以及纺织带来的国家收入。而为了让百姓明白蚕文化的重要性，就出现了很多组织传播的活动，就如本章所分析的先蚕礼。统治者对蚕文化的重视，便能从先蚕礼中表现出来，但因为古代等级差别显著，作为受皇家重视的先蚕礼也不会例外，领导者仍然是地位崇高的皇后担任，因为皇后历来是“母仪天下”的典范，是天下妇女的榜样[③]，而主要的参加者是各贵族夫人。这种礼特别能显示皇后的地位，据《周礼》记载，周代制度中就已经出现春二月时王后带领嫔妃，命妇祭祀先蚕，以此起到劝勉蚕桑的教化功能[④]，从出行到祭祀的整个过程都是十分讲究的。刚已提过，组织传播行为即是统治者通常会通过象征性的互动，把外界存在的事物作为符号，深化人们与符号的关连。而说到先蚕礼，这些符号就代表皇家祭祀先蚕时对其的严格规范，包括祭器、礼乐、人员、服饰、站次方位。程序的种种规定无形中成为一种组织传播手段，在社会上令人们不自觉地朝伦理道德问题施加的压力方向去遵循规范，而等级越高，其强度也就越大。所以下文就根据先蚕礼程序中的每一个规范去解读其在组织背景下的传播行为，探讨先蚕礼举行的整个规范是如何在传统社会中发挥作用的，分析上层观念如何自上而下地传播至基层，以强化王朝统治。

---

① 高强:《嫘祖与先蚕》,《农业考古》2017 年第 3 期。

② 陶红:《蚕丝文化起源与传承——嘉陵江流域蚕区考察与分析》，广西师范大学出版社 2009 年版。

③ 陶红、向春香:《先蚕礼在中华农耕社会中的组织传播分析》,《蚕学通讯》2011 年第 3 期。

④ 王海琳:《先蚕礼影响下的汉魏六朝蚕桑文赋研究》,《黑龙江工业学院学报（综合版）》2018 年第 7 期。

二、先蚕礼的祭器规范

古代对饮食的器具也存在着地位的分别，使用的规定必须和使用者身份吻合。在先蚕礼中，传达礼的信息可以通过使用哪一礼器来行礼表现出来，在华夏中即所说的“藏礼于器”，指在西周时期，按照礼的要求，一些用于祭祀和宴饮的青铜器具有确立主人身份地位，现实尊卑关系，表达虔诚和敬畏，象征使用者的权力地位等作用。[①]《旧唐书·志第四》：“季春吉巳，祭先蚕于公桑，皇后亲桑，并用太牢，笾豆各九。”[②]就描述了当时蚕礼要用的器。具体到先蚕礼的“簋”，按照西周的制度，天子的规制是八簋，诸侯则用六簋，大夫用四簋，士人用两簋，又或是礼器“豆”，天子用二十六豆，诸公用十六豆，诸侯用十二豆，上大夫用八豆，下大夫用六豆。而在民间，使用规格为满六十的老者用三豆，七十岁的老者用四豆，八十岁的老者用五豆，九十岁的老者用六豆。[③]可见，所用礼器的规格会随着人在社会上的地位下降而逐渐降低，只有统治地位越高和年纪越大的老者才可以享用最高的数量，百姓不可以违反这一规定去乱用不同数量的礼器。后来也经历了礼器数量由少到多的一些变化，如在显庆二年（657），当时行青的《光禄式》规定祭蚕等所用笾、豆各四，许敬宗请求：“大祀同为十二，中祀同为十，小祀同为八，释奠准中祀”[④]，笾、豆数量的规定表现出整个先蚕礼的等级，祭蚕先蚕从用笾、豆各四，到所享笾、豆各十，反映了先蚕礼越来越得到重视。[⑤]

（一）器具作为组织传播符号在社会上的功能

在华夏组织传播里，上述器具当被纳入礼仪的约束下时，它们就成了象征性符号，也是属于一种文化的洗礼，因为中国古代的文化注重等级和伦理[⑥]，在胡河宁《组织传播符号的伦理意蕴》一文中，也提到符号，“它可以通过化约提供一个有效的策略，用来解释解读组织传播叙事中的符号意义及

① 付小平：《“藏礼于器”中国餐具的礼仪教化功能研究》，《西南民族大学学报》2009年第9期。

② 刘昫：《旧唐书》卷二十四《志》，中华书局1975年版。

③ 刘枫：《中国古代蚕桑神话和先蚕礼的组织传播功能分析》，西南大学硕士学位论文，2014年。

④ 范芷萌：《唐代先蚕礼探析》，《淮北职业技术学院学报》2016年第4期。

⑤ 范芷萌：《唐代先蚕礼探析》，《淮北职业技术学院学报》2016年第4期。

⑥ 刘枫：《中国古代蚕桑神话和先蚕礼的组织传播功能分析》，西南大学硕士学位论文，2014年。

组织行为中的伦理意蕴”，“而组织传播活动就是组织将‘意义’投射到对象‘器物’形成符号的过程”①。那么根据胡河宁对组织传播符号做出的这个解释，先蚕礼中的祭器是人们在日常生活中常见的符号，一旦它成为礼仪的规范要求，无形中就会形成了传播的功能，即体现在统治者强制要求百姓遵守器具有关的礼仪规范。但是，这些礼器本质上是一种文化的象征性符号，其传播的威力在于，好像并不是强制的观念灌输，但人们往往不自觉地被器具蕴含的礼仪所引导，进而养成了人们遵循组织规范的生活习性，进而调整自我道德情感以自觉遵守等级秩序，最终维护了社会稳定。

（二）人员站位规范作为组织传播符号在社会上的功能

先蚕礼中涉及基础位、面位和配位等三个基本的要素。基础位即人员自身所处的自然方位，面位指人员面部视点所对应的自然方位，基础位和面位是相反关系，而左右则体现自然方位。②

《魏书》志第十三·礼四之四中提到“金根车：羽葆，旒，画轮，华首，彩轩交落，左右太皇太后、皇太后、皇后助祭郊庙，籍田先蚕，则乘之。长公主、大贵、公主、封君、诸王妃皆得乘，但右騑而已”③。此处记录了祭祀先蚕时皇室成员的出行情况。乘金根车，华盖以羽毛连缀为饰，彩色的帷幕相互交错，分列左右，这种规制用于太皇太后、皇太后、皇后助祭郊庙，祭祀先蚕所用。长公主、大贵、公主、封君、诸王妃都可乘坐，但只能乘坐右騑，这就描述了先蚕礼出行的过程中，人员站次方位的规定，只有太皇太后、皇太后、皇后是可以根据定下的规制乘坐金根车的，而其他人只是坐在加騑。

上面引文仅说明了皇后的地位。而祭祀的整个过程，每个成员的站位也会被安排得十分规矩，在《宋史》一书中先蚕礼整个站位情况有很详细的记录，其中有提及关于每个人的座位应该朝什么方向。比如皇后的帐幕在坛壝东门之内，向南；妃嫔们的位子设在坛下东北方，各朝南；大臣们的妻子的位置在坛下东南方，各朝北。又有皇帝的妃嫔们被命令站与殿内左边，大臣

① 胡河宁：《组织传播符号的伦理意蕴》，《社会科学战线》2006 年第 4 期。
② 刘枫：《中国古代蚕桑神话和先蚕礼的组织传播功能分析》，西南大学硕士学位论文，2014 年。
③ 魏收：《魏书》志第十三《礼四之四》，中华书局 1974 年版。

诸侯的妻子们被命令站在殿门的左边。[①]可看出古代把方位看得很重要，而且等级秩序也可以从方位的格局表现出来，方位的安排相等于等级的分配，因为中国传统中方位的规定是根据高低尊卑的标准去分配，配位则是指多人并列排位时，以某一方位为尊的方位格局。[②]在中国古代方位观念中，东是与尊贵意识紧密相关的。[③]古代的尊右和尊左同时存在，但正因为要讲究对东位的尊敬，会发现其实无论左右投射的自然方位都是东位，后来人们就认为是“尊东”，但南方位仍被人们认为是权力象征，就会安排君王在南，总之他们要表现出等级的尊卑，则要人们在礼上便要配合这个方位的安排，为尊的方位自然就会对应地位高的人。具体到先蚕礼中，皇后的帐幕要设在先蚕坛的东边，内命妇要位于外命妇的东边，侍女要位于西侧，以皇后领头的各妃嫔作为皇室成员为最尊贵者下，就要面南，外命妇面北。[④]这样的方位观念在中国古代作为一种文化的表现，要显示统治阶级的权力和统治地位，灌输人们有尊卑高低的观念。这种文化在华夏民族是对社会的认识产物，在传播中作为一种象征性互动，将人们对方位的认识引申发展到等级观念上，这种传播行为又无形中传承了统治者想要表达的阶级观念。

（三）礼乐作为组织传播符号在社会上的功能

《明史》中记录了享先蚕乐章：

> 迎神奏《贞和之曲》：于穆惟神，肇启蚕桑。衣我万民，保我家邦。兹举旷仪，春日载阳。恭迎霞驭，灵气洋洋。
>
> 奠帛奏《寿和之曲》（初献同）：神其临只，有苾有芬。乃献玉歆，乃奠文纁。仰祈昭鉴，淑气氤氲，顾兹蚕妇，祁祁如云。
>
> 亚献奏《顺和之曲》：载举清觞，蚕祀孔明。以格以飨，鼓瑟吹笙。阴教用彰，坤仪允贞。神之听之，鉴此禋诚。
>
> 终献奏《宁和之曲》：神之格思，桑土是宜。三缫七就，惟此茧丝。

① 刘枫：《中国古代蚕桑神话和先蚕礼的组织传播功能分析》，西南大学硕士学位论文，2014 年。

② 刘枫：《中国古代蚕桑神话和先蚕礼的组织传播功能分析》，西南大学硕士学位论文，2014 年。

③ 张保宁：《中国古代方位观念初探》，《人文地理》1998 年第 2 期。

④ 刘枫：《中国古代蚕桑神话和先蚕礼的组织传播功能分析》，西南大学硕士学位论文，2014 年。

献礼有终，神不我遗。锡我纯服，藻绘皇仪。

彻馔奏《安和之曲》：俎豆具彻，式礼莫愆。既匡既敕，我祀孔虔。我思古人，葛覃惟贤。明灵歆只，永顾桑阡。

送神奏《恒和之曲》：神之升矣，日霁霞蒸。相此女红，杼轴其兴。兹返玄宫，鸾凤翔腾。瞻望弗及，永锡嘉徵。①

祭先蚕和亲蚕礼结束后，要赐内外命妇酒饭，宴席中奏内外命妇乐章：

升座奏《天香凤韶之曲》：春云缭绕芳郊曙，喜乾坤万象感舒，兰皋蕙圃迎仙驭。采桑条，攀茂树。蚕宫茧馆亲临御。壁月珠星照太虚，开筵还驻翠，万载垂贞誉。

进膳奏《沽美酒》：蚕礼成，凤辇停，荐霞觞，列云屏。宫妃世妇仰坤宁。祥云映紫冥，同祝颂，耀前星。

回宫奏《御銮歌》：惟天启圣皇，君耕籍，后躬桑，身先田织率万邦。天清地宁民阜康，百谷用成，四夷来王。治化登虞唐，世发祯祥。②

在咸丰年间的《总管内务府现行则例》也记载了当时祭祀先蚕的礼乐。

1. 迎神

典仪女官高唱“迎神”，典乐女官奏《麻平之章》，赞引女官奏请上香，皇后走到香案前站立。司香女官手捧香盒跪于皇后的右边，皇后跪，举香安放于香靠内，行三跪九叩大礼，众妃嫔、命妇随之行礼。礼毕，音乐声停止。

2. 初献

典仪女官唱“奠帛、爵，行初献礼”，司帛女官捧帛，司爵女官捧爵至神位前立，奏《承平之乐》，司帛女官献帛，行三叩礼退，司爵女官跪献爵于桌案的正中，退。

3. 亚献

典仪女官唱“行亚献礼”，司爵女官捧爵至神位前立，奏《均平之乐》，

① 张廷玉：《明史》，中华书局2000年版，第1056页。

② 张廷玉：《明史》，中华书局2000年版，第1038页。

司爵女官跪献爵于桌案的左方，退。

4. 终献

典仪女官唱“行终献礼”，司爵女官捧爵至神位前立，奏《齐平之乐》，司爵女官跪献爵于桌案的右方，退。

5. 赐福胙

典仪女官唱“赐福胙”，捧福酒女官一名捧福酒，捧福胙女官一名捧福胙，于神位前恭举后跪于皇后之右，接酒、接胙女官各一名，跪于皇后的左方，赞引女官奏“跪”，皇后跪；奏“饮福酒”，皇后从棒福酒女官手中接过爵，恭举后，交给接酒女官。待赞引女官奏“授福胙”后，皇后从捧福胙女官接过胙肉，恭举后，交给接胙女官。然后赞引女官奏“叩、兴”，皇后行一叩礼，随行妃嫔不随行礼；赞引女官奏“拜、跪、叩、兴”，皇后行四拜二跪叩之礼，众妃嫔跟随行礼。礼毕乐止。

6. 馔

典仪女官唱“彻馔”，奏《柔平之乐》，乐止。

7. 送神

典仪女官唱奏“送神”，奏《洽平之乐》，皇后行六拜三跪三叩礼，妃嫔跟随行礼。礼毕乐止。

8. 视

典仪女官唱“捧香帛撰恭送瘗所”，司香、司馔、司爵女官到神位前跪，司帛女官捧帛起，司馔、司香女官手捧香、馔同时起，将所捧之祭物送到坛下西隅的瘗所。赞引女官、对引女官恭导皇后转拜位东向立，等香帛过后，皇后仍就拜位立。典仪女官至“视瘗”，数帛女官数帛，赞引女官奏“视”，赞引女官、对引女官恭导皇后到视瘗位，立望瘗，赞引女官奏礼成，恭导皇后回具服殿，稍作休憩之后，恭导皇后至升舆处乘舆还宫。

可看出古代每当进行先蚕礼时，都会乐曲进行，这些乐曲的表现是庄严的，能带给人们一种神圣的态度的，渲染了典礼庄重肃穆的气氛，强化了统治阶级的权威。中国的礼乐制度是通过律调、谱器、乐曲等形式表现出来的，礼乐制度是后人对西周王室制定并传播的一系列社会习俗的统称。[①]祭祀、朝拜、庆典、宴会等都与礼乐离不开关系，统治者非常重视礼乐制度。同器具方位一样的是，要让百姓存在等级差别的认同感。在礼仪场合演奏的规范是，乐器按不同地位的人分配，不同身份要用不同的乐器，连每一个音都要存在等级性。这限制人们在选曲上的要求，以表明使用者的身份。如果说礼仪从外部规定了人的等级秩序，那么音乐就是从心理上使人认同这个差别[②]，其表现在关于乐队的排列和各个乐器的多少、舞队的排列方法。在举行礼的时候，不同身份的人应使用相应的乐曲，如先蚕礼的礼乐就是这些规范。这些规范中的等级分明是非常明显的，是统治者强化统治阶级的权威和维持社会稳定的其中一种传播手法，它之所以成为华夏传播的重要传播活动，原因不只是强化了人们的阶级观念，其二功能是信息的保存度。由于礼乐制约的礼仪再加上礼乐不断的，实际上对信息能准确地保存起了很大作用。因为在整个传播的过程中，由于口语传播的变异性，故信息容易失真，礼乐用固定的音调使口语不易误传，而程式化的仪式又使得动作不易变形，通过反复的礼仪形式，信息得以复制和准确传播。[③]所以礼乐具有一定的传播功能，黄星民在《礼乐传播初探》中也不断地提到，在华夏中，儒家也是利用它作为传播自己思想的渠道，主要是利用亲临民间和收集民歌这两个渠道来了解礼乐传播效果，以此来作为反馈的依据。亲临民间，可以直接了解到礼乐传播的效果[④]然后做出下一步传播活动，就这样，这个过程不断地重复，礼记当中的乐记，又能体现出礼乐在社会上如何形成天下人民的齐心，能了解到礼乐在古代起了什么样的作用。《礼记·乐记》中有这样的一句话："故礼以导其志，乐以和其声，政以壹其行，刑以防其奸。礼乐刑政，其极一也，所以同民心而出治道也。"[⑤]意思是，礼用以诱导人的意志，乐便用调和人的声音，政用来统一人的行动，刑用来防止奸乱，礼乐和刑

① 《礼乐制度》，维基百科（https：//zh.wikipedia.org/wiki/礼乐制度），2019年10月22日。

② 刘枫：《中国古代蚕桑神话和先蚕礼的组织传播功能分析》，西南大学硕士学位论文，2014年，第18页。

③ 黄星民：《礼乐传播初探》，《新闻与传播研究》2000年第1期。

④ 黄星民：《礼乐传播初探》，《新闻与传播研究》2000年第1期。

⑤ 戴圣：《礼记·乐记》，人民文学出版社1986年版。

政，其实都有着同一个目的，就是要团结人民，同心合力，才会治好天下，使天下太平。“礼义立”“乐文同”指统一礼乐制度的意思，理解为乐的特性是求同，礼的特征是求异。“同”使人们互相亲爱，“异”则使人互相尊敬。在孔子看来，所谓礼，就是道理；所谓乐，就是节制，没有道理的事君子不做，没有节制的事君子不做。所以这能看出礼乐的制度有着治理天下的作用，能一定程度地节制民心。而先蚕礼就是统治者用这样的手法，使人们能在礼的展演过程中，感受乐用高低、强弱、长短不同的音阶配合所产生的旋律和谐。[①]人们听到音乐中表达的情感，多为朴素和严肃，会自动与乐同化，更深入来说，不仅能使人与人和平相处，更能使人与神达到和谐的关系，因为它灌输的是伦理与道德。乐器按不同地位的人分配，不同身份要用不同的乐器，连每一个音都要存在等级性，这样明显的等级差别，无疑是维系了当时的社会差序的格局。

（四）先蚕礼的服制规范

先蚕礼对服装的要求也具有强烈的规范意义。服装是精神文化最直接的表现，在古代乃至现今，人们对服装都比较讲究，因为它可以表现个体的形象，而在古代，它更可以代表民族文化的形象。对服装有严格的规定是因为要加强等级的统治，再次强调地位的差异。每个人的服饰代表着他自己的身份地位，比如说在先蚕礼上，《明史·舆服志》记载：“（双凤翊龙冠）冠用皂縠，附以翠博山，上饰金龙一，翊以珠。翠凤二，皆口衔珠滴。前后珠牡丹二，花八蕊，翠叶三十六。珠翠穰花鬓二，珠翠云二十一，翠口圈一。金宝钿花九，饰以珠。金凤二，口衔珠结。三博鬓，饰以鸾凤。金宝钿二十四，边垂珠滴。金簪二。珊瑚凤冠觜一副。”[②]皇后要穿黄色的鞠衣，材质、配饰、颜色等大都讲求要有高贵的表现，突出其地位，皇后无论是常服还是礼服，都包含从冠到服的一整套服饰。对皇后以下的妃嫔服饰同样有相关规定，而一些乐女穿的礼服则要显得较为阴柔一点，多以黑色为主。此外，还有十二种图案是用蚕丝绘于古代贵族的服饰上，根据等级的不同，所绘的图案也会不

① 参见《乐记》，百度百科（https：//baike.baidu.com/item/ 乐记 /474956）。

② 徐婷婷：《明嘉靖时期先蚕礼研究》，湖南大学硕士学位论文，2018 年。

同，之后颜色也有分明，不能相互混用。[①]

可从服饰的规范中看出，古代社会人们的等级是分明的，并塑造出一种无声的传播形态。服饰也是一种符号，同样能传递不同信息，同样使人们感受到这种尊卑有别，而人们都会很自愿地遵循，所以服饰不是纯粹一种文化的表现，更是社会制度的强化，这就说明服饰作为一种从古至今的日常生活符号，是可以通过象征性互动而得以保存和传承的，先蚕礼就是其中之一。

第三节　先蚕礼对现代组织传播的启示

组织传播是社会上组织结构跟组织关系的象征性活动，组织传播是很普遍的社会现象。组织传播的功能在于，通过信息传递将组织的各部分联结成一个有机整体，以保障组织目标的实现和组织的生存发展。[②]组织传播经常体现为传递的信息往往能令人们很自觉地改变自己的观念。从古代来看，最显著的就是地位高的人经常要突显自己的权力，标志自己的地位、身份，灌输等级秩序的规范，百姓遵守传达下来的这些观念，往往都是在不知不觉之中。

发挥符号教化作用的先蚕礼成为华夏的组织传播方法之一。华夏的组织传播总体上大多利用作为象征性互动的礼。就以本章分析的“先蚕礼”来说，它是古代统治者看重的国家祭典。徐婷婷在她发表的一篇研究明嘉靖时期先蚕礼的论文中，就曾提到“先蚕礼”礼制对社会上的人们的观念强化力量：“先蚕礼的举行在客观上是对于这种重视的响应。统治者将民间栽桑养蚕的具体生产行为进行符号化的仪式展示，意图通过对符号的规律性的运用来引导基层社会中群体观念和集体意识的形成及教化，这就是先蚕礼昭示天下的教化内涵。在这种集体意识上传下达的过程中，上层的先蚕礼与基层的蚕神祭祀实现了礼制与文化的双重互动，共同维系着农本的社会现实观念。”[③]她给出的结语，带出了以上所提到的先蚕礼的所有规范。简单来说，统治者控制整个社会的办法，就是要求人们都遵循好自己的行为规范，这种传播手法

① 刘枫：《中国古代蚕桑神话和先蚕礼的组织传播功能分析》，西南大学硕士学位论文，2014 年。

② 郭庆光：《传播学教程》，中国人民大学出版社 1999 年版。

③ 徐婷婷：《明嘉靖时期先蚕礼研究》，湖南大学硕士学位论文，2018 年，第 52 页。

总是在人们无意识中被接受的，而无意识的传播却取得了非常强的影响效果。这是因为统治者会利用先蚕礼作为其传达符号的手法，对器物、服饰、礼乐、方位有着严格的规定，以稳定当时的社会。这些规定在要求人们遵循的时候，其实已经在潜意识中形成了人们在社会上应有的道德观念，强调着等级制度，尊卑有别。无疑，统治者的这种看似无声的传播，起了极大作用，人们之间的行为最后都会被影响到，就会有一种行为的标准确定进而不断地流传、渗透下去，在范围和时间上都得到一种发展空间，当这些符号所表达的伦理意义一旦成功渗透入社会，那么人类就会很自然地自动保存并传承这些思想和社会文化，这正是推动社会发展的有利条件。这就能想到，古代在组织传播中的这些象征性活动，丰富了整个社会的外在和内涵，对社会的稳定性起了很大作用。在古代，组织传播的思维已经有着很高的智慧水平，对现今社会的组织传播树立了一个很好的学习模范，只要我们不断去完善，无论是个体、国家、社会、家族、企业、朋友间的管理都会越来越好，因为组织传播的最终目的还是在于保障整个组织得以发展。

综上所述，从“先蚕礼”看古代的组织传播，可以看出其在古代如何影响人们的行为方式、思想，统治者传播的信息是在制约社会的行为，不知不觉中产生了很好的效果，那么自然社会规则就得到了确定的建构。礼在社会上是一种无声的价值灌输，灌输的是道德，只有每个个体遵循道德行为，才可以确保社会的稳定性，这是礼作为组织传播的目的。

所以笔者认为研究先蚕礼具有丰富的历史意义与深远的现实意义。作为一种华夏组织传播形态，先蚕礼的反复进行……长时间下来，其所传达的社会规范就确立起来，文化也就以传承下去。从中，我们可以理解古今传承的文化是如何影响着当下的生活。在当今社会，也能借鉴古代组织传播方法，进一步完善传播策略和管理手法，从而通过社会成员之间共同协作带来社会发展和稳定，这正是组织传播的作用。

（关嘉琪　谢清果）

四

华夏大众传播的形态

第六章　檄文传播：作为大众传播形态的《为袁绍檄豫州文》剖析

古代檄文作为一种军事文体，除了在军事信息传播中起到的作用外，还在大众传播方面向百姓传递被“加工”过的信息，有着显著的大众传播的特征。本章以《为袁绍檄豫州文》为例，探讨作为大众传播形态的檄文传播过程及其特点。

第一节　檄文传播：一种广义“大众传播”形态

大众传播是传播学研究领域中的重要概念之一。西方传播研究者对此进行了大量的研究，从多个角度对大众传播提出了许多看法，其中有很多看法为大部分传播研究者所认同。例如，美国传播学学者德弗留尔等人说：“大众传播是这么一个过程，职业传播者使用机器媒介来广泛地、迅速地和连续地传播信息，希望在大量的各种各样的受众中唤起传播者所期待的观念，从而从各方面影响受众。”[①] 美国传播学研究者沃纳丁等人指出，这类众多的定义尽管不尽相同，但都包括了三个基本要素：（1）传者是一个机构或组织；（2）受众是数量众多的分散各地的人们；（3）媒介是能大量复制信息的机器。[②]

---

① L.M.Defleur, E.Dennis, *Understanding mass communication*, Boston: Harper & Rew Publisher, 1981, p.26.

② 参见〔美〕沃纳丁·塞弗林、小詹姆斯·W 坦卡特《传播学的起源、研究与应用》，陈韵昭译，福建人民出版社 1985 年版，第 9 页。

一、广义“大众传播”观念的提出

这样的普遍认识确实能很好地解读何为大众传播的问题，但是当把这样的定义放在中国古代的语境下来看，是有一定局限性的。对此，厦门大学传播研究所教授黄星民以是否在传播过程中使用机器媒介为划分标准，将“大众传播”这一概念分为广义与狭义。黄星民认为，西方普遍认可的大众传播历史诞生的标志是著名传播学学者施拉姆关于大众传播开始年代的观点：“（古腾堡）他采用了东亚首先发明的墨和纸等技术，改造了西欧的榨酒机作为印刷机器。他用手来排版的金属活字也不是首创，因为朝鲜人已有同类的活字，但他发现了更有效的铸字方法，而且面对着的不再是象形文字而是更便于活字的拼音文字。把这些要素综合起来，他找到了一个有效的廉价办法，可以印制多页的又常是非常漂亮的书面文字。因此，15 世纪 40 年代早期（印刷文件出版）或 1456 年左右（古腾堡《圣经》出版）可以被看成是庆祝大众传播诞生的日子。”然而在古腾堡印刷机出现以前，人类社会已经广泛地存在着书籍，除了书之外，还存在着古代报纸和更加古老的面对大众的传播形式。①

二、檄文：作为广义大众传播媒介的一种形态

檄文是中国古代的一种特殊文体，从最初的纯实用性到后来发展成为兼具实用性和文学性的一种特殊文体，从最初只用于军事领域到后来超越军事领域，应用范围和影响逐渐拓展到文学、历史乃至日常生活中，在中国古代文学史上产生了深刻的影响，留下了浓墨重彩的一笔。② 现有的对古代檄文的相关研究大多数都是研究檄文这个文体本身，或者从历史的角度去研究檄文本身在历史语境之下的特殊性以及实效性。在现有的研究中，对于檄文这个问题的概念定义、历史缘起、社会效用都已经有了较为完整的论述。但是，明确地从传播的角度来研究古代檄文的成果目前来说还比较有限，尤其是从大众传播的角度来研究古代檄文的成果更是少之又少。学者费银银和黄春平分别从汉代军事信息传播中的檄文特点和古代军事信息传播两个层面，对古代檄文在古代军事信息中的传播特点进行了研究。费银银认为，纵观檄文的

---

① 黄星民:《“大众传播”广狭义辨》,《新闻与传播研究》1999 年第 1 期。

② 刘峨:《中国古代檄文研究述评》,《成都师范学院学报》2016 年第 4 期。

发展历史，檄文的发展轨迹是由文体到文体的形式，檄文内容的真实性是带有倾向性的，并被夸张化的，所以其具有的传播特性出发点在于宣传，客观上的效果也止于宣传，本身内容与当前战事并无太大关系，所谓的信息传播功能没能体现出来。[①] 而黄春平则认为，檄文作为帝国政府维护正常社会秩序的一种重要宣传手段和进行军事打击的辅助斗争工具，很好地履行了帝国军事方面的传播职能，它与传布朝政信息的露布、布告一起为帝国政府高效率治理大一统的国家提供了传播制度的保证，共同履行着帝国的军事、行政方面的传播使命。[②] 从传播角度看，古代檄文作为一种可公开性的文体，并不只能单单从军事信息的传播角度去看待它，从大众传播的角度去研究古代檄文，可以更全面地研究檄文在信息传播中的传播特点。

本章希望在黄星民教授的研究基础上，于“广义大众传播”的范畴下，以著名小说《三国演义》中的《为袁绍檄豫州文》为例，尝试探索中国古代的特殊文体——檄文的大众传播特点。本文的研究建立在认同黄星民教授所提出的大众传播广义、狭义的界定下，通过拉斯韦尔的“5W”传播模式[③] 来对中国古代檄文的大众传播进行分析。

三、古代檄文的基本概述

关于檄文的概念，从古代以来就有很多的界定。南北朝时期的刘勰在《文心雕龙》一文中对于檄文这一文体有了比较明确的划分，指出：“檄者，皦也。宣露于外，皦然明白也。”[④]《史记》中“张仪既相秦，为文檄告楚相”为最早在正式文告中出现“檄”字。[⑤] 可见最早檄文是作为一种军事文体来研究的，而作为军事文体，古代檄文的大众传播特点就更加明显。《为袁绍檄豫州文》是汉魏时期陈琳所作，其本质上其实也可以放入军事文体之内。《为袁绍檄豫州文》是一篇讨贼檄文，文中历数曹操的罪状，甚至对其祖上大骂痛骂，

---

① 费银银：《我国古代军事信息传播研究》，安徽大学硕士学位论文，2013 年。

② 黄春平：《汉代军事信息的传播——檄文》，《新闻与传播研究》2011 年第 3 期。

③ 〔美〕哈罗德·拉斯韦尔：《社会传播的结构与功能》，何道宽译，中国传媒大学出版社 2015 年版，第 35—36 页。

④ 姜薇薇：《中国名著大讲堂》，中国华侨出版社 2017 年版，第 119—121 页。

⑤ 司马迁等：《檄告楚相书》，参见司马迁等《点校本二十四史》，中华书局 2011 年版。

最大的目的是煽动讨伐曹操。

学者韩洪泉对于古代檄文的作用有一个比较明确的总结：在古代，檄文常以移文、露布相称，但它们既有联系又有区别。檄文通常是针对作战中或者即将开战的敌对一方而发，多用于声讨和征战，文辞尖锐，重在扬己罪彼。移文通常用于内部的讨论、说服，语多晓谕和责备，言辞较温和，重在改变对方想法。《文体明辨序说》对露布的定义是“军之奏捷之词”，它与檄文有密切联系，但在发文时间（通常檄文在战前，露布在战后）、行文方向（檄文为下行文或平行文，露布一般为上行文）、撰文要求等方面又有显著区别。[①]从作用上看，古代檄文多是在战前起到鼓舞、煽动战士，以及引导人民的作用。

在晚清之后，由于封建社会的体制发生了根本的变化，檄文也产生了一定的变体，不再称“檄”字，但是各种公告、布告、通告、新闻稿等等文体，其沿袭了古代檄文文体的特点，依旧在军事领域发挥着一定的作用，之后对于古代檄文的大众传播特点，主要研究的对象是晚清后檄文变体前的古代檄文。

第二节　古代檄文的传播者与传播内容

纵观历史上古代檄文的撰写者，可以发现，古代檄文的作者多为颇有名望的文人志士，其中又有很大一部分檄文由文人执笔，以军事统帅的名义发出。如司马相如的《谕巴蜀檄》，朱升的《北伐檄》，骆宾王的《为徐敬业讨武曌檄》等等，包括陈琳的《为袁绍檄豫州文》，这些檄文都是文人执笔，为军事领袖或是统治者所作。当然，除此之外，也有由封建社会上层人士直接撰写的檄文，如《三国演义》里汉献帝刘协为声讨天下英雄讨伐曹操，血书密诏予董承。综上，我们可以认识到，檄文的撰写者多为具有一定文化水平的人，事实上，也正因为檄文的作者是这样的一个群体，檄文的大众传播力量才得以体现。

---

① 韩洪泉：《军事视野中的中国古代檄文》，《国防》2017 年第 1 期。

一、古代檄文的传播者分析

在这里，笔者认为可以用“意见领袖”[①]的理论来解释，“决定人们做出选择的一个重要因素是身边一些人的影响。这些人接触传媒的频率和数量比较高，并且将信息加工之后传播给周围的人。这些人被拉扎斯菲尔德称为‘意见领袖’。传播媒介的信息首先通过‘意见领袖’，然后到达其周围的人群。‘意见领袖’充当了一个中介和把关人的作用，媒介传播的信息通过‘意见领袖’的加工之后以人际传播的形式进行传播。这种人际传播具有更高的权威性和可靠性，而且针对性也强，就很容易被受众接受”[②]。檄文的撰写者作为信息处理的意见领袖，将其所拥有的信息经过加工把关，并将其传播给大众。这些檄文的撰写者往往都具有的一定的权威性，因此他们在通过檄文这样一个特殊文体进行传播时，往往能产生大范围的传播效果。这样的传播模式并没有运用到西方大众传播定义下的“机器”，共通之处在于檄文的传播活动面对的都是数量众多，分散于各地，且由不知其名的受众进行的，所以可以将其归于黄星民教授所划分的古代大众传播中的广义大众传播。从檄文的传播者最初的目的来看，檄文的传播也确实面向的不只是檄文内容所指对象，往往涉及广大的分散在各地的不知名的受众。从《为袁绍檄豫州文》一文来看，《为袁绍檄豫州文》的作者陈琳为三国时期名噪一时的文人，“建安七子”之一，曹丕有过这样的评价：“今之文人，鲁国孔融文举，广陵陈琳孔璋……”[③]由此可见，陈琳之于当时的文坛是有一定影响力的，而《为袁绍檄豫州文》中也直言“布告天下”，说明檄文所面对的受众并不是单一的，由此可见，“意见领袖”可以很好地解释古代檄文的大众传播特点中的传播者部分。

二、古代檄文的传播内容特点

学者张云从辞格的角度对檄文的内容进行了阐释，他认为檄文文体辞格选用作用有三：第一，它们是表达者的借力；第二，它们是对接受者的修辞

① 拉扎斯菲尔德在《人民的选择》和《个人影响》等书中提出“两级传播”和“意见领袖”的概念。

② 周鸿铎：《应用传播学引论》，中国纺织出版社 2005 年版，第 70—71 页。

③ 于忠善：《历代文人论文学》，文化艺术出版社 1985 年版，第 22 页。

适应；第三，他们是对檄文文本的修辞改造。檄文话语改变接受者的认知关系，使接受者对自己当下行为的信念动摇，进而投诚于表达者。[①] 实际上，除了军事信息上传播的作用，从大众传播的角度来看，古代檄文的辞格选择与行文特点恰恰就是为更广泛的传播而服务的，这一点正好印证了古代檄文的大众传播特点。

在古代檄文的传播内容部分，檄文内容相对比较明确，主题也比较清晰，往往在言辞上比较激昂干脆，而其内容也多是为发起较大的战事活动和较大的变革活动做准备。对此，笔者认为学者韩建立、黄苹所引用的刘勰概括的三个主要特点可以很好地阐释古代檄文的传播内容特点：

第一，从内容上看，刘勰指出："凡檄之大体，或述此休明，或叙彼苛虐，指天时，审人事，算强弱，角权势。"[②] 意思是檄文的内容大体为陈述己方的良好美德或者概述敌方苛刻暴虐的行为，从天道的角度上来告知天下己方为正义之士，顺应天道伦常，心系苍生百姓。在《为袁绍檄豫州文》一文中，陈琳就深谙这个道理，开篇陈琳并未直接引入讨贼部分，而是通过引经据典，从大义的角度透彻地分析天下形势，看似以客观角度来阐明政治立场，以入情入理的语言来告诫世人，实则一切都是为了后文做准备。陈琳为扬己罪彼，说曹操"赘阉遗丑，本无懿德，猥狡锋协，好乱乐祸"，而说袁绍"幕府董统鹰扬，扫除凶逆；续遇董卓，侵官暴国。于是提剑挥鼓，发命东夏，收罗英雄，弃瑕取用；故遂与操同谘合谋，授以裨师，谓其鹰犬之才，爪牙可任"。说曹操"所爱光五宗，所恶灭三族；群谈者受显诛，腹议者蒙隐戮"，而袁绍"幕府惟强干弱枝之义，且不登叛人之党，故复援旌擐甲，席卷起征，金鼓响振，布众奔沮"。这之中每一次论证都充满了倾向性，但在选择的事实之下，令人读来心潮澎湃，心中的天平自然也就往袁绍一方倾斜了。

第二，从用语上看，刘勰认为："虽本国信，实参兵诈。谲诡以驰旨，炜晔以腾说。"意思是檄文虽然表面上是站在天下大义的角度下去讨论问题，但实际上蕴含着军事上的欺诈，靠文章的文采，行文的流畅来宣扬文中论点，

① 张云：《中国古代檄文的修辞阐释》，福建师范大学硕士学位论文，2012年。

② 刘勰著、周振甫译：《文心雕龙今译》，中华书局1986年版。

在檄文的内容中不乏采用夸张的手法来诋毁敌对对象，对对方的罪行添油加醋，激起读者义愤填膺之感。在《为袁绍檄豫州文》一文中，陈琳从曹操祖父开始细数恶劣品行，他写道："司空曹操：祖父中常侍腾，与左悺、徐璜并作妖孽，饕餮放横，伤化虐民；父嵩，乞匄携养，因赃假位，舆金辇璧，输货权门，窃盗鼎司，倾覆重器。"对于曹操本人，又说："操赘阉遗丑，本无懿德，犭票狡锋协，好乱乐祸。""承资跋扈，恣行凶忒，割剥元元，残贤害善。"在掘墓一事中，陈琳又以夸张言辞诋毁曹操的品行，说："又梁孝王，先帝母昆，坟陵尊显；桑梓松柏，犹宜肃恭。而操帅将吏士，亲临发掘，破棺裸尸，掠取金宝。至令圣朝流涕，士民伤怀！操又特置发丘中郎将、摸金校尉，所过隳突，无骸不露。"凡此种种，无不用夸张之言辞历数曹操之罪行。而在说袁绍方面，则说："幕府奉汉威灵，折冲宇宙；长戟百万，胡骑千群；奋中黄育获之士，骋良弓劲弩之势；并州越太行，青州涉济漯；大军泛黄河而角其前，荆州下宛叶而掎其后：雷震虎步，若举炎火以焫飞蓬，覆沧海以沃熛炭，有何不灭者哉？"综上可见，古代檄文之用语精妙之处便在于以华丽、夸大的语言历数敌对势力之罪行，同时称颂己方，借以达到最大的传播效果。

第三，从风格上看，檄文要"植义扬辞，务在刚健"，"不可使辞缓"，"不可使义隐"，要"事昭而理辨，气盛而辞断"，事昭才能宣露，所以不可使义隐；辞语果断才刚健，才能慑服敌人，所以不可使词句迂缓。檄文往往具有气势旺盛、刚劲有力、确切明白的特点。文章不假雕饰，语言犀利晓畅，或声讨，或劝降，或申明，或安抚，均干净利落，绝不吞吞吐吐、含含糊糊。[①] 从《为袁绍檄豫州文》来看，也不乏类似的语言："其余兖豫之民，及吕布张杨之余众，覆亡迫胁，权时苟从；各被创夷，人为仇敌。""此乃忠臣肝脑涂地之秋，烈士立功之会，可不勖哉!""其得操首者，封五千户侯，赏钱五千万。部曲偏裨将校诸吏降者，勿有所问。广宜恩信，班扬符赏，布告天下，咸使知圣朝有拘迫之难。"檄文的言辞在刚断犀利中不乏煽动的色彩，而这样的传播特点，正好符合中国古代大众传播的范畴。

---

① 韩建立、黄苹：《古代檄文的形成、功用及其特点》，《兰台世界》2014 年第 26 期。

第三节　古代檄文的传播渠道与传播效果

从前面的叙述我们已经知道，古代檄文的传播渠道多为文人执笔，以军事领袖或是统治者的名义昭告天下，起到传播的效果。

一、古代檄文的传播过程

基于中国古代封建社会的特殊性，承载檄文所用的诏书载体在檄文的传播过程中起到了重要的作用。在中国古代，“诏”特指皇帝颁发的命令、文告。《史记》记载，二十六年，函相绾等仪尊号曰：“王为‘秦皇’，命为‘制’，令为‘诏’。”[①] 诏书作为一种特殊的文字载体，其内在具有的等级观念早已深入人心，人们在接受诏书所带来的信息时，往往会受到更大的影响。檄文多由军事领袖或者是统治者发起，其原书将于大军前宣读，并以布告、手稿等形式传播于大众。在“诏书”这样一个特殊的媒介，以及檄文发布的特殊渠道和形式之下，古代檄文的传播对象本质是天下人民，而受其影响最大的，也往往是天下人民。

二、古代檄文的传播效果

学者胡元德用“战斗力”一词来对檄文的传播效果进行了解码，他认为檄文在传播中的战斗力生成的基本原理是迎合舆论，引导舆论，制造舆论，檄文是在战争环境中的一种话语方式，这种话语的言说和接受都不是单纯的语言动作，而是包含了众多的社会因素并为这些因素所影响的复杂运动。“话语从来就不是孤立的语言力量，而是与社会文化网络中的一系列力量纠缠在一起的，是活生生的力量竞争和紧张关系，是靠特定的策略和权术来实现的。”从接受的角度看，檄文的受众是由特定的历史、文化、信仰、观念等复杂的社会因素所构成的社会生态造就的活生生的、复杂的人，檄文只有找到了合适的方式说服他们，才能对其情感和信念发生影响，形成公众意识——舆论。[②]

从受众上看，古代檄文的首要传播对象为已方势力的军士们，有鼓舞军

---

① 邹德文、李永芳编：《国学经典：尔雅》，中州古籍出版社 2017 年版，第 99 页。

② 胡元德：《文字何以成为武器？——檄文战斗力解码》，《齐鲁学刊》2015 年第 1 期。

心士气的作用。再者，古代檄文传播于广大人民，有着控制导向的作用。除此之外，对于檄文内容的目标，檄文往往也能起到震慑的作用。尹韵公在《三国时代与新闻信息传播》一文中对檄文的传播效果有着这样的总结："檄文的杀伤力和威慑力是相当厉害的：'声如冲风所击，气似欃枪所扫，奋其武怒，总其罪人，征其恶稔之时，显其贯盈之数，摇奸宄之胆，订信慎之心；使百尺之冲，摧折于咫书，万雉之城，颠坠于一檄者也。'"[①]当然，檄文没有军事实力作后盾，造出的声势再大，终究是干吼而已。[②]陈琳在写完《为袁绍檄豫州文》一文后，袁绍大喜，传檄文于各州郡，一时间上下军士斗志昂扬。而当时的曹操刚好患头风，当这篇檄文传到曹操手上，曹操"毛骨悚然，出了一身冷汗，不觉头风顿愈，从床上一跃而起"。檄文的传播效果，由此可见一斑。当然，古代檄文的传播效果终归是建立在特殊的历史语境之下，不过其传播的广度以及力度，都是历代檄文的相关学者所公认的。

综上所述，檄文是中国古代重要的一种军事文体，之前学者的研究，已经对檄文的定义、传播模式、作用等有了初步的探究，随后历年关于檄文的研究论文数量一直在不断增加，由此可见檄文之于华夏传播研究的发展是有一定意义的。从大众传播的角度来研究檄文的传播形态，笔者认为这在华夏大众传播的范畴中，是一个值得探讨的方向。

（曹　扬　谢清果）

① 刘勰：《文心雕龙·檄移篇》。

② 尹韵公：《三国时代与新闻信息》，《中国文化研究》1997 年第 1 期。

第七章　定序启后：汉文帝遗诏的符号传播效力的机制分析

汉代是中国历史上政治秩序和文化传统第二次形成的时代，自先秦以来，文化传承毁堕，导致两汉无论是在国家制度的建立还是民间文化的培养之上都是摸着石头过河。而在汉代以“孝”为核心观念来治理天下的指导思想之下，生死观就成为庙堂政治和民间传统共重的基本议题。同时，两汉的诏书露布作为皇帝施政的直接手段，在政治活动中有举足轻重的作用。因此，汉太宗孝文帝作为西汉前期最重要也是最受爱戴的刘氏皇帝，其遗诏在传播学的范畴中有十分重要的政治意义。本章在文本分析的基础上，鉴于上述两大传播生效路径，以索绪尔结构主义的两分对子模式为基本符号分析框架，结合培养理论与公共领域理论，试图呈现太宗遗诏的符号传播意义建构机制。

第一节　汉文帝遗诏的大众传播媒介意义

汉文帝刘恒，是汉高祖刘邦之子，被封代王。吕后死后，周勃、陈平等大臣诛平诸吕，迎刘恒入朝为帝，在位凡二十三年。秦末汉初，连年兵乱，生产力破坏严重，文帝为政崇尚宽简，保护了底层农民，使国力逐步富强，社会渐趋安定。史家称文帝为“贤君”。文帝治政，也是受封建社会大力推崇

“文景之治”的肇始。汉太宗文帝其人，在汉代的政治谱系和整个封建社会的政治历史中，都占有十分重要的地位。同时，《史记》全文记录其遗诏也是史上第一次，皇帝之有成文遗诏，自汉文帝刘恒开始。因此，他的遗诏，无论是政治理念还是传播意义，都具有十分重要的研究意义。

一、研究对象的问题意识

本章在分析太宗遗诏这一经典的传播符号时，借用的是索绪尔的结构主义范式。故此在文章正式开篇之前，需对其中的一些基本概念进行解释和界定。

首先，西汉的帝王诏书，在汉代的社会生活之中本身就负担了极为重要的政治意义。在西汉，诏书除了在政治、经济、军事、民生等重大政治情境中，作为皇帝的声音对特定事务起到一锤定音的作用，还负担了作为面向整个官僚系统和民众的敕戒文书，以及申斥众臣的作用。东汉末蔡邕的《独断》，就已经把诏书分为“制书”“诏书”“策书”以及“戒书”四类。

其次，结构主义实际上是社会科学研究范畴内的一种方法论，在符号学研究领域中，它的价值就在于揭示了符号之间相互依赖，相互影响，并最终成为符号建构的过程。而到了华夏传播概念下的结构主义其意义就是，华夏传播中的符号，并不是割裂开来的，而是一个整体言说系统。这也是为什么华夏传播的言语系统是一个“网”。结构主义的另一基本特征是共时性，其在华夏传播的意义之网之中意味着，哪怕是华夏传播中先后出现的历史，也是这一言说系统中成序列的一部分。

再次，在索绪尔的对子模式之中，符号意味着能指和所指。而在华夏传播的范畴里，则是传播符号言语和含义的两重性。具体到本文中，就是诏书本身内容对生死观的宣传效果，与其政治态度传播效果的两重性。所谓“言外之意”，其实是两汉政治传播中一贯的传播特色。

同时，华夏传播中的意义之网，其实质就是结构主义在本土华夏传播研究中的内化成果。无论是人类学还是社会学，都同意“人是生活在意义之网”中的动物[①]。“意义之网”都是人类自己编织的，其主要内容就是传统文

---

① 〔美〕詹姆斯·W.凯瑞:《作为文化的传播》，丁未译，华夏出版社2005年版，第42页。

化。[1]而中国思想的“意义之网”，具有“统之有宗，会之有元”[2]的特点。

最后，华夏传播中的符号意义建构，在结构主义的角度来看，就是符号成体系出现与应用的过程。且在这种过程的不断重复之中，符号体系就成了约定俗成的价值乃至文化层面的建构。也就是所谓“中国人一般对人、对事、处世、接物的方式，暗中依然有中国价值系统在操纵主持”[3]。

二、遗诏的传播学研究取向

本章前置背景资料的研究范畴，主要涉猎两个学术领域，分别是史学研究中重点关注汉代政治研究、帝王诏书的政治意涵的部分和汉代墓葬生死观的部分，以及传播学研究中关于主流思想下大众观念的符号传播。

在史学研究的政治研究部分，有五篇文章以资参考。汪亚萌的《〈两汉书〉引〈礼〉研究》主要关注的是两汉政治实例中引用或改注《礼记》等古籍的政治风尚，并借由《汉书》这一切入点进行文本分析，说明两汉年间通用的政治规则[4]。而这些政治规则的源流，则体现了华夏传播意义之网作为整体系统的存在形式。华中师大李国侠的《两汉灾异诏书研究》[5]则是一个两汉历史研究的专题。将灾异诏书作为研究对象，从其颁布原因、特征及救灾举措等方面进行分析和探究。在封建社会之中，最高统治者的逝去自然是“山陵崩”的社会大地震。厘清灾异诏书的数目、含义及其在汉代诏书中的地位，对把握文帝遗诏与社会政治及思想文化方面的关系有重要的意义。而宋亚娟的研究方向[6]，则是诏书这一特殊文体形式的书写模式与言说特质，这对于探讨文帝遗诏作为传播符号的形成过程有着极为特殊的参考价值。作为公文，帝王诏书不仅要求文辞通顺，更要担负起露布天下的责任，其传播价值是高于单纯的文学价值的。杨允的研究，切入口更小，更为精练[7]。他关注的

① 楼宇烈校释：《王弼集校释》，中华书局1980年版。
② 邵培仁、姚锦云：《传播理论的胚胎：华夏传播十大观念》，《浙江学刊》2016年第1期。
③ 余英时：《中国思想传统的现代诠释》，江苏人民出版社1989年版，第45页。
④ 汪亚萌：《〈两汉书〉引〈礼〉研究》，南京师范大学硕士学位论文，2017年。
⑤ 李国侠：《两汉灾异诏书研究》，华中师范大学硕士学位论文，2018年。
⑥ 宋亚娟：《诏书文体概观》，《秘书之友》2018年第8期。
⑦ 杨允：《汉文帝、武帝诏书浅论》，《中国社会科学院研究生院学报》2016年第2期。

是诏书背后所反映的帝王个人的施政理念。这也可以为最终的传播效果分析做参考。张庆杭的文章则相当于上述政治研究的概括性总结，他把诏书律令的修订与审议，放在两汉政治环境的整体中进行考量："无论是哪种政治势力掌权，最终他们的政治决策和治国措施都要借助诏书颁行天下，诏书和诏书所代表的皇权至上的思想在两汉政治生活里产生的影响是根深蒂固，不容置疑的。"[①]

鉴于太宗遗诏特殊的内容，我们还要讨论其引导民间生死观念的作用，而在生死观研究部分，有四篇文章可供参考。陈二峰在对汉代墓葬的研究中另辟蹊径[②]，不仅从中截取出汉代贵族对于死亡的态度，还从墓地的形制出发，分析其昭示身份、地位、等级的世俗功效。从贵族墓葬的耗费和形制过甚中，我们或许可以窥见文帝发布遗诏的几分动机。杜梦珂的文章从汉乐府诗切入[③]，为我们揭示了两汉对于生死的基本观念，即好生而恶死，但是承认且接受死亡，并且希冀通过自身的努力来超脱对于死亡的恐惧。汉乐府诗从民间采风，可以反映与文帝基本同一时代的西汉前期底层人民的生死态度。张宇的文章引用部分[④]，关注的是西汉上层士人从早期惧怕死亡、渴求"飞升"的方士生死观，到中后期面对且接受死亡，甚至出现朴素唯物主义生死观念的嬗变过程。而太宗的遗诏，作为汉文学史和政治历史上的重要元素，自然在其中有重要的推动作用。戚莹和王焱的研究[⑤]，则从老庄以来道家的生死观念，对太宗遗诏的传播源流做了解释。其自然无为的生命观念和超脱肉体的死亡观，都与遗诏之中的洒脱自在一脉相承。从先秦到两汉之交，遗诏中的生死观是一气贯通、相互联结的，从上层贵族士人到底层农民大众，其传播效果也是从上至下的。

最后，从传播学的角度选取研究作为范例参考，有三篇文章范例。钱晶

---

① 张庆杭:《诏书与两汉政治》，江西师范大学硕士学位论文，2008年。

② 陈二峰:《汉代贵族墓葬的生死观及世俗功用——以中原地区为例的考察》,《南都学坛》2011年第2期。

③ 杜梦珂:《汉乐府生死观研究》,《文教资料》2018年第15期。

④ 张宇:《两汉生死观与两汉文学关系研究》，福建师范大学硕士学位论文，2006年。

⑤ 戚莹、王焱:《道家生死观对当代大学生生命教育价值的启示》,《文化学刊》2019年第7期。

晶通过对《尚书》引用的例证[①]，试图探索古代华夏在危机面前进行危机传播自救的本土化模式。而这一模式与太宗遗诏的发布，其传播的基本逻辑几乎是完全契合的。同时，《尚书》作为文书典籍范本，其传播意义与遗诏也能相互印证。谢清果与祁菲菲强调“心传天下”的华夏传播范式[②]，其注重“灵犀”“言外之意”的组织传播模式，正与诏书不言自明而表达政治态度的传播方式相符合。王雅雯对于“元传播”的论述[③]，在于元传播和“参悟”行为都讲求一种难以言说的“默契”，两种行为过程的多重含义，往往是通过符号进行大众传播，而流传于世。

综观以上文献，基本都是针对本研究范畴的问题进行讨论，而非类似本文的学科交叉研究。这也说明了，关于这一特定话题，其研究历史极少，是一个相对薄弱的领域。因此，本章基于汉代以孝治国下生死观的政治意义与西汉帝王诏书的政治作用这两大传播符号生效路径，以索绪尔结构主义的能指所指模式为基本符号分析框架，结合格伯纳的“培养理论”、葛兰西的“文化霸权理论”与哈贝马斯的“公共领域理论”，试图分析文帝遗诏既作为政治宣传所表述的生死观念在当时产生传播效果，又能作为传播符号传诸后世，具有建构意义的双路径符号传播机制。

三、研究方法

本章采用的主要是质化研究中的文本分析法，首先通过查阅有关于符号语言学和传播符号学研究的大量文献，汲取在国际上具有普遍认可度的认识论理论范式——索绪尔“能指”与“所指”的结构主义符号学理论范式、哈罗德·拉斯韦尔（Harold Lasswell）的大众传播媒介功能理论、乔治·格伯纳（George Gerbner）的培养理论、安东尼奥·葛兰西（Gramsci Antonio）的文化霸权理论，以及法兰克福学派尤尔根·哈贝马斯（Jürgen Habermas）的公共领域理论五种理论，并将这些大众传播与符号传播的理论放置在西汉前后

① 钱晶晶、史安斌：《危机传播研究的本土化初探：以〈尚书·大诰〉为例》，《扬州大学学报》2014 年第 2 期。

② 谢清果、祁菲菲：《华夏传播理论的内涵、特征及其未来展望》，《今传媒》2017 年第 1 期。

③ 王雅雯：《元传播与中国古典“参悟”思想的互鉴》，《新闻研究导刊》2019 年第 17 期。

的历史环境中，与当时的历史元素进行对比分析，最终构建适应历史情境的传播与反应机制模型（如图 7–1 所示）。遗诏的传播效果和政治意涵，都是建立在以孝治国指导下的生死观与帝王诏书效力的共同作用之下的，而其本身就负担了大众传播的媒介功能。在诏书发布的当时，对于其造成的大众传播效果，在不同阶层的不同人群之中有不同的使用理论模型。对于享有话语权的上层贵族，诏书在规劝的同时给出了一个相对自由的公共舆论领域。而底层民众则没有“直达天听”的渠道与途径，因此选择了文化霸权理论进行分析。而在诏书的意义建构方面，在建构的形成阶段以及其在更长时间范围内的传承阶段，也分别应用特定的理论进行分析。

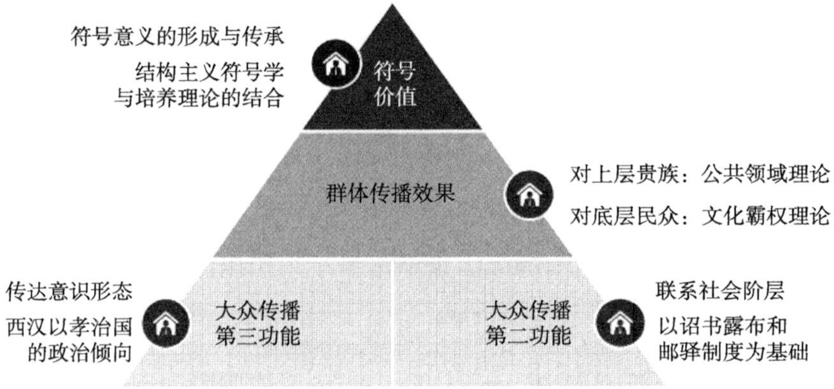

图 7–1　太宗遗诏的功能—效果—符号分析框架

四、研究意义

故此，在学术层面上，研究汉代诏书的传播价值，有助于填补前辈学者在这一交叉学科学术研究方向上的不足，为绍书在传播学层面上的符号建构提供一个相对有价值的理论分析框架。也能够为史学研究中的诏书露布研究提供传播学史观点上的意见，为其研究增添新的角度和方向。

同时，这项研究也有助于我们对汉代的政治文书效力生成机制产生一个相对直观的认识。理解政治效力的根本依据在于有利于国家，有益于民众，符合经济政治的运行规律。以史为鉴，可以知兴替，了解过去的政治效力机制，对今日的大众传播和政治研究也能有所补益。

第二节　汉文帝遗诏的大众传播媒介功能

中国古代的大众传播，往往是由中央政府组织完成的——在生产力的限制下，也只有中央政府存在这样的动机、能力与执行力。出于维护统治，传达统治观念的意识形态需要，与发布政令、方便管理的实际需求，商有木铎宣政，周有金石勒书。而到了西汉，随着生产力的发展与邮传制度的建设，诏书诏命的发布，成为中央大力推广的官方大众传播媒介。

拉斯韦尔在提出他的大众传播模式时，把大众传播的媒介功能定义为三种效力：监视周围环境的第一功能、联系社会各部分以及适应周围环境的第二功能，以及代代传承社会文化的第三功能。本节希望能够结合这些媒介功能的分野与西汉政治的具体情境，分析遗诏传播效力的来源与基础。

一、文帝遗诏传达孝治思想的传承功能

汉代是自宗周东迁以来第一个相对稳定的大一统王朝，是立足于先秦无数废墟之上的。政权建立之后，上至皇帝下至学者都对秦朝的成败得失进行了不同程度的反思与总结，从陆贾与刘邦的“十二论”，到贾谊的“过秦论”，无不强调社会伦理的重要性。故而强调伦理地位成为有汉一朝不变的基本原则，而孝作为伦理之大者，在西汉的政治光谱中无疑是首位的要素。在西汉，政治人物需要时刻注意自身言行是否符合伦理规范的要求。

在反思历史经验教训中，汉初伊始，统治者就致力把家国同构打造成政权的基本特征。在家国同构的政治架构下，“孝”的理论边界被突破，逐渐由家庭领域扩展到社会领域与政治领域，产生了前所未有的影响[①]。西汉诏令，凡出必涉“孝”。汉朝对孝道的反复强调与规劝，让其在社会生活中的重要性达到了一个前所未有的高度。

西汉的孝治，不仅体现在公文文书上，也体现在政治运作的方式之中。汉朝不仅反复强调与“崇老”、与孝道互为表里，更是直接给乡间老者以基层权力——其基层政治治理的固有设置，就是所谓“三老”制度。“三老”绝非

---

① 王传林：《崇孝与尊老——西汉诏令中的“孝”伦理思想探究》，《湖北工程学院学报》2015年第4期。

庙里菩萨，而是“各掌一乡之教化”的实权基层人物。同时，西汉的教育和人才选拔制度也非常重视孝道。最著名的，就是汉代的“孝廉”荐举制度。顾名思义，所谓“孝廉”自然以孝为先。

再者，西汉一朝，也不断提高老人和孝悌之人的社会地位与经济地位，并借此从侧面引导民众对老人与长辈的孺慕之情。据《汉书·文帝记》记载，文帝十二年：“赐三老、孝者帛人五匹，悌者、力田二匹，廉吏二百石以上率百石者三匹。”又如《武帝纪》中，武帝元狩元年：“赐县三老、孝者帛人五匹，乡三老、悌者、力田帛人三匹”。宣帝元康元年、元帝初元元年、成帝建始元年、绥和元年均有类似记载。三老、孝悌者所得名爵与财务赏赐，甚至高于小吏。奖励孝悌的另一面，就是惩罚不孝。汉代甚至把入赘女家的赘婿视为忘祖背宗的贱人罪民。征发赘婿、贾人谪戍，是汉代所谓“七科谪”的重要内容，更别提“殴打祖父母，应黥为城旦舂”的著名律令了。

在这样反复的强调和重视之下，“孝”在两汉政治和社会生活中几乎是作为王朝所奉行的意识形态而存在的。因此，太宗遗诏所强调的生死观念，在汉人的观念和实际生活中都是非常重要的元素。其媒介功能在传承方面的体现，实际上就是反复申饬“孝治”之下的生死孝道观念，并期待将其内化为社会文化传承的一部分。

二、借诏书联系社会各部分的联络功能

诏书，又名诏策、诏令，是以最高统治者名义发表的重要文告。正所谓“皇帝御宇，其言也神，渊嘿黼扆，而响盈四表，唯诏策乎！”[①] 在汉代家国同构的特殊社会政治体制下，诏书显得尤为重要。既然家国一体，那么国就是一大家子，皇帝就是全国全民的大家长。是以在汉代，皇帝诏书不仅仅是单纯的政治公文，更是宗族家长身份加持下“金口玉言，出口成宪”的绝对权威。

汉代诏书不仅权威高，而且作用大。从经济政治军事到民生司法外交，皇权的参与基本都借由诏书的形式进行。作为帝王的触角，诏书代替统治者介入帝国统治的方方面面。同时，诏书的发布是深入国家各处的，这有一个

① 刘勰：《文心雕龙·诏策》卷十九，仿四部丛刊印本。

完善的邮驿系统作为传递保障，更有政治规定作为制度保障。

两汉十分重视邮传的建设，在交通要道上设立专门的邮亭和驿站，里面有供乘用的车马和人食宿的设备。短途步行为主的“递送文书”者，称为“邮”；长途以骑马为主的信递方式称为“驿”。诏书是紧急而重要的文书，必须立即传达，不能有片刻稽留，所以主要通过驿置传递，特殊情况也会兼用邮亭传递。

制度上，诏书经审核颁布后，须逐级下达，一般不越级行移。首先一般是由中央的御史大夫审阅，再发往丞相府，然后由相府向各部门和各郡传达，并且最终一直传递到最为基层的乡亭。在统治者强力的推动下，汉代诏书递送管理在中央总辖于最高军事长官太尉，下面由五个部门具体执行。其中，九卿中的卫尉、大鸿胪都直接执行邮驿发送事务。少府中的尚书令以及符节令专管政府公文收发和符节的分发，大鸿胪兼管邮使的接待。御史大夫兼管邮传，对邮传使者的凭证进行监察。

在皇权的强力背书下，在制度的重视保障下，汉代诏书是作为中央的政治纲领和地方的治理指导方针而存在的。这也恰好体现了诏书的政治地位，及其作为大众传播手段，联系社会各部分的媒介效力。而太宗遗诏作为素有贤名的文帝之遗诏，其正统性和影响力就更加巨大了。

第三节　汉文帝遗诏传播内容的文本分析

太宗遗诏的文本，一向为各代史家文宗推崇，为一代圣皇文字的范本，无论是官修正史，如《史记》《汉书》，还是文人笔记，如《风俗演义》《古籍全录》都以全文录下了这一诏书（《史记·孝文本纪》宋汲古斋本，卷十）：

朕闻之：盖天下万物之萌生，靡不有死；死者，天地之理，万物之自然，奚可甚哀！当今之世，咸嘉生而恶死，厚葬以破业，重服以伤生，吾甚不取。且朕既不德，无以佐百姓；今崩，又使重服久临以罹寒暑之数，哀人父子，伤长老之志，损其饮食，绝鬼神之祭祀，以重吾不德，谓天下何！朕获保宗庙，以眇眇之身托于天下君王之上，二十有余年矣。

赖天之灵，社稷之福，方内安宁，靡有兵革。朕既不敏，常惧过行以羞先帝之遗德，惟年之久长，惧于不终。今乃幸以天年得复供养于高庙，其奚哀念之有！

一、倡导生死自然的朴素哲学观点

遗诏开篇，就是太宗文帝刘恒自述他自己对生死一事的基本认识。“盖天下万物之萌生，靡不有死”，这是刘恒向阳世挥手告别之际，保留的一份清醒。他认为，天下万物只要有生命，没有不死的。无论是坦然还是恐惧，死亡都必将到来。恐惧死亡只会让宿命在到来时更加可怕，而失却了原本作为一种正常存在的意义。因此，他借由遗诏告诫自己的子民，要用内心的坦然对抗死亡的必然——这种态度甚至近似于萨特的存在主义了。

接下来，他更进一步地表示：“死者，天地之理，万物之自然”，生生死死是天地间的常理，是一种自然法则。因而当死神降临的时候，他明确表明了坦然、磊落的人生态度。敢于正视死亡，敢于承认自然规律的人生态度，正是刘恒初步形成了一种朴素认识论的表现。

二、规劝丧仪从简的世俗价值

从他基本的生死观念出发，刘恒作为政治家最终关注的依然是自己的丧葬礼仪在汉代以孝治国的背景和指导思想下作为国家大政的世俗价值和政治经济效益，以及相似环境下大搞厚葬之风对民众生活的拖累。对待自己的葬仪，他认为“朕既不德，无以佐百姓；今崩，又使重服久临以罹寒暑之数”（我这样一个无德的皇帝，还要百姓来为我守丧，岂不是更加无德无行了）。“哀人父子，伤长老之志，损其饮食，绝鬼神之祭祀，以重吾不德，谓天下何！”身为皇帝，他首先考虑的是重礼下葬对国家可能的损害——耽误生产，徒费物力。

同时，他把过度靡费丧仪打成“重吾不德”的行为，这其实是另一层考量了。文景之间，民生疲敝，百废待兴，数代人殚精竭虑，终于使得经济情况有所好转。因而一生致力于恢复与发展生产的文帝才会在诏书中明确提出了反对厚葬的观点：“当今之世，咸嘉生而恶死，厚葬以破业，重服以伤生，吾甚不取。”在他看来，死者更应当为生者让步，不能为一身而谢天下。这不仅是刘恒对自身的要求，鉴于遗诏的社会指导效应，他更希望能借助遗诏，让社会接受重情而轻仪的丧葬观念，并以此为原则进行西汉版的“舆论监督”——尤其是针对上层有能力进行厚葬的勋贵士人，是以才要皇帝自身率先垂范。

第四节　汉文帝遗诏的传播效力机制

如上所述，在汉代特定的社会环境和政治背景之下，皇帝诏书，尤其是本文所述遗诏，在当时产生了巨大的传播效果，而考虑到封建社会阶级背景的影响，针对不同的传播对象人群，本节试图运用不同的传播效果理论，分析在特定人群之中太宗遗诏产生传播效果的机制。

一、遗诏对公共领域理论的反作用

公共领域理论，本是哈贝马斯在法兰克福学派原有的研究基础之上，结合 18 世纪盛行西欧的“咖啡馆议事”或“沙龙论政”而言的。他所谓公共领域，指的是一个国家和社会之间的公共空间，是一种介于市民社会中日常生活的私人利益与国家权力领域之间的相对独立的空间和时间，其中个体公民聚集在一起，共同讨论他们所关注的公共事务，形成某种接近于公众舆论的一致意见。

而在汉代，自汉文帝“除诽谤妖言诏”发布之后，上层士人论政，几乎一下子爆发了开来。底层民众迫于生计，在绝大多数情况下没有条件也没有意愿组织、进行类似活动，而上层勋贵士人，则无此阻碍。再加上西汉尚且没有特务政治出现和存在的空间，那么其议政论政之风大涨，乃至形成类似后来西欧式的“沙龙”公共领域，是有其社会背景的。

而且，西汉的士人大夫，也是有集结起来对抗皇帝意志的动机的。在汉文帝刘恒执政的时期，对外战争基本暂停，对基层的组织程度也下降到了一个相对微妙的地步。因而，士人们的话语权在文景两朝达到了一个影响力相对较大的地步。而汉代“一夫挟五口而治百田”的政治理想，使得贵族豪强对地方佃户的控制处于十分萎缩的情形。在这样的情况之下，当时的士大夫们当然要运用手中的话语权力，为自己的利益进行寻租。

在这样外部环境允许和内部动机充分的情况下，士人们就飞快地集结起来，贵人长者以各种群体宴会为论政空间，小辈则利用“太学生”或“官学子”的天然优势身份，不断为自己的阶层利益发声。这种从上到下浑然一体的舆论集体，无疑正是西汉上层人士为自己群体舆论而创设的公共领域。

西汉上层人士的自发组织，恰恰符合了哈贝马斯公共领域的最大特点——哈氏理论中的公共领域，最终是要组织起来对抗武断的或是压迫的公权力形式，从而维护总体利益的。恰恰西汉勋贵也有这个动机和正当理由：公共领域最关键的含义，是独立于政治建构之外的公共交往舆论，它们对于政治权力是具有批判性的，同时又是政治合法性的基础。而他们选择的缺口，就是对丧葬观念的移风易俗。

但是，刘恒作为至高无上的天子，皇权的直接控制者，其自身的任务并非鼓励公共领域的出现，而是以自己的影响力反作用于上层士人公共领域的政治舆论空间，并保证皇权的权威性。

正是出于公共领域理论对公权力的警惕，刘恒既然身为帝王，其对权力的使用则必然受到这一公共领域的制约和质疑。因而其诏书，尤其是其遗诏传播效果的真正生效路径，其实是对抗乃至暂时打破公共领域的作用。而他平生真正打破了公共领域舆论影响的，便是这篇遗诏了。方法很简单，且难以复制：以更广大的民间舆论对抗公共领域。刘恒生前，已然通过言传身教和自身施政的效果，树立起了一个清正爱民的帝王形象，而又以遗命的形式，公布薄葬的计划。一时间，天下庶民皆念太宗遗德。是以他能第一次也是最后一次，几乎毫无阻力地推行自己的政治理想。

二、文化霸权理论影响下的底层民众

与掌握话语权的上层贵族士人形成对比的，就是底层的黔首小民了，他们缺少话语渠道，判断力相对较差——他们没有力量，而一旦聚合起来，却又最有力量。正是通过引导这种力量，文帝哪怕在生命最后的时刻，依然能够达成其政治目标。而刘恒引导力量的方式，就是对文化霸权理论的西汉版诠释。

葛兰西提出的文化霸权理论，是指一个阶级主宰另一个阶级的意识形态及文化，通过控制文化内容和建立重要习俗以统一意见来达到支配目的。“霸权”的意涵，就是来自本群体外的控制或统治。[①] 以今天的视角，葛兰西只谈阶级，未免过时，而在封建社会的西汉，阶级则是解释许多问题的妙招。

首先，是对底层群体渴盼圣贤皇帝心理的利用。有汉一朝，对于“圣人致小康”这一政治观念深信不疑。刘恒作为皇帝的所谓“垂拱而治”恰恰是对这一政治理想的响应。同时，这也是对君父（汉代对皇帝惯称）完美形象的保护：施政正确，自然是垂拱有德，而若是政策出了偏差，那自然就是臣下无状。刘恒对于民众的心态，了解不可谓不深。其提前建构自身形象的举动，完全就是以统治阶级之身，架构出一个完全符合民众期待的近乎圣人的形象。而恰好终其西汉，整个社会都在期待“圣王”的降世。

同时，底层对于政治治理好坏与否的判定，完全取决于作为统治阶层的帝皇本人的金口玉言。在儒家谶纬学派的解释之下，所谓“四海困穷，天禄永终”的缘由，并不在于天子有过，而是在于阴阳失调，需要的只是调整，而非对天子德行的指责与怀疑。再加上偶尔罪己诏的发布——“朕躬有罪，无以万方；万方有罪，罪在朕躬”，就更加使得底层民众感恩戴德了。

西汉稳固的底层民众基本盘，就在于从思想上完全建构了帝王本人的至高形象，同时彻底断绝了对最早统治者的怀疑可能。换而言之，政治宣言与政治姿态，就是汉帝国的统治阶层主宰底层民众思维的方式。

这一统一的意识形态，分明就是对葛兰西《狱中札记》预言的复刻。统治者攫取了文化的领导权，就使得整个社会，尤其是相对闭塞的底层民众不疑有他。而称颂他“世俗褒扬，言其德比成王，治几太平也”，甚至于“后世皆言文帝治天下几至太平，其德比周成王”[②]，也就并不奇怪了。

① 〔英〕雷蒙德·威廉斯：《关键词·文化与社会的词汇》，刘建基译，生活·读书·新知三联书店2005年版，第201页。

② 应劭：《风俗演义》，国家图书馆出版社2019年版，第12页。

第五节　遗诏作为传播符号的整体建构模式

在传播符号意义的建构中，结构主义是绕不开的话题，传播符号的整体性和共时性，是其意义存在的根基。而培养理论代表的，是更长时间维度下符号意义的传承，是符号反复使用之后形成的潜意识与合意。

如图 7–2 所示，遗诏在当时的传播效果，并不直接意味着其能够完整地被统治阶级加以复述和升华，并最终成为国家意识形态的一部分。而本节正是针对遗诏作为传播符号，其建构与传承的整体模式进行分析。

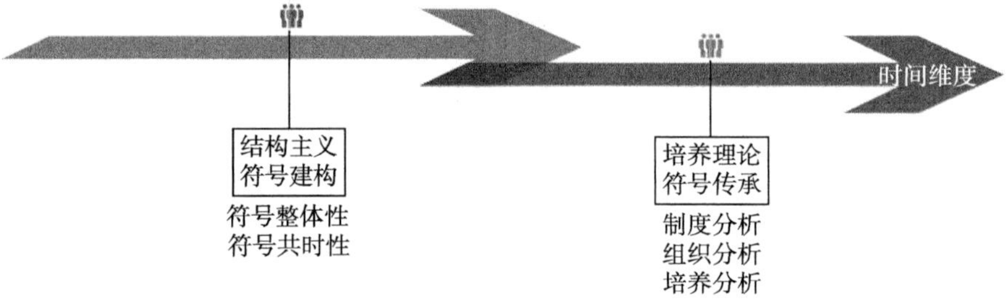

图 7–2　太宗遗诏的传播符号建构模式

一、建构传播符号的结构主义方式

在索绪尔的整体性语言符号学中，他把能指和所指作为统一的心理实体的两面进行阐发。盖因语言在时间上和逻辑上都是一个统一的整体，所以附着于其上的符号也是一体的，只不过分成两面进行理解——这也正是结构主义整体性和共时性两大特征的要求。抓住这一点，就可以理解这篇遗诏作为传播符号的建构方式了。

所谓能指和所指，在汉代对遗诏的阐发所依据的名家名实之学中，可以找到非常相似的对应，即能指代表“指”，而所指代表其“物”。作为符号的遗诏，其实是基于全社会对于文景之治的理解和向往，而建构起了能指和所指之间的桥梁。太宗遗诏作为语言符号和能指，其对应的所指，是过去汉家皇帝本身的贤明形象，及其治理曾经给社会带来的丰裕生活，以及可以再次达到这样社会高度的可能希冀。遗诏代表的，既是刘氏皇帝对下属臣民的一份前景描绘，也是下属臣民对统治者的评判尺度。换而言之，遗诏就是对刘氏过去执政正统性的肯定，也是判定其正统与否的标杆——当然，前者作为所指，在实际情况之中出现得更为频繁，也更受共识认可。

对遗诏所属符号系统整体性的体现，无过于汉代的帝王谥号祭祀与衣冠出行制度了。西汉崇孝，那么各代帝王谥号，都以“孝”字为其开头。这是整个刘氏帝王对于天下人的承诺与政治意图的直接展现。正是出于对孝道的强调，针对生死桑增的太宗遗诏才会在整个汉代都拥有如此重要的意义。同时，这一政治承诺也是汉代帝王“衣冠出巡”的直接导向因素。《汉书·叔孙通传》记载：“渭北，衣冠月出游之，益广宗庙，大孝之本。”汉代帝陵，都有环绕其而建的城池，所谓“衣冠出巡”，就是在每月的大祭祀之后，将帝王生前的衮服从陵边城池中的独庙中取出，以辇车送达太庙重祭。西汉一十二代帝王之间都是如此。这一系列的政治符号系统，无疑是统一而具有整体性的。

而对其符号共时性的展现，则要讲到汉代的朝会。汉代正月大朝会，除各地审计官员上报数据之外，还有皇帝发表朝议诏书的环节，而这一环节发表的内容，需要以前代帝王的文本为基础进行书写和言说。这恰好符合了索绪尔再三强调的共时性：哪怕系统中的某些要素在绝对史观概念上并不在同一时间，但是它们在系统内部是互相承续、有内在逻辑的。

那么，遗诏作为传播符号的结构主义性质也在其中展现出来了。其整体性在于，遗诏代表的不仅仅是单纯的生死观念，而是整个帝王谱系的一贯认知。而共时性在于，后世汉朝帝王，都要时时刻刻把遗诏作为最高标准要求自己。

二、传播符号宣传倾向的培养分析

在遗诏的结构主义价值之外，本节的另一个关注点在于使用培养理论，解释遗诏这一既成的文化符号逐渐内化为汉代文化传播内核意义并被不断传承更新的缘由。培养理论学派，出自美国学者伯格纳等人的研究而最终创立，其核心研究方向可以归纳为“三个维度”和“两种效果”。其中三个维度指的是传播分析中的制度分析、讯息系统分析和培养分析。而两种效果则分别是主流效果和回响效果。

首先，制度分析的主要目标在于分析传播的信息生产和传达过程中的各种制度因素，最终揭示传播内容倾向性的原因。本章前半部分已经叙述过，在西汉，皇帝诏书代表的威权自然不必多言，我们需要了解的是太宗遗诏这一符号被中央经常提及的制度缘由。西汉一朝新皇践祚，无不言及太宗——这是汉代惯例，汉以孝治，新帝需首先发布诏书承认先帝及宗庙，以自证其正统。而文帝刘恒又是著名贤帝，远迈百五十载尚有三老念及，则太宗是最能昭示天命者。是故，即位皇帝反复强调，使得遗诏几成西汉政治的经典符号。

既然出于强调统治正统性的需要，汉家制度上是支持并不断传播刘恒遗诏的，那么由官方控制的亭里露布自然要大力配合，进行宣传了。从讯息组织系统的定义来看，大众传播的讯息是通过象征符号来传达的，这些讯息并不是符号的随意组合，而是根据一定的观点和意识形态进行加工整理后的具有完整意义结构的系统。是故，在宣传遗诏的同时，汉代的宣传机器自然还要对刘恒其人加以神化。那么，讯息系统的态度当然是不言自明了。

最后，既然从上到下都存在对这份遗诏的宣传与认可，培养分析环节指向的对传播特定倾向所造成的社会结果，也已然出现在史书之上了。无论是相隔不久的司马迁，还是远在东汉年间的班固，《史记·孝文帝本纪》和《汉书·文帝纪》都全文录入了这份遗诏，并且还在赞语中大加赞扬："专务以德化民，是以海内殷富，兴于礼义，断狱数百，几致刑措。呜呼，仁哉！""汉兴至孝文，四十有余载，德至盛也！"

同时，在效果分析方面，主流效果已经在前文进行了分析，本节主要关注其回响效果。回响效果，是指当宣传中的经验与个人经验趋于一致时，培养效果会如同空谷回音一样显著扩大。而遗诏宣扬的"重伤逝，轻葬仪"对社会生产的助益和对家属困扰的减弱是显而易见的。官方名其为德政，而实际也确实如此，在这样的情况下，汉代出现如上文所述那样对太宗的狂热崇拜和怀念，也就不足为奇了。而这一崇拜的情感，会反作用于汉代统治者的宣传策略，更进一步凸显太宗遗诏的符号价值。

综上所述，西汉作为中国封建历史稳定运行政治制度的开端，其太宗文帝所开创的"文景之治"在整个封建历史上都令人瞩目。因此，太宗遗诏不仅在史学和文学研究领域价值极高，更是西方传播学语境下对华夏古代大众传播重要的一手研究资料。汉太宗刘恒及其继任者们，在维护自身统治的传播策略中，综合使用了大众传播中针对不同阶级地位和社会资源群体的公共领域理论和文化霸权理论传导路径，成功地维护了自己作为统治者的话语权力和正统性，同时制止了公共领域关于特定话题的舆论反扑。在更久远的时间跨度上，则运用了符号化的言语机制，成功把遗诏上升成为一种政治理想乃至执政模式，并延续下来。那么，在习近平主席强调“讲好中国故事”的现代语境之下，研究、阐述和借鉴这些言说机制，无疑是有助于对内树立四个自信和对外宣扬中国模式的。

（许　诺　谢清果）

五

华夏跨文化传播的实践

第八章　以质为媒：唐代的双向跨文化传播

唐代少数民族质子是一个庞大而特殊的社会群体，自为媒介，在中原民族与少数民族之间的文化交流中发挥了不可估量的作用，将本民族文化传播到中原地区的同时又向本民族传播中原文化，因此本章在“跨文化传播学”的中观语境下运用文化差异的维度和认同协商理论厘清质子群体在传播过程中由于社会文化差异和自我认同混乱而产生的传播障碍，并依托文化适应理论、“第三种文化”概念以及文化—族群认同发展模式从主客体交叉适应、传播本民族文化的路径和传播中原文化的路径三个方面系统地呈现“以质为媒”的双向跨文化传播机制运转过程，并将该文化传播机制放在现代话语体系下为当代中国如何以国内留学生为“媒介”实现在文化上的“走出去”与“引进来”相结合提供借鉴意义。

第一节　质子媒介：考察唐代跨文化传播的新视角

唐代少数民族地区或政权的贵族子弟入唐为质是一个较为普遍的现象，质子在不同文化群体间担任文化互通的中介角色，而其中所呈现的传播机制对当代中国呼吁建设“人类命运共同体”的实践具有借鉴意义。要想对唐代质子的跨文化传播机制有一个比较全面的认识，需要对唐代质子的概念界定、跨文化传播障碍、大唐与质子消减文化互通阻碍的措施以及双向跨文化传播机制的具体运行路径等问题进行比较系统的研究和探讨。

针对唐代质子双向跨文化传播机制的研究需要从几个重要概念的界定开始，本章先界定“华夏跨文化传播”和“质子”的定义，并在此基础上回顾华夏跨文化传播和唐代质子两个维度的既往研究，发现研究盲点，提出新型的研究视角，并呈现本文的研究方法、理论框架和研究价值。

一、重要概念界定

（1）华夏跨文化传播。本章主要借鉴华夏跨文化传播的研究范式探究唐代质子的双向跨文化传播机制，这一章节主要对其中涉及的重要概念做出解释，首先跨文化传播的概念主要包括各种文化要素和不同文化背景下的社会成员这两个主体，具体指处于不同文化背景的个人、组织或者是国家之间所进行的信息交流互动与传播，以及各种文化要素在全球范围内的扩散、渗透和迁移[①]，那么华夏跨文化传播则是在跨文化传播的解释语境下加入中国传统社会这一时间限定条件，即中国传统社会中处于不同文化背景的各民族或各地域的人进行信息传播与交往互动，以及各种文化要素在此交流圈中的流动、渗透和迁移的过程。

（2）质子。《辞海》中将质子解释为人质[②]，即古代派往其他政权或其他区域作抵押的人，由于多是贵族王子或世子，所以被称为“质子”。唐代质子有内质和外质之分。内质是指在一个国家、民族或部落内部实行的质子入侍中央的制度，放在唐代质子的语境下则是指大唐中央向地方征召的质子，其中包括汉族质子和少数民族质子，而外质是指中原王朝向少数民族政权或国家征取的质子。[③]“内质”和“外质”并不是固定、绝对的，当时空条件、国内外形势发生变化时，它们会相对应地发生改变。本章研究的对象是唐代的少数民族质子，其中包括少数民族内质和外质两个类型。质子制度是指主流文化统治者对所纳质子在职责、管理、奖惩等各方面的规定，在唐代统治者对

① 宫承波：《新传媒》，中国广播电视出版社 2015 年版，第 43 页。

② 辞海编辑委员会：《辞海》，上海辞书出版社 1999 年版，第 734 页。

③ 陈金生：《中国古代民族关系中的质子研究》，兰州大学硕士学位论文，2008 年。

质子的职责、管理、轮替、授官、奖惩等都有较为明确的规定[①]。

二、学术史回顾

（1）华夏跨文化传播研究概述。在华夏跨文化传播领域前辈学者的诸多研究成果从研究领域上可以分为国内各民族文化传播、中华文化国际传播、丝绸之路沿线文化传播三个类属，将丝绸之路沿线文化传播单列出来是由于在这方面的研究会同时涉及丝绸之路沿线的国内各民族传播和国际传播两个方面，研究内容主要聚焦在通商、文学艺术和宗教方面，没有涉及质子这一文化传播媒介。首先在国内各民族文化传播方面有六篇可考的研究论文，詹昌平探究移民活动对中国古代边疆地区文化传播的影响，他提出以汉族民众为主的移民在移植、推行祖籍地先进生产技术和生产方式的同时，或通过文化冲击促进社会开化，或通过观念传播推动风俗更易等方式传播中华文化[②]；叶舒宪聚焦于非文字的文化研究，融合神话学、文化传播、艺术史和考古学，论述发端于草原文化的玉石之路和黄金之路对华夏文明生成的物质和精神意义[③]；王琛分析南北朝交聘活动，提出交聘本质上是各国之间的一种文化互动与国家形象的竞争，一定程度上能够促使各国向更广阔的统一性的文化空间靠拢[④]；崔燕研究内地与草原的通商活动，总结出北方游牧民族和中原农耕民族经济文化传播的四大特点[⑤]；杨文英考察了腾冲北部地区主体民族为汉族的诸多姓氏来源，分析李、杨、段、左等大姓及其汉文化的诸多特征以及供奉的家堂牌习俗[⑥]；黄海云以广西古代汉文化传播为例，探讨中国古代文化传播的历史与现实意义，古代文化传播的研究现状与研究思路、方法等问题[⑦]。其

① 成琳：《唐代民族关系中的质子制度研究》，陕西师范大学硕士学位论文，2008 年。

② 詹昌平：《移民活动对中国古代边疆地区文化传播影响考述》，《武夷学院学报》2013 年第 1 期。

③ 叶舒宪：《文化传播：从草原文化到华夏文明》，《内蒙古社会科学（汉文版）》2013 年第 1 期。

④ 王琛：《中国古代交聘、国家形象与跨文化传播》，《国际新闻界》2008 年第 6 期。

⑤ 崔燕：《余缺互补贸易模式下的北方草原古代经济文化传播研究》，《内蒙古民族大学学报（社会科学版）》2019 年第 3 期。

⑥ 杨文英：《腾冲北部古代戍边移民及汉文化传播》，《新西部》2018 年第 15 期。

⑦ 黄海云：《古代文化传播研究：古老与年轻的交融——以广西古代汉文化传播研究为例》，《玉林师范学院学报》2008 年第 1 期。

次，在中华文化的国际传播层面有11篇可考的研究论文，例如邓辉以佛教文化交流为切入点，通过对佛教传播路径探讨，进而揭示出古代广东南江古道在佛教文化传播上所起到的重大作用①；柯卓英探讨唐代的文学创作与交流活动，其中涉及唐代文学对日本的跨文化传播特点、媒介、人际原因和意义②；谭晓祎以唐代文化的跨文化传播为研究案例，探寻适宜当代中国国情与跨文化传播发展现状的科学理论和实践经验的支持③；朱丰俊运用美国传播学者埃弗里斯·罗杰斯的"创新—扩散理论"剖析印度佛教在古代中国的跨文化传播④。丝绸之路沿线华夏跨文化传播研究成果最为密集，例如郭宪春分析"丝瓷茶"作为古代中国文化传播的一种物质文化符号在中国古代跨文化传播中的作用⑤，兰宇以秦腔为例分析丝绸之路与中原戏剧的西向传播⑥，邹一探究南方丝绸之路与道教在东南亚的传播⑦以及王永平的《"波斯狗"东传：从伊朗到中国——兼论粟特人在丝绸之路物种传播中的贡献》⑧等等。

关于华夏跨文化传播学的研究成果具有三个特征：主要依托于考古学、历史学和艺术学研究范式没有构建华夏跨文化传播理论框架，重视结果呈现忽视传播机制本身以及止步于历史现象没有结合当代语境。首先大部分研究成果主要运用到考古学、历史学和艺术学的知识与研究范式，根据考古发现推进叙事或是依托于时间顺序简单地阐述传播的时间、地点、对象，其中涉及的传播学专业性色彩不浓厚，没有建构一个华夏跨文化传播的理论研究框架。例如刘婷玉的《明代海上丝绸之路与妈祖信仰的海外传播》纯粹论述16世纪欧洲的官方使节、传教士、商人和水手都记载了其所目睹的明代中国妈

① 邓辉：《佛教文化传播视域下的古代广东南江古道研究》，《玉林师范学院学报》2015年第4期。
② 柯卓英：《唐代的文学传播研究》，陕西师范大学硕士学位论文，2006年。
③ 谭晓祎：《影响中国文化跨文化传播效果的原因探析》，山东大学硕士学位论文，2011年。
④ 朱丰俊：《论佛教在古代中国的跨文化传播》，武汉大学硕士学位论文，2005年。
⑤ 郭宪春：《中国物质文化符号与文化传播——以古代中国物质文化符号传播为鉴》，《鞍山师范学院学报》2015年第5期。
⑥ 兰宇：《丝绸之路与中原戏剧的西向传播——以秦腔为例》，《西安电子科技大学学报（社会科学版）》2016年第3期。
⑦ 邹一清：《南方丝绸之路与道教在东南亚的传播》，《中华文化论坛》2017年第10期。
⑧ 王永平：《"波斯狗"东传：从伊朗到中国——兼论粟特人在丝绸之路物种传播中的贡献》，《唐史论丛》2016年第2期。

祖信仰[①]；熊璐瑶在《跨文化传播者素质研究》中运用近似文学分析的手法呈现中国古代著名跨文化传播者所具有的特质；韩香以波斯锦与锁子甲为例，按照历史时间顺序叙述这两样产自西亚波斯一带的物品通过丝绸之路经过中亚、西域、河西走廊（敦煌）等地区传播到内地的过程。另外，研究内容呈现“重结果轻途径”的特征，部分研究都是通过考古发现的历史文物得出某两个区域或者是民族之间在某个特定时期存在跨文化交流或者是通过诗歌、小说等史料记载得出在某个特定时期存在跨文化传播现象的结论，并没有深入分析具体的传播者类属、受众类属和传播手段。例如杨文英的《腾冲北部古代戍边移民及汉文化传播》通过剖析“西练”[②]的史志、族谱、家谱分析主体民族为汉族的诸多姓氏来源，再结合腾冲北部古代戍边移民的历史和当地供奉的家堂牌习俗，推断他们在当时对汉文化传播做出了一定的贡献[③]；黎羌以张骞通西域与《摩诃兜勒》《佛国记》与佛教乐舞戏和《大唐西域记》中的西域乐舞为例呈现古代使者、商客、僧侣等旅行者记录的各国、各民族音乐舞蹈文化[④]，而其中具体传播方式没有详细剖析；罗崇雯通过分析比较澳门许多教堂建筑与葡萄牙的建筑风格和设计的相似性倒推得出古代澳门作为海上丝绸之路的节点与葡萄牙之间具有跨文化交流的历史这样一个结论[⑤]。从上述列举出来的诸多文献可以看出诸多学者在华夏跨文化传播领域的学术贡献止步于对历史现象的分析，是通过考古发现、古籍引用等方式呈现中国古代跨文化传播的丰富图景，很少结合当代中国语境为现代中国构建人类命运共同体、打造独立的中国话语体系建言献策。

（2）唐代质子研究概况。针对唐代质子的学术论文较局限，可考文献仅11篇，主要聚焦在考古学、人类学和历史学领域，主要进行现象学的微观实证

---

① 刘婷玉：《明代海上丝绸之路与妈祖信仰的海外传播》，《中国高校社会科学》2017年第6期。

② 腾冲北部地区俗称“西练”。

③ 杨文英：《腾冲北部古代戍边移民及汉文化传播》，《新西部》2018年第15期。

④ 黎羌：《中国古代行旅者与丝路乐舞戏文化传播》，《石河子大学学报（哲学社会科学版）》2015年第2期。

⑤ 罗崇雯：《澳门：古代与现代海上丝绸之路的节点——基于跨文化传播的视角》，《新闻前哨》2016年第10期。

研究和解构主义的宏观定性研究，缺乏语境化的中观观点。首先，在唐代质子研究的语境下，现象学的微观实证研究是指通过单个族系质子墓的考古发现探究唐代质子的来源、生活习性、社会地位等等，例如葛承雍解读西安唐代奚族质子热瓌墓志，推断奚族质子在大唐的社会地位以及唐与奚的关系[①];《唐代吐谷浑质子考——以唐代吐谷浑王室慕容氏墓志为中心》通过解读唐代吐谷浑王室慕容氏墓志分析随着唐朝和吐谷浑关系的变化，质子的地位和作用随之发生的变化[②]。另一部分的研究属于解构主义的宏观定性研究，从政治学的角度系统呈现唐代质子制度，例如刘兴云的《唐代藩镇质子制度》[③]以及陈金生、费翔的《试论唐代质子制度的内容》[④],或者是从历史学和人类学的角度将唐代质子作为一个统一的群体来研究，以期更深入系统和全面客观地认识、理解唐代质子，以呈现其真实的生活状态和历史变迁，例如陆宜玲的《唐代质子研究》[⑤]。这些研究总体上缺乏语境化的中观观点，即没有从某一个具体的专业角度切入研究这段史实，大多倾向于历史本身的考察与验证。

因此本文综合现今华夏跨文化传播和唐代质子研究两个方面存在的缺陷，从跨文化传播的角度，运用霍斯夫泰德“文化差异的维度”、Stella Ting-Toomey的认同协商理论、约翰·贝利的文化适应理论、Dodd提出的“第三种文化”概念以及贝利等人提出的文化—族群认同发展模式五种理论建构华夏跨文化传播的理论框架，分析唐代质子的双向跨文化传播机制，并将该文化传播机制放在现代话语体系下为当代中国如何以国内留学生为媒介实现在文化上的“走出去”与“引进来”相结合提供借鉴意义。

三、研究方法

本章主要运用的是质化研究中的文本分析法，首先通过查阅跨文化传播研究的大量文献汲取在国际上具有普遍认可度的理论——霍斯夫泰德“文化

① 葛承雍:《西安唐代奚族质子热瓌墓志解读》,《考古》2014年第10期。

② 濮仲远:《唐代吐谷浑质子考——以唐代吐谷浑王室慕容氏墓志为中心》,《河西学院学报》2014年第4期。

③ 刘兴云:《唐代藩镇质子制度》,《南都学坛》2009年第6期。

④ 陈金生、费翔:《试论唐代质子制度的内容》,《社科纵横》2009年第4期。

⑤ 陆宜玲:《唐代质子研究》，陕西师范大学硕士学位论文，2008年。

差异的维度”、Stella Ting-Toomey 的认同协商理论、约翰·贝利的文化适应理论、Dodd 提出的“第三种文化”概念以及贝利等人提出的文化—族群认同发展模式五种理论，并将这些跨文化传播的经典理论嫁接到唐代质子跨文化传播研究中构建独特的分析框架：如图 8–1 所示，在传播障碍的层面上，运用霍斯夫泰德“文化差异的维度”和 Stella Ting-Toomey 的认同协商理论，前者用于分析不同民族之间文化差异的社会环境，后者用于剖析质子本身的自我认同障碍；在双向传播机制的层面上，先基于约翰·贝利的文化适应理论呈现大唐和少数民族质子传播双方的态度与行为，接着从质子的视角，运用 Dodd 提出的“第三种文化”概念分析质子如何在大唐传播本民族文化，运用贝利等人提出文化—族群认同发展模式分析质子为何会主动向本民族传播中原文化以及具体的传播途径。

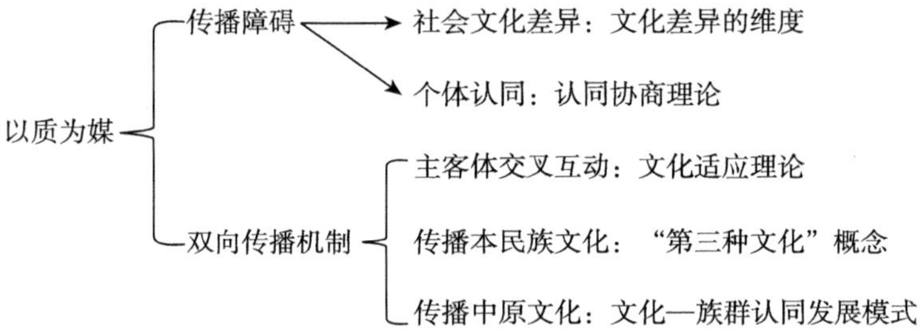

图 8–1　唐代质子跨文化传播分析框架

其次，从唐代质子的研究文献中析出质子显性层面的传播行为和隐性层面的传播行为，运用上述构建的华夏跨文化传播研究理论框架分析和解释具体的研究史料，最后将研究结论放在现代话语体系下为当代中国如何以国内留学生为媒介实现在文化上的“走出去”与“引进来”相结合提出可供参考的路径。

四、研究意义

研究唐代质子的双向跨文化传播机制直接意义上有助于我们意识到质子不仅在政治和军事上起着缓和冲突促进和平的作用，还在文化交流与传播上发挥桥梁和纽带的作用，能够从跨文化传播的角度更为全面认识少数民族和大唐交往的历史，并且能够清晰系统地了解质子作为文化传播媒介的传播障碍以及具体传播手段；同时有助于我们认识不同民族文化在历史发展进程中，既有相互排斥的竞争性行为，也有相互依赖和相互交融的共存性特征，从而促进民族融合的普遍规律。另外，能够补充前辈学者在华夏跨文化传播研究和唐代质子研究领域的不足，为华夏跨文化传播研究构建了可行的理论框架，为唐代质子研究填充了传播学语境化的中观观点。在现实层面上，本文依托于以质为媒的双向跨文化传播机制发现，为当代中国如何为相似状况的国内留学生创造良好的文化传播环境并推动这类留学生主动面向所属国传播中华文化提供可供参考的路径，在一定程度上具有现实意义。

第二节　唐代“以质为媒”的跨文化传播障碍

唐代“以质为媒”的跨文化传播过程在外部文化环境和质子个体身份认同两个层面上存在诸多积极和消极因素，本章致力于阐释阻碍该传播进程的内外因素。大唐质子主要来源于西北、西难、北方和东北四个方位的少数民族，包括西北的吐谷浑及西域各国[①]，西南的吐蕃和南诏两个重要的国家和其他的少数民族，北方的薛延陀、突厥、回鹘等民族[②]，东北边疆有奚、契丹、高丽、渤海、新罗等族[③]。不同民族间的文化差异和质子的自我认同构成质子跨文化传播障碍的两个方面。这一章主要基于霍斯夫泰德提出的“文化差异的维度”分析少数民族国家与大唐主要文化差异，并运用人际传播学者 Stella Ting-Toomey 发展到跨文化传播领域的认同协商理论中的两个具有普遍性的认同障碍分析质子本人在身份认同方面的混乱。

一、“文化差异的维度”：唐朝与少数民族国家的社会环境分析

霍斯夫泰德提出的“文化差异的维度”中包括权力距离、不确定性避免、个体主义和集体主义、男性度与女性度、长期取向和短期取向以及高语境和低语境六个维度。首先，权力距离是指一个国家或者是一个组织机构当中较

① 周伟洲：《吐谷浑史》，宁夏人民出版社 1985 年版，第 86—107 页。
② 杨建新：《中国西北少数民族史》，宁夏人民出版社 1988 年版，第 266 页。
③ 陈寅恪：《唐代政治史述论稿》，上海古籍出版社 1982 年版，第 139—140 页。

为弱势的成员对于权力不平等分配的接受程度①。相比于少数民族地区，大唐的权力距离较大，因为大唐统治者制定专制主义中央集权制度，在中央大唐设置了等级分明的三省六部制，权力高度集中在皇帝一人手里，在地方有完善的郡县制的官僚体系支撑，并且大唐上到皇帝下到平民百姓长期深受儒家“君君臣臣父父子子”的等级文化影响，具有根深蒂固的封建等级观念。而在大唐内部的少数民族地区大都是唐朝才并入中国版图，并没有长期浸润严密的封建等级文化，因此在思想上并不如大唐原住民那般崇尚等级制度，并且这些地区大都远离政治权力中心，因此高度严密的等级体系表现不明显。少数民族国家很少建立如大唐那般完善的专制主义中央集权制度，等级意识也相对较为薄弱，权力距离较小。

其次，不确定性避免是指社会成员在面对未知或者是不确定状况时所感受到的被威胁程度，这种感觉的外在表现一般是对可预测性的需求或者是紧张感②。相对而言，大唐表现为高不确定性避免，而大多少数民族表现为低不确定性避免，因为唐朝制定了一系列的法律、规章制度、惩罚机制等来限制和规范人们的行为，倾向于杜绝不确定性的发生，而周边少数民族人民倾向于崇尚自由和冒险，没有建立相对完善的法律体系来规范人们的行为。在个人主义和集体主义方面，唐和其他以农业为主的少数民族地区或国家偏向于集体主义，因为农业国家长期集体劳作渐生出人们的集体意识和集体归属感，倾向于建立结合紧密的社会组织，组织内部形成系统的规章制度确保集体的和谐，而游牧民族在长期单打独斗的放牧生活中形成个人主义偏向，社会结构组织较为松散的，重视个人自身的价值与需求，注重照顾自己和自己的家庭，主张依靠个人努力来为自己谋取利益。

再次，男性度与女性度是不同文化下社会性和情绪性的差异，当情绪性的性别角色存在较为明显的差异，男性被认为是重视物质成就、果断坚韧

---

① 〔荷〕吉尔特·霍夫斯泰德：《文化与组织：心理软件的力量》，李原、孙健译，中国人民大学出版社 2010 年版，第 49 页。

② 〔荷〕吉尔特·霍夫斯泰德：《文化与组织：心理软件的力量》，李原、孙健译，中国人民大学出版社 2010 年版，第 177 页。

的，女性则被认为是温柔谦逊、重视生活质量的，这样的社会则是男性度社会，而女性度社会则是男性和女性都是温柔、谦逊并且关注生活质量[①]，其中男性度社会和女性度社会最为重要的临界点便是社会群体对男性的情绪性认知。在这个维度上，无论是唐还是少数民族地区都是男性社会，社会群体对男性与女性特性的情绪性认知都存在明显的差异，且男性通常被认为是果断坚韧的，但是唐的男性度比少数民族的弱，这一点从不同文化下的男性统治者的思想与行为可以清晰得出，唐以儒家文化为中心，儒家强调“苛政猛于虎”，认为统治者应当“为正以德，爱民如子”，因此长期浸润在儒家文化当中的统治者偏向于以仁义治天下，秉持中庸思想，平衡各方势力追求长期和谐，而少数民族地区由于没有受到儒教文化的长期熏陶，再加上政权动荡频繁，以武力取胜的统治者偏向于主张以武力治天下，崇尚自信果断、争强好胜。在长期取向和短期取向方面，相对而言，唐类属于长期取向，由于建国时间长久，有源远流长、博大精深的传统文化积淀，因而社会和国家较为传统，长者通常被认为是更富学识，在社会中的地位较高，并且长期稳定繁荣的国家发展进程让统治者肯定了长期执政的可能性和必要性，因此会主动地考虑到未来长远发展方向，同时儒家思想强调“君子目光长远”，包括统治者在内的大唐群体均崇尚利益的长远化而摒弃鼠目寸光；而少数民族地区多偏向于短期取向，由于大多少数民族政权建立时间不长，政权更替较为频繁，社会和国家受到传统的束缚较小，并不强调长期观念，其核心价值是对短期成效的期望较高。

最后，在高低语境的层面上，唐总体上是一个高语境国家，长期受到儒道文化的影响，儒家强调自省、内敛、含蓄与谨慎，道家在语言传播方面崇尚“不言、无言、忘言”思想的影响，主张以“不言”的方式消解语言霸权以及以“不言”的方式“言”[②]，因此在传播时绝大部分信息或存于物质语境

① 〔荷〕吉尔特·霍夫斯泰德：《文化与组织：心理软件的力量》，李原、孙健译，中国人民大学出版社 2010 年版，第 126 页。

② 谢清果、杨芳：《老子非言语传播思想的内涵、功能及其当代启示》，《周口师范学院学报》2017 年第 4 期。

中，或内化在个人身上，极少存在于编码清晰的被传递的讯息中，在交流的过程中传播双方的潜台词较为丰富；相对而言，少数民族地区主要表现出低语境的特征，由于政权更替频繁、受到儒道文化影响很小以及短期取向，崇尚快速、直接、时效，传播信息会被很清晰地编码在语言当中。

二、唐代“质子”在不对等条件下的个体认同

19 世纪 80 年代，人际传播学者 Stella Ting-Toomey 将认同协商理论发展到跨文化传播领域，他提出影响群体心理认同的四种基础因素——自我认同、文化认同、性别社会化和族群认同，以及四种情景化认知因素——角色认同、关系认同、面子认同和象征性互动认同[①]。其中文化认同本身存在的障碍主要来源于社会大环境中的文化差别，这一点在上一节已经具体阐释过了，因此在本节不再赘述。再者，由于少数民族质子在唐代是一个庞大的社会群体，身处与不同地区的来源于不同民族的质子入唐为质后的个人情境化经历各不相同，纷繁复杂，不具有普遍特征，并且这一方面的认同障碍是否存在也是个不定数，因此这一因素本文不予讨论。另外，由于唐与少数民族地区对于性别社会化的认识较为近似，因此性别社会化因素对于质子个体认同造成的障碍微乎其微，本文也不予讨论。因此本文选取自我认同和社会认同以及族群认同这两个具有普遍性的影响认同的因素进行讨论。

首先，在自我认同方面，大部分少数民族质子是本国的王子、贵族，甚至是国王，他们在长期的社会生活中自我认同为“君”，是高高在上的统治阶级。当他们入唐为质时，大唐社会将他们视为臣子、被统治阶级甚至是唐控制少数民族政权的“人质”，需要遵循大唐统治者强加给他们的规章制度，俯首帖耳地侍奉大国。此时质子内心的自我认同与社会认同存在强烈的反差，从“君”跌落到“臣”的范围，从统治者被“贬”为被统治者，由此产生强烈的耻辱感和排斥感。

其次，在族群认同方面，质子在大唐类属于“被压制者”的身份，类似于唐控制少数民族政权的“人质”。在内心认同上质子与一般大唐民众区是隔

---

① Stella Ting-Toomey: *Communication across Cultures*，上海外语教育出版社 2007 年版，第 29 页。

开来的，并且社会地位相较于身处与本民族地区更低，他们很难产生对大唐族群的认同。另外，依据认知协同理论可知语言作为一个民族共同认同标志，是人际交往的表面手段，也是其内在的根源，语言的意义不仅仅是作为一种交流工具，更重要的是它已经内化为社会人心中的思维模式与行为准则，将一个民族与其他民族区别开来，语言界限在跨文化传播中常常被作为人们排外的武器与手段①。换言之，在使用不同语言的族群之间相互的认同感偏低，在交往中容易出现“排斥感”，因此以不同于汉语的语言为母语的少数民族质子对大唐族群认同感偏低，在跨文化交流情境中容易产生排斥感。

上文提到的基于历史长久演变形成的社会文化差异和质子个人的身份认同混乱都是质子入唐时所面临的内外部思想文化碰撞与隔阂，这一定程度上会阻碍唐代质子的跨文化传播行为。在明晰障碍因素的基础之上，下一节将具体分析大唐统治集团和质子个人如何通过政治、经济和文化等各类措施消减质子与大唐社会环境之间的隔阂、理清质子本体的认同理念、创造通畅的跨文化交流风气并构建良性运转的“以质为媒”双向跨文化传播机制。

第三节 唐代“以质为媒”的双向跨文化传播机制

唐代质子的跨文化传播过程呈现“双向”特征，即既对大唐传播本民族文化，又面向本民族传播大唐文化。本章主要依托于约翰·贝利的文化适应理论、Dodd 提出的“第三种文化”概念和贝利等人提出文化—族群认同发展模式三个理论来分析具体的传播手段与影响。

一、唐代质子的主客体交叉适应

前国际跨文化心理学会主席约翰·贝利在 1992 年提出文化适应理论，分别指出主流文化族群和非主流文化族群在跨文化交流中所采用的策略：当主流文化实行种族隔离策略，即将主流群体和非主流群体明确分隔开时，非主流群体会采取分离策略，即个体重视自己原有文化，希望避免与其他群体进行交流；当主流文化实行排外策略时，非主流群体会进行边缘化，个体既

① 丰国欣：《第二语言认知协同论》，华东师范大学博士学位论文，2006 年。

不能保持原来文化，又不被其他群体文化所接受；当主流文化实行多元文化主义策略时，非主流群体倾向于采取整合策略，既保持传统文化，也注重与其他群体进行正常交往；当主流文化实行熔炉策略，即极力抬高本民族文化的地位时，非主流群体会采取同化策略，个体不愿意保持他们原来的文化认同[①]。

作为主流文化族群，唐统治者对少数民族文化采取多元文化策略，“不问华夷，兼收并蓄”[②]“‘蕃风’‘汉俗’并行不悖”[③]，并制定了四大质子制度：身份查验制度、授官制度、轮流替换和抚养教育制度。身份查验制度是指在质子入唐为质前要核对质子的身份——藩属国王子、部落首领子弟或少数民族国家的贵族大臣子弟，是其国家王位的合法继承人，而且还要奏明其“状貌年齿”[④]。授官制度是指大唐统治者允许质子进入唐朝的官僚系统，依据质子本人能力学识及其所在国家或地区的强大程度授予其不同的官职，例如“九月，护密国王真檀来朝，宴于内殿，授左金吾卫将军”[⑤]，“天宝八载再来朝，授左武卫将军，留宿卫”[⑥]。轮流替换制度则是指质子并不是终身为质，而是在宿卫时间长了以后，应其本人或其本国国王的请求而允许归国，或者因为执行特殊任务被唐遣派回到其源国或源地域，回国时间没有完全统一的规定，但无论指哪种情况，都需要本民族地派遣“替换者”顶替这一空位。[⑦]抚养教育是大唐统治者主动地对质子实施较为系统和正规的教育，主动向质子传播中原文化，“贞观五年之后，太宗数幸国学太学，遂增筑学舍一千二百间，……已而高丽、百济、新罗、高昌、吐蕃诸国酋长亦遣弟子请入国学”[⑧]。相对应的作为非主流文化族群，质子在跨文化传播的过程中采取整合

---

① Berry, J. W., *Socio -psychological Costs and Benefits of Multiculturalism: A view from Canada*, Stockholm：Stockholm University, 2002, p.13.

② 向达：《唐代长安与西域文明》，湖南教育出版社 2010 年版，第 36 页。

③ 马驰：《唐代蕃将》，三秦出版社 1990 年版，第 7 页。

④ 欧阳修、宋祁：《新唐书》卷四六《百官志一》，中华书局 1995 年版，第 705 页。

⑤ 王钦若等：《册府元龟》卷九六四《外臣部·封册二》，中华书局 1960 年版，第 11345 页。

⑥ 王钦若等：《册府元龟》卷九七五《外臣部·褒异 2》，中华书局 1960 年版，第 11458 页。

⑦ 王钦若等：《册府元龟》卷一七零《帝王部》，中华书局 1960 年版，第 2054 页。

⑧ 王溥：《唐会要》卷三五《学校》，中华书局 1955 年版，第 665 页。

策略，既肯定并传播本民族文化，又认同传播中原文化。

二、唐代质子传播本民族文化的路径

本节主要以 Dodd 提出的“第三种文化”的概念为框架分析唐代质子如何面向大唐群众传播本民族文化，Dodd 提出交往双方都致力于情感、认知、行为机制三个层面寻找一种彼此共享的新的文化空间。在情感层面上，针对异文化和异文化群体以尊重为基础，排除偏见、定势；在认知层面上，需要积累丰富的跨文化知识，能够从历史上、结构上和环境上来解读个体身份的形成，运用多文化标准解读异文化及异文化的群体；从行为机制上培养高超的交往技巧包括应变技巧、化解冲突的技巧、语言理解的技巧、非语言解读的技巧等。①

首先，在情感方面，唐代质子对大唐的情感产生有主动和被动之分。主动情感是指大部分质子在入唐为质前就对中原先进文化持欢迎、向往和主动学习的态度。被动情感是指大唐的某些具体措施促使质子对大唐产生认可和亲近的态度，统治者将入唐为质美化成一项对于各少数民族而言近乎神圣的义务，并且在质子入朝觐见时不惜财物，不惜官爵，大方地赏赐质子，例如“开元二十二年突骑施大首领何揭达来华，赐绊袍银带及帛四十匹，留宿卫”②，“高宗永徽元年阿史那车鼻可汗数俘社朝，又见昭陵拜左武卫将军，赐居第”③，通过对质子采取物质奖励与赏赐等形式获取好感与认同，继而产生文化与价值的共情共鸣，并给予他们入朝为官，提高自己社会地位的机会，让他们在大唐的官僚体系中与大唐官员频繁交流，提高彼此间的熟悉感和认同感。再者，大唐统治者会挑选品行优良的宗室之女嫁给一些表现良好的质子，提高他们对大唐的亲近感和归属感。

其次，在认知的角度，质子入唐为质后对于大唐文化的系统性、全面性的了解主要是被动认知，通过唐针对质子设立的抚养教育制度，即强制

---

① Dodd, C. H., *Dynamics of Intercultural Communication*, Shanghai: Shanghai Foreign Language Education Press, 1998, p.7.

② 王钦若等：《册府元龟》卷九七五《外臣部·褒异二》，中华书局 1960 年版，第 11455 页。

③ 欧阳修、宋祁：《新唐书》，中华书局 1995 年版，第 6041 页。

每位质子都需要接受大唐为其安排的教育流程，其中主要包括中央教育和地方教育。中央教育是指部分来自相对强大的国家或地区的质子可以进入太学接受汉文化高等教育学习大唐的文学经典、儒家思想、风俗习惯、地形地貌、法律制度以及天文历法，之后再送入宫廷，学习唐朝礼仪。① 在整个学习的过程中鸿胪寺为它们提供衣服和粮食。② 地方教育是指唐在少数民族质子聚居的地方兴办学校，修建馆舍，安排专门的师者为它们讲述汉文化的外化表现和深刻内涵。质子通过直接性、系统性和全面性地学习大唐文化的方方面面，加深对大唐的了解与认知，便于理解大唐贵族和民众的思维方式和行为表象，并相对应地改变自己的行为方式和思维模式，更好地融入唐的文化氛围中，并且基于对汉文化的全面认知制定更有效的传播本民族文化的方式。

在行为的层面，首先，少数民族质子在入唐为质时都会携带一封由本民族文字撰写而成的国书或族书，统治者要了解其中的内容，就需要组织一群专门的人来充当翻译，翻译的过程其实就是少数民族的语言、文字甚至是其中蕴含的文化思想潜移默化地传播到大唐的过程；其次，藩国为了得到中原王朝的赏识和换取丰厚的赏赐，会在其国内搜罗奇珍异宝，通过质子进献给中原皇帝。贡品中有大量的本地特产，即所谓的“方物”，这些东西是中原地区缺少的，或比中原地区的品质更好的，具有浓郁的地方特色。例如唐开元十八年，新罗国质子金志蒲入侍，“献小马五匹、狗一头、金二千两、头发八十两、海豹皮十张”。开元十八年十月，护密国王罗真檀来唐，“献方物，赐帛兼袍银钿带，留宿卫”③。依据索绪尔的“能指”与“所指”理论可知方物本身是“能指”，而其中“所指”则是蕴含在方物当中的少数民族地区的地理、气候、物产、风土民情及生产技术等等隐性信息，而这些隐性信息可以通过贡品传播到中原王朝。除了国书和贡品，质子还通过其本身和使团的行为来传播本民族文化。为什么质子和使团能够起到广泛的传播效

① 薛宗正：《安西与北庭——唐代西陲边政研究》，黑龙江教育出版社 1998 年版，第 372 页。

② 王钦若等：《册府元龟》卷九七六《外臣部》，中华书局 1960 年版，第 11460 页。

③ 王钦若等：《册府元龟》卷九七五《外臣部·褒异 2》，中华书局 1960 年版，第 11285 页。

果？最基本因素是唐代质子及其携带的使团数量繁多。章群在其《唐代蕃将研究》一书中，根据《旧唐书》《新唐书》和《册府元龟》三书的记载，对周边各族蕃将中入唐宿卫的质子人数进行了统计，提出唐代共有质子119人。[①] 同时，质子为了显示其在本国的地位或者本民族为了显示其强大，入唐时往往会带领很多人。《旧唐书》中记载：唐初，高昌王鞠文泰入朝时，太宗令人迎接，魏征认为不可，说“今若许十国入贡，其使不下千人”[②]。可以大致推断每个使团的平均人数就在百人左右。第二个传播因素便是质子与使团入唐初期所携带的“身外之物”——穿着和携带的生活用品等等，以及在本民族文化长期熏陶下形成的特定文化行为。这些特定物品和文化行为本质上是一种文化符号，其物品和行为本身是“能指”，而其“所指”则承载着本民族的风俗习惯、思维方式、宗教信仰等等复杂而多元的文化信息，这些丰富的文化内容通过质子和使团携带的物品和本身的特殊行为潜移默化地被周围的大唐贵族甚至是普通百姓所了解。再者，质子会主动向唐统治者表忠心。例如，尉迟胜是西域大国的国王，听到“安史之乱”的消息后，千里赴援，平乱后放弃王位，“固请留宿卫”，帮助大唐平息战乱。事后唐王朝也把尉迟胜当作他人可以效仿的榜样来看待，给他很高的官爵待遇，提高他的社会地位，这使他在与中土人士的交往中赢得了良好的口碑，之后其“于京师修行里盛饰林亭，以待宾客，好事者多访之”[③]。其中“好事者”应指喜好来自异域世界的异域风情和其独特的文化的人。另外，质子在本民族就接受过良好的教育，对本民族文化有着全面深刻的了解。游牧民族学习骑马、射猎、交游，甚至残酷的部落战争，农业国家的质子重视学习本民族的绘画、音乐、历法等。基于深厚的本民族文化认知，质子利用质子的特殊身份或者是皇帝给予的较高的社会地位广泛结交达官显贵和文化名流，向他们传播本民族文化。例如，渤海王子与诗人温庭筠之间的友谊，他们平时在一起彼此

---

① 章群：《唐代蕃将研究》，联经出版事业公司1988年版，第100页。

② 刘昫等：《旧唐书》卷七一《魏征传》，中华书局1997年版，第443页。

③ 刘昫等：《旧唐书》卷一四四《尉迟胜传》，中华书局1997年版，第2666页。

欣赏，相互唱和，对彼此所属的文化有着很深入的交流[①]，以及上述提到的尉迟胜传“胜乃于京师修行里盛饰林亭，以待宾客，好事者多访之”。还有蜚声唐代画坛的尉迟跋质那和尉迟乙僧通过与友人的交往，赠予友人绘画，将西域绘画技法在长安传播。除此之外，质子还运用官僚系统直接传播本民族文化。例如，波斯人李素，本为质子后裔，任唐朝掌管天文历算的最高机构司天台的首脑，他直接利用这一职位在司天台推行波斯的天文历算。[②]游牧民族的质子大多是各国的王子、首领，地位较高，所以，许多人直接被任为将军。例如，“石国、龟兹并余小国王子、首领等入朝，元无功效，并缘蕃望授三品将军”[③]，这些质子利用将军的职位在军队中推行本民族的战术战略、骑射技巧和养马技巧等。

三、唐代质子传播中原文化的路径

首先，为什么质子在面对前文所提到的社会文化差异和自我、族群认同障碍时还会主动传播中原文化？本文通过贝利等人提出文化—族群认同发展模式来解答这一疑问，如表 8–1 所示。该发展模式基于强、弱族群认同和强、弱文化认同四个因素相互作用衍生出双重认同、族群导向认同、同化型认同和边缘型认同四种认同发展模式。[④]

表 8–1　文化—族群认同发展模式图解

族群认同类型	强文化认同	弱文化认同
强族群认同	双重认同	族群导向认同
弱族群认同	同化型认同	边缘型认同

少数民族质子在入唐为质时偏向于形成同化型认同，即强文化认同和弱族群认同。为什么会形成强文化认同？第一，在服饰方面质子改着汉服，甚至具有一定的强制性，唐代质子“袭衣冠，带刀宿卫”[⑤]，他们的一套官服从

① 王承礼：《渤海简史》，黑龙江人民出版社 1984 年版，第 1 页。

② 陈国英：《西安东效三座唐墓清理记》，《考古与文物》1981 年第 2 期。

③ 童诰等：《全唐文》卷九九九《仆罗诉授官不当上书》，中华书局影印版，第 10355 页。

④ Berry, J. W, Kim, U., Minde, T., Mok, D., “Comparative Studies of Acculturative Stress”, *International Migration Review* Vol.21, 1987, pp. 491-511.

⑤ 欧阳修、宋祁：《新唐书》卷九七《魏征列传》，中华书局 1995 年版，第 565 页。

其入朝面见皇帝时起就被赐予本人。例如开元十八年，护密国王罗真檀来朝，赐帛兼袍、银锢带，留宿卫；开元十七年，渤海靺鞨王大武艺使其弟大胡雅来朝，授游击将军，赐紫袍、金带、留宿卫。[①]强制性地改着汉服有利于质子更好地被大唐民众所接受，更好地融入大唐的社会文化氛围中，更全面地体验大唐文化的魅力。第二，唐代对质子实施较为系统和正规的教育使得质子“质其种裔，习我华风”“曳据库序，高步黉门，服改毡裘，语兼中夏，明习汉法，貌衣冠之仪，目击朝章，知经国之要，窥成败于图史，察安危于古今”。[②]质子系统全面地了解大唐的历法、四书五经、语言、地势地貌、规章制度等，更深刻地了解到中原文化的先进性，增加对大唐文化的强烈认同感。第三，唐统治者对质子的示好行为给质子在异国他乡以一种抚慰和亲近之感。如大唐统治者在征质与送质时召见质子，大方地赏赐质子，开元十七年渤海靺鞨王大武艺使其弟大胡雅来朝，授游击将军，赐紫袍、金带、留宿卫，同时在送质时派大量人手确保将质子安全送回国内。这一系列的行为在质子心中塑造了良好的大唐形象，增强质子对大唐王朝的肯定感、归属感以及对中原文化的认同感。

其次，质子为什么会形成“弱族群认同”？由于存在轮流替换制度，质子并不是终身为质，他本身具有较强的流动性和不确定性，可以是因为执行特殊任务被唐遣派，也可以是因为宿卫时间长了以后，应其本人或其本国国王的请求而允许归国[③]，因此质子本身会更具“漂泊无依”之感，很难对唐王朝形成族群认同。另外，唐统治者倾向于册封质子来继承其本国王位，例如唐扶质子诺易钵为乌地也拔勒颜可汗。[④]站在质子的角度，相对于大唐的“人质”身份，他会更倾向于认同本族群的“国王”身份，因此会更偏向于归属本民族族群。强文化认同意味着质子认为中原文化是更为先进的文化，弱族群认同意味着质子并不偏向于归属大唐族群而是更加认同本民族群体，更加

① 王钦若等：《册府元龟》卷九七五《外臣部·褒异2》，中华书局1960年版，第11451页。
② 〔英〕崔瑞德、鲁惟一编：《剑桥中国秦汉史》，杨品泉等译，中国社会科学出版社1992年版，第449页。
③ 王钦若等：《册府元龟》卷一七零《帝王部》，中华书局1960年版，第2054页。
④ 包惠卿：《唐代对西域之经营》，文史哲出版社1987年版，第7页。

认同自己是原民族的统治阶级，换言之，他会主动性地寻找各种方式推动本民族的发展，因此质子会主动地向本民族族群传播中原文化。

具体的传播手段可以分为在任质子和非在任质子两个时期。质子在唐时期，基于授官制度的允许，可以担任出使本国的外交副使，协同正使代表唐王朝前往自己的国家，作为翻译宣谕唐王朝的旨意，在宣读旨意的过程中加入自己对于大唐文化的理解，事后与本民族成员传播自己在唐见闻，整个过程促进了中原文化在少数民族地区的流传扩散；质子回归本土时，唐统治者会把中原的艺术品作为奖赏赐予质子，例如绘画、乐器、书法和服饰等等，让他们带回国内，如南诏质子风伽异回国时，唐赐其“胡部、龟兹音声二列”和“笛工”“歌女”①。正是通过质子，胡部、龟兹的音乐经由唐都长安，传到了南诏宫廷。基于大唐的“身份查验制度”，质子都是对应少数民族地区的贵族子弟甚至是国王，因此他们在唐生活时潜移默化形成的一些汉化行为会被其他贵族子弟甚至是平民百姓作为行为标准争相效仿，通过外化的非言语传播将汉文化习俗扩散到少数民族地区。最后，一些质子回到本土后主动发起汉化的改革，颁布唐朝历法、沿用唐朝礼仪等等。例如吐谷浑质子诺易钵回国后，“请颁历，遣子入侍”②，唐的历法，在质子主政的吐谷浑得以颁布实施；唐扶质子诺易钵为乌地也拔勒颜可汗，“尽其巢落，迎渴使者，屈膝顿颡，尊奉朝化”③，着唐服，说汉语，看唐朝经典，致使华化甚盛。

第四节　唐代“以质为媒”在当代的理论与实践价值

唐代“以质为媒”的传播机制不仅对当时大唐文化的包容、繁盛和推广有着积极的推动作用，也对当代中华文化的“引进来”和“走出去”有着理论与实践上的借鉴意义，因此本章主要在剖析双向跨文化传播机制现实需要的前提下具体呈现该机制的当代应用。

① 欧阳修、宋祁：《新唐书》卷二二二《南蛮传·南诏》，中华书局1995年版，第4758页。
② 王溥：《唐会要》卷九四《吐谷浑》，中华书局1955年版，1699页。
③ 宋敏求：《唐大诏令集》卷一二九《宥吐谷浑制》，中华书局2008年版，第700页。

一、双向跨文化传播的现实需要

当代中国继承中国传统文化中“天下一家”[①]的理念，崇尚“共生交往观”——对话、中和、共生的交往理念[②]，致力于为世界和谐发展提供“中国方案”和“中国主张”。2012年11月中共十八大明确提出要倡导“人类命运共同体”，建立国际权力观、共同利益观、全球治理观和可持续发展观[③]。2013年9月和10月由中国国家主席习近平分别提出建设“新丝绸之路经济带”和“21世纪海上丝绸之路”的合作倡议，借用古代丝绸之路的历史符号，高举和平发展旗帜，共同打造政治互信、经济融合、文化包容的利益共同体、命运共同体和责任共同体[④]。党的十八大以来，习近平主席反复强调要“讲好中国故事”，要实现“人类命运共同体”四大观念、共建“一带一路”合作共同体在各国形成共识、实现“中国故事”有效地跨文化传播，单边文化主义完全行不通，需要依托“双向”跨文化交流使者为媒介促进各国文化深入交流、相互理解、相互包容。

忽略政治属性单从文化属性的范畴来看，“以质为媒”中的质子就是这样一种“双向”跨文化交流使者，从一种文化环境进入另一种文化环境，并自成媒介推动两种文化双向互动。在当代语境下，中国留学生具有与古代质子相似的文化特征，是当代“双向”的跨文化交流使者，从异国他乡文化环境进入中华文化语境，并成为中外文化交流的桥梁和纽带。在唐代“以质为媒”的双向传播流程中，无论是传播本民族文化还是其传播中原文化，其背后的推动力大部分是被动的——被动情感、被动认知、被动官职提供以及被动身份认证激发光环效应。换言之，是大唐本身主动施加的影响才使得质子成为跨文化传播媒介成为可能，使得大唐依托于质子吸纳外来文化并传播中原文化成为可能。那么，在当代语境下，中国如何通过主动施加影响推动国内留

① 谢清果：《天下一家：新时代人类文明交往观的中国气派》，《广州大学学报（社会科学版）》2019年第3期。

② 谢清果：《中华新文明主义的共生交往特质》，《今传媒》2019年第1期。

③ 曲星：《人类命运共同体的价值观基础》（http：//www.qstheory.cn/zxdk/2013/201304/201302/t20130207）。

④ 陈积敏：《正确认识“一带一路”》（http：//theory.people.com.cn/n1/2018/0226/c40531）。

学生成为实现中华文化“引进来”与“走出去”相结合的直接渠道，可以借鉴唐代“以质为媒”的双向跨文化传播机制。

二、唐代“以质为媒”传播机制的当代运用

中国留学生的主客体交叉适应。依托约翰·贝利的文化适应理论，中国作为主流文化族群应该采取“多元文化”策略，继续秉持“兼容并包、兼收并蓄、和而不同”的文化策略，提升国内留学生的归属感和认同感，促使该类群体相对应地采取“整合”策略，具体体现在传播本国文化和传播中华文化两个方面。

中国留学生传播本国文化的路径。依托 Dodd 提出的“第三种文化”的概念，在情感方面，中国可以将到中国留学塑造成一项学业荣誉，在留学生入学时给予他们奖学金、文化交流使者证书、舒适的住宿条件、一对一的陪伴志愿者等等奖励和服务，同时举办中外学子联谊舞会和交流会等交际活动，促使留学生找到精神上的交流伙伴，衍生更为强烈的亲近感，更愿意与中国民众分享自己的文化体验。在认知方面，可以借鉴唐朝的“抚养教育制度”，除了学校内针对专业开设的必修课之外，特别为留学生增设一些介绍中华文学经典、中国艺术展示、各民族风俗等中华文化的必修课程，促使留学生对中国文化语境形成系统全面的了解。在行为方面，留学生随身携带具有民族特色的个人必需品和服饰，这是其主动行为，不需要中国方面催生，中国作为主流文化群体可以适当增加接纳外国留学生的人数，使他们在中国社会中成为具有一定规模的、较大范围影响力的社会群体；其次，主动为他们提供广泛交友的平台或者活动，让他们有机会向周围群体传播本民族的特色见闻；另外可以仿照唐朝的“授官制度”，将中国的公务系统职位向外国留学生开放，让他们有机会利用官职直接推广本民族在特定方面相较于中国内部更为先进且完善的技术和政策。

中国留学生传播中华文化的路径。首先引用贝利等人提出的文化—族群认同发展模式。依据唐代双向传播机制可知，同化型认同是质子主动传播中原文化的主要诱因，那么在当代语境下，世界各国文化可以依据个人主义和集体主义简单化分。来自个人主义国家的留学生不注重与集体间的所属关系，他们更注重个人价值和个人利益的实现，所以无论是对源国还是中国归属感都不高，因此形成弱族群认同；来自集体主义国家的留学生在长期本土生长的过程中与源国产生了密切的不可分割的归属感，因此对中国的族群认同感较弱，再加上留学生流动性很强，可以随时根据自己的意愿去留，因此对中国族群的认同感不强，这是基于当代文化环境下固然形成的族群认同模式，不需要中国作为文化群体主动施加影响。在文化认同方面，通过上文提及的依托于“第三种文化”的概念在认知、情感和行为三个方面的举措可以推动留学生向强文化认同，逐步靠拢，那么留学生必然会主动向本国传播他所肯定的中华文化以促进本国文化的繁荣发展。其中，具体手段分为在地留学生和回国留学生两方面。为在地留学生提供类似于“外交副使”的官职，协同中国外交人员出使本国，基于自己对本国文化习俗、思维方式的认识更有效地向本国传达中国的思想；为准备回国留学生赠送中国国家纪念品，如书法集、文学经典、艺术品等等，将其作为一种承载中华文化深厚内涵的文化符号通过留学生传递到异国他乡，并且基于毕业留学生高的学位证明以提高他回国之后的社会地位，催生他们本身的光环效应，使得其归国之后身边的熟识者会主动模仿他们在中国潜移默化形成的中国化的行为和思维方式，会主动地向他们了解中华文化，这是隐性传播模式。在显性层面上，其学成归国后形成的较高的社会地位使得他们有机会主导具有中华文化社科内涵的社会活动并得到群众积极的响应。

综上所述，少数民族质子在唐代是一个庞大而特殊的社会群体，作为“双向”跨文化交流使者在中原民族与少数民族之间的文化交流中发挥着不可估量的作用。传播过程中不同民族间较大的文化差异和质子个体认同方面的混乱一定程度上构成传播障碍，为了消解这些传播障碍，主流文化族群倾向于采取“多元文化”政策以及非主流文化群体采取“整合”策略，其中“以质为媒”的双向传播机制主要包括传播本民族文化和传播中华文化两条路径。前者主要通过情感、认知和行为三大层面逐渐推进本民族文化在中原文化中逐层浸染，后者主要基于同化型认同的催动，通过担任外交副使、承接皇帝的赏赐以及主导汉化改革三种途径进行。在当代语境下，中国可以借鉴唐代“以质为媒”的双向跨文化传播机制，通过主动施加影响，推动国内留学生成为实现中华文化“引进来”与“走出去”相结合的直接渠道。

（孙于晴　谢清果）

第九章　和平之旅：郑和下西洋的跨文化传播视角

传播是将个人独特体验变成共同经验的过程。[①] 对外传播，是传播主体将本国经验与目标国的受众进行分享的过程，目的在于使目标国受众认知、了解、熟悉传播主体，消除无知、误解和敌意，进而形成正面的态度和评价，为该国的国际关系发展和国际交往活动营造积极的舆论环境和民意基础。随着全球化的进程加快，各国之间的交流联系逐渐变得更加密切，我国早在 2013 年就提出了“一带一路”倡议来适应全球一体化的时代潮流，提出了打造人类命运共同体的战略目标。追溯“一带一路”的起源，不得不追溯到中国古代的跨文化传播活动，其中郑和下西洋作为中国历史上的重要事件，在近代以来得到中国学者的重视，同时也是中国跨文化传播的一项重要活动，学界多从历史学的角度分析评判，本章利用跨文化传播中的双向互动传播模式，构建朝贡贸易“约哈里之窗模型”，对该事件进行新的分析，从而对当今的国家对外传播政策提供理论支持。

① 〔美〕雷蒙德·威廉斯：《文化与社会》，吴松江、张文定译，北京大学出版社 1991 年版，第 38—39 页。

第一节　华夏跨文化传播的视角

德国文化人类学的传播论派学者格雷布尔认为，两个文化区域的距离无论是互相邻近，或远隔几个大洋，都不能妨碍跨文化传播，因为有神秘的“文化波”（cultural wave）存在。也许这种神秘的“文化波”可以理解为：地理位置分割开的不同文化可能会由于人对物质和富裕生活的需求而开始文化间的互动，每一次商品交换都会增加商品成本，降低可能的利润，同时也使人们意识到其他文化的存在，当然也导致了对其他文化的许多错误认识。“丝绸之路”使东西方的贸易更加频繁，基督教、佛教和伊斯兰教沿着“丝绸之路”传播开来，也增加了人们对于远方的陌生人的恐惧。①

费正清曾经说：“中国外交关系的主要问题，就是怎样把理论上的要求付诸实践。”纵看中国两千年的历史中的对外传播，时常出现理论与现实相互矛盾的现象，尤其在中国传统主义观念和优越感的支配下，中国与域外诸国的交往，往往片面渲染中国主导地位和外国臣服姿态，忽视双方真实态度和实际情况，这一现象在明朝表现得尤为明显。本章将利用跨文化传播相关理论对郑和下西洋以及背后的朝贡贸易体系来加以分析。

一、重要概念界定

本章主要借鉴华夏跨文化传播的研究模式探究明朝以郑和下西洋为代表的当时的朝贡贸易下的双向跨文化传播机制。跨文化传播是探讨来自不同文化背景的人们之间的互动关系的研究，它代表的是一种过程：文化形式穿越时间与空间而移动，在某个特定的时间中，这些文化和其他的文化形式与环境产生互动，彼此影响，创造出新的文化形式，并改变了文化环境。而郑和下西洋这一事件便是在明朝时期进行的一次巨大的海上航行，船队沿途经过多个国家并与当地的政府人民进行了密切的交流，最后进行了双方礼品的交换，是自宋代以后衍生出的朝贡贸易的一次集中的体现。

其次，何盛明先生在《财经大辞典》中将朝贡贸易定义了，朝贡贸易亦

---

① 单波：《跨文化传播的基本理论命题》，《华中师范大学学报（人文社会科学版）》2011 年第 1 期。

称“随贡贸易”“贡舶贸易”。宋代以后中国政府准许外国使节在进贡的前提下，随所乘船舶、车马携带商货来中国进行贸易。这源于宋代市舶司的“抽买”“抽解”和“进奉”。对海舶输入商货中的禁榷品，由中国政府全部收买；对非禁榷品，除抽分一部分外，又收购一部分，其余许民间买卖。收购的部分，除供宫廷消费和赏赐外，也有再行出售的。元代行抽分。明代实行贡舶制度，在通商口岸设市舶提举司，管理朝贡和朝贡贸易。朝贡贸易是封贡体系的衍生物，也是海禁政策催生的产物，是以厚往薄来为原则的官方贸易。这种“贡”和“赐”的关系实际是不等价的，对朝廷来说是得不偿失的，但历代朝廷明知亏本却还是乐此不疲。

二、文献回顾

纵观国内学者目前对于郑和下西洋这一事件的研究可以发现，郑和下西洋在15世纪将中国先进的物质文化、精神文化和政教文化传播海外，书写了中国航海史的新篇章。这使得中国学者对于郑和下西洋以及其背后的朝贡贸易的研究成果十分丰硕，仅“郑和下西洋”相关的周刊文献就多达几千篇，学界以及商业等多领域对于纪念郑和下西洋等活动也多有举行，如由中国侨联发起的“丝路新航·繁荣共享”纪念郑和下西洋610周年暨海内外侨商携手共建“21世纪海上丝绸之路”起航活动在南京举行。可见国内学界对于这一重大历史事件是十分重视的。但是目前学界对于郑和下西洋这一历史事件的研究多是从政治学的角度和经济学的角度进行。与跨文化传播相关的学术研究寥寥无几，甚至可以说是几乎为零，仅有刘婷玉的《明代海上丝绸之路与妈祖信仰的海外传播》是从传播学的角度观看这一历史事件。本文利用跨文化传播的新视角，对于郑和下西洋这一历史事件进行分析，具有创新意识。

三、研究方法

本章主要运用美国传播学者罗杰斯提出的双向互动传播模式，构建跨文化传播的约哈里之窗模型，从而对郑和下西洋这一历史事件进行具体的分析。

罗杰斯认为，互动传播是一种循环过程，通过这个过程，参与传播的双方一起创造和分享信息，赋予信息含义，以达到互相的理解。图9-1表示传播双方创造和分享信息以达到互相理解的过程。参与者之间的每一次交换是一个传播行为，这一行为可发生在某一时间节点上，它往往是基于以前的传播交换，又是传播行为的基础，而每一次传播行为均可能受到噪音的影响。[①]

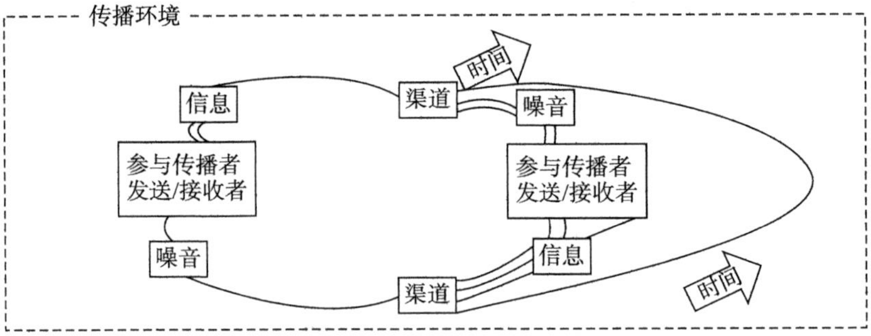

图 9–1　罗杰斯“双向互动传播模式”

第二节　郑和下西洋的跨文化传播思考

首先历史上，比较于西方的航海探险，郑和下西洋是中国古代规模最大、船只最多、海员最多、时间最久的海上贸易文化交流，比欧洲国家航海时间早了半个多世纪，是中国明朝强盛的直接体现。

一、郑和下西洋事件概述

明初，太祖朱元璋定都金陵（今江苏南京），朝鲜使臣航海而至，与明朝建立了朝贡册封关系。洪武年间的贡道交通虽多有变化，但主要经由海路，越渤海、黄海，经太仓港至长江口抵达南京。[②]靖难之役后移都燕京（今北京），朝鲜根据明朝的规定，使臣“自鸭绿江，历辽阳、广宁，入山海关达京师”[③]。

《明史·郑和传》中记载：“祖疑惠帝亡海外，欲踪迹之，且欲耀兵异域，示中国富强。永乐三年六月，命和及其侪王景弘等通使西洋，将士卒二万七千八百余人，多赍金币。造大舶，修四十四丈、广十八丈者六十二，自苏州

① 刘双、于文秀：《跨文化传播：拆解文化的围墙》，黑龙江人民出版社 2000 年版，第 6—7 页。

② 杨雨蕾：《明清时期朝鲜朝天、燕行路线及其变迁》，参见邹逸麟、周振鹤主编《历史地理》（第 21 辑），上海人民出版社 2006 年版，第 265 页。

③ 《大明会典》卷 105《朝贡一》，文海出版社，影印本。

刘家河泛海至福建，复自福建五虎门扬帆，首达占城，以次遍历诸番国，宣天子诏，因给赐其君长，不服则以武慑之。五年九月，和等还，诸国使者随和朝见。和献所俘旧港酋长。帝大悦，爵赏有差。旧港者，故三佛齐国也，其酋陈祖义，剽掠商旅。和使使招谕，祖义诈降，而潜谋邀劫。和大败其众，擒祖义，献俘，戮于都市。”[①]

郑和七下西洋，展示了明朝前期中国国力的强盛，中国的海军纵横大洋，实现了万国来朝，盛世追迹汉唐；加强了中国明朝政府与海外各国的联系，向海外诸国传播了先进的中华文明，加强了东西方文明间的交流；这是中国古代历史上值得书写的一件世界性的盛举，它拓展了中外文明对话与发展的新空间，充分说明明朝的对外政策是开放包容的。实际上，海上丝绸之路早已超出了它本身的字面意思，更是中外文明相互交汇的精神之路。

二、郑和下西洋事件的文化意义

郑和下西洋是中国天下观念的明代实践，也是明朝开始国际外交的一次重要事件。

（一）民族中心主义

民族中心主义（ethnocentrism）指个人判断其他文化比自己民族的文化低等的度。这个概念来自两个希腊词语：ethos（指人民或国家的意思）和 ketron（中心）。整个词的意思是以自己的文化为中心，从而用自己的文化价值判断其他的文化，因此，也被称为文化中心主义。[②]在一些政治家那里，它显现为某种战略目的或控制意图，这往往会引起人们的警惕。但是，糟糕的是，它在某些群体中成了一种信念，即一个人认为自己所属的文化群体——通常被等同于国家——优先于所有其他文化群体。它表现为一种民族优越感，即从本民族文化价值出发判断其他文化的价值，并认为其他民族文化的价值比本民族文化价值低。对人类来说，没有人天生具有民族优越感或民族中心主义信念，这显然是从文化群体中习得的。如果说文化意味着学习和分享看世界的方式，那么，文化可以被描述为一种“透镜”，我们通过它去评价世

① 刘毅编著：《明史》，北京燕山出版社 2010 年版。

② 胡月娇：《朝贡与互市：明代华夷秩序的盛衰演变》，山东师范大学硕士学位论文，2019 年。

界，并从外部环境中选择、评价、组合信息，很自然地形成对本民族文化的信仰。应该说，相信自己的文化是好的，这本身并非坏事，而且有利于在传播过程中传递被认为是重要的价值观。

明朝是封建皇权意识发展到顶峰的时代，也是华夷秩序从中国边缘小国延伸到海外各国全面建立的时代。明太祖即位之初，就大力遣使周围各国宣谕诏令，企图再现汉唐时期“万国来朝”的盛况。明成祖时期，通过一系列出使活动，明王朝在东南亚地区建立起以自己为中心的华夷秩序。从研究对象上说，华夷秩序内涵丰富，含有政治外交和经济贸易双重含义，“朝贡”外衣下的贸易往来，是华夷秩序确立最鲜明的外在表现。有明一代前来朝贡的国家和地区中，有一半以上都来自东南亚地区，这些国家怀揣各种各样的目的前来“朝贡”，并以此为唯一渠道与明王朝进行贸易。①

（二）华夷之辨

所谓“华”与“夷”是指思想文化和心理素质有所差异的族类；地处王朝中央地区的主体民族是华夏族，居于“内”；地处周边地区的非主体民族是“四夷”，居于“外”；“华”应当以“文德”区别于“四夷”，华夏应对归附的夷狄予以安抚。由此可见，古代华夷理论的雏形，在西周至春秋时期已大体具备。与此同时，华夷之别的观念已经把“华”与“夷”作为民族统一体的双方，区分得一清二楚。②

公元1368年，少数民族建立的统一的帝国元朝走向灭亡，一个汉人王朝经过奋斗所建立的明朝迎来新生。洪武皇帝朱元璋在稳固国内局势前提下，致力于发展同海外各国的邦交关系，确立以怀柔为主、海禁与朝贡贸易并行不悖的海外政策，基本奠定了有明一代与海外诸国外交关系的基调，以明朝为中心的海外华夷秩序渐有雏形。继位的永乐皇帝承袭太祖一贯的对外原则，在拓展海外关系上表现得更为积极和迫切，既遣使招徕海外国家施之以恩，也曾耀兵安南示之以威，一改前朝一味宽容至上的外交取向，招抚与威慑并行。海外各国则在“朝贡”外衣掩盖下实现政治、经济目标，明朝在东南亚

① 黄松筠：《华夷理论演变与中华民族形成》，《社会科学战线》2019年第9期。

② 黄松筠：《华夷理论演变与中华民族形成》，《社会科学战线》2019年第9期。

构建的华夷秩序走向高潮，这是明初外交政策的推动结果。

（三）构建大同世界的梦想

大同思想出自孔子《礼记·礼运》，当时孔子处在乱世之中，向往太平盛世。这个大同世界不是纯理念化的，而是具体化了的，儒家的重要经典《礼记》中的《礼运》篇描述大同世界的社会景象说："大道之行也，天下为公，选贤与能，讲信修睦……故外户而不闭，是谓大同。"

而郑和，作为明朝构建大同社会的践行者，为明朝统治者建立全球大同社会不懈努力。在郑和所处的那个时代，明朝不论是经济、政治，还是文化都是处于全球领先的地位，是发达的大国。在中国人的观念中，总是有"推己及人"的观念，所以当自己处于一个领先的地位的同时，更加希望将自己优秀的文化技术传播出去，构建以明朝为中心的儒家文化圈，创造一个以儒家文化为主导的"仁爱""太平"的大同世界，因此选择了以郑和下西洋为媒介向外传播大同世界的思想。

明朝的统治者似乎深受元王朝征服东南亚失败的影响，一开始就放弃武力征服的念头，恢复儒家以德服人的统治理念，带有更多和平色彩。"明初外交所显示的特征，最为突出的是'不征'，以之为基本国策，导向了不依靠武力建国的国际秩序。"太祖最早奠定了明朝对外政策中的和平基调，认为："中国有道之君必不伐，尚强无知者必征。"不仅下令不患中国者不伐，而且将这一决定记入《皇明祖训》，作为后世统治者效仿的范本。这种以"不征"替代武力的做法，是一把双刃剑，在外交层面可以吸引更多国家赴明朝贡，但在制度层面却始终是一种动摇华夷秩序稳定性的反作用力。

明成祖的时代，中国内部已经稳定。对明朝北疆形成较大威胁的"北元"，经过明军的多次打击，大都逃往北疆深处，已经不能形成大规模的威胁。明朝若想有所作为，向南海进军的时代已经到来。明成祖朱棣上台后，结束内战，立刻恢复积极进取的海洋策略。"中官四出，实始永乐时。元年李兴等敕劳暹罗国王，此奉使外国之始也。三年，命郑和等率兵二万行赏西洋古里、满剌诸国，此将兵之始也。"朱棣的海洋政策比朱元璋更积极，朱元璋不过是想取得周边诸国的承认，建立有来有往的朝贡关系。而朱棣的目标，是建立遍及四海的朝贡体系。因此，他要派遣使者出使海外，促使那些边远的国家向中国进贡。[①]在儒学文化的影响下，远航的郑和舰队实行“协和万邦”的友好行动，因而得到各个国家的欢迎，促使西洋诸国前往明朝来进贡，将明朝的影响力扩展到印度洋周边国家甚至全世界。通过郑和的下西洋的活动，中国让世界认识了自己，大力宣扬了自己推崇的儒家文化以及相关的理念。明朝企图通过郑和下西洋这一政治行为引导全世界跟随自己，结束混战不已、倚强凌弱的人类历史，倡导和平的交往模式，实现儒家所倡导的以仁义为核心的价值观。

三、郑和下西洋的双向传播

（一）郑和下西洋的对外传播

我国从先秦时期就遵循“怀诸侯，柔远人”的观念，随着时代的发展逐步形成对外关系的怀柔政策，在外邦面前彰显大国风度，帮助其摆脱困难。郑和在《天妃之神灵应记》碑文中说：“若海外诸番，实为遐壤，皆捧珍执贽，重译来朝。皇上嘉其忠诚，命和等统率官校旗军数万人，乘巨舶百余艘，赍币往赉之。所以宣德化而柔远人也。”中国历朝历代的统治者注重礼仪诗书，古代中国也以“礼仪之邦”闻名于世界，所以在郑和下西洋的过程中宣扬中国的礼仪文化，让各国人民共享先进的文明成果就成为一件非常重要的事情。明朝作为传播者，以郑和的整个船队为媒介，以中国几千年的优秀文化为内容，把郑和下西洋所经过的、到达的海外各国作为受传者，进行了第一次传播。以郑和到满剌加国为例，当时的东南亚国家并没有掌握先进的建房技术，很多国家还是仅仅停留在搭建简易的茅草房，十分落后。满剌加国“房屋如楼阁之制，上不铺板，但高四尺许之际，以椰子树劈成片条，稀布于上，用藤缚定，如羊棚样”[②]。郑和到达满剌加国之后，将中国先进的土木技术传递给他们，砖瓦建房使得满剌加国的土木建造技术大步发展，当地的居民的生活居住条件也得到了极大的改善。据记载，在满剌加“王居前屋用瓦，乃永乐

① 徐晓望：《论郑和下西洋与明朝构建大同世界的梦想》，《中共福建省委党校学报》2017年第12期。

② 马欢：《瀛涯胜览·满剌加国》，参见冯承钧校注《瀛涯胜览校注》，中华书局1955年版，第23、25页。

中太监郑和所遗者”[①]。

（二）他国的二次传播

郑和的对外传播并不是一个独立事件。施拉姆和奥斯古德提出，在传播过程中应该建立一个“反馈系统”，不仅要把信息单向传播给受传者，还要把受传者的反应通过各种渠道接受回来，符号和信息是共享的。在经历了郑和下西洋将优秀的中华传统文化传递给沿线诸国之后，诸国为表达感谢，也纷纷回赠回礼。永乐十二年，榜葛剌国新国王赛勿丁，遣其大臣把济一进贡了一头长颈鹿，史上也称为“麒麟贡”。此后永乐十三年东非的麻林国“与诸蕃使者以麟及天马、神鹿诸物进，帝御奉天门受之，百僚稽首称贺”[②]。这被看成是“敷宣德化于海外诸侯国”的具有里程碑意义的重大事件。远在天边的各国进献的“麒麟”被明朝看作是符合天下大同意义的象征物。这对于郑和下西洋的行为是一个极大的肯定。明朝政府通过麒麟收到了受传者对自己的积极反馈，从而促发了下一次郑和下西洋的再次远航。通过这样的双向传播，两国的文化、情感以及贸易得以维系，郑和下西洋的行为不仅仅是单向的传播，他国的友好回馈、表达谢意也满足了明朝意欲建立大同世界的欲望，积极地促进了郑和下西洋的进一步进行。

第三节　“约哈里之窗”与郑和下西洋

约哈里之窗是由美国的两位心理学家约瑟夫·勒夫特（Joseph Luft）和哈里·英格拉姆（Harry Ingram）于20世纪50年代提出来的，后来被广泛应用于人际沟通、组织管理、心理分析等领域。

一、“约哈里之窗”与明朝的自我认同

原本该理论多用于个体，笔者将其发展范围扩大化，用于解释跨文化领域中产生的文化认同问题。跨文化传播的约哈里之窗下的郑和下西洋的跨文

① 黄衷：《海语》卷上《满刺加传》，参见纪昀等编《钦定四库全书》史部十一，乾隆四十六年（1781）版，第5页。

② 张廷玉：《明史》卷二三六《外国传》，参见《二十五史》（第10册），上海古籍出版社、上海书店1986年版，第8702、8703页。

化认同如图 9-2 所示：

	明朝认知	明朝未知
他国认知	开放区	盲目区
他国未知	隐蔽区	未知区

图 9-2　郑和下西洋的跨文化认同图

1. 开放区

这一区域是明朝的统治者知道，别人也知道的信息。比如明朝的国名、所处区域、大概的国力等最显见易知的信息，虽然并非所有国家都对明朝的信息十分了解，但是随着郑和下西洋以及随之进行的朝贡贸易所经过的国家知道这些情况。那些容易被他国获悉的信息都属于这一区域内。

2. 隐蔽区

这一区域属于明朝当局者知道，但是别国的人并不知道的信息。在郑和下西洋事件中，郑和下西洋看似是为了进行航海和与他国进行外交，但是实际上是明朝宣扬国威的需要以及为了建立以儒家文化为基础的大一统世界的终极梦想，怀有让四夷小国入贡称臣的帝王梦想。这些在郑和下西洋的过程中并没有直接暴露出来，而是通过不断的文化输出和思想的灌输潜移默化达到的。

3. 盲目区

这一区域是明朝当局者不知道，但是他国知道的信息，所谓的“当局者迷，旁观者清”。明朝统治者的思维定式，进行大型航海的弊端在他国眼里看得十分清楚。在中国传统的中心主义观念和处于世界领先地位的优越感的支配下，中国与他国的海上外交往往片面渲染中国的主导地位。这样的情况很容易滋生他国的不满情绪，但是表面上维持和平，实则心存不满。在朝贡贸易中他国多以经济利益为目的的“贸易”，不是真正的俯首臣称，而是利益驱使，这些在“天朝上国”观念的指导下是看不见的。

4. 未知区

这一区域是他国和本国都不可预料的事情。如明朝的国运，西方他国的掠夺行为，这一区域的事情很可能对现有的秩序造成巨大的改变，也是十分重要的一个区域。

二、“约哈里之窗”对华夏跨文化传播的启示

通过从华夏跨文化传播学的角度看待郑和下西洋这一历史事件，对我们当下的对外文化输出有着举足轻重的作用，会带来许多有益的启示。

1. 认真注意开放区

开放区的内容是需要他国所熟知的内容。比如在与他国外交的过程中，需要中国展现出中国的国威、中国人的品质，让世界各国人民都清楚地知道中国是一个热爱和平、不卑不亢的国家，可以与世界各国人民建立良好的合作关系。

2. 适当暴露隐蔽区

与他国的交流过程，不可能是一帆风顺，适当的妥协和示弱可以博得他国的好感，不一定一直持一种强势的姿态。我们要看到目前我国还是处于发展中国家，全面小康还未建成。选择适当的时机，在与他国进行外交往来的时候展现自己隐蔽的一面可以获得更大的信任和更多的利益。

3. 虚心认清盲目区

个人都有对于自己的认知偏差，何况泱泱大国。为了对我国有一个更为客观理性的认知，在与他国交流的过程中，借助他国的视角，来更加准确地了解本国，审视自己的目前发展状况，重视评价，从而及时改正错误，实现中华民族伟大复兴。

4. 积极探索未知区

中国是一条蓄势待发的巨龙，这些年中国的发展速度超越了世界上任何一个国家，做到了许多其他国家想都不敢想的大事，基本消除贫困，人人奔小康，经济总值达到世界第二……未来我国还有无限的潜力，就像要唤醒心中的

“超我”一样，我国需要激发自身无限的潜力，从而迸发出无限的活力。①

综上所述，在封建体制下，郑和下西洋作为一次成功的主动输出意识产品的对外传播活动，无疑显得十分珍贵。因此，郑和下西洋这项传播活动对我国当代对外的社会主义传播有一定的借鉴意义和启发作用。

郑和下西洋不仅仅是一次震撼世界的航海活动，更是一次持续的文化输出活动，输出规模之大，范围之广，时间之长，令人赞叹。当下我国的对外意识传播存在很多显著、突出的问题：主动性差，质量参差不齐，没有充分地考虑到文化认同等问题。通过对郑和下西洋这一壮举的分析可知，今后的意识形态的传播中，首先中国人一定要树立起文化自信，只有我们自己认为自己的文化是优秀的、好的、值得传播的，我们才能更有动力、更加充满激情地去进行这一项工作。其次，文化的传播是比较抽象的，必须借用一定的物质载体。在郑和下西洋的过程中，充分地借用了许多“中国符号”，通过符号的传播让海外的各国清楚地认识到这些先进的、精美的物品是明朝生产的，通过小小的瓷器就展示了明朝强大的国力，以小见大。最后，要建立平等的关系。以往的华夏中心论之中中国总是以天朝上国自居，在对外交往中总是带着些许优越感，在1840年鸦片战争之后又有全盘西化，抛弃自己原有文化的说法出现，更有“外国的月亮比较圆”等荒谬的说法出现。在新时代，中国要想和别国建立良好的关系，就必须摆正自己的姿态，不卑不亢，和平共处。

（闫　珂　谢清果）

① 王磊：《郑和下西洋对明朝对外贸易的影响考究》，《兰台世界》2017年第17期。

第十章　丝路音韵：汉代音乐跨文化传播互动模式

全球化浪潮轰轰烈烈的当今世界，各个国家间的政治、经济、文化等方面的交流越来越密切。跨文化传播活动至今就未曾停下脚步，从千年前的“丝绸之路”到当下的“一带一路”，都是通过畅通无阻的道路纽带联结起沿线各国的友好交往。跨文化传播研究是当今学术研究的一个颇受重视的热门话题，同时，它也是华夏传播研究的重要的组成部分。鉴于此，本章将从跨文化传播的角度出发，探讨丝绸之路视域下的汉代与西域之间的音乐互动模式，并对其传播原理进行解析。

丝绸之路由汉代始发，同时汉代又有专门的音乐的整合与传播机构——汉乐府，正因这特殊性，本章将把音乐传播的范围限定在汉代，从小切口切入，使得分析具有一定的针对性与可行性。基于前辈学者对丝绸之路与汉代音乐文化的研究基础（丝绸之路的媒介形态；丝绸之路中汉代音乐文化的表现、转型、演变、影响等），本章的重点将放在汉代音乐跨文化传播的互动模式上，探讨跨文化传播的动机、障碍与策略。

第一节 “一带一路”引发跨文化传播研究热潮

该部分将分为两个小块，首先，由文献综述对学者的研究基础进行概览，并结合当今时代的学术走向，引出该篇的研究主题——汉代音乐跨文化传播互动模式探究。接着，明晰跨文化传播、华夏跨文化传播以及丝绸之路的概念，为后文的阐释做铺垫。

一、文献综述

在中国知网上以“中国古代音乐传播”为主题进行搜索，共有 6 条结果。其中主要基于各个朝代的音乐探究，例如党岱在《春秋至两汉音乐文化内外交流与传播——从多元为主到一体化为主》[①] 中以宏阔的视野探讨春秋至两汉音乐文化内外交流与传播的形态、影响。以“丝绸之路汉代音乐”为主题进行搜索，仅得到两个结果，党岱的《丝绸之路背景下汉代音乐的演变》[②] 和苏丹的《丝绸之路对汉代音乐的影响》[③],这两位学者主要探讨了丝绸之路对汉代音乐的影响及演变。而以“音乐传播”为主题进行搜索，则得到了 767 条结果，但该主题下的研究主要集中于对新媒体时代下音乐传播的考量，如李艳杰的《媒介环境变革中的音乐传播》[④] 和李甜菱的《媒介技术影响下的音乐传播探析》[⑤] 都从媒介技术变革的角度探讨当代的音乐传播。从以上搜索结果可以得出，音乐传播研究的古今差距明显，相关学者对中国古代音乐传播的研究较少，偶有涉及的也只是较大范围笼统地总结社会音乐传播的表现与影响。其中，学术研究主要集中在对丝绸之路视域下音乐文化的本身乐理特性、文化交流与影响等方面。汉代音乐传播依托于统治者开辟的丝绸之路，中原与西域的跨文化音乐传播一度风靡，该路也为后代学者提供了广阔的挖掘空间，体现了较高的学术研究价值。跨文化传播可以说是从古至今绵延不绝的文化发展、进步的社会现象，尤其是在汉代，统治者的积极策略，国家安定繁荣，

---

① 党岱:《春秋至两汉音乐文化内外交流与传播——从多元为主到一体化为主》，南京艺术学院博士学位论文，2019 年。

② 党岱:《丝绸之路背景下汉代音乐的演变》,《湖北函授大学学报》2018 年第 17 期。

③ 苏丹:《丝绸之路对汉代音乐的影响》,《南都学坛》2008 年第 4 期。

④ 李艳杰:《媒介环境变革中的音乐传播》,《新闻战线》2019 年第 6 期。

⑤ 李甜菱:《媒介技术影响下的音乐传播探析》,《新媒体研究》2019 年第 3 期。

经济政治思想文化高度发达的社会背景，都为音乐的跨文化传播奠定了坚实的基础。在国家大力倡导“一带一路”战略合作，构建人类命运共同体的时代命题下，跨文化传播仍是当今学术研究的热点话题，在拥有深厚历史底蕴的同时更具有现代价值意义。然而，学术界对跨文化传播特别是立足于华夏文明的跨文化传播的研究还较为浅显，任紫薇的《中国音乐跨文化传播的路径探究》侧重于对跨文化传播现象的描述，主要是相关音乐学者的研究，并未真正有效地结合跨文化传播的实际现象，深入传播原理的深厚肌理，进行理论与实际的联结。因此，本文将探讨汉代音乐跨文化传播的互动，以华夏传播学的视角，深刻剖析其中的传播原理。

二、跨文化传播与丝绸之路

（一）跨文化传播

1. 定义

美国人类学家爱德华·霍尔于 20 世纪 50 年代建立了跨文化传播学。“跨文化传播就是指社会信息的跨文化传递，或者是社会信息系统的跨文化运行。也就是各种文化信息在时间和空间中流动、共享和互动的过程。”[①] 中国的跨文化现象自古以来就存在，鉴真东渡、郑和下西洋、公主和亲等都是跨文化传播的典型代表。通过研究跨文化传播的现象到剖析它的传播学意涵，我们可以深刻地认识到中西方文化之间的差异与双方逐渐整合、融合的过程，从而使我们更加理解自己的文化，更好地传播自己的文化。

2. 特点

北京大学的关世杰教授阐述了跨文化传播的特点：“编码是在甲文化中依据甲文化的码本进行，而解码是在乙文化中依据乙文化的码本进行。”甲乙依据其不同文化的码本，在语言、非语言符号等方面对双方的解码与编码产生了影响。[②] 甲乙文化间的编码与解码构成了跨文化传播中复杂、多元的探讨思路，对其进行辨析有利于挖掘不同文化间的交流模式与交流价值。在汉代的

① 智库百科：跨文化传播（https://wiki.mbalib.com/wiki/%E8%B7%A8%E6%96%87%E5%8C%96%E4%BC%A0%E6%92%AD）。

② 关世杰：《中国跨文化传播研究 十年回顾与反思》，《对外大传播》2006 年第 12 期。

跨文化音乐传播过程中，该特点就表现为汉代与西域各少数民族间各自拥有码本，同时也需要对异域文化进行解码，其中的模式、原理就构成了本篇的探讨重点。

（二）华夏跨文化传播

“华夏，是汉族先民的自称，今天则专指古代中国。华夏跨文化传播研究就是对中国传统社会中跨文化传播活动（跨文化传播实践中的人物、传播事件、传播媒介、传播制度及其基本规律、历史演变和经验教训等）及其观念（关于跨文化传播的言论、观点、学说、思想，甚至传播哲学）的发掘、整理、研究和扬弃。”① 总而言之，华夏跨文化传播的研究对象既包括有形的具体的传播活动，也包括无形的抽象的传播观念。本篇要讨论的汉代音乐传播互动则是综其二者并从具体的传播活动——丝绸之路上的互动出发探究无形的抽象的传播观念——暗含在音乐文化传播背后的传播价值。

华夏跨文化传播将跨文化传播的主体限定在“华夏”之内，通过研究中华民族五千年间与其他民族及其文化间的信息互通，不仅丰富了传播学的研究内容，也对现代全球化时代下的华夏跨文化传播具有现实意义。对汉代丝绸之路视域下音乐跨文化传播的研究有利于为当下“一带一路”沿线传播交流的跨文化互动作借鉴。

（三）丝绸之路

本章的丝绸之路特指西汉时张骞和东汉时班超出使西域开辟的陆上丝绸之路。②

《汉书》记载：“汉兴至于孝武，事征四夷，广威德，而张骞始开西域之迹。”（《汉书·西域传》）可见，丝绸之路不仅仅开辟了一条连通汉代中原地区与西域地区的商贸之路，同时也是两个区域之间进行文化交流的重要通道。域外的舞蹈、音乐、绘画、建筑等艺术形式通过它不断地流传入汉代中原地区，并与中原文化进行不断的整合、融合；同时，中国的丝绸、绘画、建筑、茶叶、音乐等也由这条路传入西方。从此，丝绸之路成了经济上货物流通的

① 谢清果编著：《华夏传播学引论》，厦门大学出版社 2017 年版，第 233 页。

② 参见百度百科：丝绸之路（https：//baike.so.com/doc/5338910-5574351.html）。

商贸之路，文化上东西艺术的交合之路。

在汉代音乐的跨文化传播背景下，汉代与西域之间通过丝绸之路互通乐器、伎人、民间乐团组织等来进行音乐的交流借鉴发展。

第二节　汉代音乐跨文化传播的类型分析

本节具体到汉代的音乐跨文化传播，具体列举汉代的背景、音乐跨文化传播的状况，并集中探讨了跨文化传播过程中的形态与表现。

一、汉代背景与音乐跨文化传播

汉代是一个地域辽阔、经济繁荣、文化繁盛、交通便利的朝代，至汉武帝时期达到了高峰，形成了“大一统”的局面。经济、政治、文化、军事的多面繁盛使得中原民族对自身的国家、文化充满了信心，对于来自异域的文化不再抱有闭塞的偏见心理，而是以宽和的态度去接纳、吸收、借鉴。同时，儒家思想自汉武帝“罢黜百家，独尊儒术”后树立了其社会正统思想的地位，崇尚“仁”的思想也为汉代的跨文化传播创造了良好、祥和的社会氛围。

音乐跨文化传播指的是产生于不同文化背景环境下的音乐通过一定的人群、方式、渠道进行交流互动。把目光聚焦于汉代，汉代的音乐跨文化传播有其深厚的历史底蕴与时代机遇。春秋战国时就存在地域性的不同文化圈的音乐跨文化交流传播，到了政局稳定、开放包容的汉代，音乐跨文化交流伴着丝绸之路开辟的历史契机，就更加畅通无阻了。

二、汉代音乐跨文化传播表现形态及过程

（一）与宫廷宴乐融合

《西京杂记》记载：“而高祖思之……辄使夫人击筑，高祖歌大风诗以和之……至七月七日，临百子池，作于阗乐。乐毕，以五色缕相羁，谓为相连爱。”[①] 汉高祖命戚夫人表演《于阗乐》（于阗是古代西域的佛教王国），“相连爱”的活动表明当时宫廷宴乐不再单纯只使用宫廷的“雅乐”，而是会在此基础上创新地融合西域与民间的音乐。《于阗乐》通过佛教与丝绸之路传入中原

---

① 葛洪：《西京杂记》卷三，三秦出版社 2006 年版，第 148 页。

地区，广泛传播并得到统治者的认可，宫廷宴乐制作者敏锐地抓住统治者的喜好，并将其运用到音乐制作中。

（二）与军乐结合

据崔豹《古今注》记载："张博望入西域，传其法于西京，唯得《摩诃》《兜勒》二曲。李延年因胡曲更进新声二十八解，乘舆以为武乐。"① 自汉代以来，北狄乐归鼓吹署，到汉后分为二部：横吹和鼓吹。有鼓角乐器的为横吹，用于军乐，马上奏乐；有箫笳乐器的为鼓吹，用于朝会、军队、仪仗之中。②

张骞出使西域并带回西域音乐《摩诃》《兜勒》，乐府协律都尉李延年出于对该曲的喜爱而发挥主观能动性，改编此曲作新声二十八解，用于军乐之中。李延年改编西域音乐创造新曲也标志着他成为融合中原与西域音乐的鼻祖，开创音乐跨文化传播的新模式。北狄乐归于鼓吹署并用于军乐之中，鼓吹署中横吹与鼓吹的乐器都是西域传入的，且奏乐风格都带有异域雄浑壮阔的豪迈风情。同时，北狄乐因其适用于马上奏乐的特性，而在军营中广泛传开使用，以壮军威、鼓舞士气。

（三）其他表现

公元前 115 年，江都王刘建的女儿细君西嫁乌孙国，汉朝政府为其赐"乘舆服御物，为备官属、宦官、侍御数百人"（《汉书・西域传》），其中亦包括中原乐舞艺伎。乌孙多次派人入朝学艺，归国后"治宫室，作徼道周卫，出入传呼，撞如鼓，如汉家仪"③。

汉元帝派王昭君与匈奴和亲，在临行前将琴、瑟、筝、筑等中原地区乐器赐给匈奴呼韩邪单于。汉宣帝元康元年西域向汉朝赐以车骑旗鼓、歌舞乐工数十人，在这些乐师乐工归国后，奏汉代钟鼓之乐。东汉末年汉灵帝时，胡服、胡舞、胡笛、胡箜篌等西域音乐生活风俗与艺术形式风靡一时。④

以上诸多记载都是汉代中原与西域地区音乐文化交流的力证，从中也可

---

① 杨泓、李力：《中国古兵二十讲》，生活・读书・新知三联书店 2013 年版，第 261 页。
② 刘嵬：《汉末以前古丝绸之路上的中外音乐文化交流》，《艺术研究》2017 年第 2 期。
③ 宋博年、李强：《丝绸之路音乐研究》，新疆人民出版社 2009 年版，第 53 页。
④ 刘嵬：《驼铃古道丝绸路 胡马犹闻唐汉风——古丝绸之路中外音乐文化交流研究》，《乐府新声（沈阳音乐学院学报）》2019 年第 2 期。

以看出传播形式与媒介载体的多样性，主要是乐器、伎人的相互输送与和亲等手段。通过和亲手段在宗室公主出嫁时随嫁带去中原的乐舞艺伎，将中原音乐文化传播者主动输送向异域，并通过乐舞艺伎的异域在地化展开音乐文化的传播。同时，仰慕并受到中原音乐文化感染的异域国家也欣然地、积极地派相关人员来中原开展音乐文化学习与交流。双方的音乐文化在对方的国度内流行并受到广泛的传播，体现了音乐跨文化传播和平交往互促的过程与模式。在汉代国力强盛的时期，这样一种主动的、开放包容的交流方式也在一定程度上起到了宣扬国威、笼络关系的作用，归根结底还是服务于汉代统治阶级的根本利益。

第三节　汉代音乐跨文化传播的原理展演

该部分将结合相关理论对跨文化传播中所体现的动机、障碍、策略展开具体论述。首先，聚焦于汉代开辟的丝绸之路这一特殊视角，分析丝绸之路上音乐跨文化传播的自我诉求动机、诉求形态，并简单分析丝绸之路的媒介特殊性，运用哈罗德·伊尼斯的媒介偏向理论进行尝试性的类比。接着，借由跨文化传播的伦理性，分析跨文化传播中不同文化背景所产生的情境制约，并通过菲利普森的语言代码理论分析音乐跨文化传播中的具体障碍以及汉代所使用的破除跨文化传播制约的办法。最后，基于汉代建立的汉乐府这个独立的官方音乐传播载体，通过约翰·贝利的文化适应理论和霍华德·贾尔斯的传播适应理论解读汉代在音乐跨文化传播中所采取的具体策略。

一、作为跨文化传播渠道的丝绸之路

（一）自我文化诉求

是什么力量促使汉代统治阶层主动开辟与西域进行跨文化传播的渠道——丝绸之路呢？简单来说，与其他文化的交往就是为了更好地认识真实的他者，但深入思考又可以发现，汉代统治阶层不仅仅抱着为了认识外域文化的交往目的，跨文化作为人类特有的意图性行为，自有其深沉而隐秘的动

机——自我文化的诉求：自我确证、自我校正、自我充实、自我发展。①

汉代的丝绸之路，本是汉武帝为了与西域结盟、打击匈奴的开疆拓土的军事之路，从另一种意义上说也是汉代统治阶层谋求自我充实、自我发展的渠道。该道路承载着的信息，是中原与西域跨文化传播赖以进行的前提条件。也正是这一种作为跨文化传播的深层动因的自我文化诉求，使得丝绸之路上的跨文化传播活动热烈地开展，在悠悠驼铃声中绵延不息。汉代中原与西域的音乐传播不仅仅使音乐迎来了大发展的契机，增进汉代音乐的生机繁荣，也是汉代政府谋求自身发展的重要手段，同时，通过这一方法，汉代政府还能将自身发展水平和能力与西域各国进行比较，从而实现自我确证、自我校正，在对比中逐步认知自身定位与发展空间，更好地为国家的发展、国土的扩张寻找新的思路。因此，丝绸之路上音乐的跨文化传播也是一种通过间接手段探索国家发展的巧妙的诉求渠道。

（二）诉求形态

具体来说，跨文化传播中的诉求主要变现为四种形态——猎奇欣赏、烘托陪衬、否定批判、认同利用。当把文化语境投射于汉代的跨文化传播，这四种形态就展现得淋漓尽致。基于风格迥异的文化发展背景，西域音乐文化在汉代是一种“异质的、新奇的”存在，同时它又具有欣赏价值与使用价值，汉代政府将西域的鼓吹乐运用于军乐中就是一种直接的体现。汉代的发展繁荣使得统治者与民众对自我文化满意度居高，在寻求与西域进行跨文化音乐传播时，一方面是为了证实本文化发展的合理性，烘托自我文化存在的价值，另一方面又会非常警惕作为对立面的他者，在传播交往中有所取舍，有所保留，有所关注。除此之外，在跨文化交往中，文化间的差异无可避免，但这并不是冲突，而是一种文化多样性的体现，应当以此来观照自身，对自我文化进行否定批判。承认这种多样性的存在，也就是对异域文化的认同。在认同的基础上，汉代政府主动地将西域音乐引入宫廷，并将其与宫廷雅乐进行融合，实现有效利用。

---

① 单波、石义彬：《跨文化传播新论》，武汉大学出版社2005年版，第51页。

（三）丝绸之路的“媒介偏向”

加拿大学者哈罗德·伊尼斯发现，媒介可以分为两大类——有利于空间上延伸的媒介和有利于时间上延续的媒介，两者有一个基本的区别。黏土和石头上的文字比莎草纸上的文字能够更加有效地保存，因为物质产品突出时间和持久性[①]。因而，刻在黏土和石头上的与发展到后来的石版和泥版文字容易传承但不利于空间上的运输和生产，属于时间偏向媒介。而莎草纸及记录于纸张上的文字易于远距离运输则属于空间偏向媒介。基于此，我们可以做出一个大胆的假设，将丝绸之路与时空偏向媒介进行类比，撇开自然因素与人为破坏，它属于时间偏向与空间偏向兼集于一体的传播渠道。也正是丝绸之路基于稳定发展甚至恒久不变的特性，使得跨文化传播通过它轰轰烈烈地开展，畅行无阻。这也充分说明了民族音乐的发展，并不是仅仅依靠自身的力量，而是在各民族相互交流、相互融合下得以繁荣发展的。丝绸之路在历史中的伟大贡献，也恰好在于其促进了古代人们之间的精神文明沟通。[②]汉代音乐的跨文化传播不仅促进了汉代艺术文化的繁荣，也扩大了辐射范围，为民族融合奠定了基础。

二、跨文化传播的制约

（一）跨文化传播的伦理性

跨文化传播不仅仅是一种文化传播现象，更是一种文化情境。在这种情境下的文化双方具有制约性和多向指引性，并且多向指引性甚至存在着对立差异性的可能。跨文化传播的双方总是不可避免地带有各自文化背景的色彩，因此，不同文化之间也在无形中具有了十分明晰的界限。“不过，此种跨文化传播的伦理性并不是源于文化间的文化冲突，而是源于文化自身的伦理性，它是文化对于文化中的人的伦理性在跨文化情境下的自然延伸。”[③]

由跨文化传播天然存在的伦理性考虑汉代的音乐跨文化传播中体现的制约、障碍，能更好地理解跨文化传播的过程与机制。《汉书》百官公卿表上：“典属国，秦官，掌蛮夷降者。武帝元狩三年昆邪王降，复增属国，置都尉、

---

① 〔加〕哈罗德·伊尼斯：《传播的偏向》，何道宽译，中国传媒大学出版社 2013 年版，第 72 页。

② 党岱：《丝绸之路背景下汉代音乐的演变》，《湖北函授大学学报》2018 年第 17 期。

③ 单波、石义彬：《跨文化传播新论》，武汉大学出版社 2005 年版，第 43 页。

丞、候、千人……成帝河平元年省并大鸿胪。”（《汉书》卷十九）由于地域阻隔、交通不便与民族历史发展的差异等因素的影响，丝绸之路开辟前的中原地区与西域少数民族地区交流甚少，日常语言交流及文化发展背景差异是横亘两地间的障碍因素。然而，此种差异并不是由于文化冲突，而是基于双方不同的文化伦理，同时，相差较大的文化伦理也为双方提供了解决差异的有效途径。丝绸之路为西域与中原的音乐跨文化传播提供便利，两方文化主体基于各自文化的伦理性，主动地进行对自身与对方文化的解码编码，冲破跨文化传播障碍的藩篱。随着丝绸之路的开辟，人员流动的频繁，汉朝设立主管各方邦国语言沟通和贸易往来的译官，即“大鸿胪”——类似于当今的外交部，通过这个机构逐渐地削弱文化伦理性对双方交流的影响。

（二）跨文化传播障碍破除机制

菲利普森在他的语言代码理论中提到，不同群体的行为和代码各不相同，每个群体在理解特定代码和行为时所采用的方式也不相同。1997 年他提出语言代码理论，其中包含的命题是：“每个文化都蕴含着自己的语言代码，每个代码又体现了它所代表的文化中个体与社会的策略性行为的结构层次……符号和意义不但可以指称传播行为的各个方面，而且还可以指称互动者或社会关系，使我们明白传播行为如何将社会关系中的人联系起来。”①

汉代中原与西域地区的语言代码基于地区的建构是有很大的差异的，同时，两地的语言代码也在一定程度上体现了不同的文化背景与文化性格。汉代中央集权，雅俗划分，细腻温婉，而西域地区植根于马背上的文化底蕴，宽广豪迈，雄浑粗犷。这两种截然不同的社会历史背景就是天然地横亘在两个地区之间的文化边界，并且这个边界自始至终都存在，是无法避免的。这种看似存在着障碍的沟通边界并不是源于文化的冲突，而是源于双方文化自身所带有的伦理性。用菲利普森的语言代码理论来把握汉代音乐与跨文化传播之间的关系，汉代中央通过设置大鸿胪对音乐符号的意涵的解码，解除

---

① 单波：《跨文化传播的问题与可能性》，武汉大学出版社 2010 年版，第 62—63 页。

语言沟通的障碍，大大推动了中原与西域之间的音乐文化畅通交往。音乐符号的解码也逐渐让中原地区形成一套能自主翻译西域音乐符号的体系，促进对音乐符号背后真正含义的理解，也推动更多的西域音乐读本、乐器传入中原，推动跨文化传播活动的行进。此种通过音乐文化来进行跨文化传播的手段不失为一种了解双方文化的有效方式，传播中的符号和意义让传播双方将对方的传播行为的各个方面联系起来，同时，又指代互动主体与社会关系，观照意识形态，使得跨文化传播中的互动模式生动、形象地展现出来。

三、独特传播载体——汉乐府

（一）汉乐府的含义与表现

汉乐府是汉代在跨文化传播中的重要音乐机构，也是在汉代兴旺发达的独特的传播载体。“乐府”一词最初指的是由官府为便于统一管理音乐而专门设立的机构。“乐府民歌”源自乐府从各地收集的民歌，除本土音乐外又包括异邦音乐，汉代乐府就收集了来自西域的音乐并改编了一部分，如协律都尉李延年的《新声二十八解》改编自《摩柯》《兜勒》。[①] 汉代乐府歌曲还嵌镶有许多未译齐备的少数民族语调衬词，如《乐府诗集》云：“诸曲调皆有词，有声……词者其歌诗也；声音若‘羊吾夷’‘伊那何’之类也。”[②] 其中亦不难看出汉代音乐体系的建构离不开西域音乐文化的渗透。由此可见，乐府作为汉代官方的音乐机构，在音乐的收集、整理并融合创作上发挥了重要的主导作用，并且，不仅仅是汉代的民间俗乐，汉乐府也注重对西域音乐的整合运用。

根据美国传播学者埃弗雷特·罗杰斯的创新扩散理论，新事物、新思想受到社会成员理解的程度决定了其被采用的可能性，而影响理解度高低的因素则主要包括：兼容性、可靠性、复杂性、相对便利性、可感知性。这一理论同样适用于跨文化传播领域。[③] 在汉代，乐府是国家所设立的音乐机构，让雅乐与民间俗乐充分进入了规范化渠道，构成了两者共存的显著特征，进而为雅乐与民间俗乐的相互融合与补充提供了更多的可能，并最终使其成为汉代

① 宋博年、李强：《丝绸之路音乐研究》，新疆人民出版社 2009 年版，第 56 页。
② 唐晓梅：《西域文化对汉代文学作品的影响》，《佳木斯职业学院学报》2018 年第 7 期。
③ 单波、石义彬主编：《跨文化传播新论》，武汉大学出版社 2005 年版，第 409 页。

时期音乐艺术发展的主流文化。乐府为汉代中原与西域音乐融合，为中原人民对西域风情风俗的理解提供了兼容性、相对便利性、可感知性的便利平台，人们在理解中推动音乐的跨文化传播。

（二）汉乐府在跨文化传播中的作用

德国著名社会学家西美尔认为，“不同文化背景的人之间是陌生人”[①]。人们对陌生人、陌生文化总会存在一种本能的怀疑和抵抗，因为不同文化背景的人或多或少都会带有民族中心主义倾向，即视自己的文化为中心，并以自己的文化价值观点衡量其他文化，认为自己的文化优于其他文化。[②]汉代中原与西域之间的不同文化背景和历史发展是横亘在双方之间的交流障碍。人们对异域的文化存在的本能的排斥是无可厚非的，何况处于跨文化传播的早期阶段，因为差异而产生警惕心理是很能被理解的社会现象。从官方的层面去积极推广西域的音乐，主动地运用西域的音乐，汉乐府在消除中原民众对异域音乐的抵抗发挥了重要作用，促进了西域音乐的世俗化、本土化发展。同时，汉代国力强盛，大一统思想的形成，都为汉代中原人民培育开放包容的心态，享受与热爱异域传播而来的音乐文化提供了坚实的社会基础。

乐府机关的任务有两个：一是制礼作乐，为统治阶级宴飨、祭祀服务。二是收集民歌。收集民歌的目的是想通过民歌了解人民的思想态度，检讨政治措施的得失，以便调整统治政策。[③]乐府机构的专职乐工通晓乐理及语言，并且对音乐具有独到的见地与热爱，能够对西域音乐符号进行正确、及时的解码，从而更好地探究音乐符号背后的能指所指。汉代中央通过乐府能直观、有效地获取最新的本土与域外的音乐，也能对世俗民间的文化生活有所把握，从而更好地巩固统治，调整丝绸之路上的跨文化传播的交往策略，不失为促进跨文化传播的有力推手。

---

① 刘双、于文秀著:《跨文化传播——拆解文化的围墙》，黑龙江人民出版社2000年版，第46页。

② 刘双、于文秀著:《跨文化传播——拆解文化的围墙》，黑龙江人民出版社2000年版，第49—50页。

③ 麻守中:《汉乐府》，春风文艺出版社1999年版，第3页。

这里运用约翰·贝利在跨文化心理学研究领域的重大成果——文化适应理论加以解读。贝利提出的双维度模型认为："在跨文化传播交往的过程中存在两个维度，分别是个体保留和对自己民族传统文化的认同倾向，以及寻求其他民族文化交流的倾向，这两个维度是彼此相互独立的。根据两个维度的高低不同水平，可以得到四种结果，即文化适应的策略——同化、整合、分离和边缘化。"[①]汉乐府在跨文化传播中对音乐文化的吸收、整理、创新，恰恰体现了这一理论中的整合策略，它既保留中原传统音乐文化和特性，认同中原音乐文化的优越性，同时又积极地寻求与西域音乐文化的交流。是在跨文化传播交流中，主流文化基于自身实施的多元文化主义策略而非主流群体在此种状况下运用整合措施的直接体现。

霍华德·贾尔斯的传播适应理论也提到，在个人与他人进行交流沟通的过程中，说话的一方出于自己的动机与目的，采取不同的言语策略，这些言语策略主要是同化与异化的策略，以此来表示自己的赞同或彰显自己的言语个性。运用该传播理论进行类比可以得出，汉代与西域的音乐跨文化传播是两种文化相互认同的传播形态。同时，在这一跨文化传播的过程中，双方所采用的是"文化异化"积极整合策略，即双方都对对方的音乐文化采取了一定整合、应用的行动，如汉代的鼓吹乐广泛应用于军中以壮军威。正因为跨文化传播过程中的双方主体的认同或部分认同，才使得汉代与西域之间的友好交往与文化改造得以实现，才产生了丰富的跨文化传播现象。

第四节　汉代音乐跨文化传播的当代意义

丝绸之路的开辟对于西域音乐的传播起到了促进的作用，在促进汉代经济政治发展的同时，也带动了文化的传播。值得注意的是，文化的传播呈现出的特征是双向传播的复杂的互动模式。西域音乐渗透中原文化的同时也受到中原文化潜移默化的影响，并开始对自身音乐的各个方面进行改造，例如对乐器的改造、对乐曲名称的改变、为音乐加入本民族民间音乐形式等。正

---

① 单波：《跨文化传播的问题与可能性》，武汉大学出版社 2010 年版，第 68 页。

如人类学家爱德华·萨皮尔在《社会学百科全书》中所说："每一种文化形式和每一种社会行为的表现都或者明晰或者含糊地涉及传播。"[①] 在人类文化发展的历程中，传播从古至今都是一个重要的活跃要素，如果没有人类的传播活动，也就无所谓社会文化的交融与发展。同时，随着社会生产力水平的提升和科学技术的进步，传播的水平也逐渐经历着由低级到高级，由简单到精细的发展趋势。本文所探讨的汉代通过丝绸之路与西域各少数民族间进行的音乐文化交流，明确地涉及了传播的方方面面，关于跨文化传播的伦理，跨文化传播的自我文化诉求，跨文化传播的异域适应等等。足可见传播的深厚力量。

从历史角度来说，中国与其他国家的文化交流追溯甚远，尽管随着时代的发展，双方形成了各自独立的生活形态和文化价值观，但审美观念仍然多元而又相似。而中国音乐也在不同的历史时期由不同的文化交流活动和传播者带到世界各地。[②] 在当今全球化背景下，不同国家、民族间各方面的交往日益密切，跨文化传播实践日益深化、广化，音乐跨文化传播更具有了时代所赋予的现实意义。当"韩流饭圈文化""欧美流行音乐"随着全球化的浪潮席卷而来，成为时代青年所追捧的对象，如何有效地通过音乐的跨文化传播，向世界传递中国的声音，弘扬中国精神，展现中国力量，是我国正面对的时代命题。通过孔子学院向世界各国传递中国独特的音乐与文化就是当代跨文化传播的生动实践。世界音乐的跨文化传播展现了人类文明的多样性，各国需要共同谱写灿烂多彩的人类文明篇章。

综上所述，丝绸之路是联结西域与中原政治、经济和思想文化交流的纽带，在拓展跨文化传播的渠道的同时，对文明的沟通互鉴发展也具有重要意义。音乐的跨文化传播构成了华夏跨文化传播中灿烂多彩的篇章，也为后代留下了宝贵的精神财富。本章从传播学的视角出发，探究了汉代丝绸之路上的音乐文化的传播互动模式及价值。从丝绸之路视域下汉代音乐跨文化传播

① 吴延：《传播学视域下的丝绸之路音乐文化的交流与融合》，《音乐天地》2015 年第 5 期。

② 任紫薇：《中国音乐跨文化传播的路径探究》，中国音乐学院硕士学位论文，2019 年。

观照当代音乐的跨文化传播，是为了让进行跨文化传播交流的双方更好地探索新环境下适合本国或本民族的传播机制，避免产生跨文化传播过程中的障碍，并不断提高本国人民的文化自觉、文化自信意识，从而从整体上提升国家跨文化传播的能力与水平。

（吴灵鑫　谢清果）

六

华夏身体传播的形态

第十一章　社会身体：身体传播视角下的古代女性与裹脚

在《文化、技术与社会中的身体》中，克里斯·希林对近年来的身体研究理论进行综述与反思，创造性地提出"肉身实在论"的身体观，指出"身体是社会构成过程之多维中介"。笔者借以统合客体性身体与主体性身体的研究范式，并从中国女性视角切入，结合传播理论分析在儒学伦理与裹脚下女性的具身主体性，从身体传播角度对古代女性与裹脚进行考察，以实现中西传播理论的交流与对话。

第一节　中国传播学研究的身体转向

"身体"是近些年人文社会科学领域内为学者关注的重要话题。对于传播学而言，早已有学者踏足于身体传播领域，而其切入视角与当下身体传播研究有所差异，主要表现为符号学视角下的客体性身体，关注作为符号的身体的意义传递与建构。时至今日，技术的发展正在侵入人的身体，网络技术下身体在场形式的虚无以及赛博格的出现损减着人的主体性。[①] 人与人之间的交流从身体的界面逐渐切换到界面的身体。[②] "身体"的消失使得人的主体性浮

① 孙玮：《交流者的身体：传播与在场——意识主体、身体—主体、智能主体的演变》，《国际新闻界》2018 年第 12 期。

② 陈月华：《传播：从身体的界面到界面的身体》，《自然辩证法研究》2005 年第 3 期。

出水面，主体性身体成为身体传播领域的新焦点。

随着身体研究视角逐渐深入传播学内部，对客体性身体与主体性身体的单向研究视野成为当下身体传播研究的主导范式；然而，客体性身体限于符号学视角，而主体性身体的研究大多集中于传播技术领域。

一、客体性身体的研究视角

客体性身体指（后）结构主义视角下的身体。其分析集中体现为两方面。首先，身体作为传递意义的符号载体。非言语传播关注身体的各个部分与形态——体征、手势、姿势、表情、触摸、眼神、衣着——在人际传播中传递的意义。比如，人的肢体的交叉差可能代表着内心的防御；鞋子的品牌反映着主体的经济水平与所处阶级等。身体及其附属物成为承载意义的符号，非言语传播成为符号学视角下的意义阐释活动。其次，除了关注身体符号携带的意义之外，部分学者关注身体符号的意义建构。从福柯的后结构主义视角来看，随着现代社会全景敞视机制的发展，身体成为统治阶级意识形态内化的场所，并最终形成对人体的规训。[①] 其中，女性主义是较早关注身体意义建构的研究视角，多数女性主义思潮受到建构主义的影响，认为女性身体符号为父权制社会所定义，并持续不断地对父权制下的女性符号意义进行反抗。[②] 目前，河南大学赵建国的《身体传播》集中展现了国内对客体性身体传播研究的丰硕成果。《身体传播》中的部分内容涉及主体性身体，但总的来说却大致遵循客体性身体思路。比如，赵建国提出：（1）实体传播——“信息与它所指代的实际事物为一体”——就是对作为实体的身体传递的信息进行研究[③]；（2）身体传播的三种形式，即语言、表情、动作的身体传播[④]；（3）身体的在场、他人在场、名人在场等仍脱离不了符号学视角的分析[⑤]。然而，客体性身

① 〔英〕约翰·斯道雷：《文化理论与大众文化导论》，常江译，北京大学出版社 2019 年版，第 96—102 页。

② 〔英〕约翰·斯道雷：《文化理论与大众文化导论》，常江译，北京大学出版社 2019 年版，第 96—102 页。

③ 赵建国：《实体传播与传播分类探讨》，《新闻与传播研究》第 2009 年第 4 期。

④ 赵建国：《实体传播与传播分类探讨》，《新闻与传播研究》第 2009 年第 4 期。

⑤ 赵建国：《身体在场与不在场的传播意义》，《现代传播（中国传媒大学学报）》2015 年第 8 期。

体传播在其范式上存在局限性。（后）结构主义视角下的客观性身体往往忽视人的主动性。某些研究中甚至将符号意义固化，建构起符号与意义之间的因果联系，否认意义来源于人的阐释，比如赵建国提出的实体传播概念认为实体本身携带一定意义①。概括来说，客体性的身体观在一定程度上抑制主体性的身体，人只能沦为无条件接受符号意义的被动者；个体如同一块石板，任由社会结构在其上进行雕刻。

二、主体性身体的研究视角

主体性身体指现象学视角下的身体。现象学代表人物梅洛庞蒂强调身体的体验："人类的存在既非离身的心智，也非复杂的机器，其主体性即在于作为活跃的生物以人类身体特有的生理结构介入世界。"②此时的身体是拥有生物本能与自由意志的。身体从符号学的被动视角中解放，并被赋予生产性与能动性。当下主体性的身体传播研究论述多与传播科技的发展有关。面对技术的发展、人的主体性与在场性的消失，刘海龙提出在"信息/传播，物质/身体之间的关系发生松动之后，人是否需要身体"的问题振聋发聩，并提出"传播学危机"一说。③然而，在其后续研究中，刘海龙为技术"去魅"，指出人的身体仍对传播技术的发展起着能动作用，"彻底的离身心智似乎不可能通过技术来实现"。④主体性身体在当下理性化的迅猛推进之中得以残存。与此相呼应，周逵通过质化研究方法，利用焦点小组访谈的方式对沉浸式 VR 技术及其体验者的感受进行调查研究，从方法论角度下展示身体主体性，在技术浪潮之中从身体主体性视角对技术发展与影响进行更为积极的解释。⑤除了主体性身体在新兴技术领域的应用之外，刘海龙认为身体在传播学研究中"缺席在场"——主流传播学中过于注重于行为主义、新行为主义逻辑以及凯

① 赵建国：《实体传播与传播分类探讨》，《新闻与传播研究》2009 年第 4 期。

② 刘海龙、束开荣：《具身性与传播研究的身体观念——知觉现象学与认知科学的视角》，《兰州大学学报（社会科学版）》2019 年第 2 期。

③ 刘海龙：《传播中的身体问题与传播研究的未来》，《国际新闻界》2018 年第 2 期。

④ 刘海龙、束开荣：《具身性与传播研究的身体观念——知觉现象学与认知科学的视角》，《兰州大学学报（社会科学版）》2019 年第 2 期。

⑤ 周逵：《沉浸式传播中的身体经验：以虚拟现实游戏的玩家研究为例》，《国际新闻界》2018 年第 5 期。

瑞仪式观中忽视身体的实践——导致现有传播学理论解释力度不足；若将身体在场重新返回传播学研究，其难题便迎刃而解。[①]总而言之，对于主体性身体的考量主要集中于两个方面，即身体对社会的创造及身体对社会变迁的反抗。然而，不可否认，当下身体传播研究过于注重传播技术的发展及其影响，忽视了更为广阔的身体传播与传播学理论相结合的发展空间。

三、“身体是社会构成过程之多维中介”的研究视角

总的来看，客体性与主体性身体在范式上具有冲突性。在《文化、技术与社会中的身体》一书中，克里斯·希林对不可调和的身体观进行整合，提出一套更为全面、精准的身体观框架。希林认为单纯的建构主义与现象学视角都言之过简，与之相反，身体是更为复杂的“社会之构成过程中的多维中介”：根据“肉身实在论”，希林承认身体具有的生物性与进化心理学特质，从而使得现象学视角下的身体得以构建社会；当社会脱离于身体，社会结构便不能再被化约为现象学的身体，此时社会学建构主义视角下的身体接受着社会结构定位；在被社会铭刻的过程中，身体仍然保持着主体性，结构化的身体成为一种个体依附于或摆脱于社会的手段[②]。换言之，所谓“身体是社会之构成过程中的多维中介”包括三方面内容：首先，身体作为社会之源泉。“身体具备一些能力与倾向，使之能够超越其自然状态，创造出一种社会环境。”[③]其次，身体作为社会之定位场所。“身体接收着社会的诸般效应，受到所处社会环境基本特征的约束；经由多种方式，身体被铭刻下经济关系的效应，成为社会符号体系的表达场所，又充当着形式的固定性得以确立的材料。”[④]最后，身体作为个体定位于社会的手段。“人们的创造倾向及能力与人们对社会力量的接受能力、受约束能力之间的相互作用……这种相互作用有

① 刘海龙、束开荣：《具身性与传播研究的身体观念——知觉现象学与认知科学的视角》，《兰州大学学报（社会科学版）》2019年第2期。

② 〔英〕克里斯·希林：《文化、技术与社会中的身体》，李康译，北京大学出版社2011年版，第1—25页。

③ 〔英〕克里斯·希林：《文化、技术与社会中的身体》，李康译，北京大学出版社2011年版，第31页。

④ 〔英〕克里斯·希林：《文化、技术与社会中的身体》，李康译，北京大学出版社2011年版，第34页。

助于将人们以不同的方式定位于社会并定向于社会。”[①]（为便于理解，笔者参照书中提出的莫比乌斯环概念，做出身体传播的文化研究模型，如图 11-1 所示；莫比乌斯环象征着无限循环，而身体与社会之间的关系便如同莫比乌斯环般进行着永无止境的互动。）

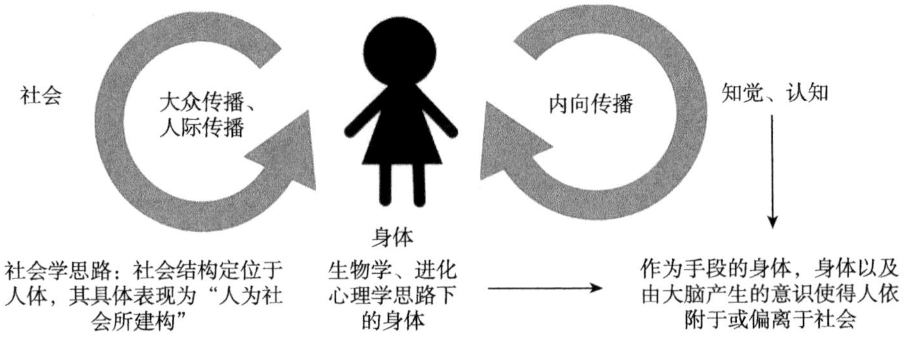

图 11-1　身体传播的莫比乌斯环

为了更好地分析身体传播的文化研究理论，此篇文章将以女性身体符号为视角的小切口进行分析。如前文所言，多数女性主义的分析受建构主义影响而被范式本身限制，并且希林在其分析中未从传播学理论视角对身体展开分析。因此，本篇文章依据希林的“身体作为社会之构成过程中的多维中介”的文化研究理论框架并结合传播理论从三个维度，即身体传播作为社会的生产性源泉，身体传播作为社会结构的定位场所以及身体传播作为个体定位于社会的手段[②]，对身体传播视角下的中国女性身体展开论述分析。

第二节　父权制的形成：作为社会生产性源泉的传统女性身体

身体是社会的生产性源泉，社会的形成离不开身体。“就与世界相关联而言，马克思指出，我们的存在是‘肉体的、有生命力的、现实的、感性

① 〔英〕克里斯·希林：《文化、技术与社会中的身体》，李康译，北京大学出版社 2011 年版，第 37—38 页。

② 〔英〕克里斯·希林：《文化、技术与社会中的身体》，李康译，北京大学出版社 2011 年版，第 1—25 页。

的’，意味我们对自身之外那些自然对象和社会关系，都持有某种不可摆脱的需要。”[①] 在身体的基本需求与基本能力的推动下，“具身性主体基于他们对其所处环境的实践介入，并通过因为具身性存在的情境性而发展起来的意向性，发展出导向与宗旨”[②]，在这个过程中，符号与符号互动起到至关重要的作用。

一、身体传播与社会的形成

身体的基本需求与能力推动着社会关系与社会的形成与发展。首先，社会的形成与发展离不开身体的基本需求。马斯洛的需求层次理论认为个体最基本的需求体现在两个方面，即生理需求与安全需求。个体若要满足自身的生理与安全需求，则必然要与自然界发生联系，通过某些技术与手段作用于自然界以获取衣、食、住、行的资源；并且，人与人之间必须依赖于合作才能在自然环境中生存，由此人与人之间发展出一定的社会关系。其次，社会的形成与发展离不开身体的基本能力。在漫长的进化过程中，人逐渐适应直立行走的方式，并将双手解放，以运用工具且制作新的工具，使得可使用资源的范围扩大[③]；相对于动物而言，人能够发出更为多元的声音，并且拥有发达的听觉系统与中枢神经，从而发展出语言以形成人与人之间的合作[④]。

语言的使用使得人类能够形成更加庞大、复杂的社会。当人类拥有语言之后，自然界开始被抽象化，并以象征符号的形式存在，人与人之间的符号互动使得社会得以形成。符号互动论创始人布鲁默指出，人们在符号互动的过程中通过协商的方式形成共享的符号意义，而共享的意义使得共同的“导向与宗旨”及认知意义上的社会本身成为可能。[⑤] 传播推动社会的形成，而社

① 〔英〕克里斯·希林：《文化、技术与社会中的身体》，李康译，北京大学出版社2011年版，第31页。

② 〔英〕克里斯·希林：《文化、技术与社会中的身体》，李康译，北京大学出版社2011年版，第60页。

③ 〔英〕克里斯·希林：《文化、技术与社会中的身体》，李康译，北京大学出版社2011年版，第82—84页。

④ 〔美〕塞缪尔·早川、艾伦·早川：《语言学的邀请》，柳之元译，北京大学出版社2015年版，第20—22页。

⑤ 〔美〕埃姆·格里芬：《初识传播学：在信息社会正确认知自我、他人及世界》，展江译，北京联合出版公司2016年版，第63—72页。

会便存在于传播之中。伴随着社会的形成，不平等的分化也随之而来。在符号互动的过程中，协商的各方并非完全平等。由于受到资源多寡的限制，拥有更充足资源的人具有更多权力，其能利用权力使符号的意义更多与自身利益相契，换言之，拥有权力的人更可能以符合其自身利益的方式对符号意义进行解释与界定，从而使得不平等社会分化得以生产与再生产。

二、符号互动与父权制社会的形成

父权制社会是人在基本能力与基本需求的推动下，通过符号互动建构的产物。随着人类生产力的进步，人类社会步入农业社会。在农业文明视角下，体力劳动被给予更多的重视，体形更为健壮的男性成为农业文明的受益者。在此基础上，男性通过其身体能力获得更多的资源，因而在社会互动过程中掌握更多的意义解释权与界定权，而女性则被放逐到权力的边缘，在农业文明结构中沦落为男性的附属，被迫接受父权社会的符号意义，成为社会中的失声群体。在农业社会之中，由于女性缺乏与男性相匹配的资本，父权制社会中男性精英能够在话语权方面发挥更大的作用，勾勒女性及女性身体符号。

这里需要对“女性及女性身体”与“女性及女性身体符号”的关系做出进一步解释。前者与女性自身有关，是生物学意义上的实在的女性及女性身体，而后者是一系列关于女性形象的象征性符号总和。这些符号以抽象的“女性及女性身体”方式，存在于人们的想象、言谈与文字之中，并伴随着社会赋予抽象“女性及女性身体”的意义。按照罗兰·巴特的符号学理论进行解释，“女性及女性身体符号”作为抽象符号，其初级指意系统的所指仅仅指代生物学意义上的女性及女性身体，而在次级指意系统之中，“女性及其身体符号”的所指则被赋予各种意义差别，并通过意义塑造女性形态，改变女性行为，比如社会规范描绘下的女性理想身体等。总的来说，当人拥有语言与思维开始，便开始对“无意义的”生物学身体进行抽象与赋意。女性个体所持有的“女性及女性身体符号”在一定程度上会造成女性个体按照符号意义对生物学意义上的“女性及女性身体”进行塑造雕刻，使其更加接近于理想的符号意义规范。在整个过程中，符号意义往往由具有资本的人提供，拥有资本的人更有能力推广其所勾勒的符号，导致女性通过符号对其身体的“雕刻”往往反映并满足了有权阶级的利益要求。

由于在农业社会中，男性占据更多的资源，更具有能力勾勒与推广符合其利益的女性及女性身体符号。比如，从纵向上来看，多为男性的识字精英更有可能以文字的方式记录符合自身标准的女性及女性身体形态，并使之在历史上得以延续；从横向上来看，男性占据着出版、印刷等大众媒介资源，更有资本扩大其生产的符号意义的影响范围。

由此，在符号互动的过程中，女性及其身体成为父权意义的载体，为父权制社会的精英进行界定与阐释。在整个过程中，作为社会结构重要组成部分的大众媒介，在父权意识形态镌刻进入女性的身体的过程中起着至关重要的作用。

第三节　身体的符号化：作为社会结构定位场所的女性身体

身体是社会结构的定位场所，女性及其身体符号被不断重复，从而“将历史自然化，让历史意图披上自然的、合法的外衣，它隔断了历史，造成这些意义像是自然生成的一部分，成了社会习惯和意识形态”①。父权制社会通过各种传播途径对于女性身体符号进行阐释、定义与重复，并逐渐使其自然化，从而将父权制社会中的女性身体符号意义固化，父权制理念得以定位于女性身体。其中，大众传播媒介起着至关重要的作用。黄星民认为广义的大众传播“使用的媒介既可以是机器，诸如印刷机、收音机和电视机，也可以是非机器的媒介，如手抄书报，甚至更古老的史诗、礼仪和歌谣等等”②。这里主要侧重从社会宣教媒介与婚姻礼仪媒介两方面进行论述。

一、社会宣教媒介——传统经典对女性身体符号的勾勒

首先，父权制体现在社会宣教媒介之中。其中，最重要、最明显的是以各个时期儒学经典与《列女传》为代表的书籍媒介。儒学对中国社会的影响

① 石义彬：《批判视野下的西方传播思想》，商务印书馆 2014 年版，第 414 页。

② 黄星民：《“大众传播”广狭义辨》，《新闻与传播研究》1999 年第 1 期。

不言而喻，其各个时期的经典都存在精英男性对女性身体符号的勾画与阐释，并且随着时间的推移，女性身体的主体性越来越被社会结构所抹杀。先秦时期《孟子·离娄章句上》指出“男女授受不亲，礼也；嫂溺，援之以手，权也”[①]。孟子认为女性的身体应保持贞节，同时也认为生命重于伦理[②]；然而，早先的儒学的伦理规范在百家争鸣与秦始皇焚书坑儒中并未获得官方地位，直到西汉时期，汉武帝“罢黜百家，独尊儒术”之后，儒学纲常伦理的主导地位得以明显地确立，儒学逐渐成为官方正统思想，“君为臣纲，父为子纲，夫为妇纲”“男帅女，女从男，夫妇之义也”[③]（《礼记·郊特牲》）亦开始深入人心，女性被明确规定为男性的附庸；北宋时期，儒学被朱熹与程颐进一步发展完善，针对女性的要求更为苛刻，程颐提出“饿死事小，失节事大”[④]，此时的儒学精英与先秦孟子相比，将女性的生命完全置于伦理纲常之下[⑤]。明朝时期，程朱理学逐渐成为官方正统思想，父权制对于女性的苛责更进一步向外延伸与扩展——中央与地方大量编写《烈女传》，其中朱元璋本人也加入了这场“符号刻画运动”中。明代大大小小的《烈女传》将女性身体符号勾勒为三类：（1）贞女——为婚而守贞者。（2）烈女——抗拒强暴乃至殉夫而死者。比如，宋濂《谢烈妇传》中谢氏“度不可免，力疾扪萝而上，抱女投崖下死”；李开先《姜烈妇杨氏碑记》载杨氏夫亡之后“乘家众环哭，即入卧内自经”，被救起后又寻找机会“复自经于棺侧”。（3）节妇——夫亡而守节者。比如，罗洪先《永新文竹周母刘节妇传》记刘节妇在夫亡之后，“妇痛尽，誓不从地下不已。时厥孤育卿甫三岁，家老长指而讽之，谓而即死耶？而不念而夫线绪耶？妇始悟，乃啮指血滴周生柩曰：今而后，敢于君之盟是贰，有如君；敢纤微不督儿于成，有如君。……育卿稍长，妇洴澼絖佐之学，每夜

---

① 朱荣智：《改变一生的孟子名言》，中国铁道出版社 2010 年版，第 62 页。

② 张丛林：《儒学伦理思想与中国古代婚姻观念流变之关系》，《安庆师范学院学报（社会科学版）》2004 年第 4 期。

③ 俞天鹏：《礼记新编》，四川大学出版社 2015 年版，第 350 页。

④ 余和祥：《中国传统性风俗及其文化本质》，商务印书馆 2014 年版，第 106 页。

⑤ 张丛林：《儒学伦理思想与中国古代婚姻观念流变之关系》，《安庆师范学院学报（社会科学版）》2004 年第 4 期。

归，必篝灯火与相对，时时称说周生之蹈履与其志所未竟者勗育卿，识勿忘也。育卿遂强入学南雍”[①]。在明人眼中，节妇比烈妇更值得嘉奖，其似乎是因为“持循岁月之为难也！想夫寒灯孤幌，春雨秋虫，人情不堪，金石或变，而能秉心一致，之死不易”[②]。但节妇之所以被赞颂，其原因实则在于节妇延续了父权制社会鼓励女性守节的目的：其一照顾遗留子嗣，以延续丈夫香火；其二照顾丈夫的家长，以尽孝道。[③]在各种《烈女传》中，父权制社会对于女性身体符号的勾画与阐释显得格外明显。

这些书籍在古代国家意识形态机器中得到大批使用，对女性伦理的社会宣教从国家教育机器到不同的组织团体得以延续到底层受众。白文刚指出：“为了确保‘教化’这种政治传播活动的成功，古代中国在长期的历史发展中构建了以学校为中心的政治教化体系。……学校之外，官吏、绅士、宗族、乡约等分别成为不同的教化载体，使教化的范围扩展到几乎每一个帝国臣民。此外，国家还系统地利用政治录用以及表彰忠孝、节烈等活动来规劝民众自觉地接受政治教化。”[④]社会从家庭、学校内部形成完整、严肃的教育机制，女性身体符号通过教育规训而得以贯穿社会上上下下。

二、婚姻礼仪媒介——社会仪式对女性身体的形塑

其次，父权制体现在婚姻礼仪媒介之中。裹脚是男性在婚姻中对“女性及其身体符号”产生的畸形审美要求，并被强加于女性的身体，对女性身体产生巨大影响。裹脚起源的说法多样，且早已难辨真伪，但主流的说法认为裹脚之风兴起于上层社会。[⑤]由于古代的男女婚事往往由双方父母决定，秉持着“男女授受不亲”的原则，结婚男女双方在成亲之前基本上素未谋面，且在婚礼上女性的面部被头纱所遮掩，使得男性对于女性美丽与否的判断标准

① 李强：《儒学伦理与民间社会：明代士人女性贞节叙事的虚与实》，《黑河学刊》2019年第3期。

② 李强：《儒学伦理与民间社会：明代士人女性贞节叙事的虚与实》，《黑河学刊》2019年第3期。

③ 李强：《儒学伦理与民间社会：明代士人女性贞节叙事的虚与实》，《黑河学刊》2019年第3期。

④ 白文刚：《政治传播在中国古代政治中的地位与作用》，《哈尔滨工业大学学报（社会科学版）》2013年第2期。

⑤ 张弓长：《女人裹脚始末述略》，《益阳师专学报》1985年第3期。

从脸部转移到脚部。[①] 由是，在上层社会中开始流行一种女性的“脚越小越好看”的审美趋势，并且随着时间的推移，他们依据尺寸对女性脚部进行更严格、更标准的分类，“三寸金莲”的说法得以出现，并且裹脚之风也逐渐扩散到民间。这种审美观念带来的结果是女性若想嫁一户好人家，则须以裹脚的方式重塑自身的身体样貌，以符合当时男性的审美要求。裹脚可被视为在父权制社会下，女性身体符号的界定与阐释对女性身体的直接作用。

裹脚对于女性身体的摧残无疑是巨大的，其过程给女性带来极大的痛苦。冯骥才的小说《三寸金莲》中对女性裹脚的一番颇为详细、真实的描述可以让我们从中探知一二。在讲述到为了找到好人家，主人公香莲的第一天的裹脚经历时，冯骥才写道：“奶奶拉过木盆，把她脚涮净擦干，放在自己膝盖上。……抓住她的脚，先右后左，让开大脚趾，拢着余下四个脚趾头，斜向脚掌下面用劲一掰，骨头嘎儿一响，惊得香莲嗷一叫。”[②] 不仅如此，为了裹出更好看的、更小的小脚，香莲不得不通过碎碗片“削足”的方式来达到目的：“去拾些碎碗片，敲碎，裹脚时给香莲垫在脚下边，一走碎碗渣就把脚硌破了。……每次换脚布，总得带着脓血腐肉生拉硬扯下来。其实这是北方乡间裹脚的老法子，只有肉烂骨损，才能随心所欲改变样子。”[③] 仅仅两百余字，女性裹脚之痛苦可见一斑。

综上所述，在男权制社会中，女性及其身体符号承载的意义由男性界定、塑造，并被认为是自然的、本质的，女性身体被迫趋向于男性的意义与阐释，使得父权制结构得以在女性身体上进行定位，父权制社会得以在女性的身体之中进行再生产。

第四节　身体的收编与反抗：作为个体定位于社会手段的女性身体

身体作为个体定位于社会的手段，其可划分为两个层面，即意识层面

① 赛汉：《权力与裹脚：基于福柯“权利”理论的分析》，《内蒙古农业大学学报（社会科学版）》2010 年第 3 期。

② 冯骥才：《冯骥才诗文卷（一）》，青岛出版社 2016 年版，第 329 页。

③ 冯骥才：《冯骥才诗文卷（一）》，青岛出版社 2016 年版，第 331 页。

与潜意识层面。首先，意识层面的手段依赖于人的自由意志，即人的内向传播；其次，潜意识层面的手段则是由身体的性本能、内在驱力推动。无论是意识层面，还是潜意识层面，身体传播的反抗与收编离不开斯图亚特·霍尔提出的解码。根据解码理论，霍尔认为个体并非完全被动接受社会结构的定位，个体对符号会采用不同方式进行解码：（1）主导式解码。解码者对于“主导符号意义”（在本文中即为父权制社会中精英男性对女性及其身体符号的意义的界定与阐释，主导意义并不是指符号固有的意义，而是社会主流的意义阐释）表示赞同。（2）协商式解码。解码者对于主导符号意义既不赞成，也不反对。（3）反抗式解码。解码者对于主导符号意义做出反向的解读。[①] 对符号解码的方式使得个体或依附于社会，或摆脱于社会，从而定位于社会之中。

一、摆脱儒学伦理：女性自我的追寻

面对父权制社会中的主导符号意义，女性并非完全被动的。明朝时期，随着程朱理学的正统化，男性精英对女性及其身体符号意义的界定与阐释变得更为严厉，守贞、守节、殉夫成为社会结构强加于女性身体的要求。然而，明朝的女性并非完全接受明代男性精英所规定的主导符号意义。这主要体现在女性的改嫁和劝嫁及市井小说对于女性“失节”的描绘上。首先，《列女传》对女性的要求与现实记载中女性改嫁相矛盾，明朝南北地方志对于女性改嫁有较为丰富的记述。比如，《山西府志》：“周氏，泽州人张兴祖妻，年二十四夫没，舅姑欲使再适”，“信氏，闯喜人崔参妻。年二十三夫亡，舅姑欲使再适”；《辽东志》载：“曺氏，广宁中屯卫人，年十八归王清，清病卒，氏哀毁骨立数祈死，遗腹六月，生一男，父母欲夺其志”；《河间府志》载：“孙氏，曹鉴妻，年十七适其夫甫，二岁而夫亡，后三月生遗腹子玗，父母欲夺而嫁之”；等等。[②] 其次，市井小说对于女性失节的描写与《列女传》中的女性同样有所出入，如冯梦龙编订的《喻世明言》中《蒋兴哥重会珍珠衫》一

① 陈力丹、林羽丰：《继承与创新：研读斯图亚特·霍尔代表作〈编码/解码〉》，《新闻与传播研究》2014年第8期。

② 李强：《儒学伦理与民间社会：明代士人女性贞节叙事的虚与实》，《黑河学刊》2019年第3期。

篇讲述到，蒋兴哥的已婚妻子王三巧在夫君外出的情况下，受陈大郎设计诱惑而与陈偷情，被丈夫蒋兴哥察觉后，遣送回娘家；三巧羞愤欲自尽，其母劝曰："你好短见！二十多岁的人，一朵花还没有开足，怎做这没下梢的事？莫说你丈夫还有回心转意的日子，便真个休了，恁般容貌，怕没有人要你？少不得别选良姻，图个下半世受用。你且放心过日子去，休得愁闷。"[①]据李强统计："明代女性失贞或失节的篇目还有《喻世明言》第十卷《滕大尹鬼断家私》中赵裁缝妻子刘氏与沈八偷情、《警世通言》第二十四卷《玉堂春落难救夫》中监生赵昂与商人沈洪的妻子皮氏偷情……"[②]

即使父权制下对于女性的要求是苛刻的，但没了丈夫的年轻女性往往不会守节或殉夫，而是会选择再嫁。这其中离不开意识与潜意识层面的解码。身体对于父权制社会的主导符号意义进行了意识或潜意识的反抗式解码，其原因或许是为了满足女性自身的基本生活需求，又或许是女性潜意识中的性本能[③]使得当时的女性能够摆脱一定的父权制的社会控制。

二、依附裹脚传统：女性对社会生活的妥协

与此类似，针对看似处于被动的裹脚，女性仍具有一定主体性。从前文的描述中可知，裹脚作为一种畸形的审美对女性身体而言是极大的摧残。然而，女性在裹脚的几百年历史之中，对裹脚的反抗记录寥寥无几。不可否认，也许是父权制社会对于历史的建构，导致反抗的女性被从历史中抹杀。但是，根据裹脚的历史可以发现以下三个似乎令人难以解释的事实：首先，裹脚的直接实行者是女性自身，裹脚通常由女孩的母亲、祖母来进行，即女性自身对裹脚进行再生产。其次，裹脚曾在清朝时期被废除过一段时间，即顺治二年严令禁止裹脚，后康熙七年禁令便被取消。[④]最后，古代的部分男性精英曾发表过反对裹脚的言论。比如，清朝文人袁枚在《牍外馀言》中对女性裹脚的行为进行批判："女子足小有何佳处，而举世趋之若狂？"[⑤]李汝珍在小说

① 李强：《儒学伦理与民间社会：明代士人女性贞节叙事的虚与实》，《黑河学刊》2019 年第 3 期。
② 李强：《儒学伦理与民间社会：明代士人女性贞节叙事的虚与实》，《黑河学刊》2019 年第 3 期。
③ 李强：《儒学伦理与民间社会：明代士人女性贞节叙事的虚与实》，《黑河学刊》2019 年第 3 期。
④ 张弓长：《女人裹脚始末述略》，《益阳师专学报》1985 年第 3 期。
⑤ 吴凯主编：《中国社会民俗史 · 第四卷》，中国古籍出版社 2010 年版，第 1920 页。

《镜花缘》中谈道："何以两足残缺，步履艰难，却又为美……此圣人之所必诛，贤人之所不取。"[①] 即便如此，裹脚仍然在汉人女性中流行。为何女性的女性亲属会对这样痛苦的审美要求进行再生产？难道她们不知晓裹脚所带来的苦楚？为何女性自身不做出反抗？为什么当在父权制社会中，作为统治阶级的男性尝试放弃裹脚，而女性自己却未放弃这一痛苦的行为？然而，身体在裹脚问题中是隐而不显的。

身体的主导式解码使得裹脚在社会生活中得以延续。其主要原因集中体现在三个方面：首先，在对个体处理亲密关系的心理研究中，盖布尔提出个体具有两个动机，接近动机和回避动机。前者使个体在亲密关系中追求快感，而后者使人在亲密关系中寻求代价的降低。由此，痛苦与快感的对立局面被化解，在回避动机下的痛苦与安全，接近动机下的快感与无聊分别形成两个独立的连续统，两者是不同的自变量，能够同时增加或减少，而非此消彼长。[②] 换言之，一个人能在拥有快感的同时感受到痛苦。裹脚本身能够起到吸引男性的作用，或者能够凭借小脚而嫁入好人家中，女性能够从中获得由男性带来的快感，这种快感使得女性能够忍受痛苦。[③] 一位农村老党员马广美在回忆裹脚的时候说道："十一二岁的时候，继母娘开始给我裹脚。我不想裹脚，但当时兴裹脚，说媒找婆家有时还看脚裹得好不好，不裹脚的话以后不容易找到好婆家。"[④] 在《让女性自己说话——文化寻踪》中，被采访的老人吕四华回忆自己听到四姑裹脚得消息后："俺家去（回家）也要裹，俺娘不叫俺裹，俺怪馋得慌（挺羡慕），就自己裹啦。"[⑤] 其次，裹脚能够带来的好处是女性能够对其自身进行控制，脸是天生的，而脚是后天裹的，裹脚使得快感的获得成为女性能够控制的范围，女性能够通过后天的裹脚换来更为富足的生活。裹脚带来了一定程度的自主性与适应性。

① 吴凯主编：《中国社会民俗史·第四卷》，中国古籍出版社 2010 年版，第 1920 页。

② 〔美〕罗兰·米勒：《亲密关系》，王伟平译，人民邮电出版社 2018 年，第 191—192 页。

③ 王展：《紧身胸衣——人体的束缚和人性的解放》，《装饰》2007 年第 7 期。

④ 张李玺主编：《妇女口述历史丛书·农村妇女卷》，中国妇女出版社 2015 年版，第 337 页。

⑤ 李小江主编：《让女人自己说话——文化寻踪》，生活·读书·新知三联书店 2003 年版，第 238 页。

最后，裹脚本身使得女性从体力劳动之中得到解放，女性由于裹脚而可以减少劳作的时间，并且不劳作的女性也可以凭借“炫耀性消费”以彰显自身的独特地位。[①]

综上所述，女性针对父权制社会下的主导身体意义采取了策略性的主导式解码，在这个过程之中不能也不应否定女性身体的主动性，正是由于身体作用使得女性以正向解码的方式依附于社会之中。主导性解码并非总是统治阶级意识形态的强加，反而在一定程度上主导性解码是策略性与主动性的。正如李为香所言：“缠足与高跟鞋实际上是集中在女性身体上的一个矛盾体，它们既是一种特权，又是一种无法摆脱的束缚。”[②]

三、女性身体的自我表达：社会交换理论下的解码理论再思考

由此反观霍尔的解码理论，霍尔的解码理论虽然给予受众一定主动性，但仍然并未对个体为何会选择某种解码方式做出解释。根据古代中国女性的主导式解码与反抗式解码，笔者通过引入社会交换理论对霍尔的理论进行补充说明。[③]若从社会交换理论的角度来思考解码理论，个体在依附或摆脱于社会的过程中，获得的收入与付出的成本之间的差值——收益——与解码方式存在关联。个体生存于社会之中，往往对自身的收益形成期待，即比较水平值（comparative level）。个体感知到的收益与期待的收益的差值的正负，存在以下三种基本情况：当个体所感知到的收益小于比较水平值时，个体更倾向于反抗性解码；当个体所感知到的收益接近比较水平值时，个体更倾向于协商性解码；当个体所感知到的收益大于比较水平值时，个体更倾向于主导性解码（如表 11–1 所示）。

表 11–1　霍尔的解码理论

感知的收益 – 期待的收益	＜0	=0	＞0
策略性解码方式	反抗式解码	协商式解码	主导式解码

① 金华杰：《关于缠足和束腰的比较研究》，《东方企业文化》2011 年第 6 期。

② 李为香：《从缠足到高跟鞋——中国近代女性身体审美符号的变迁》，《山东女子学院学报》2011 年第 1 期。

③〔美〕罗兰·米勒：《亲密关系》，王伟平译，人民邮电出版社 2018 年版，第 178—186 页。

根据以上理论可得知，当下的建构主义视角的女性主义分析存在两点不足之处。首先，部分女性主义理论以现代生产力水平视角衡量古代女性的比较水平值；其次，部分女性主义的研究往往从个体感知到的收益，即往往是研究者自身感知到的收益进行评估。然而，探究裹脚能够得以延续的原因，除了不能忽视当时的生产力水平之外，还不能忽视当时条件下的女性在身体的作用之下策略性的提高感知到的利益。但值得注意的是，个人感知到的收益在一定程度上也会受到统治阶级的影响，即形成所谓“虚假意识形态”，使得个人感知到的收益与个体在现实所获得的收益产生较大的偏差，从而导致实实在在的剥削。

通过以上分析，霍尔的解码理论得以完善，不仅解释了个体在什么情况下会做出何种解码，还赋予个体以完全的主体性。同样的分析也可应用于文艺复兴时期的欧洲女性，以解释为何在提倡“人性”的时代出现了“反人性”的紧身胸衣与束腰行为。

综上所述，华夏传播绝不仅仅只是停留在历史中，华夏传播具有更深厚的现实关照与现实导向。对于古代中国女性身体传播分析的目的不仅仅在于了解身体传播运作的机制，也是为了对当下的中国女性做出更好的理解。

虽然本文将女性的裹脚视为女性为满足自身的欲望而进行的策略性的主导式解码，但不可否认裹脚对于女性身体产生巨大的伤害。身体的生物性、进化心理学方面的特质从现有的角度来看是无从改变的，但却可以改变满足欲望的手段，使得满足欲望、获取快感的同时，减少痛苦。这是现代社会发展进步的一个重要的标志。从社会交换理论的角度而言，便是增加收入，降低成本。正因为如此，现代社会的延续性相对于古代社会更为持久。

随着女性主义的发展与社会的进步，对于女性的纲常伦理与裹脚的审美需求退出历史的舞台，但部分学者认为在当代社会之中，父权制与裹脚并未完全消失①，父权制对于女性的规范仍然存在，而裹脚则以高跟鞋的形式存在，

① 金华杰：《关于缠足和束腰的比较研究》，《东方企业文化》2011 年第 6 期。

并且伴随着当代整容术的发展，父权制的社会规范与审美需求更是进一步嵌入女性的身体之中。首先，笔者认为与其将裹脚与高跟鞋建立联系，不如考虑裹脚与整容术之间的关联。如前文所言，受古代婚姻限制，男性对女性的审美从脸部转移到脚上，而如今男女之间的面纱被揭开，这种审美便又回归到最为显眼的脸部，由此整容术代替了裹脚，女性的脸庞开始被不断雕刻、塑造。其次，在这个过程中，女性仍不应被视为“绝对被动”的存在。相反，她们用自己的身体对社会进行着反抗性或策略性的适应，她们满足着自身欲望的同时，也通过这些手段来使得自己能够在社会之中获得更高的控制力与适应能力。不过，像整容术等相应的替代方式的出现也不得不令人有所担忧。这种不断追求身体的完美也不禁反映出女性对于自身身体的厌恶。[①] 在人们的眼中，身体的存在仍然只会被视为一种限制，而非一种恩赐。

总的来说，身体使得社会或延续，或改变。身体既是限制性的，也是创造性的；身体是多重感觉的，不存在所谓绝对快乐的身体，也不存在所谓绝对痛苦的身体，身体在痛苦的时候快乐着，在取悦别人的同时，取悦着自己；身体是被主导，同时也是反抗的。社会也在身体的作用下不断生产与再生产。身体使得传播行为变得虚无缥缈、难以捉摸。

（樊俊伶　谢清果）

① 〔英〕克里斯·希林:《文化、技术与社会中的身体》，李康译，北京大学出版社 2011 年版，第 214 页。

第十二章　以气相通：道家“气”论的身体传播艺术

在新媒体时代下，延伸人体感官的技术性媒介的不断发展仍不能满足人们对交流的渴望，使身体传播的议题回归传播学领域的讨论。重塑华夏文明的身体观，“气”的思想为身心问题开辟一条新思路，是中国哲学思想独有的身体观念。尤其是老子的“形—气—神”的身体交往观，早已涉及解决交流的无奈这一命题的思想及修养方法。本章通过借鉴西方交流模式的基础，以展现极具道家特色的以气贯“道”的传播过程，并探讨此交流系统对于现实的观照。

第一节　身体传播观的兴起

一、中西身体观之差异

在众多跨越时空界限的媒介如网络、移动终端甚至人工智能等具身性技术的发展趋势下，大部分的交流不需要双方的同时在场。那么在技术不断发展的时代下，身体处于什么地位？身体再次引起传播学科的重视。对于身体的关注，约翰·杜汉姆·彼得斯在《对空言说》早有提出身体是否在场对于传播的意义，强调传递观，即物质空间和物质客体在传播中的重要性。在西方的身体理论里，“身心二元论”“机械身体论”等一直以笛卡尔为代表的理性意识主题观主导[①]。梅洛·庞蒂的“存在身体论”在20世纪后叶兴起后，身体被视为“主客体交互的媒介”，打破了自我主体与客体的二元关系。再者是以布尔迪厄、福柯等为代表的批判学派认为身体是“文化的身体”[②]。回归到传播学领域，麦克卢汉提出的“媒介即讯息”“媒介是身体的延伸”[③]等传播思想，以身体的角度去隐喻媒体[④]。

在国内，陈嬿如教授提出的“人即是讯息”[⑤]，可以将其理解为“身体即讯息”，进一步地延伸麦克卢汉的观点。在此前提下，人的身体全面具备拉斯韦尔“传播五要素”[⑥]，不断地变换角色甚至共同演绎。追溯到华夏身体传播的思想本源，儒道的“身心一元”“灵肉合一”等概念，延伸至媒介观、人生观以及生活观，均建立在身体认知之上。

相对而言，尽管国际传播学领域再次回归身体传播领域，强调的仍然是彼得斯所提出因媒介发展而产生的“在场”与“缺席”的视阈[⑦]，是以承载信息的“智能身体”，即通过媒介所构成的多样化在场显现身体，本质上是对于物质工具、技术性媒介的研究。而华夏传播强调以身体为媒介的传播活动，着重点在于人从对身体的表层，即躯体的认识中解放出来。

二、华夏身体传播的现状

“身体观”的研究中，以黄俊杰教授整理的三个视野作为主要研究方向，分别是作为“思维方法”的身体、“精神修养之呈现”的身体及“权力展现场所”的身体[⑧]。吴光明教授所提到的“身体思维”这一概念，与梅洛·庞蒂“主客体交互”的身体是相互反馈的[⑨]。思考与身体处于“同时进行式”的交

---

① 孙玮：《交流者的身体：传播与在场——意识主体、身体—主体、智能主体的演变》，《国际新闻界》2018年第12期。

② 谢清果、赵晟：《身体交往观视域下的老子思想新探》，《文化研究》2018年第33辑。

③ 陈力丹、闫伊默：《传播学纲要》，中国人民大学出版社2008年版，第40页。

④ 刘海龙：《传播中的身体问题与传播研究的未来》，《国际新闻界》2018年第2期。

⑤ 陈嬿如：《论“人即是讯息”》，第十届中国传播学大会论文（2008）。

⑥ 赵建国：《传播视野下的人的身体》，《现代传播》2013年第12期。

⑦ 孙玮：《交流者的身体：传播与在场——意识主体、身体—主体、智能主体的演变》，《国际新闻界》2018年第12期。

⑧ 黄俊杰：《中国思想史中身体观研究的新视野》，《现代哲学》2002年第3期。

⑨ 黄俊杰：《中国思想史中身体观研究的新视野》，《现代哲学》2002年第3期。

流模式，没有身体，没有思维；反之亦然。在“精神化之身体”这一层面下，黄俊杰教授认为以杨宾儒教授提出的先秦儒家身体观占主导地位，认为身体具有意识的身体、形躯的身体、自然气化的身体与社会的身体这四义[①]。在杨宾儒教授编著的《中国古代中的气论与身体观中》[②]一书中，深化自然气化的身体这一概念，在不同的思想体系中有不同的演化，补充道家、阴阳家、医家及兵家等之于“气—身体观”的概念，启发其他学者对于先秦道家“气—身体观”中老子的思想分析。在“权力展现场所的身体”下，则把身体视为权力的媒介，研究政治视角下的身体。道家作为与儒家并行的思想观念，本文将注重以道家“气”身体观延伸“精神化之身体”这一层面的探索。

真正将华夏的身体观与传播思想联系起来的，是谢请果教授的三位一体结构[③]，以老子《道德经》当中的世界观及方法论，提出身体传播的两个层次，分别是第一层次的内向传播及第二层次的人际传播、组织传播、大众传播及跨文化传播。当中自我的内向传播是一切传播活动的基础[④]，进而影响与外部世界的交往行为，外部再次回归到自身之上。从内显到外显，层次之间内外循环反馈。在本文针对老子“气”身体观提出的交流系统，将借鉴此两层传播的系统观念。

第二节　气：身心灵动的力量

气论在中国身体观中占有很重要的地位，杨宾儒教授将气与身体之间的联系主要分为“天地之气”“人助宣气”“血气”“志与气”“魂魄”和“内省的道德意识”六个层面，以及道家、儒家、阴阳家、医家以及兵家等学派[⑤]，可见气涵盖面之广阔。黄俊杰谈道：“中国思想家的修养工夫论常环绕着‘治气养心’等理论而展开，中国的‘身体观’（尤其是气论）正是这种具有中国

① 黄俊杰：《中国思想史中身体观研究的新视野》，《现代哲学》2002 年第 3 期。

② 杨宾儒：《中国古代思想中的气论及身体观》，巨流图书公司 1997 年版。

③ 谢清果、赵晟：《身体交往观视域下的老子思想新探》，《文化研究》2018 年第 33 辑。

④ 谢清果、赵晟：《身体交往观视域下的老子思想新探》，《文化研究》2018 年第 33 辑。

⑤ 杨宾儒：《中国古代思想中的气论及身体观》，巨流图书公司 1997 年版，第 4—37 页。

文化特质的研究课题。”[①]气与身体之交往是中国独特的身体观念，在哲学、医学及美学方面备受关注，在传播学角度却缺乏相关的研究。

一、宇宙生存论的“气”论

在先秦时期，五行说与“气一元论”思想发展及融合为中国哲学气论物质观的基础,发展出“气（阴阳）—五行—万物”的基本架构[②]。“人的阴阳气化之自我被条例升华后，可以转化人整个生理的定性结构。”[③]老子作为道家“气—身体观”的奠基人，直接将气与万物链接起来。其他诸子则以此基础展开气本论的补充。

气是道的根本之形式。“一阴一阳之谓道”（《周易·系辞传上》）。阴阳交替是一个递增的过程，所谓“太极生两仪再生四象，继之生八卦至六十四卦，乃至成之与天高”，在不停的相互作用下，延续至无限的状态，是道性的通往。“道生一，一生二，二生三，三生万物。万物负阴而抱阳，冲气以为和。”（《老子》第四十二章）道作为“一”的更高层次，包含阴阳二气，而世上万物以阴阳二气相加达至和谐的状态。可见气为道的本源，以结合阴阳，无限延续到世间各个角落。

另一层面上，道与气构成“体”。“有气则生，无气则死，生者以其气。”（《管子·枢言》）气为身体之本，没有气，则没有生命。有机体得以生存的前提是以气冲之，气组成生命。[④]“夫道者，所以充形也”（《管子·内业》），有道才有形体，道为躯体之根本。道家思想下的身体与气之间相互的关系可以明确，而气和道是躯体的重要组成部分。

宏观上，“通天下一气耳”（《庄子·知北游》）、“游乎天地之一气”（《庄子·大宗师》）中的“一气”，是实现圣人所贵的“一”，即“道”，也是万物生成的基质。[⑤]

---

① 黄俊杰:《中国思想史中身体观研究的新视野》,《现代哲学》2002年第3期。

② 李存山:《气论与仁学》，中州古籍出版社2009年版，第15页。

③ 杨宾儒:《中国古代思想中的气论及身体观》，巨流图书公司1997年版，第23页。

④ 张艳艳:《先秦儒道身体观及其美学意义》，复旦大学博士学位论文，2005年。

⑤〔日〕小野泽精一、福永光司、山井涌:《气的思想：中国自然观与人的观念的发展》，上海人民出版社2007年版，第123页。

气充斥道，道与气形成人的形体，而人的本体存在等于宇宙的自然存在。即，气为天下宇宙万物的本质，也可以说“道是生命的形上理念支撑，则气就是生命的实体基础”[①]。

二、老子的“气—身体”观念

“中国思想中的最崇高的概念是道，所谓行道、修道、得道都是以道为最终的目标。”[②]郭沫若先生认为：“到了老子才有了表示本体的道，老子发明了本体的观念，是中国思想史上所从来没有的观念。”[③]左克厚先生也提到在《老子》的文本中，身体是老子思想的逻辑起点[④]，老子对于形而上的“道”与形而下的“身体”的理论体系奠定了基础。而道家气化的身体观，“形—气—神”一体贯通于道，则表达了身体与道之融合。老子所崇拜之“身”，为自然之“身”，也可谓“赤子之身”，是一种元气淳和的生命，展现最原始的纯真状态。[⑤]形与神对应的是自然之“形”与自然之“身”。展现在身体上，道为由气贯通，使形神融合的自然之身。气之于身体的重要性，显现气的能动性，牵连着每个个体形体、宇宙外界的互动与联系，并产生积极的回应及调节的作用。

这种别于身心二元的“形—气—神”三层次为一体的自然范式，以气为中心及贯穿于道与体，达到“自然之身”及最终目标——“道”的道家身体观。看似宇宙万物都可以通过每个个体内省的自我传播，影响社会活动中通过第二层次的传播，生活在“一气”的理想状态之下，与彼得斯认为的因身体在场性问题而导致无奈的交流不同，是一个双向均衡循环的交流过程，并不因物质空间而产生阻碍。在道家的身体思想下，这看似是一种“完美交流”的状态。

对于交流观，相对于西方传播学领域彼得斯提出的“无奈的交流”“对空言说”，认为“心连心”是不可能的，转而探讨交流中双方“在场”的“具身

① 张艳艳：《先秦儒道身体观及其美学意义》，复旦大学博士学位论文，2005 年。
② 金岳霖：《论道》，商务印书馆 1998 年版，第 16 页。
③ 郭沫若：《青铜时代》，科学出版社 1957 年版，第 38 页。
④ 左克厚：《论老子的身体意识》，《青海民族大学学报（社会科学版）》2010 年第 4 期。
⑤ 张艳艳：《先秦儒道身体观及其美学意义》，复旦大学博士学位论文，2005 年。

性”问题，中国文化体系中的思想尤其是老子的思想，则是针对个体通过一种以德正人、以身做人的道德情操，即以自然之气贯之的“自然自身”为重点展开理想状态的交流。本章从老子“气—身体观”以达道的过程入手，探讨当中可实现的、可通达的交流体系及思想。

第三节　以道家“气”为基础的交流系统

交流系统的基础是一般系统论，即处于一定的相互关系中，并为环境发生关系的要素的总体，可以分为封闭系统与开放系统的两个结构。交流系统作为相对性的开放系统，有相互依存性、整体性、层级性、循环性、自我调节以达到平衡和稳态的特点。[①] 图 12–1 中的“气”之下的开放交流系统，借鉴于奥斯古德—施拉姆循环模式。奥斯古德说到“人作为一个完整的交流系统”，将交流系统的各要素集于一身[②]。人可以“一饰四角”，是编码者和解码者，同时也是信息和传播渠道。在此过程论的基础上，施拉姆以控制论模式将其延伸为自我控制的“自我—闭环控制”系统[③]，着重于人际交流中不断的循环式反馈，以达成自我行为上的调节与控制。

一、“气—身体”观念与交流系统交互之处

以奥斯古德—施拉姆循环模式的传播模式框架为基础，结合老子“气—身体观”的思想及“三位一体结构”的两层内外循环模式[④]，形成图 12–1 的自我—开环系统。在“形—气—神”身体交往观的思想之下，视气的能动性为出发点，自我的内向传播作为基础，注重自我调适，达成自然之身，影响宇宙万物之气，进而回馈到自身当中，形成“道生一、一生二、二生三”无线循环的理想交流，而不止于人际交流的封闭模式，是一个更宏观、普适性的交流系统。控制论的思想可能有违于老子“无为”中认为自然界的一切事物须按照自然界的发展规律生长变化的境界追求。然而，落入传播的实践中，

---

① 周晓明:《人类交流与传播》，上海文艺出版社 1990 年版，第 28—43 页。

② 周晓明:《人类交流与传播》，上海文艺出版社 1990 年版，第 52 页。

③ 周晓明:《人类交流与传播》，上海文艺出版社 1990 年版，第 52 页。

④ 谢清果、赵晟:《身体交往观视域下的老子思想新探》，《文化研究》2018 年第 33 辑。

终究包含“有为”的存在，即“气”论的另一分支——养生论的“气”论。以老子视“气”为自我和宇宙万物的始元及表里一致之物为基础，展开对现实活动的引导。

二、“气”之下的交流系统

气贯通天地人三才，体现在身心、人际与组织的一切传播情境之中。

（一）第一层：内向传播

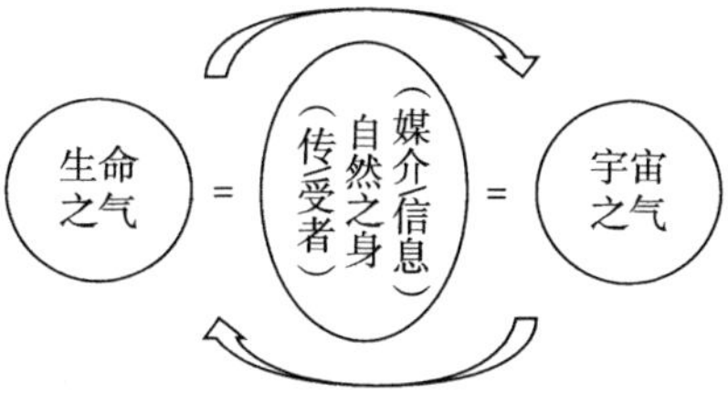

图 12-1　第一层身体传播：内向传播

内向传播是追求“道”的基础，贯穿于整个道家思想体系，如“心使气曰强”（《老子》第五十五章），既从内到外出发，又重视超越个体的主客体观念，以气贯之。气是中立的、自然性和纯朴性的，排除一切社会的复杂经验因素。不同于西方人内传播所包含的社会性，如米德“符号互动论”中的“主我”与“客我”，主我的主动性、生物性与客我的社会性、被动性之间的交流与互换。“夫道者，所以充形也”（《管子·内业》），气是躯体的根本。“凡物之精，比则为生，下生五谷，上为列星”（《管子》），“窈兮冥兮，其中有精：其精甚真，其中有信”（《老子》第二十一章），“精”为精气，是事物发展的能量及推动力，将气定义为一切事物的本质。在道家“气”之身体交往观下，社会甚至世界是由“一气”组成的，生命之气等同于宇宙之气，自然之身等于生命之气与宇宙之气的结合。三者拥有一致之气，身体可以变换成为传者、受者、媒介或是信息，甚或是同时成为这四要素。这种交流状态，即是以“无身”为身，避免导入自我主客体的二元关系。所谓的“无”，如同“气”在形而下的概念一样，不可触、不可视，却又无限地穿越在时间和空间之中，呈现身体本源的自然性，达到人的本体存在与宇宙自然存在的同一性[①]。

（二）第二层：与世间交流的外显传播

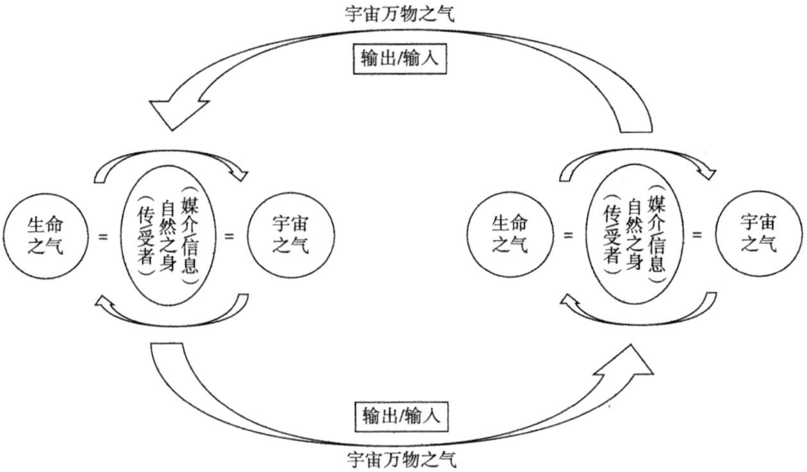

图 12-2　第二层身体传播：人际传播

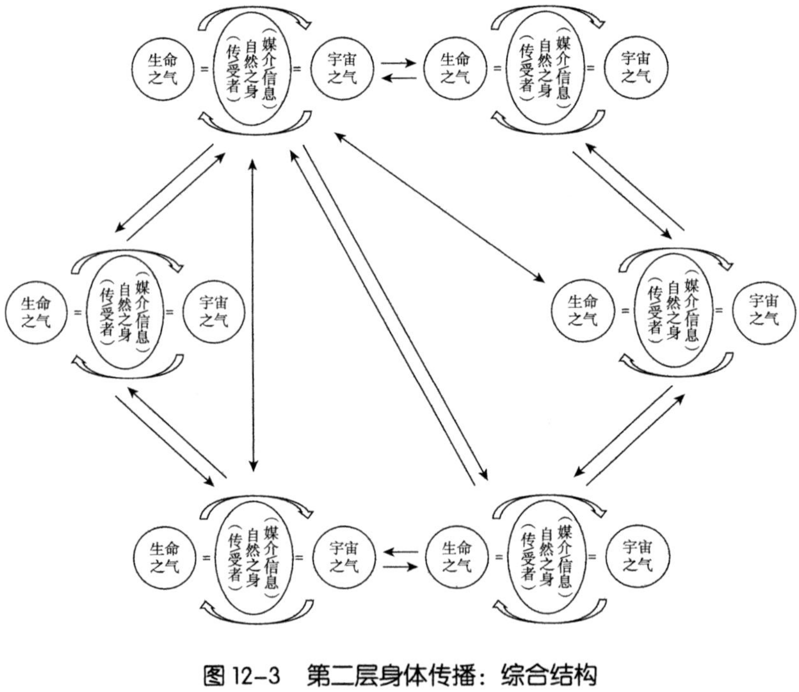

图 12-3　第二层身体传播：综合结构

---

① 张艳艳：《先秦儒道身体观及其美学意义》，复旦大学博士学位论文，2005 年。

内显到外显，会接触到除了自我以外，一个或以上的世界万物，即与外在环境产生交流，发生关系。“彼方且与造物者为人，游乎天地之一气”（《庄子·大宗师》），人的心性本与天地一气，与宇宙乾坤一气。“是故天地者，形之大者也；阴阳者，气之大者也。道者为之公。”（《庄子·则阳》）同样描述了气与万物间的交感及基础关系。第二层传播机制以第一层传播特性为基础，呈现一个多重均衡循环的交流系统。假设每个个体都能满足理想状态中的内向传播，成为自然之身，那么自然之身之间的交流便通过同一性质、信息性质的“宇宙万物之气”进行输出及输入，以达到“通天下一气耳”的理想状态。在其他的传播实践上，亦是以人体作为基础，“传播从来没有也不可能脱离身体，无论是自然的、文化的还是技术的身体”[①]。图12-3作为图12-1与图12-2的结合，参考“三位一体”结构的两层传播逻辑，而第二层传播中的人际传播、组织传播、大众传播和跨文化传播，是“一种基于方便理解与新体系建构上的大致对应”[②]。在“道”之下，无论是以即“有”即“无”的反自我中心——“慈”[③]为世间法的人际传播，或以仪式观“建构并维系一个有秩序、有意义、能够用来支配和容纳人类行为的文化世界”[④]为目的的华夏大众传播，又或是修身齐家治国平天下的组织传播，都离不开“道”这一主旨的行为规范去影响社会，形成美好愿景的大同世界。

第四节　由“气”到“事”：“气—身体”交流系统的实践

在先秦时代，道家的养生论与宇宙生成论的哲学作为表里一体之物而展开。[⑤]从“气”到“事”，达成由气贯穿于形与神的自然之身，需将“气”达成在现实社会中“事”具体化的实践。诸子的养气思想如庄子的“心斋忘坐”、

① 孙玮：《交流者的身体：传播与在场——意识主体、身体—主体、智能主体的演变》，《国际新闻界》2018年第12期。

② 谢清果、赵晟：《身体交往观视域下的老子思想新探》，《文化研究》2018年第33辑。

③ 胡河宁、孟海华、饶睿：《中国古代人际传播思想中的关系假设》，《安徽史学》2006年第3期。

④ 〔美〕詹姆斯·W. 凯瑞：《作为文化的传播：“媒介与社会”论文集》，丁未译，华夏出版社2005年版，第7页。

⑤ 〔日〕小野泽精一、福永光司、山井涌：《气的思想：中国自然观与人的观念的发展》，上海人民出版社2007年版，第124页。

管子的“导血气”及荀子的“治气养心”等都是相关的讨论。道家的养气论可以说是中国古代医学理论的根本基础[①]，其中老子追求恢复如同婴儿的本原“归根”状态。

一、老子追求以气复归赤子之身的自然态

“道”是“无”与“有”的结合，“无”即赤子的状态，“有”即社会中不可避免的后天之“事”。但“道”是运行不止的，在无限的“无”与“有”之中循环交流，能复归本原、“专气致柔，能婴儿乎”是老子最为典型的养生论。通过聚合气的能量，达至柔和的状态。在现实背景下来理解，即长期调气有利身体长寿之道。老子对婴儿状态的追求，可追溯至“赤子之身”，不仅在于赤子的生命状态是精气充足，阴阳二气纯和的，形容为“骨弱筋柔而握固”，是一种“主客体未曾分离的混沌状态”[②]，还因为他尚未落入凡尘世界，受到五情六欲的诱惑。“啬宝精气”，也同样是对于赤子之气的追求，爱惜本体之气，回归自然的状态。所谓“知和曰常，知常曰明，益生曰祥，心使气曰强。物壮则老，谓之不道，不道早已”(《老子》第五十五章)。保存最自然状态的气并持之以恒，才能使心气强，不会因不符“道法自然”而身体达壮则变老，物极必反。修身者将“专气”“啬气”落实在现实的生活实践中，即老子提到的“或嘘或吹”的吐纳功法，进入“胎息”状态，也就是后来的气功之一，以调身、调息、调心，调整呼吸、身体及意识，以主动的自我精神活动恢复精气元神。

二、“吐纳”身体交流之实践

庄子云：“吹嘘呼吸，吐故纳新，熊经鸟申，为寿而已矣，此导引之士，养形之人，彭祖寿考者之所好也。”(《庄子·刻意篇》)可见吐纳功夫延长人体寿命之利。吐纳，即吐故纳新，包含外呼吸和内呼吸，使外界之气与内体之气交换，以达到身体与宇宙万物之气平衡的状态，是一种主观能动性的行为。关于该行为，古代道家养生专著《却谷食气》讲道：“食谷者食方，食气

---

① 〔日〕小野泽精一、福永光司、山井涌：《气的思想：中国自然观与人的观念的发展》，上海人民出版社2007年版，第126页。

② 那薇：《道家的专气致柔的赤子本性与海德格尔的最本己的能在》，《国际汉学》2004年第2辑。

者食圆，圆者天也，方者地也。”吐纳之气乃是宇宙万物之气。三国魏嵇康在《养生论》中说道：“又呼吸吐纳，服食养身，使形神相亲，表里俱济也。”吐纳之气使万物之气结合。因此，吐纳之气与天地之气一致，亦可贯穿于当中。“凡吐者，去故气，亦名死气；纳者，取新气，亦名生气。”[①]吐纳功夫中，首先会进行外呼吸，吐出浊气，肺内血液之气主动与外界的空气进行交换。其次，进入到内呼吸，即血液与组织细胞的气体交换，更趋同于内向传播的含义。这时候的身体即成为“传播四要素”，并处于一种并行的状态。个体主动发出需要获得外气的信息“输出”，外气再“输入”，身体成为受者。身体之气和外界之气之间，或是体内之气间的互换均是作为信息通过人体这一媒介进行交流。吐纳等同于气“聚与散”的交流过程，无形、连续，达至“衡”“和”。

“吐纳”看似违背“自然之身”的概念，掺入社会性的外界因素以致“气—身体”交流系统失去平衡。并非是这样，老子的身体观下，世界万物仍是以“一气”出发的理想均衡交流状态。养气论将“事”的影响推导至“气”，是基于现实社会的观照。“动而愈出”，“无为”是更高的出世境界，不是世俗可简单通达的。

第五节　彼“交流”非此“交流”：“气—身体”交流系统的反思

本章对道家身体观下的交流系统之阐述以“精神修养之呈现的身体”的视野所展开，如上述所说以修道者的个体角度出发，通过气去融汇“形”与“神”以达道的过程。在此背景下，是一个偏向过程学派而非符号学派的交流研究，更注重于信息传递意义的交流过程，不在乎各个要素的个别因素，可以说是因为每个因素都是无形的——“自然之气”“宇宙之气”等等，无法像符号论中可探讨“能指”与“所指”，即符号的确切存在，因而呈现一个偏重过程的双向循环交流系统。

① 孙思邈：《备急千金要方·调气法第五》，中国医药科技出版社2017年版，第144页。

在信息交流过程中，存在技术层、语义层及效用层三个层次。[①]而彼得斯的交流问题偏向于在技术信息论，即信息的传递，如何将一组符号精确地从发送者传递到接收者的问题[②]。老子的身体交往观下，是相对偏向探讨影响行为，即“修道”的效用信息论。适用于“气—身体”交流系统上，前提是宇宙万物为“一气”，交流才不会因信息的不对称而不能产生“合目的状态”[③]。因此，可以说彼得斯与老子对于交流问题的倾向是不一样的。彼得斯放弃“心连心”而追求最大程度上的双方在场性，实质上两种的契合都表现了消极的态度。即便是在现代社会中发展如此多延伸身体及五官的媒介，如虚拟现实技术、人工智能等，终究因隔阂了媒介这一元素而不能完美复刻人呈现交流状态的一刻。另一方面“气”之下的交流系统的确是忽视现实社会的复杂因素而呈现出的理想状态，但追求的是效果上“稳态”的完美。而老子以积极的态度发展了一系列的观点，落入现实中去完善交流，让我们看到“道”思想下解决交流问题的希望。

一、“气”身体观对现实问题的忽视

在传播学的视阈里，一切都不可离开现实实践的讨论而展开，有形的、具体的传播活动与无形的、抽象的传播观念密不可分[④]。形而下的“气”通往形而上的“道”的完美循环交流思想，不可否认，是一种对现实社会性存在的超越。然而，老子并没有否认“现实之身”的存在。“是以圣人之治也，虚其心，实其腹，弱其志，强其骨，恒使民无知、无欲也。使夫知不敢、弗为而已，则无不治矣。”（《道德经》第三章）老子认为治理百姓，应该排空他们的心机，填满其食欲，减其竞争意识，让他们变得无知，也就不会有欲望。老子提到这些人们会有的“心”“腹”“志”等，都不是他所推崇的“自然之身”，甚至希望能去除它们，因为它们已经不是理想中的道的世界。老子知道且承认这些现实因素的存在，尤其

---

① 周晓明：《人类交流与传播》，上海文艺出版社1990年版，第102—106页。

② 周晓明：《人类交流与传播》，上海文艺出版社1990年版，第102页。

③ 阿可夫：《关于交流的行为理论》，《管理科学》1949年第4期。

④ 谢清果等编：《华夏传播学读本》（修订版），世界道联出版社2018年版，第6页。

在《道德经》文本里还有许多的类似的描述，如“绝圣弃智”“绝仁弃义”“绝巧弃利”，为达“民利百倍”“民复孝慈”“盗贼无有”，希望人们以最原始的本性示人，而非掺杂被社会治理所形成的“巧饰”。因此，“气—身体观”确实是以一种过分完美的自然交流过程，且又可作为个人修为的参照或处世之方法，以正面积极的态度回应，以个体的逐渐完善营造良好的外部环境，那么他人乃至社会各个部分也有可能被影响，形成正面流动的“蝴蝶效应”。

二、冲气以为和，交流并非无奈

“冲”，可理解为道的动态。以传播学的角度理解，“冲”的目的是通过交流的过程达到“和”的稳态。在中国传统文化及思想中，人类的实践活动离不开“和”这一概念，儒家不偏不倚的中庸之道、老子阴阳两极的道法自然等思想，追求折中调和的处世态度。在华夏文明的传播机制下，交流注重的是每个个体对于自身的调整，以影响外在世界。而西方的传递观，以彼得斯为代表的交流问题探讨，则认为完美的交流在于人与人之间心灵上的契合。老子以内向传播起始，而彼得斯从人际传播出发，但都离不开因人而展开的交流障碍。为达到相对性的完美交流，彼得斯提出需要双方的在场而不奢求“心连心”，而老子的思想下，则个体以体“气”贯之而达道的双向均衡循环系统为想象，看似较彼得斯更为积极地对待交流。“道”之下，圆满的交流并非不可获得。

三、“气”身体交往观对于现实社会的启示

回应华夏传播研究的意义，除了研究“信息传播”，更是研究“华夏文化”[①]。老子的“道”观念具有奠基中华文化本体特质的意义[②]，如同老子身体观中“负阴抱阳以为和”的身体是有机地呈现内在自我，再延伸至由形而上学的“道”与“气”所充实的世界当中。落于现实，每个人都是社会的有机组成部分，既需自身的反省，又需以身实践“道”。在感知层面上，通过内向

① 谢清果等编：《华夏传播学读本》（修订版），世界道联出版社2018年版，第8页。

② 康中乾：《老子“道”观念对中华文化的奠基意义》，参见《老子与华夏文明传承创新：2012·中国鹿邑国际老子文化论坛文集》（上册），社会科学文献出版社2018年版。

传播的体悟，使身心达到完美境界的修身、治身。在行为层面，则以上述的“养气论”为代表的生命炼养驱使道，使道的展现转向了道的视线——从道体转向体道[①]。最终两者的结合以经世的方式反馈于社会。

（关芷薇　谢清果）

① 程乐松：《道体与体道——身体的双重角色》，《宗教研究》2016年第1期。

七

华夏家庭传播的风采

第十三章　门里乾坤：华夏家庭传播中的“门文化”研究

门作为建筑中不可缺少的一部分，在家庭区域的分隔和家族群体的划分上起到了不可替代的作用。本章以门为切入点，将门的作用分为对内、对外两部分，研究华夏家庭传播中丰富的“门文化”在现实作用和虚拟表征两方面的意义。研究发现，门既是现实存在的两个空间之间的隔绝物，起到划分领域的作用，也是家庭中成员地位、身份关系的重要体现。

第一节　门：家庭传播的媒介

华夏家庭传播作为华夏传播学的一个分支学科，虽然起步较晚，但因其内容非常具有现实意义和研究价值而发展迅速。的确，在中国这个集体主义文化语境的国家里，家庭一直以来都被赋予重要的地位，无论人处于生命的哪一个阶段，都必然有家庭的参与。而门，作为家庭中必不可少的功能性存在物，其作用和价值不言而喻。它是建筑物的出入口或安装在出入口能开关的装置，是分割有限空间的一种实体，可以连接和阻断两个或多个空间的出入口。① 门的研究，其实暗含着家庭关系、家庭成员地位、家庭变迁等多方面

① 汉典：《“门”的基本解释》（https：//www.zdic.net/hans/ 门）。

的内容。

一、研究源起

传播学中国化研究从 20 世纪 70 年代末开始，至今已有四十多年的发展历程，它包括了华夏内向传播、人际传播、组织传播、大众传播、说服传播、舆论传播、公共传播、家庭传播、身体传播等多方面的内容，表现在中华民族悠久的历史和社会时代的方方面面。家庭传播作为其学科分支，其研究进程受到极大的关注。

遗憾的是，即使是作为传播学研究先行者的西方国家，他们的家庭传播研究也才起步不久。在美国，家庭传播从人际传播和群体传播中剥离出来，吸收、借鉴了其姊妹学科——社会学、心理学和家庭学的成果，成为传播学的分支学科得到广泛认可，至今也不过 30 年。[①] 不过，由于内容具有非常大的可观测性和研究价值，其已经发展成了一个较为系统的研究领域。西方的家庭传播研究几乎涵盖与家庭有关的所有方面，大致可以归纳为家庭发展时间轴、家庭类型、家庭成员关系、家庭生活过程和家庭问题研究这几个层面。[②]

相比于家庭传播在西方国家的日渐成熟、完善，中国的家庭传播研究依然是一座等待发掘的宝藏。有学者提出从拉斯韦尔的 5W 模式出发，聚焦“家庭传播的传受双方研究”“家庭传播内容和形式研究”“家庭传播媒介与效果研究”“家庭传播的社会情境研究”“家庭传播史研究”这五个方面的内容研究中国的家庭传播[③]，为华夏家庭传播的研究方向指明了一条道路。根据笔者对家庭传播的文献查找，发现华夏家庭传播的研究内容大多集中于家庭代际传播方面。

门，作为一个家家户户都拥有且必不可少的物品，显然在家庭中发挥着巨大的作用。它既可以充当媒介，也可以作为家庭传播的内容和形式来研究。进出要门，分隔要门，家礼、家俗都离不开小小的一扇门，古人常说的“家门不幸”“光耀门楣”“门当户对”等成语，充分体现了华夏文明中丰富的

---

① 朱秀凌：《家庭传播研究的逻辑起点、历史演进和发展路径》，《国际新闻界》2018 年第 9 期。

② 杨席珍：《家庭传播刍议》，《新闻传播》2015 年第 12 期。

③ 朱秀凌：《家庭传播研究的逻辑起点、历史演进和发展路径》，《国际新闻界》2018 年第 9 期。

“门文化”与家庭密切的关系。家庭中的门文化折射出了家庭传播的很多内容，比如门的分布显示了家庭成员的地位关系、门的变化体现了家族命运的历史等等。因此，笔者以门为切入点，研究家庭传播中的“门文化”，以期为家庭传播的研究尽绵薄之力。

二、研究现状

相比于已经在国外形成专业研究体系的家庭传播学，华夏家庭传播的研究仍然处于起步状态，其在中国的发展历史并不长远，且研究结果大多呈现出碎片化、分散化的特点，没有严格的学术体系。很多学者着力于家庭代际传播、数字媒介对家庭关系的影响、亲子关系等较为现代化的方面。例如探析抖音短视频平台的家庭传播关系（王卫明、冯白云，2019）①，利用抖音所传播的视频为参考依据，说明当下抖音平台的家庭传播现状；从《小欢喜》看家庭传播中亲子关系的构建（王卫明、罗俊敏，2019）②，从家庭传播学的视角剖析剧中的亲子关系；亲属关系的重塑——基于家庭微信群的实证研究③（衣旭峰，2016），探究家庭微信群在家庭沟通、传播中起到的作用……我们可以发现，华夏家庭传播研究关注的大部分是宏观的、现代的方面，而对于家庭内部的微观实体、古代的家庭关系较少或没有涉猎。

在中国，门文化有非常久远的历史。可以说，从原始人穴居岩洞开始，门的雏形就产生了。随着社会历史的变迁，门的形状、作用也随之发生很大的改变。关于门文化的研究方面，近年来，很多学者都在建筑学、哲学、历史学等方面对其做出了自己的阐释。而在传播学领域，目前笔者找到的只有厦门大学新闻传播学院吴伟的《光耀门楣：华夏传播对沟通路径的社会学理解》这篇文章，具体阐释了“门”作为一种传播媒介，除了沟通内外、进行交流的本质作用之外，在华夏传播学中还体现了对于社会路径的理解④。

---

① 王卫明、冯白云:《探析抖音短视频平台的家庭传播》,《新闻论坛》2019 年第 6 期。

② 王卫明、罗俊敏:《从〈小欢喜〉看家庭传播中亲子关系的构建》,《媒体融合新观察》2019 年第 5 期。

③ 衣旭峰:《亲属关系的重塑——基于微信家庭群的实证研究》，南京大学硕士学位论文，2016 年。

④ 吴伟:《光耀门楣：华夏传播对沟通路径的社会学理解》,《东南传播》2019 年第 9 期。

在目前的研究中，学者们普遍认为门作为传统的建筑物，在空间的连接、组合和划分上起到了非常重要的作用，例如蒋涤非认为门在建筑中起到了构成门面形象、组构入口、衬托主体殿堂、增加纵深进落、标志庭院层次的铺垫作用[①]，这是门的基本功能。

在门的象征意义上，很多学者提出了不同的观点。比如杨昌鸣认为门的开阖体现了“天人合一”的观念，人们对于开放的向往贯穿于门意念的始终[②]；马跃峰认为门的型制起到了区分尊卑内外的作用，昭示了门第等级观念[③]；吴伟认为门体现了古代封建社会中的礼仪制度，反映了古代的贫富差距，同时也是群体身份的象征[④]。总的来说，学者们普遍赞同“门”具有丰富的象征意义，且从多学科的视角对其进行了解释。在传播学方面，吴伟认为门作为一种传播媒介，起到了人神沟通、人际交往、社会沟通的作用[⑤]；而在家庭传播学领域，尚未有学者对门在家庭中发挥的作用进行探索研究。

三、研究目的与意义

门，作为建筑中的一个有机组成部分，将家庭中用处不同却又彼此相关的平面与空间连接起来，从而成为连接家庭成员的间架结构。除了作为物理构件的本初意义之外，中国的门，还是一个家族甚或一个民族的文化徽记；是家庭成员地位和等级的象征；是人对外彰显，对内守护的心理特征[⑥]。在中国传统文化中，“门”是一个承载着深厚社会意蕴的意象。无论是现代人常说的“门当户对”“光耀门楣”等成语，还是为人所熟知的门第观念，无不昭示着门与家族、家庭的深厚联系。

虽然门与家庭家族有着深厚的渊源，但是在家庭传播研究中，门的独特意义却被忽视了。西方学者研究家庭传播中的成员关系、家庭类型、家庭间

---

① 蒋涤非：《门“道”——中国之门的社会伦理学诠释》，《华中建筑》2000 年第 2 期。

② 杨昌鸣、徐磊、李湘桔：《门里乾坤——门的文化、心理含义解析》，《天津大学学报（社会科学版）》2004 年第 3 期。

③ 马跃峰、张庆顺：《浅析中国传统之“门”的建筑形式与文化含蕴》，《重庆建筑大学学报》2007 年第 1 期。

④ 吴伟：《光耀门楣：华夏传播对沟通路径的社会学理解》，《东南传播》2019 年第 9 期。

⑤ 吴伟：《光耀门楣：华夏传播对沟通路径的社会学理解》，《东南传播》2019 年第 9 期。

⑥《门的历史》（https://wenku.baidu.com/view/4515e2a70029bd64783e2cc9.html）。

题等内容，未曾关注过“门”这一传播媒介的作用，当然，这可能与门在西方文化历史中所扮演的角色并没有中国这么显著有关。华夏传播学领域中，门文化也是一个比较新的话题，这点从笔者只找到一篇与此有关的文献可以看出。人们终其一生都生活在家庭里，无论是自己的小家庭还是社会这个大家庭，而门作为家庭中连接空间的实体，是人们每天都要接触、穿越的现实存在物，因此，笔者以“门”这一具有重要作用和丰富文化内涵的家庭所有物为切入点，研究华夏家庭传播中的门文化空间，探索“门”这一物质实体到底在家庭传播中扮演着怎样的角色，发挥怎样的作用，力图抛砖引玉，对其他学者开展华夏家庭传播研究起到一定的启发作用。

第二节　门在家庭传播中的功能呈现

沟通隐私管理理论由 Sandra Petronio（2002）提出，是一个探讨人际关系中的“自我表露”与“隐私管理”之间的辩证关系的理论。它包含以下三个方面的内容：第一，个体相信自己拥有对隐私信息的控制权力。第二，个人通过设立隐私边界来管理自己的隐私信息。第三，隐私规则，协商共有与隐私紊乱。①“门”作为家庭中的物理存在部分，对家庭中个人领域和公共领域的边界划分、隐私保护和家庭成员之间的隐私共享起到了不可替代的作用。

在一个家庭里，有沟通家庭内不同领域的门，也有沟通外界社会与家庭内部的大门，门是一个家庭对内、对外交往和沟通的媒介。门对家庭隐私和边界问题的管理，其实就是人们将门作为一个重要的沟通媒介，对家庭内部交流信息和家庭对外部世界传输信息的媒介传递内容进行筛选和管控。麦克卢汉认为“媒介即讯息”，的确，家庭中的门就是讯息本身，它的开闭程度和外观形制无不昭示着家庭成员的分享意愿和整个家庭的内在文化底蕴。

① 曾秀芹、吴海谧、蒋莉：《成人初显期人群的数字媒介家庭沟通与隐私管理：一个扎根理论研究》，《国际新闻界》2018 年第 9 期。

一、区分特定领域：门对家庭内部的作用

中国的社会以及文化背景决定了中国家庭中隐私边界问题的特殊性。中国的传统文化是集体主义的文化，“隐私”和“边界”在中国，特别是在中国家庭中的重要程度历来是受到压抑的①。在这种情况下，门作为一个现实存在的隔绝物，保证了人们在家庭中对自己隐私信息的控制和保护，因为它在现代家庭、古代家族的领域的划分上都起到了严格的设置边界的作用。

（一）现代家庭中特定领域划分

很多父母将孩子看成是自己的附属物，认为“小孩子有什么隐私”，最近热播的电视剧《小欢喜》中，陶虹饰演的控制欲极强的母亲甚至将女儿房间的墙面改成了可视状态，方便随时监督女儿的学习情况，最后将女儿逼到抑郁自杀。由于父母不尊重孩子的隐私导致的家庭问题不胜枚举，夫妻间该不该有隐私的问题也经常被网友们拿出来讨论。

父母、子女的房间由一扇扇门区隔开来，锁上了门，就是对自己当下隐私的最好保护。当然，这种隐私边界是具有可渗透、可调节性的，因为门除了能够隔绝空间，也是两个环境之间的连接物，沟通着两个作用不同、意义不同的陌生空间。“紧闭门”“虚掩门”“半敞门”“大开门”等门的不同的开合方式体现了家庭成员对私有隐私的控制程度，即门的开合程度意味着这种隐私可与家庭成员分享的程度。在家庭中，夫妻双方聊私事的时候，通常会紧闭房门或虚掩房门，不让孩子介入进来，这就是一种对隐私分享程度的控制。

（二）古代家族中特定领域划分

不仅是现代，古代家族中的门对特定领域的区分更加严格。比如在《红楼梦》中，贾府的每个院落划分都非常仔细，每个院落均属于大家族中的某个关系亲密的小家庭，每一层房舍都由门及与门相照拂的其他物理构件作为空间边界，构成了一个相对完整的空间结构。例如，贾母院中前庭的垂花门隔离了中门外的男性世界，这是古代家庭中由于男女性别的差异而进行的区

① 曾秀芹、吴海谧、蒋莉：《成人初显期人群的数字媒介家庭沟通与隐私管理：一个扎根理论研究》，《国际新闻界》2018 年第 9 期。

隔，古代“设男女之大防”，门对男女之间的区分和隔离起到了很好的边界管理作用。仪门作为礼制上的象征性建筑，界定了“前堂”以“礼”为内容的活动空间，是封建礼制的明确显现，比如黛玉进贾府，至仪门前方才下车乘轿，充分显示了仪门在“礼制”活动空间上的边界划分。内仪门是家庭主人私密所属的标志，是府内核心领导人权力中心的起始。[①]

可以看出，门规定了家庭成员的隐私边界，同时也体现了家庭成员对隐私信息的控制程度、主观分享意愿，在家庭内部特定领域的边界管理与划分上有非常重要的作用。

二、维护集体隐私：门对家庭外部的作用

隐私管理理论认为，隐私边界会随着实际情况的变化而变化，但这种变化具有单向性特征，即个人的隐私边界能够扩大为集体的边界，但集体的隐私边界很少能够收缩为单一的个人隐私边界。个人隐私边界一旦扩大成为集体的隐私边界，隐私信息就由原有的个人拥有成为集体中各方主体共有。[②]家庭中成员的信息共有并不意味着每一个信息都是已知的，但是保护共有信息就成为所有已知信息方的共同责任。[③]

门是每家每户通向外界的物理媒介，它将一群具有亲密关系的人圈定在一起，将这群人与外界其他人区分开来，这群人也就形成了一个名为“家庭”的集体。人们常说“一家一户”，大门与墙将每个家庭圈隔起来，分离开一个又一个的家庭集体。依据上文提到的隐私管理理论，这也就意味着一个家庭集体是“荣辱与共”的关系，家庭内某个人隐私的对外暴露都会关系到一个家庭的声誉。

家门一体，门体现了家庭成员对集体隐私的保护，对身为此家庭成员的高度身份认同和高度的集体荣誉感。人们常说的“家丑不可外扬”就是这个道理。家庭里的丑事，家门里说说就可以，出了大门到了外面就要守口如瓶，

---

① 张世君：《红楼门的叙事视角》，《红楼梦学刊》2000 年第 1 期。

② 行红芳：《隐私管理理论及对我国的启示》，《郑州轻工业学院学报（社会科学版）》2016 年 4/5 期。

③ 行红芳：《隐私管理理论及对我国的启示》，《郑州轻工业学院学报（社会科学版）》2016 年 4/5 期。

共同守护可能影响家庭声誉的集体隐私。门在此时的现实作用就是家庭集体与外界的分界线，关上门来说话，隔绝开每家每户的门将共有隐私圈定在一个固定的范围内，阻隔传播，起到维护集体隐私和家庭面子的作用，当然，此时的门也是可以打开沟通的，其打开程度由家庭成员的对外分享意愿和分享行为所决定。

第三节　门在家庭传播中的虚拟表征

符号学由皮尔斯提出，他认为一个完整的符号由对象、表象和解释项三部分组成，由此其符号学由三个分支构成：第一个分支是符号语法，讨论符号表象自身，即符号的形式条件；第二个分支是批评逻辑，讨论符号与其对象间的关系，即符号为真的形式条件；第三个分支就是一般修辞，讨论符号与其解释项之间的关系，即获得真理的形式条件。[①] 在皮尔斯符号学体系中，符号意义的传播一直是其理论关注的重点。皮尔斯念兹在兹的传播学问题，实际上就是人如何利用符号交流意义、分享意义，并由此建立意义的共同体。[②] 中国传统家庭中的门，作为一种符号，与家庭成员的等级地位和家族的声望荣誉联系起来。经过漫长的历史洗礼，门的符号意义被人们心照不宣地共同认可，并且遵循这种符号建立起来的规则，门的象征意义得以传播并建立起来。“门在象征里不再是一个普通的语词，而是一个无限丰富的世界。”[③]

一、门在家庭内部的虚拟意义：象征家庭成员的等级地位

儒家礼制强调严格的尊卑、长幼有序的宗法等级观念，“名位不同，礼亦异数”（《左传・庄公・庄公十八年》）。在古代中国，“门”某种意义上就是这种严格的等级制度在人与家庭关系上的体现，可以说是“名位不同，门亦异数”。门作为一个符号，其在此所承载的符号意义就是家庭成员的等级地位。

（一）门圈定各等级成员的院落空间

《红楼梦》作为四大名著之一，其内容生动翔实地反映了清朝当时的社

---

① 颜青：《皮尔斯符号传播理论研究》，《俄罗斯文艺》2014 年第 2 期。

② 赵星植：《论皮尔斯符号学中的传播学思想》，《国际新闻界》2017 年第 6 期。

③ 傅道彬：《门：一个语词的诗学批评》，《北方论丛》1994 年第 3 期。

会现状，被誉为“中国封建社会的百科全书”。曹雪芹细腻的文笔中不乏关于门的描述，人物的走动、故事情节的发生无不需要“门”来充当媒介，仪门、垂花门、角门……门构成了贾府院落建筑的外观形制，也象征着贾氏家族等级分明的家庭秩序。例如贾府中由门与其他和门相关的物理建筑构成的院落，同院主人的家族地位是相当的，如贾母院是三进四合院，王夫人院是“前堂后室”的院子，凤姐院是“小小一所房室”，三春住在“三间小抱厦”内[①]，门圈定了不同等级的家族成员所拥有的空间和房屋样式。

（二）门的开阖显示各等级成员地位

元妃省亲与黛玉初入贾府也是一个很好的对比案例，生动地说明了门所代表的古代家庭成员的地位等级。黛玉初入贾府时，“却不进正门，只进了西边角门”；而元妃省亲时，描述大不相同，“那版舆抬进大门，入仪门往东去，到一所院落门前，有执拂太监跪请下舆更衣”，正门、仪门，元妃省亲时的阵仗远大于黛玉归府，其中的原因很多，但最显著的原因，无疑是二人的地位差距了。元妃是皇帝的妃子，代表的是皇族的身份，她的地位等级是整个贾府中最高的，因此自然开正门迎接；而黛玉只是一介外戚、女眷，自然不必大开正门，只需悄悄从角门进入即可。以及之后的刘姥姥进贾府，虽然她也算贾府的半个亲戚，但是她这种落魄的穷亲戚连走侧门的资格也没有，是从后门进的。

“既然符号作为交流的媒介，那么每个行为者都必然可以成为一个符号。”[②]由此可以看到，门的符号意义的建构，是每一个行为者之间的相互传输共同解释达成的合意，并且身为符号的个体也遵循着其他符号建立的规则。不同形制的门的开阖之间，鲜明地显示了古代家族中家庭成员的等级地位的差距。

---

① 陈梦盈：《浅析〈红楼梦〉中的“门”对于文本叙事的作用》，《长春师范大学学报》2016第1期。

② C.S.Peirce, V.W.Welby, *Semiotics and significs: the correspondence between C.S. Peirce and Victoria Lady Welby*, Bloomington and Indianapolis: Indiana University Press, 1977.

二、门对家庭外部的虚拟意义：象征家族荣誉和群体面子

Spencer-Oatey 认为面子研究涉及自我呈现、身份构建、敏感因素等概念，故可以从个体、关系和集体层面解析面子。对于中国人来说，面子是一种受人尊重并被社会认可的个人形象。个人的面子不仅与当事人有关，也和其亲戚、朋友、同事甚至是所在群体有关。群体面子在中国文化中也很常见，它指的是个人常常会因为自己所属群体或群体中某一其他成员的属性和特征而获得的面子。[①] 在家庭关系中，群体面子表现得尤为明显，它是整个家庭对外部世界的自我彰显和身份显露，影响着家庭在外界的口碑和声誉。门作为家庭中首先对外展示、人们一眼即可望见的物理存在，在群体面子的体现中尤为重要，它象征着家族的荣誉和声望，影响着家庭形象的传播。

（一）门对古代家族的虚拟意义

每个家庭都有一个相对稳固的传播机制……蕴含家庭价值理念的传播机制是隐形的彼此共同遵守的传播模式，它规约了每个家庭成员在“家”这个共同的传播空间中扮演了何种角色。[②] 古代在光宗耀祖、扬名万里的家庭价值观念的驱使下，寒门子弟的任务就是考中科举，状元及第，为家族争光。

古人常说“光耀门楣”，门楣就是门框上端的横梁，具有支撑门户的作用，可以挂门匾、署门额[③]，门楣悬挂在大门上方，因此非常醒目，是古代家庭面子的集中体现。古代只有朝廷官吏所居府邸才能在正门之上标示门楣，一般平民百姓是不准有门楣的[④]，哪怕你是大户人家，富甲一方，没有官面上的身份，也一样不能在宅门上标示门楣。这也是古代科举制如此兴盛的原因之一，平民子弟拼命读书参加科举，寒窗苦读以求得一官半职来“光耀门楣”，为家族争得荣誉。对于一些贫寒子弟来说，参加科举制，获得皇上的门楣题字来增添家族荣光，是他们出人头地、为家族做贡献的唯一方式。范进中举、孔乙己的故事等虽然表现的是封建科举制度对读书人的毒害，但也从侧面反映了“一人荣，

① 曾辰：《身份认同视角下对中国文化中面子的重新理解——对电视剧〈都市外乡人〉的个案研究》，《内蒙古农业大学学报（社会科学版）》2012 年第 2 期。

② 杨席珍：《家庭传播刍议》，《新闻传播》2015 年第 12 期。

③ 吴伟：《光耀门楣：华夏传播对沟通路径的社会学理解》，《东南传播》2019 年第 9 期。

④ 任丽芬、李文红：《中国传统建筑的门元素研究》，《艺术百家》2013 第 S2 期。

全家荣”的社会现实，体现出“光耀门楣”在古代对读书人的重要性。因此，门在古代是家族荣誉的外在体现，是家族声望与群体面子的载体，是让家族形象传播出去的最显眼、最直观的方式。

（二）门对现代家庭的虚拟意义

“一个命题可以翻译为无数的形式，哪一个才是它真正的意义？依据实用主义原则，它是那个形式，以这个形式命题适用于人类行为……这个形式最直接地适用于自我控制……”[①]门所包含的面子意义，经过数百年的历史打磨，到了现代，不再像古代那样“形式主义”，而是更加实用，更加适用于人类的现实生活。也就是说，现代的门在家族荣誉的显现上不再如古代那样明显而具体，不过，现代家庭在大门的形制和要求上同样不乏群体面子的体现。比如很多家庭在装修时，在大门的颜色、形制挑选上，都讲究大门要气派、雄伟，这并非不是一个家庭的气度和文化的体现，某种程度上也承载着现代家庭的荣誉与面子。这也是现在各种类型样式的大门层出不穷的内在原因和动力，人们对家庭面子和荣誉呈现的需求催生了一批批形制不同的大门的出现。

从古代到现代，家庭传播机制在传播的过程中不断地自我调适，以适应内部结构调整和外部环境变化带来的影响。[②]这种自我的调整适应最直观地表现在大门上，古代强调“浮夸”的门楣以示家族的光辉荣耀，而到了现在，强调低调奢华有内涵的门面装饰以显示家族气质与文化，这无疑是一种家庭传播机制变化的显现。

综上所述，门里乾坤，小小的一扇门里是一个朝代的历史，一个家族的历史，一个华夏的历史。门文化与人类族群同生，与华夏历史同生，经过漫长的历史洗礼，不仅没有消失，反而随着时代的发展而越发丰富，体现出每个时代的人文特点与历史变迁，也体现出身处于那个时代中的大家族和小家庭的特点。

---

① Charles S. Peirce, *Collected Papers of Charles Sanders Peirce*, Vols. I–VI, Ed. C. Hartshorne and P. Wiss, Vols. VII–VIII, Ed. Arthur W. Burks, Cambridge, Massachusetts: Harvard University Press.1958, pp.1931–1935.

② 杨席珍:《家庭传播刍议》,《新闻传播》2015 年第 12 期。

门为我们构筑外部世界，也构筑丰富而精彩的意义世界和精神世界。现代社会中小家庭的门文化更趋向于构筑平等、和谐的家庭内部成员关系，体现家门一体的家庭群体面子和强烈的家庭凝聚力、身份认同感。无可否认的是，随着时代的变化，家庭模式、类型的变化，门文化也一定会随之发生变化。至于其将如何变化、调整以适应家庭的变化，仍然是我们亟待观望与探索的内容。

（唐　浩　谢清果）

第十四章 “斗拱”模型：家谱编撰的华夏仪式传播观

家庭传播是近年国内传播的新领域。本章以历史文化的视角关注华夏家庭传播中的家庭仪式。以家谱编撰为切入点，结合詹姆斯·凯瑞的仪式观和麦奎尔的仪式传播模式进行传播学分析。在探讨中西方传播仪式差异的基础上，搭建华夏家庭仪式传播的“斗拱”模型。并延续家国同构观念，寻找“斗拱”模型更广的适用性；探讨家庭仪式传播在当今中国社会的作用及发展方向。

第一节 华夏家庭传播与家谱研究的意义与现状

家庭传播研究关注家庭关系和内部的信息交换，是传播学的新兴分支之一。在美国，家庭传播研究近30年才被作为传播学的一个分支受到广泛认可，目前已经形成了一定的学术体系。它从人际传播与群体传播中剥离，并综合了社会学、心理学、家庭学的相关成果。[①] 有关研究大致围绕着家庭发展时间轴、家庭类型、家庭成员关系、家庭生活过程和家庭问题研究这几个方面。[②]

而在我国，家庭传播研究尚在起步阶段，成果较分散，尚未形成体系和

① 朱秀凌：《家庭传播研究的逻辑起点、历史演进和发展路径》，《国际新闻界》2018年第9期。

② 杨席珍：《家庭传播刍议》，《新闻传播》2015年第6期。

学术共同体。[①] 从研究布局来看，关注宏观家庭现象较多，聚焦家庭内部较少；从研究内容和方法上看，偏向研究传播过程，多采用田野调查、深度访谈、调查问卷等方式；从当前成果看，研究者关注新媒体和当代家庭，将家庭传播研究与微信、社交网络等结合。以上趋势紧随时代，但存在问题：一是对中国古代家庭的挖掘不够；二是对我国家庭传播思想提炼不足，总体上看，缺少“历史文化”角度。

家庭传播作为新兴分支需要发展时间，同时要意识到，从历史文化角度出发的“华夏家庭仪式传播”将是一大研究方向。仪式观的概念由詹姆斯·凯瑞提出，并在之后被麦奎尔延伸为传播的仪式模式，在此简称为仪式传播，作为一种传播研究的文化视角，仪式传播将传播与仪式的界限打破，关注“传播的文化功能”和“仪式的传播功能”。基于此，华夏就成为有潜力和价值的研究对象。最突出的是从家庭结构看，中国传统大家族与西方家庭有很大的结构差异，家庭活动丰富，既能与西方提出的仪式传播对照，也能与其区分。此外，众多的华夏家庭活动大都以传统儒家文化为内在支撑，有可能从中提炼共通的传播思想，并加以推广呈现。当前本土化的家庭仪式传播研究不多，有的做出概说[②]，有的是基于社会学而非传播学角度[③]，有的虽是用仪式观关注家庭内部活动，但其聚焦的家庭或偏现代，或是活动尚不够有代表性[④]，总体上缺少对代表性传统活动的聚焦和传播模式的提炼。

综上，本章将关注华夏家庭仪式，并以家谱编撰为切入点进行传播学领域的研究。不同于西方“家族树”或家族传记，家谱图文并茂，在民家家庭内不断生长，成为一门学问“谱学”。其编撰自宋代兴盛延续至今[⑤]，历史悠久，具中国特色，一直受史学关注，已有了丰富的研究成果。除一些进行完整通述的专著外，我国当代的家谱研究主要关注几个层面，一是将家谱作为

---

① 朱秀凌：《家庭传播研究的逻辑起点、历史演进和发展路径》，《国际新闻界》2018 年第 9 期。

② 杨立川：《论家庭仪式传播的意识形态作用及其特征》，《中国地质大学学报（社会科学版）》2015 年第 4 期。

③ 许迪：《家庭仪式的情感社会学解读》，西南大学硕士学位论文，2013 年。

④ 任玺言：《浅析民俗皮影戏中的家庭仪式传播内容》，《西部学刊》2016 年第 14 期。

⑤ 王鹤鸣：《中国家谱通论》，上海古籍出版社 2010 年版，第 2—15 页。

史料，研究其记载的人物及其事迹；二是研究家谱的结构、编撰过程和历代的谱学家思想；三是探究家谱的当代意义；四是对家谱文化意义的挖掘，例如家谱与家族认同、教化、家族文化传承的关系等等。

家谱研究已有文化视角，但不是严格的传播学意义解读，更无与仪式传播的结合和模型提炼。本文基于家谱的文化底蕴和历史研究基础，将从传播学视角出发，将家谱编撰作为仪式传播进行过程和效果分析，并以其为蓝本建立传播模型，关注重点将是家谱编撰的仪式形式，而非内容。这一研究目的有三：一在挖掘，探究家谱编撰的仪式传播特点和其与华夏家庭建构的联系，以期提供家谱研究的新角度，并填补国内华夏家庭传播研究的缺憾；二在提炼，基于东西仪式差异和家谱编撰仪式的传播特点，总结独属华夏家庭的“斗拱”模型；三在深化，试探讨“斗拱”模型的适用性和对当代家庭的启发意义。

从仪式角度看，家谱编撰的流程可大致分为三个步骤：一是仪式的准备，即家谱编撰机构的建立、资金的募集和家庭资料的收集；二是仪式的进行，即按固定格式将资料整理呈现为最终的家谱；三是仪式的收尾，即将编撰好的家谱供入宗祠，并举行庆祝的祭谱仪式。本章的分析就依托这三个步骤展开。

第二节　家谱编撰作为仪式传播强化家庭关系

詹姆斯·凯瑞在《作为文化的传播》中将传播分为“传递的”和“仪式的”，并称，传递观下的传播侧重在一定地域内信息传送的意义，而仪式观下的传播侧重参与者的共同身份和其过程本身的意义。[①] 延续凯瑞的观点，麦奎尔对仪式传播做出了较完整的概述。他将其称为“传播的仪式或展现模式”，并认为仪式或者表达的传播的特点是以共同的理解和情感为基础和非功利的，常常含有“表演成分”，相对持久和稳定，影响社会关系。其中的符号

① 〔美〕詹姆斯·W.凯瑞：《作为文化的传播：“媒介与社会”论文集》，丁未译，华夏出版社2005年版，第7页。

和联想是潜在的和模棱两可的，来自“文化”本身。①简而言之，仪式传播模式下，符号与文化，即媒介与信息相互依存，难以分开。

在此观念下，我国的不少家庭活动也在这个角度下都可以看作“家庭仪式传播”。学者杨立川也从这一角度出发对我国的家庭仪式传播进行了界定，称其主要包括了民间节日传播、人生礼仪传播和日常生活中的其他传播仪式。②

在不断的传承中，我国的家谱编撰已成为重要家庭活动，对参与的人员，编撰的程序、体例都做了一定要求，亦是家庭仪式传播的一种。将其看作传播，家谱是可类比书籍的传播媒介。而将其看作仪式，正如詹姆斯仪式观下对新闻作用的阐述：人们虽然没有学到新东西，但特定的世界观得到了描述和强化。③家庭成员也是在家谱编撰仪式传播中共同完成了符号建构和关系建构。

具体分析时，我们以仪式观为研究视角，延续麦奎尔的仪式传播模式，将实体家谱看作媒介和符号，从仪式传播的符号与效果两个层面分析，总结出身份认同、行为准则、理想境界三个层面。

一、身份认同：对家庭成员身份的强化

私家家谱编撰局限于家庭内部。修谱时首要选出主持者，并成立临时性机构，主持者首选负有名望的家庭成员，例如官员或族长，极少数会聘请外儒，参与者为本族人。相关资料由家庭成员收集整理并上交，统一编修；资金取自家产收益，或由各成员分摊认领。④从以上可以看出，无论家庭成员对修谱活动持何种态度，都不得不以直接或间接的方式参与其中。只有个例，如严重违反家规的成员不予入谱，外姓养子也不许入正谱。

---

① 〔英〕丹尼斯·麦奎尔：《麦奎尔大众传播理论》，崔保国、李琨译，清华大学出版社 2010 年版，第 57—58 页。

② 杨立川：《论家庭仪式传播的意识形态作用及其特征》，《中国地质大学学报（社会科学版）》2015 年第 4 期。

③ 〔美〕詹姆斯·W. 凯瑞：《作为文化的传播：“媒介与社会”论文集》，丁未译，华夏出版社 2005 年版，第 9 页。

④ 徐建华：《中国的家谱》，百花文艺出版社 2010 年版，第 91—95 页。

以上所述的信息收集和机构设立过程体现了仪式传播之中信息传递和媒介符号构建成型的过程。仪式观下，符号形成过程对成员关系构建的一大效果即为对家庭身份认同的强化。成员既是符号的构建者，也是接受者，其中家庭成员身份作为贯穿其中的观念，具有关键意义。

首先，家庭成员身份作为门槛对仪式的参与者作出限定。其次，在整个编撰仪式中，家庭成员不但有责任的承担，也有权利的享有，而成员身份是贯穿“责”与“权”，即“构建”与“接受”符号的关键因素。编撰仪式前期的资料整理和资金缴纳属于家庭成员主动或被动的责任承担，这些责任都提醒着成员的家庭成员身份。而在后期的编撰中，成员被编撰入谱，并随家谱被供入祠堂，同整个家庭一起享受子孙供奉，这一过程则意味着家庭成员身份带来的荫蔽和荣誉的传承，即符号及其构建权力的享有。不能参与家谱编撰，即“不予入谱”或除名，换言之就是对家庭成员身份和符号构建资格的剥夺。这种身份剥夺是从反面，以警告的方式告诉成员：家谱编撰仪式带有家庭认可和归属的意味。这都使“家庭成员身份”进一步从“参与仪式的门槛”上升为符号构建权力和家庭内部认可，最终使得参与仪式的成员加强自身对家庭身份的认同。

二、行为准则：对伦理与尊亲孝亲的强化

不同于上一部分提到的信息收集，家庭伦理道德是作为媒介和文化符号构建的原则与目的存在的。从仪式传播角度看，实体家谱在编撰时将这一观念包含其中，通过具象化的符号家谱图和家谱本身完成了对其的强化。

我国家庭伦理道德根植于儒家伦理道德，即纲常关系和尊亲孝亲。关于伦理关系，谱学家已有阐述，章学诚提出了家谱的十大效用，其中“……昭穆亲疏，秩然有序……”[①]体现出家谱明辨血缘和伦理秩序的作用。实际上家谱的形式本身就是对伦理的诠释。儒家思想反映在家庭为“父为子纲，夫为妻纲”的夫妻、父子关系和“兄道友，弟道恭”（《弟子规》）的兄弟关系。具

---

① 章学诚：《章学诚遗书》卷二四《族望表叙列》，转引自王鹤鸣《中国家谱通论》，上海古籍出版社2010年版，第202页。

像化后的符号是家谱图。家谱图的主要内容——“世系”形式为图表[①]，将三大伦理关系清晰呈现，比语言更为直观。用今天的话说就是对家庭伦理关系的“可视化”，家庭成员在编撰中受的冲击可想而知。

而在道德方面，且不论家谱中的内容本就包含家庭伦理道德[②]，只看仪式本身，家谱编撰仪式更是“孝亲”“尊亲”的要求。欧阳修在《衡阳渔溪王氏谱序》中提出“余惟谱族之作，所以推其本，联其枝，而尊尊亲亲之道存焉”[③]，强调了家谱编撰的尊亲目的。到了明代，谱学家陈图也表示“故家之有谱，乃以使人了然于目而兴尊亲之怀也”[④]，意为家谱编撰能引起家庭成员的尊亲之心。类似表述大量出现在古代家谱的序言中，具体用语各不相同，但大都体现出一点，即在中国传统社会，家谱编撰本身作为一种符号，就是孝亲和尊亲的象征。反之，不进行家谱编撰就会受到批判，如理学家朱熹所说：“三代不修谱，为不孝。”[⑤]朱熹将长期不编撰家谱上升为“不孝”的道德高度。强调“修”这一动作和“孝”，这亦明确了两点：一是对“孝亲”“尊亲”的教化是家谱编撰仪式的一大目的；二是家谱编撰仪式是“孝亲”的必然要求。以上仅是观念上的倡导，从结果上看，家谱编撰仪式的道德强化效果也得到了佐证。历史上家谱编撰自宋到明清日益鼎盛，受到官方认可，就是对其道德教化效果的侧面肯定。当代亦有学者以徽州家谱为例，从社会控制角度肯定了家谱编撰的道德教化和规训功能。[⑥]

三、理想境界：对家和观念的强化

我国传统家庭观念根植于儒家思想，所谓“礼之用，和为贵”（《论语·学而第一》），落实到家庭层面，即为对家庭和谐的追求。家谱编撰作为

① 徐建华：《中国的家谱》，百花文艺出版社2010年版，第46页。

② 刘秋美、王芳：《彭城堂侗族〈刘氏族谱〉的教育价值》，《教育文化论坛》2015年第2期。

③ 欧阳修：《衡阳渔溪王氏谱序》，转引自王鹤鸣《中国家谱通论》，上海古籍出版社2010年版，第116页。

④ 陈图：《陈氏家谱序》，转引自王鹤鸣《中国家谱通论》，上海古籍出版社2010年版，第117页。

⑤ 朱熹：《诸说》，转引自王鹤鸣《中国家谱通论》，上海古籍出版社2010年版，第129页。

⑥ 陈瑞：《明清时期徽州族谱的控制功能》，《安徽大学学报（哲学社会科学版）》2007年第1期。

家庭传播仪式，亦强化了该观念。明代郑先民在谱序中谈道："族谱之役，原以维涣散之人心，使之固本溯源。"[①] 其中可解读出两层意思，一为中国传统大家庭存在成员关系"涣散"的情况，二为家谱编撰被赋予了拉进家庭关系的期望。万历十一年孔府也曾颁祖训，提到"谱牒之设，正所以联同支而亲一本。勿宜父慈、子孝、兄友、弟恭，雍睦一堂，方不愧为圣裔"[②]。可见孔家后代继承了儒家对举家和睦的推崇，并希望通过家谱编撰达到成员亲近"雍睦"的目的。

为践行家和思想，家谱编撰仪式内存在具有加强成员关系作用的程序。从仪式传播的符号和效果层面看，这些程序为媒介与文化符号的集合和集中展现提供了场合。其对受众产生的效果也是之前文化观念的集中和升华——将家庭身份与孝亲尊亲结合，达成对家和观念的强化。

在编撰的收尾部分较为突出。家谱的刻印被看作一件大事，相关庆典称为"祭谱"。祭谱活动择吉日在家族祠堂摆酒庆祝，有时还要请来戏班唱戏。[③] 显然，祭谱的本质是一种全家的娱乐庆典，本身并没有直接的信息传递。但家谱这一重要媒介和文化符号是这一过程的中心，举家庆典为成员提供了沟通感情的机会和场合，娱乐活动也营造了轻松和乐的氛围。该庆典具有"总结整合"性质，作为家谱编撰仪式的最后一步，身处其中的家庭成员能更彻底地明确自身在整个家庭中的定位以及和其他成员的血缘联结。这种情感的唤起对家庭和睦有极大的促进作用。

综上所述，家谱编撰作为一种家庭仪式传播，从认同到行动到效果，对传统家庭关系完成了三个层面的描述与强化。家庭成员身份强化促进身份认同，伦理道德强化导向行为准则，家和观念强化体现了理想境界，这三者是家庭仪式传播意义的关键，也是后文中构建华夏家庭仪式模型的重要元素。

---

① 郑先民:《汪氏族谱序》，转引自王鹤鸣《中国家谱通论》，上海古籍出版社 2010 年版，第 117 页。

② 徐建华:《中国的家谱》，百花文艺出版社 2010 年版，第 77 页。

③ 徐建华:《中国的家谱》，百花文艺出版社 2010 年版，第 93 页。

第三节 从家谱编撰到家庭仪式传播的“斗拱”模型

对家谱编撰过程中的仪式传播的符号和效果进行提炼分析后，我们发现家谱编撰中贯穿的三个重要文化元素根植于中国传统文化，并作为一种“共性”在华夏家庭传播的各种具象化符号中广泛存在。为进一步发掘华夏家庭仪式的特色，提炼传播模式，我们将中西所提到的仪式观念进行对比分析，对华夏文化下的西方理论进行本土化的运用和区分，找出华夏家庭仪式的个性后，以这三个元素为主体，进行各元素之间的关系梳理和模型搭建。

一、仪式传播中“仪式之喻”的中西差异

在西方，詹姆斯·凯瑞的仪式观并非将仪式与传播观念进行联系思考的个例。约翰·彼得斯在《对空言说》中将传播分为“对话”与“撒播”两种模式。“对话”重信息交换，而“撒播”重自由分享。彼得斯认为依托“对话”无法弥合交流的鸿沟，而要解决这一问题，要采用“撒播”观念和得体的姿态，直接以构建美好为目的。① 与詹姆斯·凯瑞的“仪式观”相对照，二者都弱化了信息本身，强调传播的形式和理念。彼得斯阐述“撒播的交流”时，也用到了詹姆斯在“仪式观”中提到的比喻——以福音的撒播为代表的宗教仪式。从中可以发现，“仪式之喻”作为桥梁联通了两种学说，“仪式”的形式被看作一种趋于理想，构建认同的传播活动。

然而，当我们把西方的仪式概念带入华夏家庭，却不难发现有不匹配之处。这根本上源于中西方文化下仪式的差异。首先，西方仪式之喻源于宗教仪式，根基为基督教信仰，带有浓厚的宗教色彩，但华夏家庭无精神层面的普遍宗教根基，是以行动层面的儒家伦理道德代之；其次，西方仪式之喻侧重广泛的个体对群体的抽象认同，跳过了“社会里的家庭”这一中级单位，而华夏家庭仪式最突出的就是家庭的凝聚；再次，西方仪式之喻中仍有发起者与参与者之差，这和华夏家庭仪式中“共襄盛举，各司其职”有所不同。以家谱编撰为例，虽然有主持机构，但成员差异多体现在

① 〔美〕约翰·杜翰姆·彼得斯：《对空言说》，邓建国译，上海译文出版社 2017 年版，第 34—51 页。

具体分工，非神职与信徒的本质的身份之别。总的来说，西方仪式侧重宗教符号对参与者的精神感召，华夏家庭仪式侧重伦理道德和身份认同对参与者的行为感召。

因此，西方仪式之喻阐发的仪式传播模式必然无法直接移植到华夏家庭仪式传播中。这种“水土不服”在模型构建阶段体现得更为明显直观。西方学者麦奎尔和温德尔曾基于詹姆斯·凯瑞的仪式观构建仪式传播模型——“圣诞树”模型。

“圣诞树”模型直观而简单。模型本身就是一个具有文化意涵的图案。从模型的主体来看，模型主要部分是一棵圣诞树，圣诞树常用于基督教文化的圣诞节之中，在这里选取代表性的节日来代指基督教文化。此外以许多蜡烛点缀于圣诞树枝头，表示的是圣诞节的“庆典”性质。全图没有文字性描述，也不通过任何指示图形表示其和人与符号的具体关系，仅有符号本身。他们解释称：圣诞树在此处的象征是普遍接受和理解的欢乐，以及喜庆和伙伴[①]。

但圣诞树作为基督教符号不具有推广的广泛性[②],不能为华夏家庭所内化。此外，该模型过于简单抽象，强调了文化符号对参与者的精神象征意义，但无法体现华夏家庭仪式中成员的高度参与和贯穿其中的儒家伦理道德内核。具体到家谱编撰仪式更是如此。因此，我们有必要构建华夏家庭仪式传播的新模型，作为属于华夏家庭的“仪式之喻”。

二、华夏家庭仪式传播的“斗拱”模型

通过分析家谱编撰提炼出的关键元素——身份认同、伦理与尊亲孝亲、家和观念，将是该模型的必要元素和支撑。考虑到中国自古的“家国同构”观念，模型亦要放到传统社会的大环境中。因此，众多小家的“家和”理想最终要汇聚并撑起“国兴”的社会理想，伦理与尊亲孝亲亦扩展为儒家伦理道德。

---

① 〔英〕丹尼斯·麦奎尔、〔瑞典〕斯文·温德尔：《大众传播模式论》，祝建华译，上海译文出版社2008年版，第50页。

② 谌湘闽：《詹姆斯·W.凯瑞传播仪式观研究》，中南大学硕士学位论文，2013年。

由此我们可以初步构建家谱编撰——华夏家庭仪式传播模型。该模型的大环境为传统社会，最大单位是“国”，最小单位为个体。在个人与家庭层面，个体被成员身份所约束，在身份认同的影响下共同举办家庭仪式，在家庭中进一步强化“尊亲孝亲”观念。在家与国层面，家和理想境界的达成是对国家兴旺的基本支持。总体来看，“家和”是国对家的要求，“尊亲孝亲”是家对个人的要求，二者都是儒家伦理道德准则的一部分。从人到家再到国，儒家伦理道德贯穿其中，感召每个小单位以实际行动完成对上层单位的支撑。家庭仪式作为“人”与“家”两个单位的纽带，对家庭单位的建构发挥了极大的强化作用。

有感于中国文化“举国同庆”“举家欢腾”“共襄盛举”的描述彰显出家国情怀。“举”字有举办之意，有“全”之意，也是对“支撑”这一动作的形象表达，正好可以完整、形象地体现家庭仪式中成员共同参与、支撑的状态。因此，我们将从家谱编撰仪式中提炼的家庭仪式模型称为“斗拱”模型（图 14-1）。

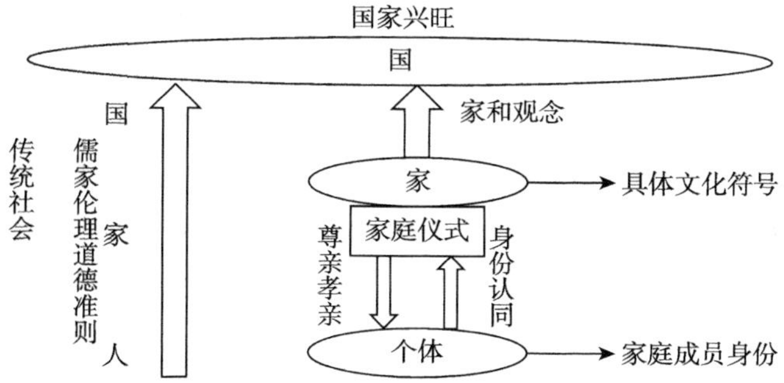

图 14-1 家谱编撰——华夏家庭仪式“斗拱”模型

相对于前文中已经详细介绍过的“圣诞树”模型，该模型针对华夏家庭仪式传播设计。其一，不同于圣诞树模型的符号主体，该模型没有使用具体符号，而是以图形加文字标示的方式代之。形态上去除了圣诞树带有的基督教文化。而图形呈倒三角状，通过由个人到国家概念的一步步扩大，体现个体对家庭、家庭对国家的支撑意味。且形似中国传统建筑中的“斗拱”。其二，不同于圣诞树模型的抽象，该模型弥补了人与符号、文化的关系的缺失，明确了传统社会中，儒家伦理道德作为一种行为准则对国家上下的贯穿和引领。其三，该模型增加了指向性图示，以双向的箭头突出参与个体与仪式之间的互动，更能体现中国仪式中参与者的“行动”特色。

“斗拱”模型的核心元素最初虽然脱胎于对家谱编撰活动的总结提炼，但其适用情境并不止于家谱编撰活动。多数家庭共同参与的仪式都建立在儒家伦理道德准则之下，不变的是对家和的推崇。而中国人自古以来重视家庭，提倡集体主义的传统，也使得家庭身份的凝聚成为多数家庭仪式的共同主题。因此，“斗拱”模型的搭建思路和采用的三个元素是华夏家庭活动共通的。它不只是对家谱编撰这一个家庭仪式的诠释，它亦为其他华夏家庭活动的仪式观提供了较为全面的分析框架，侧面体现了中华文化系统下各类文化活动的共通性。

当然，本模型也存在缺憾。首先，在婚丧嫁娶等各类的习俗中，家族仪式虽然都起到家族凝聚的作用，也都有“家和”理想蕴含其中，但不同仪式对三个观念有一定侧重，强化的强弱程度各不相同。该模型在针对部分较为具体或特殊的家庭仪式进行分析时显得不够细致，灵活度不足。例如在丧葬仪式中，侧重强调的是对失去亲人的哀敬，而家和与身份认同的强化则相对偏弱。其次，碍于图示表达的局限，该模型无法将具象化的特定图腾和符号嵌入，尚不能激发观者对传统文化和仪式的直观联想。再次，虽然在传统社会家庭仪式作为文化活动和传播活动较为普遍，但多存在于宗法大家庭。仍有部分家庭没有条件参与到这一活动当中，而是以其他形式进行着家庭关系的维系。

综上，本模型是对华夏家庭仪式传播共性的大体概括，基本呈现了家庭传播仪式的三个层面和三个关系，但仍有待细化和完善。

第四节　“斗拱”传播模型的启发与现实意义

总结出“斗拱”模型尚不是本次研究的终点。横向看，需要将华夏家庭仪式传播与华夏仪式传播研究，乃至华夏传播研究相关联，寻求对“斗拱”模型的推广；从纵向看，我们有必要借由对古代文化现象的研究总结其思路，以传统文化涵养今天的社会，使其有助于当今社会观念的引导，促进家庭到国家的凝聚。

一、家国同构下的从“举家”到“举国”

延续上文的思路，“斗拱”模型或能通过变形上升到国家意识层面。萌生这一考虑的原因有二：一是，从中国文化本身的“家国同构”观念看，儒家的家国观中也把血缘关系的处理原则延伸为社会关系的处理原则①。正如《礼记》中所说，“欲治于其国，先齐其家”（《礼记·大学》），传统的“三纲”中也将“君为臣纲”“父为子纲”“夫为妻纲”三者并列，即是表现了家国关系和家庭关系构建的相通性。二是，从研究思路看，本文搭建“斗拱”模型的出发点是填补华夏家庭传播研究的缺憾。但如果将重点从“家庭”转为“仪式”，华夏国家仪式就成为不可忽视的话题。有学者认为：国家仪式普遍存在于政治活动，能彰显民族价值观念，强化民族身份归属，增强民族认同和文化认同，是民族国家形态承续的重要载体。② 该观点出自中国政治和马克思主义中国化相关研究，但其表述中的“民族认同”“文化认同”与家庭仪式中的“家庭身份认同”和“孝亲尊亲”不谋而合，显示出极高的相似性。因此，此处依“家国同构”思路，试以相同结构搭建国家仪式传播模型（图 14–2）。

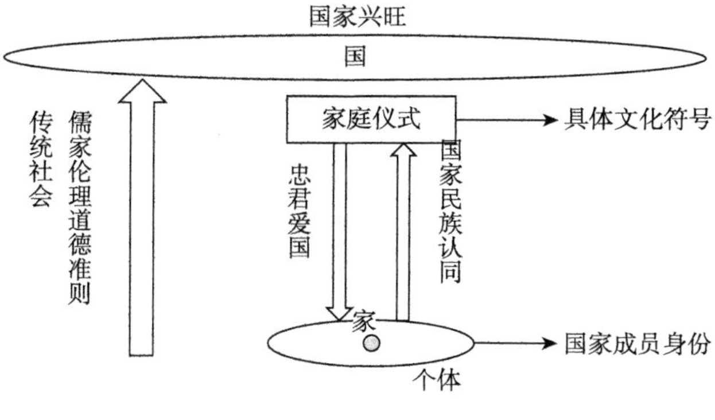

图 14–2　华夏国家仪式“斗拱”模型

① 舒敏华：《“家国同构”观念的形成、实质及其影响》，《北华大学学报（社会科学版）》2003 年第 2 期。

② 马蕾：《符号—信仰：以国家仪式为载体的政治认同》，《云南行政学院学报》2019 年第 5 期。

本模型脱胎于家庭仪式传播的“斗拱”模型。在家庭“斗拱”模型中，个人与家之间借由仪式传播完成的互动体现较为详细。但在体现国家仪式的模型中，为突出展开国借由国家仪式与家庭和个体的互动，将个人与家庭间的互动省略，并将国与家压缩到一个层级。同时，为使“身份认同”转化为“国家民族认同”，国家“斗拱”模型将儒家伦理道德中“孝亲尊亲”的部分扩展为“忠君爱国”。不变的是，国与家的“斗拱”模型都以传统社会为背景，以儒家伦理道德为贯穿其中的精神支撑。

该模型目前仅是出于中国文化传承性与共通性的初步思考，并未结合史料进行详尽的分析，且以仪式为主体，省略了政治制度在家国关系构建中的重要作用。因此有偏颇之处，仅作为构想，希望为华夏国家仪式传播的模型建立提供借鉴。

二、历史变迁中的从“传统”到“现代”

随着社会发展和中西文化的交流，我国的家庭在时代变迁中从传统走向现代，家庭结构核心化趋势增强，家庭关系也趋于民主。[①] 家庭仪式很大程度上被省去，简化，乃至西化，对家庭的强化效果已经不如以往。从现实的新闻报道和现实题材艺术作品中我们发现，转型后的家庭依然面临危机。此处不为强调家庭仪式和家庭和睦的因果关系，从而推崇仪式复兴。毕竟传统封建家庭深藏鲁迅所说“吃人”的宗法压迫，其进化是一种必然，当今已没有仪式复古的土壤。但是我们可以发现的是，从传播角度看，“斗拱”模型并非全无现实意义，至少其对“家庭和睦”的理想追求在当今依然适用。基于此，我们可以从“斗拱”模型中提取要素，从传播角度提出两点启示。

（一）倡导家庭仪式的大众艺术呈现

“斗拱”模型强调家庭成员对仪式的参与，在今天，快节奏，小家庭，具体的互动已被弱化。但意识到家庭仪式本身承载的文化符号仍有可能延续。随着大众传媒的发展，电影、电视、新媒体等为符号呈现提供了绝佳平台，

① 胡亮：《由传统到现代——中国家庭结构变迁特点及原因分析》，《西北人口》2004年第2期。

受众对文化艺术的大量需求为传统文化符号的植入提供了机遇。因此，仪式可以化为符号“大众地”“艺术地”呈现给受众。

“大众地”指对大众媒介的应用，不代表纯功利引导“宣传”或生硬“传递”，核心仍是符号本身。而“艺术地”则是为了优化传播效果，使传统文化更加融入当今的主流。而艺术作品更能够为受众接受，其可能性在于艺术、符号、媒介本身就有极强的联系，亚里士多德称“艺术通过媒介进行摹仿”①，摹仿的对象实质上就是各类文化符号。而在效果上，麦奎尔认为“在捕捉艺术、戏剧、娱乐及许多传播符号运用的元素上，展现模式或者仪式模式则比较能胜任”②。大众艺术的传播效果亦是有目共睹。对此类符号大众艺术呈现已经在部分影视剧和电视节目中有所实践，此后可进一步引导加强。

（二）倡导个性化家庭仪式

成员的“不到场”是微观上传统家庭仪式无法促成的原因之一。但宏观上现在亦难找到可推广的、适用于大多数家庭的仪式。当今社会不同家庭有着不同的个性，对家庭仪式的理解也不同。面对这种状况，我们有必要打破对仪式形式的统一追求，让家庭仪式传播在每个家庭中自然地生发。

具体到操作层面，就是社会对广泛的“仪式感”的倡导和对家庭活动的支持，而非对具体的某一传统仪式的倡导。家庭仪式的形式只是外壳，重要的是其能够起到对家庭关系的建构作用。因此，打造现代家庭的“仪式感”，是使得各个不同的小家庭自行完成凝聚与关系的调整的手段之一。在大环境下各家庭以各自不同的方式凝聚，但都达成和睦的效果，方是当今的“和而不同”。

（刘书颖　谢清果）

---

① 〔古希腊〕亚里士多德：《诗学》，陈中梅译注，商务印书馆 2018 年版，第 28 页。

② 〔英〕丹尼斯·麦奎尔、〔瑞典〕斯文·温德尔：《大众传播模式论》，祝建华译，上海译文出版社 2008 年版。

第十五章　家礼传承：华夏家庭仪式传播的社会整合机制

当代社会，价值取向日趋多元。时代呼唤着社会核心价值观的建立与张扬。研究立足华夏传播，发掘传统华夏家庭的日常仪节规约，结合符号互动、系统论等理论，探讨家庭仪式传播的社会整合机制，以《礼记》所载家礼为例，试图说明家庭礼仪何以整合社会的运行机制，努力建构家庭传播研究的自主性，同时，探讨当代建设社会主义核心价值体系、弘扬社会主义核心价值观更多的可能性。

第一节　华夏家礼研究的意义

礼整合社会，安定秩序。《礼记正义》中，关于礼的社会整合功能有明确表述，内涵以《礼记》经国治天下的思想意蕴。“昭二十六年《左传》称晏子云：‘礼之可以为国也久矣，与天地并。’”[①]《礼记正义序》中指出：“夫礼者，经天纬地”，“道之以德，齐之以礼”，“述《曲礼》以节威仪，制《周礼》而经邦国”，“顺之则宗祏固，社稷宁，君臣序，朝廷正；逆之则纪纲废，政教烦”。[②]《礼记正义》写道：“礼者，理也。其用以治，则与天地俱兴。”[③]

---

① 李学勤主编：《十三经注疏·礼记正义（上）》，北京大学出版社 1999 年版，第 1 页。

② 李学勤主编：《十三经注疏·礼记正义（上）》，北京大学出版社 1999 年版，第 2—3 页。

③ 李学勤主编：《十三经注疏·礼记正义（上）》，北京大学出版社 1999 年版，第 4 页。

一、概念界定

家礼“主要指家族内部用来协调成员生活中的伦常关系与等级秩序的一系列礼仪规范和伦理准则”。① 从这个意义上来看，家族内部成员关系指涉家庭，礼仪规范指涉仪式，而符号指涉传播。故而，家礼可以作为一种华夏家庭仪式传播来研究。

（一）华夏传播

根据黄星民教授的定义，华夏传播是“对中国传统社会中的传播活动和传播观念的发掘、整理、研究和扬弃”，在“发掘、整理”的基础上，“研究和扬弃”要求“运用传播学等当代社会科学的研究方法加以验证或阐释，力争从其中找出规律性的东西，从而把它们提升成科学的传播理论，用来指导我国今天的传播实践，同时也丰富和发展世界传播学理论”。②

研究发掘《曲礼上》中所载的日常生活中的家礼仪节，运用符号学、系统论等当代社会科学理论加以分析，试图说明家庭仪式传播何以整合社会，属于华夏传播研究的范畴。

（二）家庭传播

从家庭和传播的定义出发，来界定“家庭传播”的内涵。“家庭，是建立在婚姻、血缘或收养关系之上的亲属共同生活的社会共同体。”③ 家庭是一个关系意义上的概念。传播是指“人类用来创造意义的象征性过程”，“是人类构建现实的方法”。④ “家庭传播是指我们在社会交往中共同创造和协商意义、身份和关系的方式；也就是，我们如何构建自己和我们家庭关系的方式。”⑤ 是“家庭成员之间的言语和非言语信息交换”⑥。

① 陈延斌、王伟：《传统家礼文献整理、研究的学术史梳理与评析》，《广西师范大学学报（哲学社会科学版）》2018 年第 3 期。

② 黄星民：《华夏传播研究刍议》，《新闻与传播研究》2002 年第 12 期。

③ 杨席珍：《家庭传播刍议》，《新闻传播》2015 年第 6 期。

④ 朱秀凌：《家庭传播研究的逻辑起点、历史演进和发展路径》，《国际新闻界》2018 年第 9 期。

⑤ 转引自朱秀凌《家庭传播研究的逻辑起点、历史演进和发展路径》，《国际新闻界》2018 年第 9 期。

⑥ 转引自杨席珍《家庭传播刍议》，《新闻传播》2015 年第 6 期。

家礼作为家庭成员之间进行礼仪符号互动的传播形式，其研究属于家庭传播的议题领域。

（三）仪式传播

“仪式传播是‘人为的、表演的符号，语言占主导但不是唯一，这些符号是形式化的、重复性的，因此在特定的社会交往语境下是可以预测的’。”[①] 礼仪规范作为社会秩序的表征和符号，属于仪式传播的范畴。

二、研究回顾

家庭是社会的细胞，家庭日常礼仪的渗透对社会秩序的建立与维护有着重要的作用，家礼具有社会整合的功能。那么，家礼作为一种日常生活秩序的仪节规定，究竟如何整合社会，成为一种社会秩序的黏合剂，本研究即旨在探讨这一过程的内在机制。

家庭传播是传播学领域一个相对较新的分支，在理论与实践意义上对传播学科的发展均有贡献。理论方面，家庭传播注重系统模式与过程研究，将家庭作为系统研究是家庭传播研究的重要议题；实践方面，家庭传播贴近现实，具有对实际生活问题的解释力与实效性。家庭传播研究在美国“日臻成熟”。[②] 但在国内，家庭传播研究主要涉及代际传播、新媒体传播领域，呈现出数量少、分散化、碎片化的特点。

社会功能一直是仪式传播研究的重要取向。刘建明归纳罗森布尔的仪式传播内涵，认为各种仪式活动都具有象征意义及传播特性，“甚至是一种强有效的传播机制”。并指出，森福特、巴索、罗森布尔、凯瑞这些仪式传播领域的研究者都从社会整合的角度理解仪式传播。[③] 仪式观的提出者詹姆斯·凯瑞，将传播的定义分为传播的传递观和传播的仪式观两大类，认为传递观出于控制目的在地域范围内拓展讯息，仪式观则直指讯息在时间上对一个社会

① 转引自刘建明《“传播的仪式观”与“仪式传播”概念再辨析：与樊水科商榷》，《国际新闻界》2013 年第 4 期。

② 朱秀凌：《家庭传播研究的逻辑起点、历史演进和发展路径》，《国际新闻界》2018 年第 9 期。

③ 刘建明：《“传播的仪式观”与“仪式传播”概念再辨析：与樊水科商榷》，《国际新闻界》2013 年第 4 期。

的维系。[①] 我国学者胡翼青则指出，仪式观实质上也是一种社会控制的视角。区别只在于传递观体现传播的形式，而仪式观体现传播的意义。[②]

国内的仪式传播研究，除了理论的分析，应用性研究主要是针对民俗仪式、媒介事件等案例进行仪式传播理论解读。家庭仪式传播的研究方面，国内学者很少涉及，主要有两篇文献研究该细分领域：杨立川运用阿尔都塞的意识形态理论分析家庭仪式传播的作用及特点[③]；以及任玺言分析皮影戏这一民俗活动的仪式传播内容[④]。

家礼研究侧重于文学、历史、哲学及法律制度等方向的分析。从传播学角度审视家礼的文献相对较少，主要侧重于当时当世家礼在阶层及空间范围的传播推广，从传播学的理论视角分析家庭礼仪的领域则鲜有涉及。家礼的社会意义通常会在家礼研究的文献中涉及，不过却少有研究从传播学角度进行解读。分析家庭日常礼仪的社会功能实现机制还是一个相对空白的领域。

国内的符号学研究主要关注语言符号相关的语言学、文本分析等领域。学者王城城从符号学视角出发，审视礼仪的社会整合功能，认为宏观礼仪经历个体微观学习阶段，最终可以达到宏观上的社会整合，提出了如下模型[⑤]（图 15-1）：

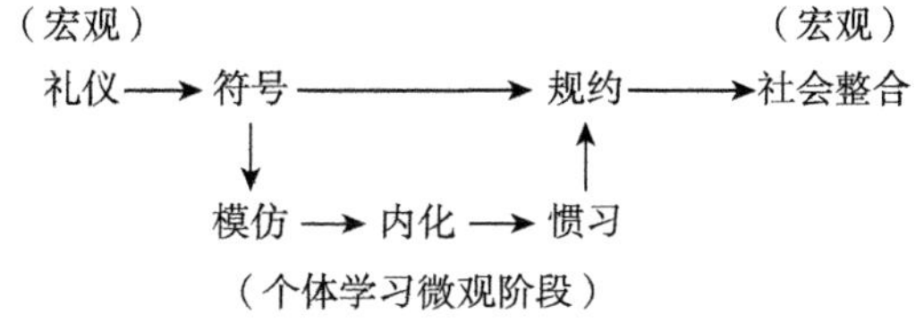

图 15-1　礼仪的社会整合模型

---

① 〔美〕詹姆斯·W. 凯瑞：《作为文化的传播："媒介与社会"论文集》，丁未译，华夏出版社 2005 年版，第 4—7 页。

② 胡翼青、吴欣慰：《再论传播的"仪式观"：一种社会控制的视角》，《河南社会科学》2015 年第 5 期。

③ 杨立川：《论家庭仪式传播的意识形态作用及其特征》，《中国地质大学学报（社会科学版）》2015 年第 4 期。

④ 任玺言：《浅析民俗皮影戏中的家庭仪式传播内容》，《西部学刊》2016 年第 7 期。

⑤ 王城城：《礼仪社会整合的实现思考》，《通化师范学院学报》2010 年第 6 期。

王城城的模型直观地展示了个体微观的学习过程，但重点在于礼仪这一综合概念，缺乏对家庭礼仪这一细分领域从微观家庭系统到宏观社会系统如何成为可能的说明。

三、研究意义

本研究立足华夏本土的传统家礼，借鉴国外仪式传播、符号学、系统论等研究成果，分析华夏的家庭仪式传播，以《礼记·曲礼上》中记载的家礼为例，探讨家礼的社会整合机制，力求为建构中国家庭传播研究的主体性做出贡献。

“《礼记》是先秦至西汉时代关于《礼》的解说文字的汇集”[①]，是“研究古礼、上考古礼源流之门径”[②]。《曲礼上》则是对日常生活中细小礼仪的规定，其中关于家庭日常礼仪的规定共六条。探析礼记中所载家礼的社会整合功能，不仅具有建构学科主体性的学术价值，对当今弘扬社会主义核心价值观、建构社会主义和谐社会也具有现实的借鉴意义。

第二节　家礼的社会整合机制

礼仪“重在秩序”，传统礼仪目的在于“实现一种等级有序而恒定的和谐秩序”。[③]在中国历史上，礼治“维持了华夏民族数千年的稳定有序，保证了社会的发展与文化的传承”[④]。从社会整合的角度理解仪式传播，也是仪式传播概念的题中之义。华夏传统家礼，作为一种仪式传播，通过家庭成员之间言语、非言语礼仪符号的互动，经过家庭成员心智的过程，将这种仪式符号具有的意义由客我内化进自我，在经年累月的日常生活中，不断地重复，最终成为一种惯习。在每一个微观层面的家庭系统中，家礼仪式在日常生活中不断重复，而一个个家庭作为子系统，在社会这个宏观的母系统中形成合

---

① 孔月清：《〈礼记〉的当代意义探析》，《赤子》2014年第10期。

② 邹昌林：《中国礼文化与儒学研究》，社会科学文献出版社2018年版，第34页。

③ 汤海艳：《成人之道：中国传统礼仪及其道德教育功能研究》，南京大学出版社2015年版，第75—77页。

④ 贾南：《礼之用 和为贵——从〈礼记〉看先秦儒家人际传播思想》，安徽大学硕士学位论文，2017年。

力，达到了社会整合的功能。即，

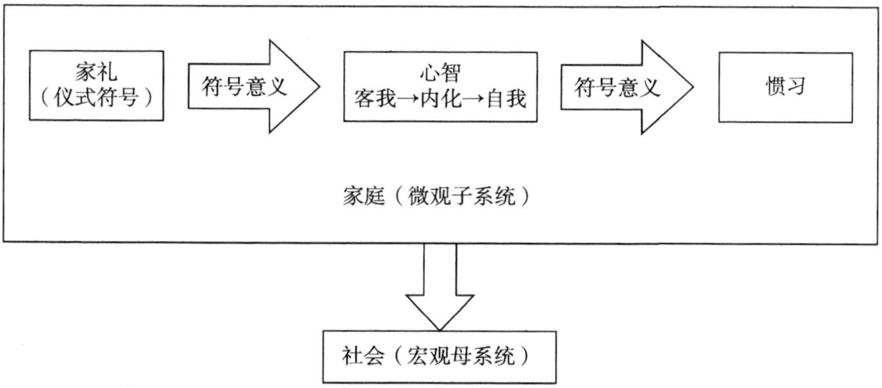

图 15-2　家礼的社会整合机制

一、家庭微观子系统内部的整合

在相对微观的家庭系统内部，家庭礼仪作为一种仪式符号具有其符号意义，通过日常生活的不断重复经历心智的过程，即从客我的规约内化进入自我，并最终成为一种由内而外的惯习。这种惯习的凝聚力整合了家庭。

（一）家礼与仪式符号的意义

传播是符号间的意义交换，符号包括言语符号和非言语符号，符号具有意义，意义的功能在于建立和维系社会秩序。符号互动理论的提出者米德在对意义的分析中指出，人类在较高的进化水平上利用有意义的符号沟通，包括语言和姿态（非语言）符号。[①] 符号学的奠基人之一皮尔斯，其符号学体系重点关注符号意义的传播——“人如何利用符号交流意义、分享意义，并由此建立意义共同体”[②]。杜威认为意义是“共同参与”[③]，而彼此沟通即传播是意义的先决条件[④]，沟通“具有工具的作用”，“是建立合作、统治和秩序的一个手段”[⑤]。凯瑞在区分传递观与仪式观时指出，“从仪式的角度定义”，传播“反映了‘共

① 〔美〕米德：《心灵，自我与社会》，霍桂桓译，华夏出版社 1999 年版，第 81—85 页。
② 赵星植：《论皮尔斯符号学中的传播学思想》，《国际新闻界》2017 年第 6 期。
③ 〔美〕杜威：《经验与自然》，傅统先译，商务印书馆 1960 年版，第 150 页。
④ 〔美〕杜威：《经验与自然》，傅统先译，商务印书馆 1960 年版，第 152 页。
⑤ 〔美〕杜威：《经验与自然》，傅统先译，商务印书馆 1960 年版，第 164 页。

享'与'沟通'"，传播的仪式观指在时间上对社会的维系，是"共享信仰的表征"。"传播的起源及最高境界，并不是指智力信息的传递，而是建构并维系一个有秩序、有意义、能够用来支配和容纳人类行为的文化世界。"①

家礼是社会秩序的仪式表征符号，汤海艳从格尔兹的文化定义出发，指出中国礼文化具有的象征性，即"由一系列象征符号所构成的特殊意义模式"②。汤海艳在论述传统礼仪的道德意蕴时，指出礼具有"礼之质"和"礼之仪"，礼之质是礼的基本精神，礼之仪是礼的仪式规矩，是外在行为规范的形式与仪节。礼之质与礼之仪，二者是"相互强化的"。③

（二）个体心智过程：客我→内化→自我

心智、自我与社会是米德符号互动理论的三个核心概念。米德"系统阐述语言符号在个体社会化以及人类社会发展过程中的关键作用"，因此被视为符号互动理论的奠基人。④根据米德的观点知"个体通过语言符号进行具有社会性意义的沟通，从而实现个体自身的意义认同和沟通，并在这种自我沟通过程中，通过发展自我意识的形式逐步完成自身的社会化"⑤。自我概念包括主我与客我。作为客体的自我，是内化了的外部社会世界的态度。⑥客我"是一种循规蹈矩的、习惯性的个体"⑦。

心智的产生，是通过个体对由经验和行为组成的社会过程（客我）的内化，对有意义的姿态（非言语符号）、对话（言语符号）的内化。⑧在内化客

---

① 〔美〕詹姆斯·W. 凯瑞：《作为文化的传播："媒介与社会"论文集》，丁未译，华夏出版社2005年版，第7页。

② 汤海艳：《成人之道：中国传统礼仪及其道德教育功能研究》，南京大学出版社2015年版，第77页。

③ 汤海艳：《成人之道：中国传统礼仪及其道德教育功能研究》，南京大学出版社2015年版，第57页。

④ 赵一非：《乔治·赫伯特·米德的符号互动理论与芝加哥学派》，吉林大学硕士学位论文，2015年。

⑤ 赵一非：《乔治·赫伯特·米德的符号互动理论与芝加哥学派》，吉林大学硕士学位论文，2015年。

⑥ 〔美〕米德：《心灵，自我与社会》，霍桂桓译，华夏出版社1999年版，第216页。

⑦ 〔美〕米德：《心灵，自我与社会》，霍桂桓译，华夏出版社1999年版，第214页。

⑧ 〔美〕米德：《心灵，自我与社会》，霍桂桓译，华夏出版社1999年版，第216页。

我的过程中，个体把整个社会过程都转移到他自己的行为举止之中，能够对自己作出反应（主我），从而能够确立一种合乎理性的控制，并且因而使一个组织程度高的社会成为可能。这种能力首先取决于符号，是社会互动的某种发展和产物。[①] 将客我内化进自我的心智过程，由社会过程构成，是对有组织的行为模式的反映。[②]

简而言之，心智是“社会化的‘客体我’经历社会后将自己所得的社会经验、社会行为、社会规范等内化进本能冲动的‘主体我’并指导身体如何根据外界环境作出合适行动的一种能力与社会化过程”[③]。

家礼所承载的孝敬伦理意义作为一种规范化的社会态度，通过仪式符号的社会互动过程，在日常生活中不断地重复，被内化进自我之中，指导每一个家庭成员的行动。

（三）惯习

惯习（habitus）是“深刻地存在在性情倾向系统中的、作为一种技艺存在的生成性能力”，区别于“习惯（habit）”，惯习具有社会性。[④] 惯习是“个体对社会制度或社会结构的反映，是行动者的主观性建构，是一种外在性的内在化”[⑤]。家庭成员将家礼的仪式符号及其伦理意义内化进客我,通过自己的心智对家礼符号及意义进行深度的理解并运用，最终成为一种惯习，在家庭场域进行社会互动，建构出尊亲孝亲的社会秩序。

二、社会宏观母系统的整合

“整合”由美国人类学家本尼迪克特提出，认为文化行为趋于整合，文化是“一种或多或少一贯的思想和行动的模式”[⑥]。

贝塔朗菲认为，系统是由有“关系”的“部分”构成的“整体”，不是

① 〔美〕米德:《心灵，自我与社会》，霍桂桓译，华夏出版社 1999 年版，第 216 页。
② 〔美〕米德:《心灵，自我与社会》，霍桂桓译，华夏出版社 1999 年版，第 216 页。
③ 〔美〕米德:《心灵，自我与社会》，霍桂桓译，华夏出版社 1999 年版，第 216 页。
④ 〔法〕皮埃尔·布迪厄、〔美〕华康德:《实践与反思——反思社会学导引》，李猛、李康译，中央编译出版社 1998 年版，第 165 页。
⑤ 岳敏:《表演：心智与身体中社会秩序何以可能——试析戈夫曼〈日常生活中的自我呈现〉》，《江西广播电视大学学报》2010 年第 1 期。
⑥ 转引自庄锡昌等编《多维视野中的文化理论》，浙江人民出版社 1987 年版，第 125—126 页。

“孤立”的。[①] 即“系统是相互关联并组成一个整体的一组事物”[②]。从这个定义来看，家庭也是系统，是由情感、经济等相互关联的家庭成员组成的一个整体。“系统往往是一个个互相嵌入的，即一个系统总是另一个高一级的系统的一部分”[③]，社会系统由一个个家庭系统组成，家庭系统正是社会系统的一部分。家礼通过家庭成员的内化，形成家庭成员之间互动的惯习，并由一个个家庭系统，最终整合成为社会规约。

戈夫曼将系统概念引入情境理论，家庭系统到社会系统的整合过程可以从家庭情境到社会情境的延展过程来理解。情境活动系统是指“一个多少有点封闭性的、自我补偿的、自我终止并互为依赖的行为循环”[④]。

理解情境理论离不开角色概念，角色概念与身份概念息息相关。身份是指“处于某种地位系统或地位模式中的一种位置，它通过交互的纽带以及任职者所必须履行的权利和责任，同单位中的其他地位保持关系”。人子身份即处于家庭系统中孩子的地位，通过与其父母亲属的互动及履行为人子的权利和责任（包括遵守家礼），同家庭中的父母亲属保持关系。规范性意义上的角色指由任职者纯粹遵守地位规范来行事时置身的这一活动。角色表演或角色扮演则是指一个特定的个体在履行职责时所表现出的实际行为。[⑤]

个体的角色扮演主要是通过同角色他人（相关观众）的一连串面对面交往的社会情境而发生的。[⑥] 将角色概念运用到情境活动系统中，以情境活动系统中个体的情境角色为出发点，假设个体的情境角色完全以他所在社会机构、职业系统和正式组织的角色为特征（并成为这种角色的反映），可以以同等速度扩展到任何多方位情境背景的角色中去，从情境系统到社会机构的转移可以超越角色概念运用范围的界限。[⑦] 角色形成的重要意义体现在，执行某

---

① 〔美〕冯·贝塔朗菲：《一般系统论：基础、发展和应用》，林康义、魏宏森等译，清华大学出版社1987年版，第50—51页。

② 张芬芳：《从系统论看人际传播》，《福建论坛（社科教育版）》2007年第S1期。

③ 张芬芳：《从系统论看人际传播》，《福建论坛（社科教育版）》2007年第S1期。

④ 〔美〕欧文·戈夫曼：《日常接触》，徐江敏、丁晖译，华夏出版社1990年版，第83页。

⑤ 〔美〕欧文·戈夫曼：《日常接触》，徐江敏、丁晖译，华夏出版社1990年版，第71页。

⑥ 〔美〕欧文·戈夫曼：《日常接触》，徐江敏、丁晖译，华夏出版社1990年版，第72页。

⑦ 〔美〕欧文·戈夫曼：《日常接触》，徐江敏、丁晖译，华夏出版社1990年版，第136页。

一具体情境的任务产生的认同心理，可以在离开了情境角色得以扮演的情境系统后，进入到更广泛的世界中。因而，个体得以认同的角色概念变得日益抽象。[①] 如此，当人子在家庭中的行动（角色表演）完全依照家礼的仪节规约（规范性意义上的角色）执行时，其所表演的孝子角色产生的认同心理从家庭情境延展到社会情境，即可完成从家庭系统到社会系统的整合。

一个个家庭情境延展到社会情境，一个个家庭系统构成了社会系统，在家国同构的古代中国社会更是如此。中国古代社会，孝亲的人子身份与忠君的人臣身份是重合的，由亲亲延展至尊尊的社会伦理将人子自然过渡到人臣，如此一来，家庭情境与社会情境形成了自然的延展关系，家礼整合了家庭，成为人子的惯习，由家庭情境重合过渡到社会情境，进而凝聚社会。在自给自足的小农经济制度下，社会是具有强烈的家族团聚意识的同质社会，个体由家及国，家庭道德扩大为社会道德，“使中国文化在本质上表现为一种伦理文化”，家礼从日常生活秩序成为一种全民族的伦理文化意识，“家庭的伦理认同感张扬为文化共同体（民族）的伦理精神”[②]。

第三节　《礼记·曲礼上》中家礼的家庭传播分析

家庭传播关注的是传播在家庭中的角色和功能，家庭传播研究把相互关系作为研究重点，其目标在于运用传播理论研究家庭问题，进而上升到理论建构。符号互动论是家庭传播研究中经常使用的理论。[③] 研究立足家庭传播，探讨《礼记·曲礼上》中记载的家礼符号，在家庭互动中对于家庭成员的角色及其关系的建构作用，进而从家庭的整合达到社会的整合。

《礼记》开篇，首句即指出：“毋不敬，俨若思，安定辞，安民哉！”[④] 这表明礼仪具有安定民生社会的功能。“此一节明人君立治之本”，“三者依于德义，

---

① 〔美〕欧文·戈夫曼：《日常接触》，徐江敏、丁晖译，华夏出版社 1990 年版，第 142 页。

② 周庆智：《古代汉民族凝聚力与传统家族政治文化》，《中央民族大学学报》1994 年第 4 期。

③ 朱秀凌：《家庭传播研究的逻辑起点、历史演进和发展路径》，《国际新闻界》2018 年第 9 期。

④ 鲁同群注评：《礼记》，凤凰出版社 2011 年版，第 1 页。

则政教可以安民也”[①]。朱熹解道：“首章言君子修身，其要在此三者，而其效足以安民，乃礼之本，故以冠篇。”[②]言礼之本在于效以安民，即礼的本义在于其社会功能。

其中，《曲礼上》中所载家庭日常礼仪共五节，如下：

一、“凡为人子之礼，冬温而夏凊，昏定而晨省，在丑夷不争。”[③]

“此一节明人子事亲奉养之礼。”[④]昏定指晚上铺设被褥，这是一种非言语仪式符号；晨省指早上问安，这是一种言语仪式符号。作为人子，侍奉父母，每一天早晚要遵行昏定晨省的家庭礼仪，这是人子与其父母在家庭情境内的符号互动规范，是一种家庭仪式传播。昏定晨省的礼仪符号，内涵了孝顺父母、体贴恭敬的伦理意义。这样一种孝亲伦理，在日复一日早晚两次的重复中，从一种外在礼仪规定逐渐内化进人子的自我之中，成为一种在家时的惯习。以人子身份在家庭系统内进行符号互动，通过家礼符号的执行扮演规范性意义上的角色，家家户户为人子者孝敬父母的惯习，从家庭情境进入社会情境，构成了社会系统的互动规约，在家亲亲，在外尊尊，最终建构出一种尊贤敬长的社会秩序，从而整合等级分明、秩序井然的古代社会。

二、“夫为人子者，出必告，反必面，所游必有常，所习必有业。恒言不称老。年长以倍则父事之，十年以长则兄事之，五年以长则肩随之。群居五人，则长者必异席。”[⑤]

出去告知父母，回家面见父母，这是出行返家的日常礼仪，“欲安父母之心也”[⑥]，涉及言语、非言语两种符号的综合表征。为人子者，每一次出行，都一定要行前告知父母、返家面见父母，避免父母担心，这同样是人子身份与父母之间的家庭成员互动，内涵着孝亲的伦理意义。即便外出，为人子者也必须经过家庭成员的关系互动。个体行动牵涉家庭成员，每一次的外出伴随

① 李学勤主编：《十三经注疏·礼记正义（上）》，北京大学出版社1999年版，第7页。
② 陈澔注：《四书五经（宋元人注）》（中册），中国书店1984年版，第1页。
③ 鲁同群注评：《礼记》，凤凰出版社2011年版，第4页。
④ 李学勤主编：《十三经注疏·礼记正义（上）》，北京大学出版社1999年版，第24页。
⑤ 鲁同群注评：《礼记》，凤凰出版社2011年版，第5页。
⑥ 陈澔注：《四书五经（宋元人注）》（中册），中国书店1984年版，第4页。

着家庭成员的互动，由一种礼仪规定的规范化客我内化进家庭成员的自我意识，进而使得家庭意识、家族观念在心中深深扎根，成为一种惯习。个体与家庭家族联动的整体观念，整合了家庭系统。这种内发的认同心理，由家庭情境转移到更广泛的社会情境，由每一个家庭系统整合成为社会意识，家庭观念扩展为国与天下思想，既凝聚了社会，又稳固了社会的基础。

三、“为人子者，居不主奥，坐不中席，行不中道，立不中门。食飨不为概，祭祀不为尸。听于无声，视于无形。不登高，不临深。不苟訾，不苟笑。”[①]

作为人子，居所、坐席、行道、站位均有相应规定，不得居于“尊者之道”或立于“尊者之所行”。“食飨”应“顺亲之心”[②]。这是一种空间层面上的非言语符号礼仪规定。作为人子，日常生活中的居所位置、坐席位置、行走道路、站立位置处处有定法，相比于父母，将人子定位为卑者，是关于人子与其父母两种家庭成员身份的地位确证，规定了人子与父母之间的地位关系。此一仪节将家庭内部的亲子关系定义为一种尊卑等级关系，居家日常空间位置的礼仪限定，成为人子身份的家庭角色规约，通过家庭情境的日常角色扮演，这种等级意识过渡为一种社会等级秩序的差序意识，为社会等级制度张目，维系等级社会的稳定。

四、“孝子，惧辱亲也。父母存，不许友以死，不有私财。为人子者，父母存，冠衣不纯素。孤子当室，冠衣不纯采。”[③]

“惧辱亲也”，陈澔评曰“孝子戒之”[④]。“此一节明孝子自谨慎其身。”[⑤]父母在世时，不用白色的丝织品镶边。这是服饰方面的非言语仪节规定。为人子者对于给父母亲人带来耻辱的恐惧，以及个体注重日常服饰色彩对父母存在确证的意义，实质上是一种关系意识、群体观念，“不服闇，不登危”“冠衣不纯素”的背后，内涵家庭族群的意义，体现了家庭成员对于家庭系统的

---

① 鲁同群注评：《礼记》，凤凰出版社 2011 年版，第 5 页。

② 陈澔注：《四书五经（宋元人注）》（中册），中国书店 1984 年版，第 4 页。

③ 鲁同群注评：《礼记》，凤凰出版社 2011 年版，第 5 页。

④ 陈澔注：《四书五经（宋元人注）》（中册），中国书店 1984 年版，第 4 页。

⑤ 李学勤主编：《十三经注疏·礼记正义（上）》，北京大学出版社 1999 年版，第 31 页。

认同心理。尤其在家国同构的古代社会，家庭成员家庭观念的认同心理由家庭情境自然扩张为社会成员社会认同的家国意识。

五、“父母有疾，冠者不栉，行不翔，言不惰，琴瑟不御。食肉不至变味，饮酒不至变貌，笑不至矧，怒不至詈。疾儿复故。有忧者侧席而坐，有丧者专席而坐。”①

“此言养父母疾之礼”②，这是在父母生病的特殊情况下的家庭仪节规定，涉及仪容、行止、表情等非言语符号以及言谈内容的言语符号规定。父母生病，除了侍奉父母养疾，家庭礼仪规定具体到言行举止、面部表情、仪容饮食等各个微观层面，将父母之疾渗透到为人子者个体生活的方方面面，成为人子身份的规范性角色活动。这样一种家庭场域的互动规约，从一种客我的规范性角色内化进个体自我，成为一种由内而外的关切。这种对父母的关切之情成为一种人子身份的角色认同，聚合了家庭。而一个个家庭子情境系统的情感认同心理，延展至母系统的社会情境，成为一种更广泛的社会认同，整合凝聚着社会。

以上五个小节的家礼仪节规约，是关于家庭中最基本的伦常关系——亲子关系的仪节规定，“为人子”的礼节，体现了孝敬恭顺的孝道思想。这些仪式通过服饰、行止、神态、空间等非言语符号及言语修辞等语言符号，传递了孝敬恭顺的伦理道德意义。孝敬恭顺的伦理思想由家庭成员的心智过程内化进自我，并指导日常生活实践，时时处处践行着孝顺恭敬的伦理观念，维系着传统社会的伦常规范与等级秩序，从而达到身修则家齐，家齐则国治，国治则天下平的社会整合效果。

综上所述，研究立足华夏传播，从华夏家礼出发，结合符号互动、系统论等理论，探讨家庭仪式传播的社会整合机制，试图说明家庭礼仪何以整合社会的运行机制，努力建构家庭传播研究的自主性。同时，研究也具有实践层面的价值，在文明碰撞激荡的全球化时代，社会的价值取向日趋多元，建

---

① 鲁同群注评：《礼记》，凤凰出版社 2011 年版，第 15 页。

② 陈澔注：《四书五经（宋元人注）》（中册），中国书店 1984 年版，第 10 页。

设社会主义核心价值体系、弘扬社会主义核心价值观是时代的应有之义，研究试图找到一条从微观角度整合社会价值的路径，为当今社会公序良俗的建设找寻更多的可能性。

研究存在着两点局限：第一，虽然指出家庭内部惯习的形成路径，并提出从家庭系统整合社会系统的可行性，但从家庭系统到社会系统的实现方式仍有待细化。第二，符号互动理论有许多学者进行了相当广泛的研究，提出了许多理论观点，本研究中机制的概括对其中的理论进行了选择，选择过程具有一定的主观性。

未来研究应继续完善家庭系统到社会系统的实现路径，从其他符号互动理论角度尝试理论完善的可能性。在实践层面上，从《礼记》到此后历代家礼、家仪的内容规定与教育方式，这些传统家礼是等级社会下制定的仪节规范，其所维系的社会秩序是等级制之下的和谐与整合。探讨传统家礼在当代的适用性，对传统华夏家礼取精去糟，并进行现代社会的适应性转化，而不只是将其作为一种历史遗迹陈列在华夏历史记忆之中，唤醒其鲜活的当代色彩，是当代社会的现实呼唤，也是未来研究的应有之义。

（葛泽宇　谢清果）

八

华夏说服传播的实证

第十六章　谏亲说服：华夏面子说服机制的个案研究

在日常的社会交往中，面子的维护与威胁已经成为中国人际交往互动的指导原则，在华夏传统社会中尊卑思想和鲜明森严的阶层结构的影响下，社会中的说服不仅仅需要达成说服目的，而且还需要进行说服双方的面子维护。家庭是社会中的一个微缩、简化的场景，以面子维护与威胁的机制在亲子之间的说服活动中同样起到重要的作用。本章基于面子知觉与整饰模型，重新探讨了在古代谏亲说服中面子作用的过程以及特点。

第一节　谏亲说服：一种华夏说服传播的形态

古代中国的传播活动对于语言和文字的依赖性极强，由语言建构的中国文化也因此更加注重在社会互动时的言语交流，衍生了中国特有的语言表达方式。在研究人际传播时，具有华夏特色的说服传播成为学者们研究的主要方向。

一、华夏说服传播研究现状

自传播学诞生以来，人们逐渐将说服作为传播的一部分，从传播的理论视角分析说服。关于说服，中国学者龚文庠对其下过一个定义，认为说服是“个人（或群体）运用一定的战略战术，通过信息符号的传递，以非暴力的手段影响他人（或群体）的观念、行动，从而达到预期目的”[①]，这是以学科的角度对说服活动进行的诠释，这其中也体现出说服的两个特点：(1）非暴力性；(2）有目的性。而把本文着重探讨的华夏说服传播，与谢清果学者所认为的华夏说服传播认为是“对我国传统社会中的说服传播活动和说服观念的发掘、整理、研究和扬弃”[②]更为贴合，虽然这两类观点对于说服解释的角度不同，但仍然能够揭示华夏说服传播研究同时兼具说服特质与方法研究的研究特点。

中国虽然没有像《修辞学》如此系统地阐释说服学的著作，但春秋战国时期不同思想学派对说服有不同见地。在当时，诸子百家的说服传播处于一种不平等的传播当中，各家所主张的说服传播在技巧、原则、策略上有所不同。儒家强调个人品德的重要性以及个人与社会之间和谐相处，在说服传播中体现为：(1）说服者需具备高尚品德；(2）以道德、伦理为说服原则；(3）注重言传身教的说服策略。[③]而墨家在说服中强调“仁人以其取舍是非之理相告”[④]，即以理服人，所以更加注重说服采用的论据和条理性……春秋战国时期诸子百家的不同见解是华夏说服传播当中重要的理论基础，许多学者在可考究的史料的基础上进行分析，形成了不同的华夏说服理论体系。

目前的华夏说服传播研究中，除了研究不同思想流派的说服传播特色以外，早期君臣之间的说服活动频繁，使得君臣之间的讽谏传播备受关注，而君臣之间讽谏传播的制度化成为华夏说服传播的一大特色，目前其研究方向主要有两类：(1）基于文本研究讽谏传播特色，如郭艳菊学者的《贞观见闻研究》，基于谏文文本研究唐代的讽谏传播特色，如徐友松学者基于《长恨歌》探讨君臣之谏的说服传播特色[⑤]等等；(2）研究谏官制度，体现制度上讽谏传播的特点，如晁中辰学者的《中国古代谏议思想与谏议制度刍议》、赵映诚学者的《中国古代谏官制度研究》[⑥]通过对谏官制度发展脉络的研究，为

① 龚文库：《说服学——攻心的学问》，东方出版社1994年版，第2页。

② 谢清果编著：《华夏传播学引论》，厦门大学出版社2017年版，第251页。

③ 赵平：《孔孟的说服学思想和说服技巧》，《吴中学刊（社会科学版）》1996年第4期。

④ 李世化：《墨子大讲堂：墨子的兼爱非攻》，中央编译出版社2015年版，第126页。

⑤ 徐友松：《对君王的讽谏——也探〈长恨歌〉的主题》，《丽水师专学报》1988年第Z1期。

⑥ 赵映诚：《中国古代谏官制度研究》，《北京大学学报（哲学社会科学版）》2000年第3期。

讽谏传播在时间上的延续性研究提供了基础。

不难发现，目前研究更多于跨学科的基础上进行，缺乏统一、系统的说服传播体系，与君臣间讽谏传播类似的亲子之间的劝谏传播却少有研究。

二、谏亲说服

亲子之间的劝谏传播研究多为谏亲的思想基础、原则类的研究，如《论先秦儒家“孝忠”观中的“谏诤”思想》研究先秦儒家的诤谏思想原则[①]，王美玲学者的《隐亲、谏亲与儒家的孝道》论述了谏亲的两种传播方法隐亲、诤谏在儒家思想中的体现与倾向[②]，崔锁江学者的《儒家谏亲思想新探——从〈论语·孝悌章〉岐解谈起》进一步解析、归纳、论证了目前已有的岐解，完善了儒家谏亲的思想基础[③]。

现有的谏亲思想基础更多基于儒家孔子、曾子思想发展而来。儒家思想确立了“孝”在整个思想体系中的重要性，从最初认为“孝”就是“事父母，能竭其力”[④]（《论语·学而篇》），要求子女能够赡养自己的父母，使父母不遭受饥寒之苦，到“今之孝者，是谓能养。至于犬马，皆能有养；不敬，何以别乎”（《论语·为政篇》），要求子女不仅仅要养育自己的父母，而且还要顺从自己的父母，尊敬父母，从单纯地在生活条件上提供支持提升为对自己父母在精神层面上的安慰与鼓励。最后，孔子认为光有对父母的赡养和顺从尊敬不足够构成“孝”的真实含义，因此孔子提出“事父母几谏”（《论语·里仁篇》），对父母进行合理、恰当的劝谏。而对父母的劝谏应当发生在父母犯错或者所作行为不符合道德规范时，并且在谏亲时要能够“又敬不违，劳而不怨”（《论语·里仁篇》）。由此，儒家思想中“孝”的最高境界则为“谏亲”，即对父母做出的不恰当、不符合道德规范的行为进行一定的劝谏，并且监督其加以改正，推进父母长辈对于自身道德修养的要求、对社会道德规范的遵守，从而提升个人道德品质，成为“仁人”。曾子承袭孔子对于谏亲的思想，并在此基础上进一步提

---

① 柴洪全、石晓玉：《论先秦儒家“孝忠”观中的“谏诤”思想》，《理论学刊》2008年第7期。

② 王美玲：《隐亲、谏亲与儒家的孝道》，《太原师范学院学报（社会科学版）》2010年第6期。

③ 崔锁江：《儒家谏亲思想新探——从〈论语〉孝悌章岐解谈起》，《当代中国价值观研究》2016年第3期。

④ 杨伯峻：《论语译注》，中华书局1980年版。

出谏亲的态度和方式方法：有过则谏、正谏而有方、谏而不逆。发现父母有过错时就要劝谏、对父母劝谏时态度端正并且要有选择、有方法地进行劝谏，虽然是在劝谏父母，但是不能够表现出对父母的逆反或不敬。[①]

在孔子对于谏亲的主张当中主要有两种不同的劝谏方式："为亲隐"和"谏亲"。在后续的继承之中，孟子更多承袭了孔子的"为亲隐"的思想主张，并且将其进行夸大化，使得在儒家思想的"孝"的主张中，出现了"顺亲"，即对父母顺从，和"谏亲"，即对父母进行谏议[②]，两种不同的谏亲方法主张，而在日常生活当中，如何选择这两种不同的方法主张则成为一个重要的研究议题。另一类学者则研究谏亲行为在实践当中的体现，为现实中的亲子劝谏方法的选择提供建设性意见[③]。

目前的谏亲研究缺乏从传播角度探讨其作用过程、作用机制以及原则，因此构建传播过程模型，揭露传播过程中有效的机制是目前华夏谏亲说服的重要任务。本章研究的谏亲说服是基于传播学角度进行在华夏说服传播范围内的有时间限度的家庭说服机制研究。参照前人研究，笔者认为，华夏谏亲说服是在我国传统社会中，发生在亲子之间的说服传播活动和说服过程的发掘、整理研究和扬弃。

第二节　谏亲说服与面子作用机制

戈夫曼的社会戏剧理论认为，人们都是基于由社会规范形成的角色期望，通过与社会中不同个体之间的互动向观众建构自己的社会形象，而这种社会形象在一定程度上作为互动者的面子体现，这是在舞台上的面子建构与来源，但人们在交往中涉及的面子不仅仅有舞台面子，而且人们还拥有在后台体现给他人或者自我的面子。由此得知，面子不管是在人的社会活动中还是在家庭内的交往活动中都是存在的，并且人们会采取不同的策略去建构和维护自我的面子，而策略选择的关键在于其与他人发生交流的情境。

---

① 柴洪全、石晓玉：《论先秦儒家"孝忠"观中的"谏诤"思想》，《理论学刊》2008 年第 7 期。

② 王美玲：《隐亲、谏亲与儒家的孝道》，《太原师范学院学报（社会科学版）》2010 年第 6 期。

③ 金小燕、傅永军：《谏亲：儒家孝道的"实践智慧"》，《理论学刊》2015 年第 5 期。

一、社会互动的面子运作机制

在人们的日常社会互动中，面子的威胁与维护已经成为一种比较普遍的现象。在中国，这种基于面子机制的社会互动也是一种常态，中国人的面子有两种不同的体现，一是“脸”，二是“面”，“脸”之于中国人是宏观层面上的社会认可，“面”则是个体层面上对个人成就的认可。[①]儒家对于道德规范的强调，将中国人的脸面归属于社会层面，使得中国人更为注重脸面，注重自我在社会他人印象中的体现，相应地也会注重自身对于道德规范的遵守。

早期的中国阶层分明、阶级之间的权力差异大，使得整个社会所体现的社会互动是一种极度重视自我面子维护和增加的互动。[②]“天高地下，万物散殊，而礼制行矣；流而不息，合同而化，而乐兴焉”[③]，更是强调阶层的不同以及不同待遇和行事方法与互动特点。因此，在跨阶层的说服传播上，对于高阶层的面子维护和增加已经成为早期中国默认的一种说服原则，在士人说服君王时才有“进谏的态度应适度，不可作‘迂险之言’‘激切之论’”和“不可扬君之过，要尽力控制传播范围”[④]。一方面体现出对君主的尊重，维护君主在受到劝谏时的面子，减少触发君主对于自我面子受损感知的可能性，另一方面增加君主的面子，减缓君主可能因面子受损而产生的激烈情绪反应。而黄鸣奋学者基于讽谏传播的过程、背景分析，提出的讽谏传播三个特点：（1）卑为尊言；（2）直理曲说；（3）节情适变。[⑤]三个特点反映出古代君臣之间的讽谏传播对于说服者的高要求——放低姿态、灵活应变，通过这种要求在维护君主面子的基础上使君主接受自己的建议。

谏君这一过程发生在社会情景当中，面子在这其中作用的机制与朱瑞玲学者所提出的面子感知与整饰模型相互对应，进一步证明了早期中国这种面子的作用机制同样适用，并且在华夏说服传播当中也有一定的体现。

亲子间的说服与君臣间的说服在本质上具有一定的相似性：（1）传播双

① H. C.Hu, *The Chinese concept of "face"*, American Anthropologist Vol.46, 1944, pp.45-64.
② 朱瑞玲：《中国人的社会互动：论面子的问题》，《中国社会心理学评论》2006 年第 1 期。
③ 俞德良：《知书达礼》，上海辞书出版社 2011 年版，第 80 页。
④ 陈谦：《论中国古代臣谏君的若干原则——说服学与传播学视角》，《东方论坛》2008 年第 2 期。
⑤ 黄鸣奋：《说服君主：中国古代的讽谏传播》，文化艺术出版社 2001 年版，第 10 页。

方权力存在一定差异；（2）说服传播发生的场所注重保密性；（3）基于道德规范进行劝谏。二者之间的不同之处在于说服传播发生的情景，谏亲说服发生在家庭中而君臣讽谏传播更多是发生在社会场所，家庭情景更像是宏观社会的一种微缩和简化的场景。因此同样的面子作用机制发生在家庭当中可能会更加简便，影响因素也可能更加单一。

二、家庭说服中的面子作用模型

朱瑞玲的面子感知与面子整饰模型是基于社会中的人际互动提出的，解释了社会情境当中人们通过面子进行沟通的过程，以及在沟通过程中面子作为影响因素对人际互动的影响。笔者认为这个模型是从宏观的角度出发，对人的互动进行解释，家庭作为微缩的社会、社会众多组织形式中的一个类型，这种模型应当能够适用于该环境。

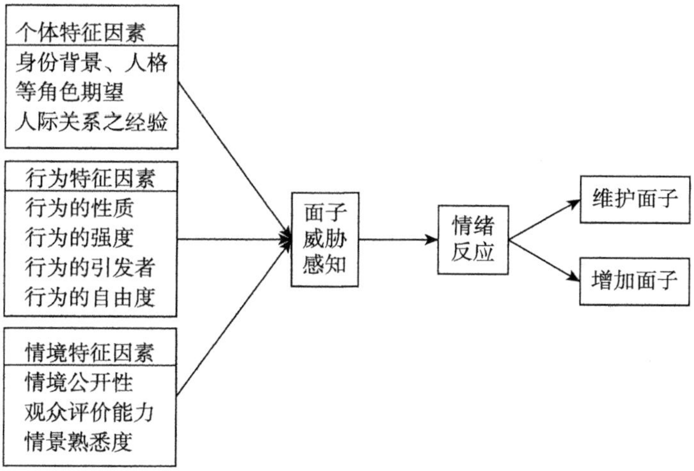

图 16-1　朱瑞玲——面子感知与面子整饰模型

（一）从“社会互动”到“家庭情境”的转换

朱瑞玲认为有三个因素会影响互动者面子威胁感知，分别是个体、行为和情境。

个体特征的影响主要表现为身份背景、人格特征、人际关系经验以及对于自我角色的期望，这些表现不论是在宏观环境中还是微观环境中对面子运作产生影响的差异性并不强，更趋向有同质的特征。行为特征对于面子运作的影响主要是行为强度、行为责任以及行为结果的选择自由度，在说服传播中的体现主要在于说服方式的选择上：在说服时呈现风险较小的优势，采取低姿态的说服态度，以此降低面子威胁感知，减少情绪反应。

个体与行为因素对面子感知与整饰的影响更多是基于个人品质本身而产生的，与互动发生的情境关联不大，而本文着眼于互动场景的转换——从宏观社会场景转换为微缩家庭场景。在朱瑞玲的模型当中情境的影响与场景转换的关联性更强。因此在谏亲说服的过程中，与社会互动的面子运作机制表现出不同的地方更多会体现在情境因素上。

互动发生的情境由社会微缩到家庭，有些社会情景中适用的因素会发生变化。在朱瑞玲学者的模型中情境因素对于面子威胁感知的影响主要体现为三个方面:（1）情境公开性，在有他者在场的公开情境下面子威胁不易避免;（2）观众评价能力，情境中他者对于互动双方的评价力会对面子知觉产生影响;（3）情境中的熟悉度，互动双方对于互动情境的规范的了解程度。这三个方面更多地体现为在社会这种宏观情境下的面子威胁影响元素，但家庭情境中缺乏具体的除互动双方以外的他者和观众，互动双方对于家庭情境的规范的了解和接受程度相似，因此在谏亲说服中这种情境因素对于面子威胁和整饰的影响需要进一步论证和分析。

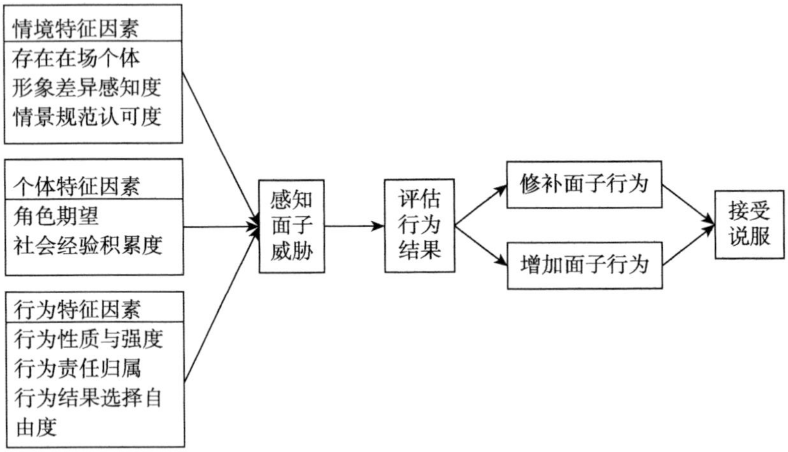

图 16-2　谏亲说服中的面子作用机制

被说服者是否能够感知面子威胁受到情境、个体和行为三个主要因素的影响。就情境因素而言，家庭与社会之间存在空间场形态上的差异，更多个体同时参与同一个社会情景发生的说服活动的可能性更高。而家庭中能够参与的个体更少，家庭中的情境公开性更多是体现在内化个体和外向个体的参与，评价这种公开性的影响时需要具象到“主我”“客我”的存在，因此需要转换成为更加客观的因素——存在个体，同时包含内在“我”与外在“我”。家庭情境本身就具有一定的规范，这种规范也就是俗称的“家规”，其更多受到长辈的影响，塑造长辈的形象，但在谏亲说服过程中，家规对于长辈行为的更正所能起到的作用微乎其微，因此子女需要引进其他的社会规范。当社会规范与家规之间出现差异时，长辈对于这种形象以及规范之间的差异所能够接受的程度也是能否激发面子受损感知的关键。

个体特征因素与行为特征因素与谏亲说服发生的情境关联性较小，因此在谏亲说服过程中整体呈现对于面子受损的感知影响与社会情境中的影响相差异性较小。

与社会互动不同之处在于，谏亲说服的目的更加明显、目的性更强。谏亲说服基于面子感知和整饰而发生，对于被说服者而言，最终是否接受说服的关键在于对行为的评估结果，即说服者提供的行为是否能够修补或者增加自我的面子，提升外在“我”的形象。

（二）谏亲说服的一般过程分析

谏亲说服作为华夏说服传播的一部分，其传播特征与一般的传播相符合，因此将拉斯韦尔的“5W 模型”与谏亲说服的过程相互对应，就能够更清楚地解释谏亲说服的传播过程模型，了解在谏亲说服的传播过程能够起到影响的因素和其传播特点。

图 16-3　谏亲说服过程

在谏亲这种说服传播中传播发起者是家庭中的子女角色的互动者，信息的受众则是父母、长辈的角色，其中传播发起者（角色为子女的互动个体）与接收说服信息的受众（角色为长辈的互动个体）之间存在一定的地位、权力差异。儒家传统“礼乐”思想强调社会中不同阶层应该存在差异，“孝”思想则强调在家庭中长辈、晚辈的差异以及如何应对这种差异，这就体现了谏亲说服的两个特点：说服行为发生的场所在家庭，谏亲说服中传受者权力差异大。谏亲说服这个行为本身就是对长辈权力的挑战，面对这种挑战，长辈要么严词拒绝、要么放宽态度，对行为进行一定的评估后选择是否接受建议，因此谏亲说服能够发生的条件之一还包括长辈对这一谏亲说服行为的态度。长辈若仁慈则说服行为能够发生，长辈若固执己见，说服行为发生的概率就低。在传播内容上主要体现为基于道德规范准则，对被说服者（父母、长辈）进行行为改正的劝服，这种道德规范则更多体现为社会当中主流的价值观，其实也是儒家思想的体现——“克己”“修身”。谏亲说服传播主要使用恭敬、规范性的言语，通过这一谏亲说服活动能够达到所希望的规劝长辈行为举止的规范性、监督和提升长辈的道德表征、调节家庭情境中悬殊的地位与权力差距的目的。

在谏亲说服中，互动双方即为长辈、晚辈，较少存在他者和观众，这时候原先在社会场景下的情境因素中的他者开始向内向转换，更多体现为互动双方的自我认知、自我对角色的期望，由外向的影响因素转变成为内向的影响，所涉及的情境影响因素也应当进行相应的变化。

第三节　谏亲说服中的“情境因素”对面子作用的影响

戈夫曼在情境互动论的因素分析中，将一个场景中的情境行为分为“处于情境中（situated）”维度和“情境性（situational）”维度，这两个维度是构成情境活动的两种归类标准。[①] 戈夫曼认为归类在“处于情境中”维度上的更多是对于发生在情境当中的所有活动以及可能因素的总括，而归类在“情境

① Erving Goffman, *Behavior in Public Places: Notes on the Social Organization of Gatherings*, New York: Free Press, 1963, p.21.

性”维度上的则是可能发生在情境中也可能会跳脱情境框架的因素，这种因素使得整个活动的场景能够有关联性地成为一个紧密的情境，而不是物理性质上的纯粹的发生场所。[①] 依据戈夫曼的情境因素分类，提出在谏亲说服的情境影响因素中，情境存在在场个体、形象差异感知度可以归类于“情境中”的影响因素，对于情境规范的认可度则归属于“情境性”的影响因素，这三类因素共同从情境层面上对谏亲说服产生作用与影响。

一、存在在场个体

在朱瑞玲的模型中，与情境因素相关的一个判断标准是情境公开性，当互动的情境越开放时，人们会越注重对自我面子的维护和修整。但是，当情境从社会转变为家庭时，互动情境的开放性不能够单一用情境是否为公众场所解释。在家庭情境中，观众与他者转换成为互动者的内向自我，也就是“主我”，此时评估情境的开放程度应该转换成为在场的个体数，这个个体不排除“主我”。因此在谏亲说服的情境中开放程度高的情境会从他者在场转变成为有权力差异的家庭成员在场，只有同时符合权力差异、另一个体两个条件的场景才能够称为相对开放的家庭情境。闵子骞由于后母的区别对待，在寒冬中穿着单薄的衣服为父亲劳作，父亲察觉后愤怒地想要休妻，最终被闵子骞的谏言影响而放弃休妻的想法。在这个谏亲说服过程中，因为父亲与闵子骞之间的谏亲行为发生在两者同时在场期间，闵子骞的家庭属于普通阶层，父亲与儿子之间的权力关系与社会所规定的相同，即父亲的权力大于儿子的权力，父亲的地位高于儿子的地位，符合第一个权力差异的条件。相对于父亲来说，儿子就是另一个差异个体，在这个情境中儿子闵子骞是作为观众存在的，对于父亲而言，他具有维护自己在儿子面前的形象与面子的倾向，这种倾向有可能进一步触发父亲对于自我面子受损的感知。

二、形象差异感知度

米德认为人分为“主我”与“客我”，“主我”是自生的自我，即未进行社会化的个体形象，“客我”则是受社会压制的自我，是人的社会化过程产生

① 王晴锋：《情境互动论：戈夫曼社会学的理论范式》，《理论月刊》2019 年第 1 期。

的社会期望的个体形象认知。[①] 当这两种个体形象发生分歧，表现出明显的背离时，个体的认知产生分裂，对于这种形象差异感知度提升，个体需要采取行为对自我认知进行修补，这个修补的过程也就是在传播过程中的面子修补过程。隋朝即将倾覆的时候，李世民通过说服父亲李渊起兵掌权，进而推翻隋朝。在这个谏亲过程中，“今主上无道，百姓困穷，晋阳城外皆为战场。大人若守小节，下有寇盗，上有严刑，危亡无日。不若顺民心，兴义兵，转祸为福，此天授之时也”[②]。将李渊塑造成为解救百姓于水火中的英雄形象，而李渊作为臣子，他所认知到的自我在社会中呈现的形象是遵守君王之命，保卫君王国土不受侵犯的忠臣形象。当保卫臣子的自我认知与保卫人民的他人赋予认知产生冲突和分歧时，李渊需要采取行动对这个分歧进行修补——反抗君王，或是顺从君王。李世民通过强调和重塑李渊的个人社会形象，令李渊产生“主我”“客我”的形象分歧，并且基于亲子之间的亲缘关系对李渊进行威胁——“必欲执告，不敢辞死”(《资治通鉴·隋纪·隋纪七》)，触发李渊对于面子受损的感知，进而李渊“一夕思汝言，亦大有理”(《资治通鉴·隋纪·隋纪七》)，评估两种选择的行为结果后采取对自我面子的修补和增加，接受了李世民的劝谏。

三、情境规范的认可度

情境规范在谏亲说服中体现为被说服者对于说服者所提供的道德观念的接受和认可程度。李世民在对自己的父亲李渊劝谏的过程中，基于两个道德标准对父亲进行规劝：一是提出父亲作为臣子需要承担一定的社会责任，不仅仅对君王负责，同时还要“顺民心，兴义务”(《资治通鉴·隋纪·隋纪七》)对百姓负责；二是父亲作为家中的中流砥柱，承担着保护家族、关系家族兴亡的责任，成为家族的代表，若是不在这时起兵，“世人皆传李氏当应图谶，故李金才无罪，一朝族灭。大人设能尽贼，则功高不赏，身益危矣！”(《资治通鉴·隋纪·隋纪七》)，出现跟其他家族一样的一朝族

① 吴中宇、胡仕勇:《戈夫曼与舒茨的社会情景中个人及个人行动理论分析——现代社会学思想流派中的主观主义倾向》,《华中科技大学学报(社会科学版)》2001年第4期。

② 司马光等:《资治通鉴·隋纪·隋纪七》第一百八十三卷。

灭的后果。闵子骞运用“母在一子寒，母去三子寒”，向自己的父亲传达了父亲这个角色应当承担家庭的责任，强调父亲作为家庭的道德榜样，若是此时休后母，使得孩子受苦，会受到道德的谴责。原谷在几谏父亲勿弃祖失败后，收舆归父，并将自己的行为解释为“恐后父老，不能更作，得是以取之耳”[①]，通过发生在特定情境下的行为，向父亲传达父亲是子女的道德榜样，父亲的行为会影响到子女的道德规范，触发父亲对于自己行为不当的感知，造成父亲面子受损，从而主动地采纳原谷的谏言，“载祖归伺养”（《古孝子传》）。

第四节　谏亲说服中的“个人特征因素”对面子作用的影响

在谏亲说服的面子作用机制中，个人特征因素体现为个体的对内形象和对外体现跟社会主流期望的匹配程度。对内形象在个人的特征上体现为角色期望，也就是社会对于个人角色的期待，对外形象则是个人在外向情境中所表现出的对于社会人际交往经验的积累程度。

一、角色期望

“父之化子，如水之下流，既承父训，岂敢违之”[②]，这是原谷对于父亲这个角色的期望。对于原谷而言，父亲的角色应当成为子女的道德榜样，因此父亲自身需要拥有极高的道德品质，不仅要身为父亲教育自己的子女，而且要作为儿子孝顺自己的父母。而社会对于父亲这个角色的期望也与原谷的期望重合，父亲“缚（祖于）筐举舁弃深山”[③]的行为与社会所期望的角色期望不符合。在行为开始父亲并没有意识到自己的对内形象与社会主流期望形象之间已经出现差异，并且两个形象在道德上体现的行为截然不同。因此前几次原谷的谏议并没有让父亲意识到这个行为体现出的角色形象与社会角色期望的差别，没能够触发父亲对于自我面子受损的感知，所以原谷前几次的谏亲活动没能达到期望的效果。

---

① 茆泮林辑：《古孝子传》，中华书局 1985 年版，第 37 页。

② 杨清虎：《中华之魅：故事与资料整理》，九州出版社 2017 年版，第 202 页。

③ 杨清虎：《中华之魅：故事与资料整理》，九州出版社 2017 年版，第 202 页。

在原谷点明社会对于父亲这个角色的期待，让父亲知晓目前的个人形象出现差异时，才触发父亲对于自我面子受损的感知，对原谷提议的载祖归来行为进行评估，考虑是否能够将把祖父接回家中赡养的行为作为其修补面子、增加面子的途径，在自我评估得到了肯定的反馈之后，接受了原谷的建议。

李世民说服李渊中也有关于角色期望的体现。李世民向父亲提出起兵的建议时，父亲李渊想要“执汝（李世民）以告县官!”(《资治通鉴·隋纪·隋纪七》)，而李世民表明：“必欲执告，不敢辞死!”(《资治通鉴·隋纪·隋纪七》）李世民点明亲缘羁绊是社会对父亲这个角色的期望，以此李渊意识到，虽然社会对于父亲也存在大义灭亲的极端角色期望，但这个谏亲情境和社会的主流价值观更注重亲子之间的血缘羁绊，于是才对自己的忠臣行为产生了动摇。

当现有行为体现出的角色期望和社会主流期望出现差异时，触发了面子威胁的感知，为了修正现有的角色形象，接受谏议使其恢复为主流期望的角色形象，这便是在谏亲说服过程中角色期望之于面子机制的作用过程与影响。

二、社会经验积累

在社会互动中，社会经验积累主要体现为人际互动关系的经验，在选择社会互动方式时，个人会参考自己所积累的团体互动方式，由于个人与团体建立的关系不易改变，个人需要通过维护团体面子以保持关系。① 由此可知，社会经验积累归属于个人的社会经验，体现为个人的行为特质，互动场景的转换对这方面的影响不大，但在谏亲说服活动当中，社会经验积累这一影响因素能够通过触发长辈对于面子受损的感知，进而使其评估子女建议的行为结果，使面子作用机制发生。

这种社会经验积累更多伴随角色期望因素出现，现有的社会经验积累构成个人的部分认知，角色期望是对于个人所扮演角色的期望，当二者之间出现差异，并且这种差异被权力地位较低的角色暴露时，便会产生面子受损，相应的权力地位较高的个人会通过评估所建议的行为结果，决定是否接受建

① 朱瑞玲：《中国人的社会互动：论面子的问题》，《中国社会心理学评论》2006 年第 1 期。

议，增加面子、修补面子，进而接受说服。在世民说渊中，李渊的社会经验积累构成他对身为臣子，应当为君王尽心力而非反叛君王的认知，而当时的角色期望认为李渊应当“顺民心，兴义兵，转祸为福，此天授之时也”(《资治通鉴·隋纪·隋纪七》)，角色期望与李渊的社会经验积累之间出现差异，这种差异是由儿子李世民向父亲说明的。在家庭环境当中，子女的角色所拥有的权力地位一般来说是低于长辈的。权力地位低者向权力地位高者点明差异，引发李渊的面子受损感知，于是愤怒要状告官县，但李世民端正、义无反顾的态度使得李渊“一夕思汝言”，开始重新评估李世民提出的方法，最终接受了李世民的建议。

第五节　谏亲说服中的“行为特征因素”对面子作用的影响

在朱瑞玲的面子感知与面子整饰模型当中，行为特征因素主要体现为四个方面，即行为或事件的类别、行为的强度、行为的引发者和行为的自由度，这些方面在谏亲说服的情境中有不同的体现。

一、谏亲说服的“行为（事件）类别”与“行为强度”

行为（事件）类别在模型中体现为文化价值的差异，意思是在社会互动中，互动双方在文化价值的差异可能会导致对于面子受损行为的感知。而谏亲说服本身作为儒家思想在“孝”中的体现，具有共同的儒家思想基础，因此在其行为（事件）类别上的影响就体现得微乎其微了。而谏亲说服作为面对面的、基于双方的互动，其行为强度的级别都是高的，也就是说谏亲说服更容易引发互动双方对于面子受损的感知，基于面子作用机制的说服行为更容易发生在谏亲说服当中。

二、谏亲说服的行为责任归属表现及特点

谏亲说服中，行为责任归属主要有两个特点，一是在说服初期体现出说服者的责任转移，二是接受说服后，被说服者的责任转移。第一个特点是说服者通过将责任转移给被说服者，即子女将发生行为的责任后果归因于长辈，让长辈重新思考现有的行为意义，如原谷拖舆谏父中，原谷将父亲弃祖这一行为归因于父亲本身，同时将这一行为所导致的后果即子女（原谷）弃父告

知父亲，使父亲有了对弃祖这一行为的再思考。

被说服者的责任转移更多是基于维护自己面子的角度，将责任排除，维护自身的角色形象，保护自己的面子。李渊在接受李世民的谏亲后道："今日破家亡躯亦由汝，化家为国亦由汝矣！"（《资治通鉴·隋纪·隋纪七》）通过将起兵行为所导致的后果——破家亡躯或是化家为国归因于李世民，表明自己并非主动起兵，而是为了维护自己家族和李世民才起兵，将行为责任转移到权力地位较低的人身上，通过减轻自己的责任风险，维护面子，给予心理安慰。

三、谏亲说服的行为结果选择自由度特点

面子感知与面子整饰模型认为，"面子威胁来自个人在自由意愿下所做的决定，因为自由度大、选择性高，个人对行为的后果要负较多的责任"①。谏亲说服本身为说服传播中的一类，因此同样具有说服传播的两个特点：（1）非强制性；（2）有目的性。②

由于谏亲说服的非强制性，所以被说服者所做的决定都是在自由意愿下所做的，对于所接受的结果是需要承担责任风险的，因此在谏亲说服的过程中，长辈角色不会轻易接受子女所提出的建议，子女的谏亲说服行为本身就是一个具有高风险的说服行为，而在这种长辈需要承担更高的责任风险的情况下，子女对于长辈的劝谏所采用的方法便是引导责任低风险。李世民将起兵的时机确定成为"天授之时"，再通过"唯昨日之言，可以救祸，此万全之策也，愿大人勿疑！"（《资治通鉴·隋纪·隋纪七》），将起兵这个行为确定为确定会发生的万全之策。通过指出改正行为是顺应时势、天理，提高建议中"起兵"行为发生的概率，使一个不确定事件的发生概率增加至"1"，使其成为确定会发生的事件。

综上所述，谏亲说服并非普通意义上的说服传播活动，它的说服者与被

① 朱瑞玲：《中国人的社会互动：论面子的问题》，《中国社会心理学评论》（第二辑）2006年6月，第79—106页。

② 龚文庠：《说服学——攻心的学问》，东方出版社1994年版，第2页。

说服者之间的权力地位差距较大，因此对于说服者而言，使说服效果最大化的方式就是采用合适的说服方法，通过影响在谏亲中体现出的情境场景特点、谏亲对象特点和谏亲对象的行为三方面，使谏亲对象触发面子受损感知，重新评估原先行为与结果、建议行为与结果，再考虑是否接纳意见，完成说服行为。在这之中体现的以受众为中心的说服思想与华夏说服传播中体现的说服思想具有高度一致性，而对于如何触发面子损害的感知，权力地位较低的说服者往往借助情境、规范，从边缘路径对权力较高的长辈产生影响。

对于谏亲说服而言，若是脱离了当前行为发生的情境和情境中所具有的规范，则谏亲的结果被采纳的可能性便会大大降低。在君臣之间的讽谏传播中，若是谏议的结果不被君王采纳，那么说服者很可能面临着更大的风险，但由于谏亲说服中，说服行为的双方基于共同的家庭立场，两者之间有着亲缘关系的羁绊，说服者更可能从家庭内部的规范以及社会对家庭的期望角度出发，进行说服活动。因此谏亲说服的说服方法相较于君臣间讽谏传播的说服方法要更加单一、纯粹，传播风险上，谏亲说服要远小于君臣间的讽谏传播。这也就体现了谏亲说服其研究因素和传播过程的简化特点。

对于父母、长辈的谏议行为不仅仅发生在早期中国，更是发生在人们的日常活动当中，单纯地运用说服学的方法技巧对家庭长辈进行谏议，无异于提高被说服者的同质程度，忽略了家庭情境中特殊的情境因素——家庭道德规范，本文所研究的谏亲说服机制，针对家庭中的谏议活动，明确传播过程中的影响因素，对于家庭情境中的说服活动有一定的指导作用。并且谏亲说服是华夏说服传播分支中的一部分，分析研究谏亲说服作用机制不仅仅是对华夏说服传播的细化，而且能够在谏亲说服作用机制的研究基础上总结出其传播特点，为华夏说服传播体系化的建立做出贡献。

（吴佩莹　谢清果）

第十七章　判词说服：古代判案的说服模型分析

本章聚焦于在说服传播的视域下探究“判词”中和“判词”情境中所体现的说服原则，笔者主要从传播者，传播信息以及受众这三个方面对应的“判案者”“判案手段”“犯案者”三个要素出发，提出适用于“判词”的说服传播模型。其中引用霍弗兰德的说服传播模型，亚里士多德的说服三原则以及中国古代的说服理论进行深入探究，从判词本身出发，以其为文本依据，从文字中探寻说服艺术；再进而引入戈夫曼的情境理论，将判词外的情境元素纳入本文的研究，从判词外找寻说服原则。

第一节　开启判词的说服研究

说服，在许久之前就有不少学者对其从不同的角度进行研究，这些关于说服的研究随着历史的进程，时代的变化，不断出现新的诠释。回顾古代的说服传播研究，会发现其为如今的说服研究发展做出了不少的贡献。

一、华夏说服传播研究总括

“说服，是人们运用一定的策略和技巧，通过信息符号的传递，以非暴力的手段去转变他人思想和行为的一种沟通艺术。”[①] 这是在 1994 年，学者龚

① 龚文库:《说服学——攻心的学问》，东方出版社 1994 年版，第 178 页。

文祥在其著作《说服学——攻心的学问》中，第一次对中国说服本土化做出的说服定义。说服研究，许多研究者从不同的角度对其进行诠释，最早是古希腊时期亚里士多德在其著作《修辞学》当中提出，其中提出了著名的说服的三原则。其后，当传播学在美国建立与不断发展后，说服因其定义，成为传播效果研究的主要阵地。[①]随后便陆续出现一些说服传播的理论，诸如罗杰斯的创新扩散理论、托马斯的态度改变理论、拉扎斯菲尔德的两级传播论等。西方的许多说服传播理论与研究方法在传播学被引进中国之后，成为中国传播学者借鉴学习的对象。

回顾中国说服传播历程，早在春秋战国时期，中国的经史子集就大量记载了说客文人的事迹，《战国策》就是其中的代表，其从人际传播的角度出发，记录了战国时期谋臣策士运用高超语言艺术能言善辩的一个个经典事件。[②]孔孟则提出“以德服人”的说服原则和方法，“主张用非暴力的手段来影响或感化对方，使之心悦诚服，进而达到‘内化’的说服效果”[③]。这与后来许多中国学者所提出的说服传播定义不谋而合，由此也可以看出古典说服传播对现代的影响。其次，韩非子的《说难》也是在那一时期出现，是我国第一篇全面总结说服技巧的专文，其从四个角度，分别为说服者、说服对象、说服过程和说服手段，论述说服技巧，这与西方的态度改变说服理论在某些方面也有相通之处。纵观以上中国古典说服传播的历程，可以见得，在中国古代就已经衍生出许多丰富的说服传播研究，对现代研究华夏说服传播提供了不少方向。

因而，有不少现代的学者以此为说服传播的研究对象进行探究。例如学者王亚涛在其文章《鬼谷子的说服性人际传播理论》中总结鬼谷子的说服理论，思考其传达的人际传播价值；学者王帅在其文章《先秦纵横家典籍〈鬼谷子〉说服传播思想探析》中探析《鬼谷子》说服传播思想中所反映的中国

① 邱新有、章绍甫：《说服传播研究在中国反思与展望——兼论传播研究的本土化》，《大江周刊（论坛）》2009 年第 8 期。

② 武龙飞：《从〈战国策〉看说服艺术的技巧》，《新闻研究导刊》2019 年第 9 期。

③ 李亚宏：《中国古代说服艺术》，云南人民出版社 2011 年版，第 11 页。

古代说服传播的特色。[①]学者赵平在《孔孟的说服学思想和说服技巧》一文中，研究孔孟的说服思想和策略；学者李亚红在其文《以德化人——孔孟说服思想探微》中从孔孟语录中全面地总结了他们的说服思想。[②]这些致力于在古代文人志士身上探寻其说服制度和说服策略的角度是如今华夏说服传播研究成果的方向之一。

从一种说服行为入手，对其进行研究，成为另一些学者的研究方向。例如，黄鸣奋以古代社会的制度为研究对象进行探究，在其文章《说服君主——中国古代的讽谏传播》中，他在传播视角下对讽谏进行了探究；陈雪军在其文《谏术：中国古代语言传播中的讽谏理论》中也同样对讽谏行为进行传播学的论述。

还有一部分学者，致力于从其他跨学科的角度对华夏说服传播进行探寻。例如，马兰州的《中国古典说服传播范式及隐喻叙事研究》。运用莱考夫和约翰逊等人提出的隐喻理论对华夏说服进行分析，相同的还有学者张立伟的《喻以明理——说服传播的中国特色》、范文彬的《中国古代比喻理论的考察与体系建构》、张辟辟的《〈战国策〉中张仪游说技艺探析》等文章。[③]

综上所述，目前华夏说服传播的研究主要有这些方向：

首先，从内容上体现为研究对象的不同，分为两类：一是以古代的著名人物、著作为分析对象，对其说服制度和策略进行研究；二是以一种古代的制度或者行为为对象，从中探究其说服的原则或者取向。

其次，从方法上体现在研究手法，从跨学科的角度，主要从传播学和语言学的角度出发，运用其他学科领域的知识论述说服传播。[④]这与谢清果老师在其文章《华夏说服传播引论》中所提到的华夏说服传播研究呈现的特征有相似之处。

纵观华夏说服传播的研究，虽然内容和研究手法多样，然而，缺乏理论

---

① 王帅：《先秦纵横家典籍〈鬼谷子〉说服传播思想探析》，河北大学硕士学位论文，2016年。

② 李亚宏：《以德化人——孔孟说服思想探微》，《临沧师范高等专科学校学报》2013年第3期。

③ 谢清果：《华夏说服传播引论》，厦门大学出版社2017年版，第252页。

④ 谢清果：《华夏说服传播引论》，厦门大学出版社2017年版，第253页。

运用的多样性。其中鲜少看到将中西方的传播理论相结合进行探究的文献，大多是运用传统单一的理论模式进行论述，若能够将两者结合，必定能够找到创新性的理论研究方向。

二、目前古代判词的研究

本章研究议题："判词"，对于此议题的探究，可以大致分为以下几类：

从内容上来看，第一，研究判词的特征。以这类文章偏多，例如学者黄霞在其文《中国古代判词的情理与文采》中对判词的说理艺术和判词的文学性进行法学与文学双重特性的跨界研究。① 又如《中国古代判词中的"情理场"与法律语——以〈名公书判清明集〉为主要视角》中论述"从判词的产生发展当中说理部分的地位与影响展开、围绕典型判例（主要是基于南宋《名公书判清明集》所录判词）对于中国古代判词说理所体现出来的特征（包括说理依据和说理方法）、优势及形成原因进行系统深入的研究"②。第二，研究判词的说理形式，如陈炜强在《古代中国判词之"引经据典"探析》中，论述了判词在中国古代法律的特殊功用。又如，学者龚卫东在其文献《漫谈我国古代判词之说理》中以判词为文本对其语言进行说服性研究。

从方法上来看，第一，以文本的形式对判词进行分析，从以介绍性、文本研究的方式进行论述。如学者雷彬在其文《明代民事判词的说理方法研究——以〈折狱新语〉为中心》中以《折狱新语》为文本，对明代民事判词的说理形式进行了研究。③ 第二，是从跨学科的角度出发研究判词中所呈现的特征，多从语言学的角度去进行分析研究，并且以这类文献为主体。如作者周秀萍和胡平仁的论文《中国古代判词的表达艺术》，他们从现代叙事学的角度透析判词的语言表达艺术；学者赵静所写论文《中国古代判词的修辞蕴涵：说服与劝导》，则是从另一个角度"修辞学"去论述判词的说服效果。

在研究判词的众多论文中，在传播角度下研究的文章较为匮乏，并且大

① 黄霞：《中国古代判词的情理与文采》，湘潭大学博士学位论文，2017 年。

② 陶碧云：《中国古代判词中的"情理场"与法律语言——以〈名公书判清明集〉为主要视角》，上海师范大学硕士学位论文，2018 年。

③ 雷彬：《明代民事判词的说理方法研究——以〈折狱新语〉为中心》，山东大学硕士学位论文，2017 年。

多数文章仅仅对判词文本本身进行探索，因而较多是在语言学的角度下进行探究。笔者希望在内容上能够突破判词本身，结合整个判案所涉及的情境以及人物；从方式上结合判词文本，理论上融合传播以及跨学科思想，探究在华夏说服传播的视域下，判词内外体现出的说服内涵。

第二节 “判词”何以成为说服研究对象

为了能够更清晰地对“判词”进行说服传播性的分析，笔者引用龚文祥在《说服学》当中赋予说服的定义，从古代“判词”的定义以及历史背景的角度来解释“判词”为何能成为说服的对象。

一、说服传播中的判词

“判词是古代统治阶级的执法者就案件审理结果所作出的书面文件，它是使判决结果合法化、正当化的重要载体，也是如何说服当事人的劝解词和说理书。”这是对于“判词”的一般解释。判词主要是在审理案件这个环节中出现，执法者审理案件后撰写，在判决时宣读判词，在此期间，犯人若对结果不满，可以申请复审。执法者需要通过判词让当事人认可和接受判决的内容，让社会公众了解案判过程。它记录了案件的审判过程：执法者通过什么方式劝解和说服当事人，影响当事人的行为以及想法。

引用龚文祥在《说服学》当中给出的说服的定义，他将说服传播概括为以下两个特征，首先是带有目的性，整个行为以说服他人接受自己观点为最终目的。其次是通过非暴力手段，运用感染力的方式去实现说服。首先从定义上来看，判词反映了断案者以非暴力的手段做到以理服人，最终达到使案件判定令当事人信服和认可的目的，符合说服传播的特征，体现说服传播的过程。

二、判词的说服传播意义

中国古代判词从西周最初开始兴起，唐代时期逐渐发展，种类、体例逐渐完备，直到宋代获得进一步的发展，实用性与重视程度增强，明清成功为古代判词的成熟期，封建法制发展更加完备，统治者加大立法的力度[①]，使得

① 姜小东：《判词的历史沿革及其在宋代的发展》，《南京师范大学文学院学报》2012年第6期。

判词处在更加重要的地位。从历史背景的角度来看，纵观中国古代的判词，呈现一个共同特征：中国古代的官员基本都是通过科举制度选拔出来，比起法律知识，他们受圣贤教诲的影响较为深刻，尤其是在儒家思想位于正统地位之后，儒家经义更是深入他们的内心，他们重视三纲五常，因而司法对于中国古代的断案者来说，是一种“教谕式的调停”[①]，以“正名分、厚风俗”为主要目的，并不具有严格意义上的“裁决”功能。正如宋代胡颖所说：“殊不知法意、人情，实同一体，徇人情而违法意，不可也，守法意而拂人情，亦不可也。权衡于二者之间，使上不违于法意，下不拂于人情，则通行而无弊矣。”[②]也就是说，在判案的过程当中，相较于国法，情理更为重要。执法者依据儒家所给予他们的情理道义去断案，这无疑体现着说服传播中以感染力手段说服的方法，这在判词情境中有明显的体现。

那么何为判词情境？简单来说，就是整个判案过程，前面提到判词主要是在审理案件这个环节中出现，而从接到案件到处理案件这个过程中所涉及的其余之物便是笔者所定义的“判词外”，也就是整个判案的过程所包含的元素，它们以不同于判词的直观方式，同样对受众的心理和行为产生影响，以此来达到说服的目的。戈夫曼的情境理论认为：“社会情境是一种物理区域，在它里面的任何地方，两个或以上的个体彼此处于视觉与听觉的范围之内。”[③]戈夫曼认为：“社会情境是指由在场的个体维持的小型社会系统和社会是在，或者是他们当下感知的正在发生的具有主体性意义的互动。”[④]意思就是，传播主体所营造的情境以及情境中的人，会产生一定的说服效果。也就是说，判词让大家心悦诚服是有传播情境的，不仅是一个判词所发生的效果，可能是当时文化的影响，也有可能是判官的人格魅力等等。这些方式不仅体现说服传播的特色，还呈现出其艺术所在。

---

① 赵静：《中国古代判词的修辞蕴涵：说服与劝导》，《修辞学习》2006 年第 7 期。

② 中国社会科学院历史研究所宋辽金元史研究室校：《名公书判清明集》，中华书局 1987 年版，第 311 页。

③ Erving Goffman, *Forms of Talk*, Philadelphia: University of Pennsylvania Press, 1981, p.84.

④ Erving Goffman, *Behavior in public places*: *Notes on the social organization of gatherings*, New York: Free Press, 1963, p.243.

因而，笔者将判词本身及外部情境两者进行结合作为说服传播的对象进行研究，从“判词”内外寻找并归纳其呈现的说服艺术以及原则。

第三节 “判词”说服传播的模型建构

说服传播模型是1959年霍弗兰德和詹尼斯提出的，他们的说服模型有几个重要因素：（1）是在一种情境中进行的，说服过程受到周围环境的影响。（2）传递者和信息源能够使受众深切地感受到其中的意义。（3）意见传播，进行说服。（4）接收者是说服的对象。根据此说服模型，可以看出说服传播离不开三个元素：传播者，说服信息以及受众。“判词”的说服原则同样也在这三个部分集中体现。①

在修辞学理论中，亚里士多德在《修辞术》当中提出三种基本说服方式，分别是信誉手段、情感手段和逻辑手段。而这三种说服手段，与说服传播模型的三元素不谋而合，它们同样是将说服的过程以及效果聚焦于传播者、传播信息以及受众。

聚焦中国的说服传播发展，中国古典的说服理论当中，书籍《中国古典说服艺术》中，作者李亚宏提到，孔孟说服思想所强调的“以德化人”，“重视美德本身内在的说服力，强调说服者的个人道德修养，主张要合于道德担负起人心，行王道、安天下的社会责任和使命”②。这一思想强调说服者的道德素养。《鬼谷子》一书，则是从说服信息以及方法入手，讲述了包括反应术、决断术、忤合术等十大技巧，从说服方法中透析说服信息的构建如何使接收者产生心理和行为的变化。这一思想则是强调不同的说服信息会产生的不同效果。韩非子在《说难》中提到“知识，口才，胆量和洞察力是说服者最基本的素质，而在这四种素质当中，洞察力最为重要，也最难获得”③。以此可以看出韩非子的说服思想中尤其强调诉诸接受者的内心想法以及意图。从中国古典的说服理论当中同样可以看到说服传播模型三要素，可见这三要素在说

① 周立公：《现代广告学：理论 · 策略 · 技巧》，上海财经大学出版社2010年版，第298—299页。

② 李亚宏：《中国古代说服艺术》，云南人民出版社2011年版，第12页。

③ 李亚宏：《中国古代说服艺术》，云南人民出版社2011年版，第40—41页。

服传播中的重要地位，每一个要素之间环环相扣，并且缺一不可。

本章所要论述的“判词”所体现的说服原则同样也在这三个方面集中体现。

在“判词”中，传播者即对应到“判案者”，也就是执法官，说服原则在其身上的体现为通过自身的品德去感化罪犯。这种以自身去感化达到说服效果的方法，在中国儒家思想中认为是“以德化人”，在亚里士多德的说服三原则中认为是“信誉手段”的体现。传播信息即对应到判案时的“判案手段”，也就是执法官运用什么样的手段和方法，以什么为依据进行判案。在下文的分析当中可以归纳为两种手段，一个依据：其手段符合亚里士多德说服三原则中的情感和逻辑手段；由于儒家思想在古代的重要地位，儒家的伦理道德成为执法官在判案时的一个重要依据。而判案者和判案手段两个因素，都是达到使犯案者心悦诚服地接受判案结果的目的，也就是以犯案者为中心进行说服。传播者、传播信息和受众三者互相影响与作用，传播者和传播信息同时为受众服务，两者联合达到影响受众的效果。有好的传播者才能够使用有效力的传播信息，有了这两个前提，才能说服受众。笔者将这三者做成以下图示，命名为“三元素模型”。用以说明“判词”以及“判词情境”中所体现的说服原则。

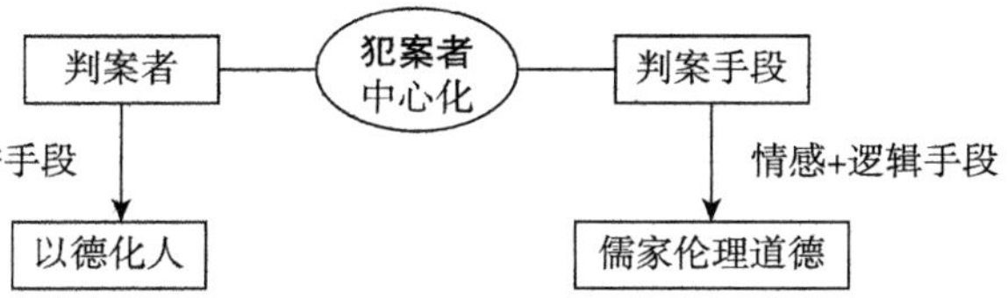

图 17–1　三元素模型

接下来，笔者将从执法者、判案信息以及犯案者三个角度集中论述亚里士多德的说服三原则以及中国古代说服理论在“判词”本身及“判词”情境的体现。

一、判案者：判词说服的主导者

亚里士多德在其书籍《修辞术》当中提出三种基本说服方式，其中一种方式被其认为是最“有效的说服手段”，即信誉手段：是指说服者的道德品质和人格威信，也就是说说服者需要具备能够使听众信服的良好品德。“当演说者的话令人相信的时候，他是凭他的性格来说服人，因为我们在任何事情上一般都更相信好人。”①《修辞学》几乎将其重点聚焦于讨论什么是大家公认的人类德行、情感与美德，说服者的“信誉”在决定一个论证是否有说服力上扮演了关键的角色。②儒家认为“名不正，则言不顺；言不顺，则事不成；事不成，则礼乐不兴；礼乐不兴，则刑罚不中；刑罚不中，则民无所措手足”③。这主要体现在“判词”外的判案者身上，强调执法官的修身养性，以为民表率，做到“以德化人”。更是由于在西汉时期，当儒家思想取得正统地位之后，在法律内部逐渐渗透，古代的执法者大都贯行孔孟思想中的以德化人思想。

史载：“后迁牟州刺史，下车，先至狱中，因露坐牢侧，亲自验问。十余日间，决断咸尽，方还大厅……人或谏之曰：‘此事有程，使君何自苦也！’答曰：‘刺史无德可以导人，尚令百姓系于囹圄，岂有禁人在狱而心自安乎？’罪人闻之，咸自款服。”④大致的意思为，案子不结案，辛公义就不回到内室睡觉。有的人劝他说：“案子这事需要有一定的时间，你何必折磨自己呢！”辛公义回答说：“我做刺史没有德行可以教导百姓，还让百姓拘禁在狱中，哪里有被监禁的人在狱中而自己心里踏实的呢？”罪人听到之后，都诚心服罪。这则历史记载中的说服艺术是体现在“判词”情境中的：辛公义处理案件的过程中所表现出的将案犯的疾苦视为己任，公平对待众生的高尚品德。这种品德或者说人格作为一种劝说模式，从亚里士多德的理论上来说可以从两个方面来阐述：“一是以实施者的良好道德作为先决条件去进行描写，这种良好品格能够鼓励听众信任实施者所说的；二是依赖于实施者在特定的场合创造一种可信的特征，然后根据自己在受众心目中的良好形象进行互动，创造出最

---

① 〔古希腊〕亚里士多德：《修辞学》，罗念生译，上海人民出版社2006年版。

② 赵静：《中国古代判词的修辞蕴涵：说服与劝导》，《修辞学习》2006年第7期。

③ 李学勤主编：《论语注疏》，北京大学出版社1999年版。

④ 耿相新、康华：《标点本二十五史·新唐书》，中州古籍出版社1996年版，第511页。

为合适的而又最有效的可信任的人格，让受众接受他们的观点，达到说服的目的。”[①] 这两个方面在辛公义身上都有所体现，作为一名执法者，做到认真公平执法是基本，但能做到像辛公义这般将罪犯与天下百姓视为同等重要的群体去对待则更为难得。他了解罪犯心中的诉求，虽然罪犯犯了错，但是他们与普通百姓一样都值得获得公平的对待，当罪犯得到他们心理诉求的实现时，难免对自己之前犯下的罪过心生愧疚与歉意。因此辛公义在“判词”情境下，能够以他自己良好谦逊、以天下百姓为重的品德，在罪犯面前塑造出有效可信的人格，从而形成强而有力的权威性，最终让罪犯们认可辛公义的地位以及决策，使罪犯诚心服罪，而他们接受审判的同时，更是服于他的人格。真正地做到了亚里士多德所说的：“人们有时候作出决定是根据某人而不是某人的建议本身，就是因为人们承认了某人的权威，接受了权威人格作为劝说模式，先决条件为说话者拥有良好的品格，说话者的品格可以包括其性格、品德、权力、权威、社会地位和公众形象等等。一般而言，推进者被充分授权，道德品质越好，受众就越觉得可靠而越容易被说服。”[②]

二、判案手段：判词说服三原则

亚里士多德的说服三原则中的其余两个原则是情感手段以及逻辑手段。笔者将这两种手段归纳为形成说服力传播信息的手段，并将两种手段与判案者所运用的断案手法结合分析“判词”情境中所体现的说服原则。

（一）情感手段

情感手段是指说服者通过诉诸受众的情感，以打动他们的内心来达到说服目的。“当听众的情感被演说打动的时候，演说者可以利用听众的心理来产生说服的效力，因为我们在忧愁或愉快、友爱或憎恨的时候所下的判断是不相同的。”[③] 也就是说，要使传播信息具有说服力，就必不可少地要往受众内心所期待的方向去进行传播信息的塑造。在中国古代说服理论当中，韩非子的

① 谭丹桂：《亚里士多德修辞学三种劝说模式在说服行为中的应用》，《咸宁学院学报》2009年第2期。

② 唐道述：《亚里士多德是如何推进精益的呢？》[https://m.sohu.com/a/246246583_785479 (2019-10-30)]。

③ 〔古希腊〕亚里士多德：《修辞学》，罗念生译，上海人民出版社2006年版，第25页。

《说难》中指出“凡说之难，非吾知之有以说之难说，又非吾辩之能明吾之难也”，而“在知所说之心可以吾说当之”。意思就是：“但凡游说的困难，在与了解我所要游说的人主的心理，再想方设法用我的言辞去迎合他的心理。”[①]可见，要将说服信息受众情感化是如此关键的一个原则。

清朝名臣陆陇其断案时，传原告、被告双方都到庭。史载：“尔原被非亲即故，非故即邻，平日皆情之至密者，今不过为户婚、田土、钱债细事，一时拂意，不能忍耐，致启讼端。殊不知一讼之兴，未见曲直，而吏有纸张之费，役有饭食之需，证佐之友必须酬劳，往往所费多于所争，且守候公门，费时失业。一经官断，须有输赢，从此乡党变为讼仇，薄产化为乌有，切齿数世，悔之晚矣。”[②]如同陆陇其这般判案的官吏在当时并不多，平常的审理案件流程，无非是先听原告再听被告，然后由判案官通过法律或者是自身的判案方法进行判案。[③]在听完双方讼词后，陆陇其并没有迫切地下定论对此案进行最后的结果断定，而是先耐心告诫双方说：“你们都是朋友、邻居，如今不过就是为了一些鸡毛蒜皮的小事争吵起来，闹到公堂之上。你们是一时痛快了，但我们审案需要耗费大量的纸张，衙役吃饭也需要开销，证人们也要花大把的时间来给你们作证，你们打官司还要花费许多银两，结果到最后往往你们打官司浪费的钱比你们争执的那点蝇头小利要多得多。那些因为打官司而丢掉工作最终导致家破人亡、妻离子散的案子我见得多了，现在还历历在目，记忆颇深。而且断案必须要有输赢，从此你们从乡亲变为仇人，到时候后悔都来不及了。”原、被告双方听后，往往“俱感激涕零”，“情愿”当堂作出保证，息讼止争。(《续客窗前话》) 由此可以看出，判案官陆陇其并没有严肃地直入主题，而是先对他们打官司的后果进行考量，从原被告的角度出发，诉诸他们的情感，用如果打官司会发生的环环相扣的一系列事件作为说服传播信息，对原被告展开说服。就像亚里士多德的学生柏拉图在《费德洛斯篇》中说道：“修辞活动的目的是‘用言辞赢得人的心灵’，而‘诚意’是赢

① 李亚宏：《中国古代说服艺术》，云南人民出版社 2011 年版，第 40 页。

② 刘星：《古律寻义：中国法律文化漫笔》，中国法制出版社 2015 年版，第 129 页。

③ 张晋藩：《解读中华法系的本土性》，《政法论坛》2011 年第 9 期。

得人的心灵的开始。诚意在说服中很重要，如果说话人要打动人，就必须有诚意，才能从心理上接近听众，赢得听众的信任，获得听众的接纳，才能说服对方。”[①] 判案官陆陇其通过诉诸原、被告双方的心理情感，切身为他们考虑事件后果，用情感的煽动力让他们对判案官的话语产生信任，从而重新审视自己的行为，最终选择息讼止争。

这则判例中传播信息的情感手段并不只是透过判词本身所展现出来，同样是可体现在“判词”外的行动上。判案官也就是说服者通过诉诸原被告情感的方式，打动他们，借此影响他们心里的想法以及行为。

（二）逻辑手段

逻辑手段是指说服者逻辑论证的说服力，通过逻辑推理以及言语表达，展现说服者逻辑思维，通过理性的分析来达到说服的效果。亚里士多德在《修辞学》当中讲道：“当我们采用适合于某一问题的说服方式来证明事情是真的或似乎是真的时候，说服力是从演说本身产生的。”[②] 这也就说明了传播信息逻辑理性的重要性，当在论述一些关于事情流程抑或是涉及相关者的事态分析时，逻辑论证的作用就显得尤为重要，回归人类普遍的价值判断比起情感手段更能够明晰事态发展，给予受众关于论点的明确呈现。

然而，对于“判词”，本章并不是论述执法官所运用的逻辑论证方式，而是非逻辑化。可以说，这是中国古代“判词”体现出的一大特点，它与西方法律推理有较大的不同，中国古代的判案法官大多在判案的过程中会以儒家伦理纲常代替法律，以经验代替逻辑思维，“马克斯·韦伯曾经形容中国的法官为家长制的法官，缺乏中国古代法是中国判词的缺陷之一”[③]。笔者认为，中国古代“判词”的非逻辑化体现在以下两个方面：以礼法和经义为据；借古评今。

（1）以礼法和经义为据，以唐代判词较为集中体现，通过儒家伦理道

---

① 谭丹桂：《亚里士多德修辞学三种劝说模式在说服行为中的应用》，《咸宁学院学报》2009年第1期。

② 〔古希腊〕亚里士多德：《修辞学》，罗念生译，上海人民出版社2006年版，第25页。

③ 彭中礼：《论中国古代判词中的修辞论证》，《时代法学》2010年第6期。

德来裁决案件，增强判词的理论依据，以此增强说服力。例如，在判词《樊山判读》中："本县为尔息争，不肯加尔以昧赖之名，且勉尔以恤孤（指恤助一审原告之孤儿寡母）之义，情理兼尽，待尔不薄……以为尔必能了此讼端。乃断结半月有余，复假内东来函（又假借女主人——被代理人、原审被告——之名义来申诉），抗官违断，实属不顾体面。……来函云：'贺阎氏是寡妇，该氏（当铺主人）亦系孀孤'，本县不应为彼害此。"[①] 在这里，原告没有任何依据就控称寄存三百两银子于该当铺，而被告予以否认，并且有账簿为凭。但最后樊增祥仍判被告出银百息讼，而原因是判官樊增祥认为原告穷而被告富，依照"损富济贫"的原则，判决被告百金。樊甚至还认为"令出百金，有何大害"，这充分说明儒家化的法官的弊端："他是依据儒家平均主义的观念出发进行判决，抛弃了事实"[②]。中国古代的判词发展不仅与古代社会的政治、经济和文化发展息息相关，还与中国古代法律儒家化的进程有着密切的联系，从判案者当中就可以明确看出：当时的各级官吏大多是通过科举制度选拔而成的，而科举制度又深受儒家文化的影响，因此大多数的官吏都有着当时那个年代强烈的儒家观念，因他们思维的儒家化使得判案者在判决时不仅遵循法律的合法性，更是看重判决是否合理。因而，逻辑手段在"判词"中的体现并不明显，这也成为中国古代"判词"的一大缺点。

（2）借古评今，以宋明清三代的判词较为集中体现。传统中国是一个"向后看"的国度，这体现在司法领域即司法官员常常运用典故和事例，借古评今，加强说理的权威性。"引经据典"也成为中国古代"判词"的一大特色。西汉的董仲舒曾引儒家经典中的经义和事例作为断案判刑的准则和依据，被称作"经义决狱"。因其所引的经典主要为《春秋》，所以又称"春秋决狱"。[③] 如出自唐杜佑《通典》卷六十九的"甲无子拾道旁弃儿判"：甲无子，拾道旁弃儿乙养之以为子。及乙长，有罪杀人，以状语甲，甲藏匿乙。甲当何论？仲舒断曰："甲无子，振活养乙，虽非所生，谁与易之？《诗》云：'螟

① 刘秋根：《中国典当史资料集（前475—1911）》，河北大学出版社2016年版，第98页。

② 郝铁川：《中国儒家化法官审案的特点与方法》，《南京大学法律评论》1997年第2期。

③ 马秀娟、李麒：《论我国古代的判词说理》，《理论探索》2013年第1期。

蛉有子，蜾蠃负之。’《春秋》之义，‘父为子隐’。甲宜匿乙，诏不当坐。”此判词就用到两处典故：①“螟蛉”二句出自《诗经·小雅·小宛》：“毛传：‘螟蛉，桑虫也。蜾蠃，蒲卢也。’汉郑玄笺：‘蒲卢取桑虫之子，负持而去，煦妪养 之，以成其子。’”古人在这里用“螟蛉”比喻义子。②“父为子隐”句出自《论语·子路》：“叶公语孔子曰：‘吾党有直躬者，其父攘羊，而子证之。’”[①]

这种借古评今的方式在现代的视阈来看，其实是使用了修辞的手法来加强其论断的说服力。传统中国是一个“向后看”的国度，这体现在中国“判词”这样的司法领域即判案官常常运用典故和事例进行说理，使得传播信息更加合理与权威，达到说服目的。

三、犯案者：判词的说服对象

“受传者是信息传播的目的地，离开了受传者，传播活动便失去了方向和目的。”[②]实际上，纵观前面亚里士多德说服三原则中的情感以及逻辑手段，都是以受众为出发点去考虑其传播信息的说服力。韩非子在《说难》中也格外强调说服者需要洞悉说服对象内心的真实想法和真实意图，这对说服行为是否能够成功起到关键性作用。而这在“判词”中体现为对于案犯的体恤以及宽容。

在判词《名公书判清明集》中有：“今赵端之困阿龙，其术正出于此。阿龙此田出典于赵端之家，四顷共当钱九十八贯，凡历八年而后能办收赎之资，则其艰难之状，可以想见。阿龙积得此钱在手，惟恐得田之不早，而赵端乃欲候秋成而后退。业此其意，盖知阿龙之钱难聚而易散。此去秋成，尚有半载之遥。半载之间幸而其钱复转而为他用，则虽务开之日，呼之来赎，彼亦无所措手矣。赵端之操心不善，当职视之，已如见其肺肝。”[③]

这个案件是有关于土地典权的纠纷，赵端为社会豪强，阿龙为一介贫苦民户，赵端为阿龙的典主。正常来说，阿龙只要在秋收之后支付赎金即可，

① 马秀娟、李麒：《论我国古代的判词说理》，《理论探索》2013年第1期。
② 司马光等：《资治通鉴》，首都师范大学出版社2012年版，第204页。
③ 周水清等：《新编司法文书格式实例选》，法律出版社1994年版，第567页。

然而赵端利用土地点券法规定的条例使阿龙无法上报法律，拖欠赎田。判案官胡石壁首先看清了赵端欺压平民的手段，让赵端在收到赎田款之后立刻将田业归还给阿龙，而本身因为“延迁入务”需要“杖一百”的赵端，体恤百姓艰辛的判案官胡石壁考虑到其年事已高，免除了对其刑事处罚，也对他的行为不再追究。①

这个案件发生的背景是当时宋代市井生活频繁出现社会豪强欺压平民百姓的现象，这个案件的审判要求司法官对当时的现象有足够充分的了解，并从案件中平衡两者受众的权益，让法律在其中起到作用。这个案件中执法官胡石壁，他首先体恤百姓的艰辛，判令赵端在收到赎田款后立即将田业退还给阿龙，同时考虑到社会豪强赵端年纪已大，免除了他的刑事处罚。他对原、被告双方都进行了合理有依据的判罚，兼顾原、被告双方的利益，既没有屈服于当时社会豪强现象的威胁，也没有一味地为百姓无厘头地伸张正义。真正做到了韩非子在《说难》中所说的“凡说之难，非吾知之有以说之之难也，又非吾辩能明吾意之难也。凡说之难，在之所说之心，可以吾说当之”②。判案官既解决了原告的问题，也在处理被告上采取合理的措施，以受众为中心化进行说服，达到了让原告取回自己物品的同时，也对被告给予警示和感化，使其不再犯案，最终说服的目的。

事实上，判案官以及判案手段这两个要素都是在为受众犯罪者服务，通过判案者的品行以及采取不同的判案手段，都是为了能够诉诸受众内心的需求，以打动犯案者来完成说服行为，达到最终的说服目的。这也是笔者归纳“圆环模型”的重要依据。

综上所述，我们可总结判词的说服特点：中国古代判词的说服传播更注重从情感、道德层面出发，最后才是国法。从某种程度上来说，这样更能说服人心，引发人内心的忏悔。

纵观“判词”内和“判词”情境中，儒家思想在其实践中有着重要的影

① 天津二中院：《民族瑰宝 案例文明》（https：//m.thepaper.cn/baijiahao_4861773）。

② 马亚中、钱锡生、严明：《诸子曰》，福建教育出版社2014年版，第288页。

响。第一，儒家的民本观念。体现在判案官办案时，体恤民情，为百姓着想。第二，儒家重视人世伦理。体现为判案官会把儒家的伦理道德作为判案的依据，就如同所叙述的归还两白银两的案例。第三，是在第二点的影响下产生的，因为依据伦理道德，而忽视人的权利，为了达到和谐秩序的目的。第四，在儒家观念的影响下，使得古代刑法不具有司法性质，太过于注重教化功能。

因此可以认为，“儒家化”是古代“判案”的一大特点，儒家思想充分渗透在古代法律当中。古代判词中体现出来的判案官因为在儒学的教养下成长起来，他们的思维方式和价值观念深受儒家经典的影响，常常以伦理道德的标准来断案，使得道德凌驾于法律法规之上。即便是财产纠纷，也时常把它变为道德问题，就如同前面所提到的《樊山判读》：“民众在诉令中接受的不是法律的熏陶，而恰巧是‘天理、人情’等道德因素的灌输。”[①] 虽然这种解决手段充分体现出对百姓的关怀，并且符合当时的社会环境，但将行政和司法不分的问题暴露无遗，将“天理”“人情”与理性的“法律”混为一谈了，成为中国古代法律制度的一大缺陷，使得古代中国过分宣扬儒家思想中的伦理道德，对法律的独立造成了严重冲击。

总的来看，儒家思想对司法有指导作用，利弊兼有。继承儒家是我们的传统优势，法律并不是冷冰冰的，能够起到教化作用。然而从发展的眼光来看，弊大于利，因为封建社会的儒家德治、人治主张与法治社会所倡导的正义公平是无法共存并且是相违背的。

（廖珮辰　谢清果）

① 郝铁川：《中国儒家化法官审案的特点与方法》，《南京大学法律评论》1997 年第 2 期。

九

华夏公共传播的反思

第十八章　东林运动：华夏公共传播的雏形表征

公共传播研究范围广泛，华夏公共传播尚处于起步阶段，本章尝试从公共传播的视角出发，以东林运动为研究对象，判定其属于公共传播活动。再从东林书院、东林党入手，结合公共传播层面上的组织传播、舆论传播相关概念分析讲学、舆论等活动，探究其公共传播特色。最终从东林运动成败考察公共传播，认为多层次演绎东林运动是其得以发展的重要部分，同时由于公共环境、思想主张、斗争形式的缺陷导致其失败，称之为华夏公共传播的雏形。

第一节　公共传播与华夏公共传播

随着现代传播学体系的不断发展，公共传播被越来越多学者所关注。公共传播之所以称公共，是由于其将社会这个广阔概念纳入考察，意在探究公共视角下的传播是如何进行并取得怎样的传播效果。直至今日，对于公共传播概念的界定还相对模糊，其广阔的领域给予学者不同的研究视角，给出不同定义，笔者在此简单梳理。

一、公共传播视角下的华夏公共传播

对于公共传播活动，赖斯和阿特金认为是一个团体在一次传播活动中为

改变另一个团体的想法或行动而做出的所有行为。[①]这种定义强调公共传播的说服作用和其传播手段，不足之处在于其对“团体”的模糊界定，没有明确指出传播主体和传播对象的判定标准。我国学者董璐提出“公共传播是指政府、企业及其他各类组织，通过各种方式与公众进行信息传输和意见交流的过程”[②]。其对公共传播的理解带有现代色彩，认为公共传播能从人际、群体、组织、大众四个层面进行解析，特别强调新闻或信息发布机制和新闻发言人的作用，肯定公共传播的研究能从“人际传播”中分析。龚文庠则认为“公共传播指的是在公共社会的范围内有目的地向群体对象（以区别于个体对象）传递信息”[③]，具有说服、信息、娱乐和文化传播功能，强调公共传播的公开和说服功能，认为公共传播能够在较短时间内影响甚至改变大众的观点或行为。此种定义省略前者对传播主体的界定，集中于传播活动的“公开性”，同时再次强调说服作用。面对公共传播解释的多元性，有学者尝试提炼其共性，如胡百精强调公共传播是多元主体以对话形式获得认同，达成共识的完整过程[④]，谢清果凸显公私特点，即公共传播强调突破私域，与社会公域相连[⑤]，并且强调传播技巧。中西方学者对公共传播的定义皆有其合理性，纵观各类定义，“公共性”成为此领域的基本判定标准。

基于公共传播研究方向的广阔，国内学者尝试以公共传播的视角研究古代中国。由此生发出“华夏公共传播”这一说法，其目的是分析中国古代生活中是否存在公共传播，如果存在，又蕴含着怎样的传播特色。谢清果曾在其文章中依据时间顺序从古代各时期较为突出的公共活动入手，形成华夏公共传播的基本网络，笔者在这里简单阐释。第一阶段为夏商周时期的祭祀及战争誓师活动，古代祭祀程序复杂且有专人负责，以“祭天”为口号，用诵

① 谢清果、王昀：《华夏公共传播的概念、历史及其模式考索》，《华侨大学学报（哲学社会科学版）》2016年第1期。

② 董璐：《传播学核心理论与概念》，北京大学出版社2016年版，第15—16页。

③ 龚文庠：《说服学——攻心的学问》，东方出版社1994年版，第202页。

④ 胡百精、杨奕：《公共传播研究的基本问题与传播学范式创新》，《国际新闻界》2016年第3期。

⑤ 谢清果、王昀：《华夏公共传播的概念、历史及其模式考索》，《华侨大学学报（哲学社会科学版）》2016年第1期。

读、音乐等形式进行，其实质是形成一种共同信仰以影响受众；战争誓师则更具有现今公共传播中公共演讲的味道，注重修辞技巧，如《尚书》牧誓篇曾言“勖哉夫子！不愆于四伐、五伐、六伐……尚桓桓，如虎如貔，如熊如罴，于商郊”①。第二阶段为春秋战国时期，由于当时特殊的环境，社会呈现出注重辩论、说服的氛围，国家外交层面的交流及国内百家学说的兴起渐渐形成以“士”为传播主体的公共传播现象，为古代公共传播的发展做出贡献。外交层面体现为注重说服功能，如《左传》中子产坏晋馆垣的故事，便是记录子产通过自己的言辞让晋平公郑重接见郑简公。叔向对子产说服辩论才能具有极高评价“子产有辞，诸侯赖之，若之何其释辞也”②。而百家争鸣这一现象的出现本身就带有其“公共色彩”，私学兴起带来广泛受众，各阶层相融合形成众多学派，以讲学、游学的形式传递思想，形成《论语》《道德经》等名著扩大影响。由此可见这一时期的公共活动以语言、文字上的修辞技巧为亮点，重点在于说服，更接近于公共演讲的概念，可以说其初具公共传播的意涵。第三阶段为秦汉时期，此时国家进入大一统局面，官方对民间言论控制严密，但国家统一也带来社会经济的繁荣，作为传递信息的官方公共机构逐步发展，其中以文书传播和朝议制度发展较为显著。文书传播主要是改善交通进而提高传播效率，官方与民间由上至下的信息传递更加便捷，朝议制度则是以上层阶级君臣之间的决策讨论为代表，一定程度上放松言论控制以达更好的决策效果。接着进入魏晋南北朝时期，由于社会动荡，形成士大夫群体以清议、清谈为手段，抒发看法以求参与公共议题的风潮。第五阶段为文化繁荣的隋唐宋时期，由于印刷技术的发展形成以上层阶级为主的官方邸报，同时民间小报、宋朝的勾栏瓦舍间的“说话”事业，既提供公共信息，也有助于其迅速扩散，从传播媒介和传播对象上扩大“公共性”。最后是元明清时期，为巩固政权，其对言论的控制达到高峰，特别是清朝的“文字狱”更是试图全面控制民间声音，此时期的公共活动受到极大压制。但处于近代社会

① 孔丘、张思纯：《尚书诠解》，开明出版社 2017 年版，第 142 页。

② 谢清果、王昀：《华夏公共传播的概念、历史及其模式考索》，《华侨大学学报（哲学社会科学版）》2016 年第 1 期。

萌芽的古代中国，决定了封建统治的最终崩塌，新秩序的建立意味着现代意义上的公共传播即将诞生。[①] 以上是对华夏公共活动的基本梳理，可以看到华夏公共传播研究的难点在于中国古代封建君主制度贯彻始终，特殊的语境使其似乎从一开始就缺乏现代意义上“公共领域”的划分，难以在各要素中贴合现代意义的公共传播。但也恰恰因为学界对公共传播的定义较为模糊，赋予“公共性”极广的解释范围，故提供华夏公共传播一条新的路径，也是其研究价值所在，即在中国古代生活中探索相对公共的活动，研究其传播过程，总结传播经验。

二、东林运动研究成果丰硕，但缺乏公共传播研究视角

“东林运动”作为古代中国活动的高峰之一，已有诸多学者对其展开研究。纵观对东林运动的相关研究后，笔者在这里进行简单梳理。其一是整体性研究，以整体观东林，意在初步了解东林运动由盛至衰的过程，探究其社会意义与价值，如李敬一所著《中国传播史论》将东林运动置于传播语境之下对其进行总体性分析，认为东林运动所涉及的具有一定形态的舆论传播、政治传播为研究明史提供方向，同时其所呈现的传播技巧、传播内容值得我们关注，究其社会价值则认为为了国家的统一稳定和民众利益，需要对言论自由采取一定限制。杨圆圆的《东林运动与明代士大夫政治的终结》以士大夫政治为切入点，意在探寻置于明代士大夫运动的背景下的东林运动究竟呈现何种形态；刘中兴的《晚明舆论传播与东林运动》则以舆论传播作为切入视角。其二是针对性研究，对诸如东林书院、东林人士、东林党等某一具体对象进行研究，意在分析东林运动发生的社会背景、历史作用抑或是思想发展。如刘彦汝、赵欣然的《论明代东林书院的教育特点及其积极影响》、陈时龙的《晚明书院结群现象研究——东林书院网络的构成、宗旨与形成》将东林书院作为为研究重点；范金民的《晚明东林人士的经济主张及其社会实践》、步进智的《顾宪成理学思想述论》等则将东林人士的政治、经济、文化思想主张加以整理评价；以东林党为主的研究成果丰厚，《明清之际党社运动

① 谢清果、王昀：《华夏公共传播的概念、历史及其模式考索》，《华侨大学学报（哲学社会科学版）》2016 年第 1 期。

考》《明季社党研究》等以史学角度对东林党进行梳理，而后尝试以多种角度进一步从形成过程、人员性质、政治主张、思想源流等分析东林党。如张永刚的《东林党议与晚明文学活动》从史学与文学的角度出发分析其在文学史上的作用；郑克晟《明代的江南士大夫与东林党人》以史学与地理的角度作为切入点。值得一提的是目前东林党研究对“东林党是否为党”未达成一致，肯定派认为东林党属于政治团体，否定派则认为东林党是单纯以讲学传授知识、思想的群体，双方各有其论证合理性，进一步丰厚了研究成果。

至此可见，东林运动相关研究多以史学角度作为基本切入点，以单一史学视角或视角相融合的形式从政治、思想等层面对整体或具体对象分析。作为中国古代影响颇大的活动，较少以传播视角特别是公共传播的视角对其进行探讨，同时基于华夏公共传播研究较少的情况，将史学与公共传播视角相结合来分析东林运动的传播过程富有意义。

第二节 “东林运动”何以可视为一场公共传播事件

前文提到公共传播尚无统一定义，共识在其“公共性”，华夏公共传播基于历史语境强调其“相对性”，也就是说判断是否属于华夏公共传播，其基本准则可归为两条：其一，是否为传播活动；其二，是否具有“相对公共性”。两者皆满足至少可以认为其具有公共传播色彩。

一、拉斯韦尔 5W 理论下的东林运动

拉斯韦尔的 5W 理论是常用的判定传播活动的理论模型，其将传播过程分为 5 个要素，即传者、受者、信息、媒介、效果。即“谁，说什么，通过什么渠道，对谁，取得什么效果”[①]。

据《东林列传》相关记载，“戊戌，始会吴中同志于二泉。甲辰，东林书院成，大会四方之士”[②]。高攀龙与顾宪成重修书院后，“海内士大夫之贤者，闻其名皆尊东林，从者日众”[③]。可观东林运动以顾宪成、高攀龙为首于

① 董璐：《传播学核心理论与概念》，北京大学出版社 2016 年版，第 28 页。
② 陈鼎：《东林列传》，广陵书社 2007 年版，第 586 页。
③ 陈鼎：《东林列传》，广陵书社 2007 年版，第 40 页。

东林书院进行讲学活动，主要对象为士大夫为主的上层阶级，同时也包含百姓，当时“草野齐民、总角之童子，皆得环而听教”[①]。东林人士以讲学传达学术理念，同时“……会中亦多裁量人物，訾议国政，亦冀执政者而药之也”[②]，也就是传递政治主张。还以著书立说的方式传递思想，《小心斋札记》《高子遗书》等至今还拥有宝贵价值。其最终既传递思想，又影响明末政局，晚明时期著名的保国本、三案等事件中东林党人皆发挥不小作用。可见“东林运动”是一次典型的传播活动，为便于理解，将其以表 18–1 的形式加以呈现。

表 18–1　5W 模式下的东林运动

拉斯韦尔 5W 模式	
传者	以顾宪成为首的东林党人
媒介	讲学、书籍、邸报等
受者	社会各阶层
信息	学术思想、政治主张
效果	思想传播、影响政局

二、运动的“公共性”表现

公共传播定义众多，笔者在此结合学者对公共传播的定义，将其简要概括为公共环境下某一组织或群体（包括以一人为代表的团体）通过各种形式向群体（区别于个人）传递信息、交流意见，强调在各层次突破私人领域。换而言之，在传播环境、传播主体、传播对象等层面凸显公共性。

首先从传播环境入手。明朝奉行的言官制度实际上给予相对自由的言论环境，上可对皇帝行为规谏，下可对百官的言行进行监管，甚至后期已发展至影响甚至控制政权的局面，当时“言官知讥政府必不掇祸，而可耸外间之听，以示威于政府，政府亦无制裁言官之术，则视其声势最盛者而依倚之”[③]，侧面印证当时较为宽松的环境，加之晚明时期万历、天启两代皇帝疏于政事

① 《东林书院志（上）》，中华书局 2004 年版，卷二《九益》。

② 陈鼎：《东林列传》，广陵书社 2007 年版，第 586 页。

③ 孟森：《明清史讲义》，中华书局 1981 年版，第 283 页。

贪图享乐，进一步放松控制，可称其传播环境具有公共性特征。其次看传播主体。“邑故有东林书院……宪成与弟允成倡修之”[①]并“偕同志高攀龙、钱一本、薛敷教、史孟麟、于孔兼讲学其中”[②]，东林运动以顾宪成、高攀龙为首进行讲学活动，相关人士如邹元标、李三才等人共同构成东林学派，在学术、政治层面具有影响力，带有组织性特征。最后看传播对象。“当是时，士大夫抱道忤时者率退处林野，闻风响附，学舍几不能容”[③]，可见其以士大夫阶层为主要传播对象，同时因其讲学丰富多彩，“自家而乡而国而天下，无一处不讲学，自矜绅而农工商贾，无人不讲学”[④]，传播对象扩至平民，形成众人讲学、交流意见的盛况。东林运动以两个阶层为主要传播对象，士大夫为主的上层阶级和以农民商人为主的下层阶级，体现传播对象面向群体对象以区别于个体的公共性特征。由此东林运动在传播环境、对象、主体上带有一定公共性，至少可以认为其具有公共传播色彩。

第三节 “东林运动”的公共传播特色

通过上文论证，可以认定东林运动具有公共传播色彩，那么东林运动到底含有何种公共传播特色呢？笔者认为东林运动的开展带有公共传播层面上组织传播、舆论传播的意涵，并在此结合相关概念理论进行分析，探索东林运动如何一步步扩大影响，成为一次较为成功的公共传播活动。

一、讲学突破阶层限制，扩大传播主体

拉扎斯菲尔德曾提出“意见领袖”这一概念，“意见领袖是指在人际传播网络中经常为他人提供信息，同时，对他人施加影响的‘活跃分子’，也称为舆论领袖”[⑤]。可见在一次完整的传播活动中，意见领袖实际占据重要的地位，大众在接收信息时并不是每次都亲自接触信息来源，也许是通过朋友、家人、有声望的人等获取信息，意见领袖通常扮演着传播信息的角色，并可能在传

① 张永刚：《东林党议与晚明文学活动》，中国社会科学出版社2009年版，第24页。

② 张永刚：《东林党议与晚明文学活动》，中国社会科学出版社2009年版，第24页。

③ 李敬一：《中国传播史论》，武汉大学出版社2003年版，第76页。

④ 李敬一：《中国传播史论》，武汉大学出版社2003年版，第80页。

⑤ 王卫东：《网络社区》，武汉大学出版社2018年版，第37页。

播信息的基础上影响受众，他们将信息传播，对信息进行解释，进而影响受众。特别是对于需要将信息迅速广泛传递的公共传播而言，意见领袖的形成能提高传播速度，帮助形成共识，而东林运动的讲学也能看作意见领袖的形成帮助突破阶层限制，扩大传播主体，最终服务于公共传播。

自科举以来，古代人民一直将读书进士当作成为上层阶级的光明大道，当然也确实如此，知识分子群体形成以士大夫为主的牢固中上层，在中国古代社会极具影响力。作为东林运动领袖之一的顾宪成由于政见与朝廷不和被削官爵，万历二十六年秋，顾宪成、高攀龙等人“始会吴中同志于二泉”[①]，交流过程中“观听者踵相接，至无所容……相传所谓东林者，与诸友栖息其中，每月集吴越士绅会讲三日”[②]。书院人士为交流学识而聚，他们在交流过程中获取大量信息并对信息予以加工扩散，于是东林之名开始兴起。东林讲学实际可看作以顾宪成为首的东林人士成为意见领袖，向广大阶层传递知识思想的活动，其成为意见领袖和扩大传播主体不可分割。意见领袖有几个形成要素，为价值、信源、责任感、知识面、社会地位和人际交往。意见领袖的形成非常复杂，每个要素并不绝对，也可能有别的要素影响，在分析时需要根据具体情况而定。[③]首先是士大夫阶层传播对象的扩大，从知识面的要素来看，顾宪成等人作为知识分子而言拥有深厚的学术底蕴，能针对问题发表自己的见解，他们讲学、辩论始终要弘扬认可的理念，以学术层面的共识巩固其关系，接着以自身的思想和人格魅力吸引追随者，并怀有救国忧民的精神。顾宪成等人主张经世致用，广开言论。如黄尊素提到“以开物成务为学，视天下安危”[④]；高攀龙也认为学问若不能致用，那还谈何学问呢，主张从价值和责任感出发吸引受众。而作为士大夫的他们拥有较为一致的利益，对于退居民间的士大夫，东林人士从现状来看大都因政见不和而被罢官或贬官，但又抱有理想与责任感，从政治和心理层面都能得到共鸣，可以进一步巩固关系。对

① 陈鼎：《东林列传》，广陵书社 2007 年版，第 586 页。

② 叶茂才：《高攀龙行状》，雍正《东林书院志》卷七《列传一》。

③ 王卫东：《网络社区》，武汉大学出版社 2018 年版，第 37—39 页。

④ 张永刚：《东林党议与晚明文学活动》，中国社会科学出版社 2009 年版，第 36 页。

于在朝士大夫，从社会地位来看，东林人士在民间拥有极大影响力，东林书院名声大噪，社会上出现“天下君子以清议归于东林”[①]的局面，从知识面、责任感而言，东林人士知识渊博，其弘扬的思想和人格魅力值得追随，同时改革救国的责任感正是正直官员所求，朝中人士渐渐受到影响。其中拥有较大影响的要属李三才争矿税一事，虽其未在东林书院开展讲学，但与东林人士密切相关，后人也多将此事算为东林党的具体实践，同时像邹元标、左光斗等在朝清正官员也与东林人士一唱一和。至此东林人士满足意见领袖的几个要素，对士大夫群体而言，东林人士确实影响颇大，也因此至少能说明东林运动在士大夫阶层中扩大了传播对象。其次是突破阶层限制，东林讲学涉及平民阶层。对于平民而言，东林人士作为知识分子其知识面毋庸置疑，同时作为士大夫群体，获得信息的渠道更多、获得内容更为丰富，也是其在信源要素上的体现。在此基础上东林讲学影响力之大原因有二。其一是淡化阶级、知识文化的高低差距吸引受众：顾宪成曾提“一人之见闻有限，众人之见闻无限”，意识到群众作用，于是开放门户向各阶层人士进行讲学，当时不论平民还是童子，都能前来交流听讲。他还倡导众人之间的意见交流，规定“凡在会中，各虚怀以听，即有所见，须俟两下讲论已毕，更端呈请，不必搀乱”[②]，听讲人士无论职位、年龄，都需等讲论结束再发表意见。其二是讲学内容开放，他们在书院所讲内容既谈高深的学问主张“或扣诗书要义，或考古今人物”[③]，还谈百姓民生，“或商经济实事，或究乡井利害”[④]，这种代表社会利益的具有公共性的话题更能获得公众关注，进一步扩大受众范围。从开放讨论形成共识到话题的选择，东林人士成为民众的领袖，代表民众的声音，也影响民众的想法。作为讲学主导的东林人士成为意见领袖，实现传播主体由上至下的阶级覆盖，其突破以士大夫为主的群体，接触以农民商人为主的平民阶层，恰恰是其突破私域的体现，富有公共意味。

---

① 陈鼎：《东林列传》，广陵书社 2007 年版，第 587 页。

② 张永刚：《东林党议与晚明文学活动》，中国社会科学出版社 2009 年版，第 44 页。

③ 〔日〕小野和子：《明季党社考》，李庆、张荣湄译，上海古籍出版社 2013 年版，第 145 页。

④ 〔日〕小野和子：《明季党社考》，李庆、张荣湄译，上海古籍出版社 2013 年版，第 145 页。

二、书院讲学凸显规范性，强调传播范围与传播效果

书院讲学作为东林运动的主要构成拥有广泛影响力，其开展过程透露组织传播的意味，以组织传播的模式扩大传播范围、提升传播效果，最终为公共传播服务。组织传播拥有诸多定义，笔者在这里选用魏永征的定义，“组织传播是指某个组织凭借组织和系统的力量所进行的有领导有秩序有目的的信息传播活动。组织就是有序化的人群”[①]。也就是说组织传播强调组织的形成、组织的规范性、组织内外部达成共识，组织的有效运作有助于传播活动的开展。

书院讲学从组织的形成来看，是以顾宪成为首的东林人士聚集而成，正如戈德哈伯所说“组织传播系由各种相互依赖关系结成的网络，为应付环境的不确定性而创造和交流信息的活动”[②]。上文已提到基于其学术、政治、地位层面的共性以及改革救国的统一目标，他们已经成为一个关系紧密的群体，并以讲学的形式开展传播活动，传递思想。接着谈规范性，规范性是组织顺利开展活动的核心，可以说一个组织、系统的规范性越强，其整体传播效率越高，随之而来的是传播效果的提升。笔者认为组织的规范性强调的是组织内部是否有一套统一的可操作的标准以及整个传播活动是否成为有规律的可重复的模式，投射到讲学活动，东林书院成立之初便制定书院院规，东林书院人士按规开展活动，多条规范“各司其职”以求良好的传播效果。具体来看，其一，注重讲学礼仪，前文曾说早期的公共活动注重以某种共同的仪式来增强人们的认同感，东林讲学也透露此种意涵。东林讲学大会一年一度，于春季或秋季举办，将行释奠礼，大会首日需“恭捧圣像悬于讲堂”，此外还需“各具本等冠服，诣圣像前行四拜礼”[③]，同时在开课之日众学生需于书院拜见老师。恭捧圣像、着特定服装、向师尊行礼等举措强调礼仪规范，此种礼仪正是“尊师重道”思想的具体体现，通过每年的仪式逐步将此思想渗入众人心中，最终达到传播思想、增强群体认同感的目的，是一种内在的说服作用。其二，从讲学时间、地点入手，“每年一大会，或春或秋，临期酌定，先

① 魏永征：《关于组织传播》，《新闻大学》1997 年第 3 期。

② 郭庆光：《传播学教程》，中国人民大学出版社 2011 年版，第 90 页。

③ 王涵主编：《中国历代书院学记》，首都师范大学出版社 2010 年版，第 109 页。

半月遣帖启知。每月一小会……二月、八月以仲丁之日为始，余月以十四日为始，会各三日”①。确立固定时间、地点，方便众人提前规划行程，确保活动顺利开展。最直接的结果是增加受众人数，书院开讲时总能吸引数百人赴会，其实质是为内容的广泛传递服务。其三，从讲学形式入手，规定“每会推一人为主，主说四书一章，此外有问则问，有商量则商量。凡在会中，各虚幻以听，即有所见，须俟两下讲论已毕，更端呈请，不必搀乱”②。此条规范确立一人一题的主讲模式，每次讲学流程皆为主讲人先阐述思想，众人后进行评议，此种模式首先确保内容精简，主题明确，避免古时经典众多而易陷入什么都谈也就什么都没谈的局面，以此保证讲学有所成效；其次听讲人士无关身份高低、年龄大小都需等到主讲结束后才可发表看法，此举一能保证主讲思路清晰、把握时间，提高传播效果，二能提供开放环境，让众人发表意见、互相辩驳，最终就某一话题形成大致一样的意见，而一致的意见恰是舆论形成的重要环节，此举最终为“公共意见”所服务。当然，此种模式也可看作另类的议程设置环节。议程设置概念来源于李普曼的《舆论学》，此理论最早由美国传播学者 M.E. 麦库姆斯和 D.L. 肖提出，他们通过研究选举报道对选民的影响，得出选民对事物的重要程度判断和媒介对报道的选择及强调有相当高的对应关系。也就是说媒介可以通过其呈现的信息、呈现信息的先后顺序、对信息的强调程度来影响受众对某个议题的重视程度、了解顺序，最终可能影响其态度和行为。将此概念放至东林讲学，会前规定主讲内容实际上是对议题的控制。学术上东林人士传达经世致用、群的思想等。政治上如“政事归六部，公论归言官”③、“天下之是非当听之天下”④传达他们认可的政治主张或是急需引起公众讨论的社会议题。根据此条规范，东林人士把握传播内容的主动权，将信息和意见同步输出，一定程度上引导受众想法以便公共传播的进行。

---

① 王涵主编：《中国历代书院学记》，首都师范大学出版社 2010 年版，第 109 页。

② 张永刚：《东林党议与晚明文学活动》，中国社会科学出版社 2009 年版，第 44 页。

③ 《明史 · 史孟麟传》，转引自李敬一《中国传播史论》，武汉大学出版社 2003 年版，第 81 页。

④ 《明史 · 钱一本传》，转引自李敬一《中国传播史论》，武汉大学出版社 2003 年版，第 81 页。

至此东林讲学形成了以东林书院为主要场所，每月、每年固定开讲，一人主讲众人评议的有组织、有规范的系统，通过此规范系统最终说服公众，传递思想。在此系统的基础上，东林书院注重与别的书院相互交流，构成书院网络。此种模式涉及组织外传播的概念，组织外传播“是组织与其外部环境进行信息互动的过程”①。其目的是让公众更加了解组织，树立良好的形象。对此东林人士采取两步走的策略。第一步，建立东林书院广纳知识、胸怀开阔的形象。顾宪成曾言“自古未有关门闭户，独自做成的圣贤”“一人之见闻有限，众人之见闻无限”，强调开放门户，注重邀请不同学派或是拥有不同见解的人前来讲学，如曾经邀请王学末流的代表人物方学渐等人前来交流。第二步则是巩固并传播良好形象。据《东林列传》记载，“其他闻风而起者，昆陵有经正堂，金沙有志矩堂，荆溪有明道书院，虞山有文学书院，皆捧珠盘，请先生莅焉”。经正堂是当时知府欧阳东风重修，集结府下缙绅进行讲学，其讲学内容涵盖学术、农业、水利、赋役等，针对各类内容，顾宪成等直接前往交流，发表看法；志矩堂在县城西郊的私人别庄建八卦亭招顾宪成、高攀龙等讲学，创立人于孔兼曾言“东林与盟，不时至常”，可见其关系密切；与虞山书院的联系进一步体现书院间的交流切磋，黄宗羲对于虞山书院的再创人耿橘曾言“知常熟时，值东林讲席方盛……请泾阳主教……先生之学颇近近溪，与东林微有不同”②。此言其实是说明耿橘的思想主张与东林学派不太相同，但仍互相交流。通过来往讲学的形式，既联系各书院，同时巩固东林书院的形象。作为东林人士之一的顾宪成成为正直士大夫的代表人物，“顾先生进德更在晚年，盖天挺之豪，独迈之勇。故其含弘光大，不啻汪汪千顷，莫测崖涘。宜其领袖群贤，冠冕一世者也”③。作为领袖的顾宪成为世人所知，民众认可并赞扬以他为首的士大夫群体，为其思想的传播、舆论的形成打下基础，最终为公共传播服务。东林书院由此更具影响力，后以东林书院泛称“天下讲学书院”。④

---

① 郭庆光：《传播学教程》，中国人民大学出版社 2011 年版，第 94 页。

② 〔日〕小野和子：《明季党社考》，李庆、张荣湄译，上海古籍出版社 2013 年版，第 152 页。

③ 张永刚：《东林党议与晚明文学活动》，中国社会科学出版社 2009 年版，第 53 页。

④ 张永刚：《东林党议与晚明文学活动》，中国社会科学出版社 2009 年版，第 13 页。

三、东林党开展舆论活动，发挥影响力

不管是现代还是古代，舆论一直在社会中承担重要角色，特别是其在政治层面的作用，中国古代社会舆论的产生也许会直接影响皇帝政权的稳固，出于此种考量，历代皇帝大多对言论进行监管，这也是我们缺乏现代意义上“公共领域”的缘由。晚明因皇帝荒于政事和其言官制度的双重影响，舆论相当活跃，东林党的舆论活动给晚明的政局画上浓厚一笔。刘中兴曾在其文章《论晚明东林党的舆论活动及其影响》中对东林党的舆论活动轨迹详细介绍，笔者在这里简要概括。第一阶段是言路备受压制的张居正、申时行时期。张居正时期的活动主要体现为以顾宪成为首的士大夫围绕国家大事与在朝重臣形成碰撞，如其批判“考成法”，展现出争取言论自由的意图。申时行时期言官与内阁的碰撞更加激烈，“近有一异事，阁中所称是，外论必以为非，阁中所非，外论必以为是……外论以为是，相公必以为非，外论所非，相公必以为是”[①]。双方针锋相对，内阁更是采取贬官的措施控制言论，顾宪成等人因国本之争、会推阁臣等大事相继被贬，言论控制达到高峰。第二阶段则是东林舆论运动的高峰。以顾宪成为首的士大夫重修东林书院讲学议政，“明代东林讲学会，在朝声势极大，最后形成了著名的东林党……讲学群体的存在，以及讲学活动中不可避免的讽议朝政，实际上已形成了干预朝政的事实”[②]。东林人士以东林书院为舆论阵地，广纳意见，在朝廷争取舆论主动权，如积极推选李三才入阁、起用被贬言官等。而东林党的势大必将出现反对派，也就进入第三阶段。这一时期的东林党大多时候处在被打压的局面，但其舆论影响力却越发壮大，最为著名的活动要属魏忠贤为首的阉党，其以“朋谋结党”给东林人士安上罪名，对东林人士大肆罢黜，期间杨涟以邸钞的形式向全国告发魏忠贤罪状，引发极大反响，但魏忠贤等人同样运用舆论，编造《东林同志录》《东林朋党录》等花名册迫害东林人士。后来阉党为控制舆论、禁锢思想，以讲学结党的罪名烧毁各大书院，种种行径激起社会愤怒，“以反阉党的舆论为导火索，形成了全国的反阉党社会运

① 刘中兴：《论晚明东林党的舆论活动及其影响》，《安徽史学》2016年第6期。

② 刘中兴：《论晚明东林党的舆论活动及其影响》，《安徽史学》2016年第6期。

动”，其实际印证了东林党的影响力之大。①

舆论传播“是指与舆论活动相联系的一切信息传播行为和传播过程”②，也就是说舆论传播离不开几个要素：传播主体、传播手段、传播内容、传播渠道。东林舆论活动也可按此分析。首先是舆论传播主体。我们说舆论是公众基于某一话题形成的集体性意见，在其发声的时候往往不是由某一个或几个民众来担任代表，而多是各自领域的有权人士、组织、机构等作为代表发言。而东林运动中舆论的发言者就是东林党人，观其思想主张，在朝认为只有众人发表意见形成公议，政事才能办好；在民间则强调关照各阶层，以社会利益为重，透露出的“公”的思想为其成为代表打下基础；再观其身份，东林党的主要构成是士大夫群体，其身份决定了他们能在政治领域上发表意见、参与政事，同时也能在民间迅速传递信息进而产生舆论。两相综合，东林党人成为舆论传播的主体成了必然。其次，观其传播手段。东林党人运用讲学议政和清议相结合的形式为舆论服务，东林书院讲学议政“或商经济实事，或究乡井利害”且众人无论身份地位高低皆可发表意见，通过此种形式集合众人看法，形成舆论。而清议则是古代知识分子常用的一种表达自我看法的形式，他们以言论方式让意见传播，获得认同进而形成舆论。东林党的“清议”展开以在朝正直人士和民间有志人士为主，他们的思想主张和政治理念较为相近因而能进一步互相配合，从而在舆论争夺中占据主导地位。再次，观其传播内容。舆论的形成实际代表着此话题具有公共性，受到公众关注，代表公众利益。东林运动的舆论内容集中于朝廷政事与民生大事，上文曾提到东林运动的受众范围广泛，朝廷政事的舆论形成更关注士大夫阶层，最直观的理由便是与自身利益相关，如官员选拔与考核，若占据舆论主动权，不仅是对个人，而且对其所代表的某一群体都能有所影响。其次，东林人士也抓住言官与阁臣势如水火的局面，出于对言论自由的需求，其舆论形成更为容易。若说朝廷政事体现的还是小范围内的公共意见和利益，民生大事则可在广大社会中激起回响。如周起元对李实以苏杭缎匹剥削一事的做法，当时

① 刘中兴：《论晚明东林党的舆论活动及其影响》，《安徽史学》2016 年第 6 期。

② 张学洪：《舆论传播学》，南京大学出版社 1992 年版，第 7 页。

“参铺商，参机户，参驿递，参有司，广行朘削，万民怨嗟”①，李实大肆搜刮缎匹还虚报数量，纵容随行人士勒索钱财，当地匠人不堪重负，找向地方官府。面对此种情境，周起元多次上书弹劾李实，维护广大群众利益。从朝廷政事至民生问题，东林党人巧用舆论最终影响决策。最后观其传播渠道，主要采用印刷、邸报、书信等形式。印刷主要是将东林党人的主张汇集成书方便留存和更远的传播；邸报类似于现代意义上的新闻，每日将政见等抄于报上，各方人士便可交流议论，是舆论传播的主要途径；至于书信则相对是小范围的传播，在书信上发表自己的观点互相议论，值得注意的是书信也因此成为政治斗争的工具，或支持己方言论，或成对方攻击弹劾的道具。东林党的舆论活动以如上形式互相影响，而其舆论的力量最终是为公共利益所服务，其讨论话题因其广泛受众而具有公共性，实际上是一个以东林党人为舆论代表，基于公共利益形成共同建议，对当时的社会现状提出意见，最终说服朝廷影响局面的公共活动。

第四节　从“东林成败”观华夏公共传播困境

东林运动作为晚明时期影响深远的公共活动，在奋起中走向失败，东林运动在学术层面确实取得了丰硕成果，但在政治上人们对东林则评价不一，有人认为东林人士以救国为目的开展的一系列活动值得赞扬，有人则强调东林党人是加剧晚明政治混乱的重要因素，而东林成败恰恰体现华夏公共传播的发展与困境。

一、多层次构成东林运动，具有公共传播意涵

东林运动的核心可归为东林学派、东林书院与东林党。东林学派以开明包容的心态汲取群体智慧，在学术层面对各学说进行深刻的讨论，采取著书立说的方式，将思想主张、改革措施汇集成章，以邸报、印刷等形式传递出去，注重塑造虚心清正的良好形象。东林书院作为公共传播的主要场所，其主要功能先为讲学，后渐发展为讲学议政，不论是思想的碰撞还是舆论的形

① 范金民：《晚明东林人士的经济主张及其社会实践》，《安徽大学学报（哲学社会科学版）》2019 年第 1 期。

成，书院从单纯的学术阵地变成学术与社会舆论并存的中心，对社会颇有影响；东林党则是政治层面的代表，东林党人主要通过清议、党争两种形式相结合批判腐朽政治，并提出自己的政治主张。至此学术、社会、政治三个层次构成“东林运动”，值得注意的是三个层次不可单独而论，它们之间相互影响，以东林书院为依托，讲学活动促成东林学派，东林学派的扩大是东林党具有影响力的基础，而东林党人以朝廷谏诤为手段抨击腐朽政治，扩大东林党影响，反会获得广大人民的敬仰，形成一个循环。通过这种循环，士大夫群体将自己的主张传播给广大阶层，首先说服公众，扩大影响，再通过公众的力量引导舆论最终影响政局，是相对完整的公共传播活动。

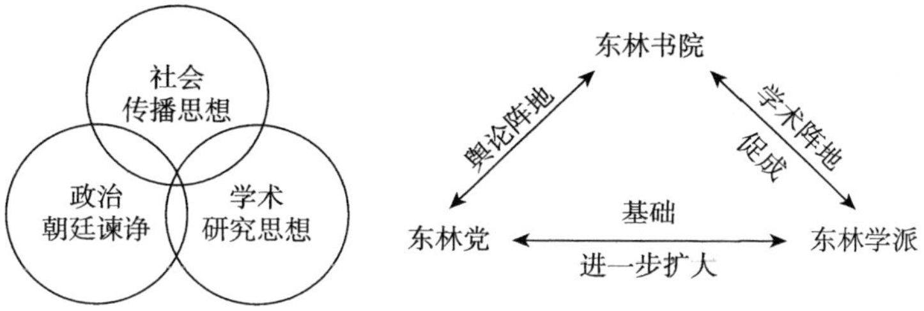

图 18–1　东林党人影响力扩展方式

二、东林之败显华夏公共传播困境

轰轰烈烈的东林运动持续时间非常短暂，以魏忠贤为首的阉党得势后大肆迫害东林人士，出发点是弘扬学术、发扬理想的东林人士被冠以“朋党”称号。对其活动，学者也是褒贬不一，其最终走向消亡的局面一定程度上反映了当时公共传播的困境。马莱茨克曾提出大众传播场模式的概念，认为传播活动中不论是传播者还是接收者都是在一定的“社会场”下进行的，社会里面由于多种复杂因素会对传播者的行为及接收者的信息接收度产生影响。既可能是外部的社会环境、传播者所处组织等，也可能是内部的个人价值观、心理层面等因素影响整个传播活动。我们说公共传播的目标是某一群体试图改变另一个群体的行为或态度的过程，大众传播场模式似乎较为全面地解释了这个过程，东林运动的失败是这个系统内各类因素的不协调导致整个系统的崩溃。笔者认为东林运动的失败受接收者影响不大，大众传播场模式接收者看重的是接收者本身和其对传播者的形象认知，而这在前面的分析中可以看到，不论是民众自身还是对东林人士的印象大致是处于传播的有利状态，失败的具体因素是从传播者所处的社会环境、个人思想价值观、传播者所处群体来看。

其一是社会环境的制约，主要表现为公共环境的缺失。东林运动一直在争夺的言论自由的权利，在古代社会是不可能实现的，可供其发言的领地还与东林势力的消长密切相关，在一个已缺“公共”的环境中开展活动，其灭亡似乎显而易见。其二是东林人士深受礼法价值观制约，这同时导致其思想主张的局限性。礼法制度是古代社会得以有序运行的重要构成，顾宪成等人一开始的学术养成就以礼法为标准，其思想主张以儒学为重要依据，强调“道德”，虽对学说进行改良发展，却也只能是换条道路“走礼法”，东林运动影响越大，其实际从另一层面加深礼法控制，最终还是为皇权服务。其三是东林人士始终属于士大夫这一群体，这决定其斗争形式无法冲破制约。不论是讲学活动、清议抑或是朝廷谏诤，东林人士始终想的是以一种温和的形式传扬思想继而影响政局，短期来看其“经世致用”“重道”等思想确实对广大阶层造成影响，顾宪成等人树立起正直有为的士大夫形象，受到爱戴，与朝中官员相配合确实对政局有一定影响。但从长远来看，这种温和的形式只能在其占据主导地位的时候颇有用处，一旦皇帝严加管控或是后期的阉党得势，东林运动只能走向失败。这种斗争方式既希望实现政治理想，却也需要保全自身，侧面印证其陷于礼法困境。多种因素的不平衡导致东林运动走向失败，但其较为鲜明的组织性和传播手段很好地接近了现代意义上的公共传播，至少可以认为具有华夏公共传播的雏形。

最后要说的是，笔者在这里尝试以公共传播的视角对其分析，要想更深入全面地分析其机制，还需进一步探讨。

（孙培雯　谢清果）

第十九章　盘庚迁殷：华夏公共传播的智慧光芒

本章以“盘庚迁殷”事件为研究对象，将其视为古代中国一次典型的传播事件，从传播形式、公众意识、传播效果等方面论证其华夏公共传播色彩，再从公共演讲这一公共传播手段切入，发掘传播过程中特点，其中与修辞学人格、情感、逻辑三种修辞手段的契合同时从中反映的传者与受者对等级观念的传递与认同，体现了其现代理论与古代传播思维的碰撞，也反映了华夏公共传播的一些机制与模式，为公共传播的历史溯源提供方向。

第一节　华夏公共传播研究的兴起

公共传播如今在传播学界虽然还未形成统一的内涵，但这也使得其研究更具有拓展空间与研究潜力，关于公共传播的学术研究总体呈现角度多面与内容多元的特点。华夏公共传播的研究关注中国古代社会的传播现象，利用现代公共传播理论，结合中国古代社会的独特语境，探讨古代中国传播中的公共色彩，是正在兴起的一个公共传播研究方向。

一、公共传播

公共传播这一概念在西方学界最初被提出时与大众传播的概念无甚区别，虽然后来经过发展，公共传播开始从大众传播中脱离出来，但仍未能有一个特定明确的内涵。据学者调查，在西方，公共传播并没有太多的民主和“公共领域”的含义，仍主要停留在广告、公关层面。在美国，公共传播早期主要指代以演说、修辞为对象的研究，后来延伸至对公众、公众意见的形成进行研究。因其没有确切的定义，公共传播不是一个凸显的概念，并未受到太多的关注与研究。①

与西方学界相似，公共传播最早出现在我国时“只是用以强调新闻媒介和大众传播的公共属性”。公共传播真正从大众传播中独立出来是在1994年，学者江小平提出公共传播学，将其看作是传播学的又一分支，是对人际传播学、组织传播学、大众传播学和社会传播学的补充和完善，并将之定义为说服受众，使之采取有益于自身健康和生活、有益于社会和人类的行为；引导他们积极参与公共生活和努力提高社会道德水准；指导更多的人承担并完成推动社会发展的使命。②江小平对公共传播的界定引起了学界对公共传播学的关注，使公共传播学走进了学者们的视野。

如今公共传播的研究角度和内容多元，成果丰富，但是关于公共传播的定义、概念与界限等问题仍然未能形成一致的看法。根据切入角度的不同，目前对公共传播的理解主要有以下这些：

学者史安斌从公共传播方式的变化这一角度切入，研究新闻发布制度这一重要的公共传播形式，在《从“政府宣传”到“公共宣传”》一文中提出新闻发布制度体现的是政府信息传递模式的变革——从传统的宣传模式向公共传播模式过渡。即新闻发言人与记者之间突破了以往自上而下的单向传输模式，实现了真正意义上的双向互动。③

学者石长顺、石永军在《论新兴媒体时代的公共传播》一文中按照传播目的不同将公共传播进行区分定义，认为公共传播，从广义上来看，指政府机构、社会组织、公共媒体、非营利组织或公民通过媒体进行的任何一种以公众为对象的传播。狭义上，则指政府机构、社会组织、公共媒体、非营利

① 冯建华：《公共传播的意涵及语用指向》，《新闻与传播研究》2017年第4期。

② 转引自张淑华《从学术到学科：2015年中国公共传播研究综述》，《新闻大学》2016年第6期。

③ 史安斌：《从“政府宣传”到“公共传播”》，《小康》2007年第9期。

组织或公民通过媒体进行的以社会公共利益为目的的公共信息和公共节目发布。广义的公共传播的目的可以是以政治、商业和社会公众利益为传播的目的。狭义的公共传播是以公共利益为目的。[①]

学者董璐则在以上的基础上继续发展完善公共传播的定义，提出公共传播是指政府、企业及其他各类组织，通过各种方式与公众进行信息传输和意见交流的过程。公共传播是信息在当代社会的一种传递方式，包括新闻传播和舆论传播（口头议论、道德评议等）[②]，强调了公共传播方式在新媒体时代下具有传播方式、媒介的多样性，并将公共传播看作一种信息双向交流的过程，公共传播的受众在新媒体时代从过去的被动接受者转变为主动参与者。

关注公共传播的社会意义与价值的学者主要有吴飞和胡百精。吴飞在其《公共传播研究的社会价值与学术意义探析》中参照公共社会学，提出构建公共传播学，注重利用公共传播对社会带来实质性的进步，认为传播学者都需要积极参与社会实践，并且指导公众的社会活动，提倡以社会运动的形式推动社会变迁。[③]学者胡百精、杨奕在《公共传播研究的基本问题与传播学范式创新》中将公共传播定义为多元主体基于公共性展开的沟通过程、活动与现象，旨在促进社会认同与公共之善，最后提出公共传播应该重返人的存在、生活世界和共同体，要求公共传播研究要积极走向和介入人文社会科学的核心地带，关心人的存在、生活世界、生活政治，关心宏观的公共性、共同体、社会正义和整体秩序问题。[④]

从公共传播对民主生活的影响及其公共性出发，学者潘忠党在其《导言：媒介化时代的公共传播和传播的公共性》将公共传播看作是具有平等身份的公民在开放的场所，遵循公开、公正、相互尊重和容纳等原则展开的涉及共同关心议题或相关利益的交往，它的指向是通过信息的交流、意见的交锋，以及关系的建立与维系而形成具有集合主体性（ collective subjectivity ）和行

① 石长顺、石永军：《论新兴媒体时代的公共传播》，《现代传播（中国传媒大学学报）》2007年第4期。

② 董璐：《传播学核心理论与概念》，北京大学出版社2008年版，第128页。

③ 吴飞：《公共传播研究的社会价值与学术意义探析》，《南京社会科学》2012年第5期。

④ 胡百精、杨奕：《公共传播研究的基本问题与传播学范式创新》，《国际新闻界》2016年第3期。

动力的公众（the publics），并以此影响表达和实现其意愿的公共政策，认为传播的公共性包括了话语和场所的公开、交往过程以及保障这过程的资源配置的公平和公正，交往的目标包括形成具有主体性和行动力的公众，以及落实其意愿的公权及其决策，强调了公共传播过程的公平性，体现民主特质。①

另外还有部分观点主要突出了公共传播过程中的某些特性。例如有学者强调公共传播的主体，认为如果人际传播是个人与个人之间的信息交流，那么公共传播就是一种少数人与多数人之间进行的面对面的直接信息交流活动，是另一种意义上的人际传播。②而学者龚文庠则对公共传播的主体避而不谈，紧紧抓住了公共传播“公开”这一特点，认为公共传播指的是在公共社会的范围内有目的地向群体对象（以区别于个体对象）传递信息，且认为公共传播有较强的说服功能，可以在短时间内进行思想灌输与动员群众。③

目前关于公共传播的概念虽然呈现分散、多元的特征，但是这诸多定义中仍然存在着不少的共性，共同体现公共传播本身存在的特质。为了获得相对固定化的概念内涵用以对照研究主体，考察研究主题的公共传播特质，笔者试着根据上述众多学者对于公共传播的概念和诠释，总结出以下公共传播的概念：公共传播是指传播者（组织或个人）在公共环境中面向社会公众传播公共信息以说服受众接受自身观点，建构公共意义，达到公共认同的社会效果。

二、华夏公共传播

公共传播在中国社会常被认为是现当代中国社会转型之自发形成的产物。④这是因为公共传播在一些研究视角中常突出其传播过程中的“公共性”，强调传播过程中资源配置的公平性，意见传输的双向性，受众的主动性与权力，而这一切则需要民主制度的支撑。中国古代社会，虽然在文字与印刷等方面具备了公共传播的物质要求，但是古代中国社会在封建制度下舆论受到

① 潘忠党：《导言：媒介化时代的公共传播和传播的公共性》，《新闻与传播研究》2017 年第 10 期。

② 段文阁：《公共关系概论》，内蒙古人民出版社 2006 年版，第 105 页。

③ 龚文庠：《说服学——攻心的学问》，东方出版社 1994 年版，第 202—203 页。

④ 谢清果、王昀：《公共传播视域下的“魏晋清谈”及其当代遗思》，《广西师范学院学报（哲学社会科学版）》2013 年第 2 期。

严格的控制，并无民主性可言，难以形成公共舆论与公共领域，受众也难以获得传播的主动权与平等的信息资源，这使得公共传播丧失了空间依托，公共传播在古代中国一直难以发展[①]，因此也少有探讨中国古代社会的公共传播现象的相关研究。

但是从传播学中国化的研究经验看来，现代传播学的理论也可以与中国古代的传播现象相照应，现代理论并不局限于解释现代的传播现象。且古代中国社会虽不完全满足现代公共传播对公共性的要求，但这不代表古代中国社会就不存在类似公共传播的传播现象。

在公共传播的相关研究中就有学者曾对公共传播进行过历史溯源。例如胡百精教授曾在《先秦修辞思想与中国古代公共关系史》一文中指出：中国公共关系的言说观念和表达策略，可以追溯到先秦修辞思想。他通过探讨先秦的言说和修辞观、修辞原则、修辞主体、修辞的价值追求和策略选择，论述了中国先秦时代的修辞思想对公共关系、说服实践的起源、发展所产生的重要影响。[②]另外，胡百精还就新闻发言人这一重要的公共传播形式发表过《古代的新闻发言人》一文，探讨中国古代社会的新闻发言制度，认为早在春秋战国时期，诸侯国便有自己的外长、公关部长和新闻发言人。[③]

谢清果、王昀在《公共传播视域下的“魏晋清谈”及其当代遗思》一文中，通过公共传播的视角，探讨了魏晋清谈这一古代传播现象，总结出了其以阶级关系为纽带、以独立话语为基础、以公共话题为介质的公共传播机制，挖掘了魏晋清谈的古典公共传播色彩，从中窥见了古代公共传播的整体面貌。[④]在《华夏公共传播的概念、历史及其模式考索》一文中，谢清果教授更是系统完整地论述了华夏公共传播的内涵、价值、历史流变、基本特征与模式，认为公共传播是现代性社会语境之产物，华夏公共传播则参照现代公共

---

① 谢清果、王昀：《公共传播视域下的“魏晋清谈”及其当代遗思》，《广西师范学院学报（哲学社会科学版）》2013 年第 2 期。

② 胡百精：《先秦修辞思想与中国古代公共关系史》，《当代传播》2014 年第 2 期。

③ 胡百精：《古代的新闻发言人》，《国际公关》2016 年第 4 期。

④ 谢清果、王昀：《公共传播视域下的“魏晋清谈”及其当代遗思》，《广西师范学院学报（哲学社会科学版）》2013 年第 2 期。

传播概念之内涵，基于华夏文化共同体这一根基，对古代中国公共生活进行历史考察。通过对公共传播从夏、商、西周到元、明、清的各历史阶段特征的研究，总结出了“辩言之外”的公共情怀，“礼法一体”的传者结盟与“至公无私”的诉求困境这三点公共传播基本特征，提出了古代公共传播所面对的诸多桎梏及其影响的思考。另外谢清果、王昀还针对华夏公共传播的研究，明确了研究范式，认为要进行华夏公共传播研究就要跳脱出现代公共领域所定义的“公共性”概念，以华夏公共传播为路径，利用现代公共传播理论内涵，尝试考察中国古代社会生活，进而汲取古代历史的传播经验。[①] 本文围绕着研究对象所展开的华夏公共传播研究亦是在此研究范式的基础上，分析华夏文明的传播现象，探讨其中蕴含的古典公共传播色彩，发掘内涵的相对“公共性”，探索古代文明中闪现的传播智慧。

三、盘庚迁殷事件的研究意义

“盘庚迁殷”这一事件指的是商代统治者盘庚出于对政治、社会、经济等多方面因素的考虑，决定将国都迁于殷。商代此前已经过数次迁都，所以此决定遭到臣民的强烈反对，全国上下怨气沸腾。面对大臣民众的反对意见，社会民怨四起，商王盘庚临危不乱，果断决绝，分别面对群臣和民众发表了三次“诰喻”，成功地说服臣民，顺利迁都。这一历史事件被记载在《尚书·盘庚》篇中，分为上、中、下篇记录了盘庚的三次讲话内容，上篇和下篇是对群臣的劝告，中篇是面对民众的讲话，完整地记录了迁都的全过程。[②]

目前学术界中对“盘庚迁殷”这一事件的研究主要集中在文学、历史学、社会学等领域。文学方面的研究主要针对《尚书·盘庚》篇，对其中的内容进行译注、解释，研究其文学修辞。如学者李叔华的《读〈尚书·盘庚篇〉札记》对《尚书·盘庚篇》遣词造句、句式语法、释义的研究。历史学主要考究了“盘庚迁殷”的历史原因、迁都地点、具体过程、历史意义等方面，如学者朱光华和杨远的《盘庚迁都史实的文献释疑》便从记载盘庚迁殷

---

① 谢清果、王昀：《华夏公共传播的概念、历史及其模式考索》，《华侨大学学报（哲学社会科学版）》2016 年第 1 期。

② 徐潜主编：《变革与改制》，吉林文史出版社 2013 年版，第 6–17 页。

的文献对勘分析入手，考证“迁殷”“治亳”二说的源流，提出了盘庚“一世二迁”之说。学者李民在《盘庚迁都新议》中也是从历史学的角度，通过对文献和史料的研究，探讨“始迁至亳”这一段历史。社会学主要研究事件所反映的社会和阶级形态，如学者聂玉海的《试谈〈尚书·盘庚〉中的“众”》和学者胡伟的《试析〈尚书·盘庚〉篇中的民本思想》均是透过“盘庚迁殷”事件洞察商代社会中的民众地位、民本思想。

从传播学的角度看，盘庚面对臣民对迁都的不同意见，坚持自身观点，通过“诰喻”这一带有公共演讲色彩的传播形式，说服群臣、贵族与民众，最后达成社会共识，成功迁殷，是一个典型的传播事件。

传播学界中也曾有学者对“盘庚迁殷”事件进行过传播学的解读。例如学者朱至刚在其《〈盘庚〉别传——对一个上古文本的传播学解》一文中运用传播学的研究范式，通过对《尚书·盘庚》文本的解读，从社会背景、传播情景、传播内容和技巧等方面分析了盘庚改变民众意见、达成说服效果的传播过程，总结出其群众传播和组织传播的双重性质。[①]论述中还紧密结合了当时的社会的传播观念和思想形态，体现了华夏传播研究的特质，由此可见“盘庚迁殷”在华夏传播方面颇具潜力。但总体来看，从传播学角度探讨“盘庚迁殷”事件的研究还是相对较少，还有较大的研究拓展空间。本文将从传播学的角度出发，利用华夏公共传播的研究范式，探讨“盘庚迁殷”中所折射的古典公共传播色彩与传播特点，提供一个审视“盘庚迁殷”事件的新角度。

如今华夏公共传播相关研究还比较少，对“盘庚迁殷”事件的研究又主要侧重在历史、文学、社会和政治等层面，本文所研究的“盘庚迁殷”事件是基于现代公共传播理论内涵，结合中国传统传播理念和历史语境，尝试从公共传播的角度去分析和理解古代中国的传播现象，发掘公共传播在古代中国更多的可能性，对公共传播的历史溯源和理解中国古代社会的传播思想有重要意义。把“盘庚”视为华夏公共传播的一种表现，从公共传播的角度理

① 朱至刚：《〈盘庚〉别传——对一个上古文本的传播学解》，《新闻与传播研究》2003年第2期。

解“盘庚迁殷”中的传播特点，对华夏公共传播和“盘庚迁殷”这一事件的研究而言都是一种拓展。

第二节　华夏公共传播视角下的盘庚迁殷

要从公共传播的视角去研究“盘庚迁殷”，首先就要确定“盘庚迁殷”的传播性质，其次可以通过华夏公共传播的理论和特点去挖掘“盘庚迁殷”事件中所呈现的华夏公共传播色彩及特点。

一、盘庚迁殷的传播性质

上文简单说到“盘庚迁殷”从传播学角度看来是一次典型的传播事件，关于“盘庚迁殷”的传播性质，我们不妨利用拉斯韦尔经典的5W理论来对其进行一个准确的界定。

拉斯韦尔认为传播过程主要由五种基本要素构成，分别是：Who（谁）、Says What（说了什么）、In Which Channel（通过什么渠道）、To Whom（向谁说）、With What Effect（有什么效果）。在“盘庚迁殷”这一事件中，传播者显然就是盘庚，他通过“诰喻”这一传播渠道，向大臣和民众传播迁都的原因、必要性，提出臣民需要服从命令的要求等信息，达到成功说服臣民，迁都于殷这一效果。可见，“盘庚迁殷”事件满足5W的各个传播要素，构成了一个完整的传播过程，具备明显的传播性质，为传播学角度的研究奠定了基础。

表19–1　5W模式下的“盘庚迁殷”

“盘庚迁殷”的5W		
传者	Who	盘庚
信息	Says What	迁殷的原因、必要性
渠道	In Which Way	“诰喻”，演说的形式
受众	To Whom	群臣、贵族、民众
效果	With What Effect	臣民被说服，成功迁殷

二、华夏公共传播色彩

在确定了“盘庚迁殷”事件的传播性质，接下来我们便可以开始论证其华夏公共传播色彩。在上文公共传播定义的论述中，笔者对公共传播内涵和特点进行了一些总结，认为公共传播中传播者具有一定的公共意识，重视公众，在公开环境中发表观点，传播信息，说服广泛受众，以求建构公共意义，形成公共认同的社会效果。由这一内涵出发，“盘庚迁殷”的华夏公共传播色彩可以从以下几方面得到呈现。

（一）传播者的公众意识

公共传播被普遍认为是以公众为对象，关注社会公共利益，传播自身观点以影响公众态度，争取认同的一种传播行为。因此在传播过程中，传播者是否具有公众意识，即是否认识到公众意见的重要性是公共传播的前提。

《礼记·表记》记载有“殷人尊神，率民以事神，先鬼而后礼”，敬畏神灵是夏商政治的基本特点之一。敬神、秉承神意成为夏代和商代早期王权的根本。然而，到了商代中后期，对民的敬畏逐渐替代对神灵的敬畏，统治者开始以民之所需作为治国的依据。“盘庚迁殷”可以说是“民本”思想的第一次充分表现。①

首先，在传播手段上，盘庚选择了公开演讲这一与受众较为接近的传播方式，便能初步表现出盘庚为获得公众认同所做出的努力。其次，在传播内容上，盘庚演说的内容也时刻在显现出其公众意识。例如，《盘庚》上篇中“王播告之，修不匿厥指。王用丕钦；罔有逸言，民用丕变。今汝聒聒，起信险肤，予弗知乃所讼”②，这表明盘庚对旧贵族们散布阻碍迁都的言论了如指掌，说明盘庚对民众的情况十分了解，也说明盘庚对民众意见的重视和顾虑。盘庚清晰地意识到是否能得到民众的支持是迁都是否能成功的关键所在，于是他接下来便说“若网在纲，有条而不紊；若农服田，力穑乃亦有秋。汝克黜乃心，施实德于民，至于婚友，丕乃敢大言汝有积德。乃不畏戎毒于远迩，惰农自安，不昏作劳，不服田亩，越其罔有黍稷”③，这是盘庚利用事实向民众表明旧贵族不能造福于民，只有听从王的旨意配合迁都才是更好的选择，通

① 胡伟：《试析〈尚书·盘庚〉篇中的民本思想》，《殷都学刊》2016 年第 2 期。

② 张思纯：《尚书诠解》，开明出版社 2017 年版，第 95 页。

③ 张思纯：《尚书诠解》，开明出版社 2017 年版，第 95 页。

过表明自身是在为民众谋幸福来争取民心，得到民众的认同。①

从盘庚的传播行为、传播手段和演说内容可以看出，他将迁都一事的决策寄托在民众的态度上，努力争取民众认同，反映出其公众意识较强，对公众的意见、态度十分重视，这也反映了在公共传播中传播者应有的特质。

（二）公共演讲的形式

在泛义的公共传播语境中，修辞技巧与口语能力被认为是公共传播重要的一部分内容，公共传播实际上包括公共演讲以及辩论和会谈能力。② 所以公共演讲这一传播手段正是包含在泛义的公共传播中，是公共传播的研究方向之一。

回到“盘庚迁殷”的传播过程中，面对民众的反对声，盘庚为传递自身的观点，使臣民配合迁都，采用了“诰喻”这一传播方式向群臣和民众说服受众。

《尚书·盘庚》上篇中记载有“盘庚迁于殷，民有不适居，率吁众戚出，矢言曰：‘我王来，即爰宅于兹’……王命众，悉至于庭”③，说的是盘庚决定迁殷的这一消息引起了民众不满，他们纷纷聚集到一起，呼吁众多贵戚大臣们出来，当面陈述意见。盘庚面对这些反对意见，命令大臣们都到朝廷来，发表了第一次告喻，也就是针对贵戚大臣们的面对面的讲话。第二次告喻，便是在迁都之际，针对民众们所发表的。《盘庚》中篇中描述为“乃话民之弗率，诞告用亶。其有众咸造，勿亵在王庭，盘庚乃登进厥民”④，意思是王集合了那些不服从民众，用诚恳的态度、真切的言语说服他们。从这可以了解到当时面对群众的诰喻也是面对面的讲话形式。虽然在下篇中，对第三次诰喻的记载仅用了“绥爰有众”的描述，表示王告诫众人，但是研究学者们普遍认为第三次诰喻的形式也与前两次类似。

根据《尚书·盘庚》中的记载，我们可以发现，盘庚所采取的“诰喻”

① 胡伟：《试析〈尚书·盘庚〉篇中的民本思想》，《殷都学刊》2016 年第 2 期。

② ［美］朱莉娅·伍德：《生活中的传播》，董璐译，北京大学出版社，2009 年版。

③ 张思纯：《尚书诠解》，开明出版社 2017 年版，第 94 页。

④ 张思纯：《尚书诠解》，开明出版社 2017 年版，第 100 页。

是自己作为一个演说者的身份，在公开的场合内面对公众利用言语为主要手段发表自身观点，达成说服的一种传播方式，是接近于公共演讲的形式。虽然与现代意义上的公共演讲存在一定的差异，但是仍可以表现出公共演讲的气质特征。所以从“诰喻”这一传播形式看，“盘庚迁殷”事件符合公共传播的特质。

（三）传播过程的说服与认同

上文提到，早在江小平将公共传播从大众传播中独立出来，提出公共传播学并给公共传播下定义时便说到公共传播是说服受众、引导受众行为的一种传播。学者龚文庠也同样突出“说服”这一特点，认为公共传播具有强有力的思想灌输和动员公众的功能。因此传播过程中的说服与认同也是公共传播的一大特点。其中包括了传播者的说服动机、说服技巧与过程、受众对观点的认同以及最后说服效果的达成。

从“盘庚迁殷”的传播目的来看，他是为使大臣民众认可自己迁殷的决定，配合迁殷的相关事宜而进行的传播，这便使得其传播从一开始便带有了说服动机。盘庚面对群臣与民众两种身份、地位及思想观念都有着较大差别的受众分别发表了讲话，通过不同的内容进行有针对性的说服。在说服内容上，盘庚采取了各种修辞技巧、语言艺术，从多方面、多角度论述了迁殷的必要性，表示自己迁殷这一决定是为民众利益着想的初衷，动之以情，晓之以理，充分展现了传播过程中的说服色彩。通过这一系列的说服传播，盘庚也最终成功说服了群臣与民众，使得臣民们认可自身观点并配合迁殷的相关事宜，完成了公共意义的建构，达成了传播的社会认同的效果。在“盘庚迁殷”的传播过程中的这些说服与认同的具体表现，也符合了公共传播对说服功能的要求和特点。

（四）小结

“盘庚迁殷”是围绕着“是否迁都”这一公共议题所展开的传播事件，从传播手段、传播者公众意识、传播过程的说服色彩等方面都体现了一定的公共传播特点，但它与现代意义上的公共传播活动仍是有区别的。盘庚传播的受众并不是普及到全社会的人民，而是贵戚、大臣、奴隶主及一般平民阶层，不包括社会地位最低下的奴隶[①]，这使其传播的广泛性和社会性大打折扣。而针对迁都这一公共议题，盘庚选择了公开演讲的形式进行传播，一定程度上跳出了“私人领域”，进入了公共领域的范畴，但是在当时的封建社会中，实际上难以形成真正的公共舆论和公共领域，民众稍有异议便可能面临刑罚处置，所以其公共性也与现代公共传播所要求的公共性有一定差异。所以本文并不是要论述“盘庚迁殷”存在绝对意义上的现代公共传播特质，而是通过其传播过程发现“盘庚迁殷”在多方面呈现出与现代公共传播类似的特性，具有相对的古典的公共传播色彩，进而探讨公共传播在古代可能存在的形态和特点。

三、盘庚迁殷呈现的华夏公共传播特点

从“盘庚迁殷”的传播手段上我们可以发现，盘庚所进行的公共传播偏向公共演讲的形式，在这一形式下，其公共传播最大的特点便体现在其演讲过程中的修辞和说服技巧上。

纵观盘庚面向受众发表的三次演讲，其中包含了丰富的修辞手段和演讲智慧，大大增强了其演讲的说服效果，也使其能凭借三次演讲成功达成社会认同。其中所运用的修辞技巧，总体可以概括为修辞学中所强调的三种修辞手段：人格修辞、情感修辞、逻辑修辞。

（一）人格修辞——以“德”服之

演讲者在演讲过程中所表现的修辞人格是起支配作用的说服手段，是依据一定的修辞情境与修辞目的而构筑起来的演讲者身份与品格的配套，身份带来权威，品格带来说服力。亚里士多德认为的修辞者需要具备三种品格：心地善良、见识多广和道德高尚。而在盘庚所发表的演讲中，其修辞人格更着重在“德行”的塑造。

在古代中国社会中，君王的形象就是“以天为父，以地为母横空出世的大英雄”，统治者的社会职责就是要庇护万民，统治苍生，而只有具备“德”的人才能成为统治者，“德行”是君王能够合理化其权利与职责的关键，无

① 聂玉海：《试谈〈尚书·盘庚〉中的“众”》，《殷都学刊》1986 年第 3 期。

"德"便没有资格担起王的重任。盘庚展现自身的德行在于他对迁殷目的的阐述。盘庚在演讲中先是提到商代历任先王顺承民意、保卫苍生的功德，借先王事迹言明本心：迁都是为了使万民摆脱眼前的灾难，安定家园，而这拯救万民的措施对民众而言就是犹如再生父母般的"大德"。①

在树立起自身的道德形象后，盘庚便对受众的德行进行了强调。在面对贵戚大臣时，训斥他们在灾难威胁之下仍向民众散布不实信息，扰动民心，阻碍迁都是失德败坏的拙劣行为，要求他们去除私心，为民着想，积德行善；在面对民众时，盘庚也是拿出了先祖的名号，强调先王和民众的祖先们曾经同心同德，令国家长治久安。而如今民众在迁都这件事上对君王的质疑和反对已经是失德的表现，而这样失德的臣民将会面临祖先的惩罚。盘庚通过斥责臣民的"失德"行为，站在一个道德制高点对臣民实施了心理压制，也侧面反映了自己为苍生万民谋福祉的品德。

盘庚通过一番论述，成功地构建了一个被人们普遍接受的，具体表现为"统治者庇护万民，万民服从统治者"的道德框架，让自己迁都的决定在这个道德框架内显得合理，使人们认识到迁都的目标对他们有利。盘庚在说服过程中，不仅塑造了自己爱民如子、德行高尚的修辞人格，还对受众的品格进行了批判和强调，更进一步加深了自身的"德行"形象。盘庚在建构修辞人格时对德行的重视和对"君君臣臣"道德标准的强调，符合了当时的社会文化现状，也体现了浓厚的中国传统文化色彩。盘庚在修辞人格这方面的成功构建，也使得他的说服力大大增强，为整个公共传播过程达到预期的目标埋下了成功的种子。

（二）情感修辞——恩威并施

在演讲说服过程中，巧妙地利用受众的情感是另一种重要的修辞手段。从盘庚面对民众发表的演讲中可以看出，情感这一修辞手段上的特点为具备温情和恐惧双重情感攻势，恩威并施。

《尚书·盘庚》中篇说到"盘庚作，惟涉河以民迁。乃话民之弗率，诞

① 王宝琳：《尚书现代版》，上海古籍出版社 2003 年版，第 110 页。

告用亶。其有众咸造，勿亵在王庭，盘庚乃登进厥民”[①]。此处意为盘庚为了说服那些不愿意跟随他迁都的民众，将他们都聚集到了王庭，向他们发表了一次庄严又诚恳的讲话。刚开始，民众们到达后都毕恭毕敬的，不敢靠近王庭。于是此时盘庚登上了讲坛，让民众都往前靠。[②]“进厥民”这一举动看似寻常不经意，实际上却已经开始影响民众的心理。从民众不敢靠近王庭可以看出民众起初是畏惧的，心理处于防御状态。而作为君王应该是威严而疏远的，但是盘庚却让民众更靠近他一点，这就展现出其亲民形象，传递出盘庚与民同在的心意，通过缩短物理距离从而缩短双方的心理距离，同时也能表现出诚恳真心的一面，民众便开始放下心理防备，接受盘庚进一步的情感攻势。于是接下来盘庚便针对迁都一事真情流露、语言恳切地言明本心，例如：“殷降大虐，先王不怀厥攸作，视民利用迁。汝曷弗念我古后之闻？承汝俾汝惟喜康共，非汝有咎比于罚。予若吁怀兹新邑，亦惟汝故，以丕从厥志。”[③]这里盘庚便提及先祖过去的功德，表示先祖先王过去也是为了民众的安危利益着想才放着修好的宫室都邑不住而屡次搬迁，如今自己不是不照顾民众的意愿强行迁都，而是一样心系万民利益，想方设法地为大家找到一个安定无虞的生活环境，完全是为了民众的利益着想，为了从此以后满足民众更大的意愿。[④]此番话将建朝以来屡次迁都的目的阐明，表示先王及自己的一切心愿都是为了民众好，表现出了盘庚的用心良苦，使民众更加体会到盘庚庇护万民的恩德，从而使民众对迁都一事的态度从厌恶转向感激。

在完成了温情诉求后，盘庚便通过恐惧诉求，借助“神灵降罪”的说法进一步动摇民众，使其彻底服从命令。像“故有爽德，自上其罚汝”“……汝有戕则在乃心！我先后绥乃祖乃父，乃祖乃父乃断弃汝，不救乃死”“乃祖乃父丕乃告我高后曰：‘作丕刑于朕孙！迪高后丕乃崇降弗祥’”等等话语都在告诫民众如不听从君王的命令，存在恶念，阻碍迁都，就是失德之人，而失德

① 张思纯：《尚书诠解》，开明出版社 2017 年版，第 100—101 页。

② 王宝琳：《尚书现代版》，上海古籍出版社 2003 年版，第 115 页。

③ 张思纯：《尚书诠解》，开明出版社 2017 年版，第 100—101 页。

④ 王宝琳：《尚书现代版》，上海古籍出版社 2003 年版，第 115 页。

之人将不再受到先祖庇护，甚至会迎来先祖降罪，受到刑罚和恶报。[①] 这些话在当时的封建、迷信的社会文化环境下可以说具有强大的威力。尽管商代后期对神灵的重视程度有所减弱，但是普遍民众还是十分敬畏神灵，且君王被认为是受天命委任的天子，所以这一套神灵惩罚的说辞从盘庚的口中说出来时，会对民众的心理会造成强烈冲击，使其产生恐惧心理。民众惧怕受到先祖的降罪和君王的刑罚，便会服从王命，配合迁都。

盘庚在情感修辞上实施这种恩威并施的说服手段与君王的身份相匹配，先以真诚动人再以神灵使民众有所畏惧，掌握了受众的各种心理特征从而能够逐一击破，充分体现其传播智慧。盘庚作为帝王，面向受众时采取这种恩威并施的手段，也反映出传播者与受众的身份地位差异，体现了古代中国社会中根深蒂固的等级差异。

（三）逻辑修辞——晓之以理

修辞学强调的三种修辞手段的最后一种便是逻辑修辞，即指演说内容中的内在逻辑和理据，属于理性诉求。盘庚在说服臣民配合迁都时，其内在逻辑和理据主要体现三点：一是贵戚大臣应该爱民忠君。官员只有真正为民众谋幸福，才能得到重用，只有与君王同心协力，国家才能得到治理。二是百姓应该服从王命。百姓的祖先们便已跟随盘庚的先祖，如今也应该安守本分服从王命，才能安定地生活，否则就会受到祖先怪罪、责罚。三是迁都是为了救民，是为了安定国家，保全民众利益，是君王莫大的恩德。所以从自身利益着想，臣民都不应该反对迁都。官员们要做到忠君爱民就需要配合迁都，为民众利益着想，拯救万民；民众要服从王命并从自身利益出发也应该服从迁都的命令。这三点理据通过具体论证紧密联系起来，形成演说的内在逻辑思路，对受众产生理性说服作用。

从这三大理据还可以发现，盘庚演说内容的逻辑性有一个特点，那便是“理”是建立在“德”之中，且是有等级有区分的“德”。前面先提出臣民的道德规范以形成一种思维约束，再言明迁都这一决定的本心，将迁都所达到

① 张思纯：《尚书诠解》，开明出版社 2017 年版，第 101—103 页。

的安民利民的效果看作君王的德行，大臣、民众、君王都有相应的道德规范，每个角色都遵守自身的道德规范，最终导向了支持和推进迁都这一结果。

第三节　盘庚迁殷的公共传播模型

综合“盘庚迁殷”传播事件的公共传播色彩和特色，我们可以尝试概括“盘庚迁殷”的公共传播模型用以更好地理解其传播过程和特点：

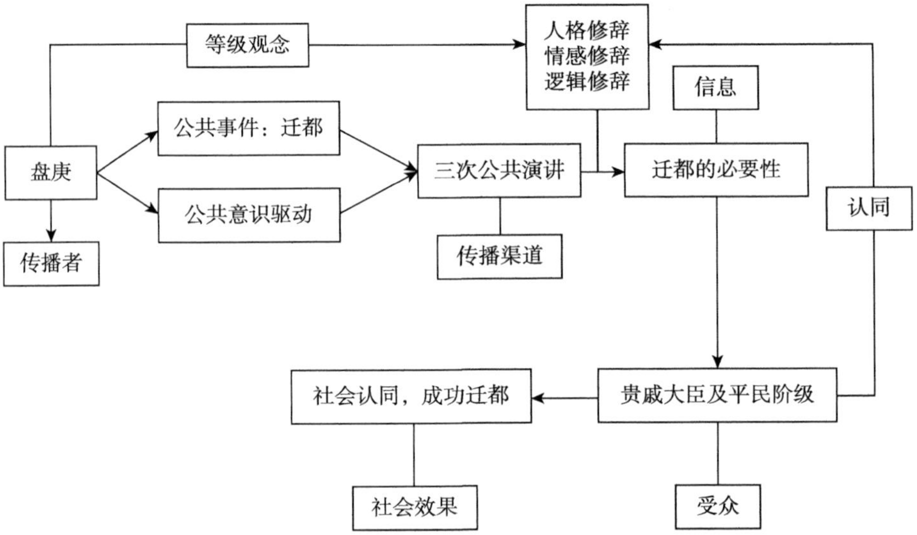

图 19-1　“盘庚迁殷”的公共传播模型

综上所述，“盘庚迁殷”作为一种古典公共传播现象，从它的传播手段、传播渠道、传播内容、修辞手段到社会效果都蕴含了相对的公共传播气质，与西方传播学理论有相互契合的地方。例如盘庚演讲内容的修辞技巧总体可以参照西方修辞学中的修辞手段进行分析，但落实到具体的传播过程和内容时却又不能简单地只用西方传播学的理论解释。如盘庚在进行人格修辞时对自身品德的塑造，对“君君臣臣”道德标准的建构，恩威并施的心理把控，道德化的逻辑论证等传播和修辞技巧都明显反映了当时等级思想和封建制度，这些等级思想和封建制度对传播过程和内容的影响反映了华夏公共传播的一些机制与模式，体现了古代中国的传播思维，也正是华夏公共传播与现代公共传播存在的最突出的差异。所以要更好地体会并理解华夏公共传播，必须将其放在独特的中国古代封建社会情境中。尽管中国古代社会不具备现代公共传播所要求的公共性，但是从先辈们的传播活动来看，古代中国并不缺乏公共传播的意识和手段，也在公共传播上作出了许多的努力，并有了许多宝贵的经验和传播思想结晶，这些都是十分值得我们去研究的。

（冯莹莹　谢清果）

十

华夏舆论传播的机制

第二十章 诗以歌政:《诗经》的华夏舆论传播研究

舆论自古便已存在，中国古代的舆论传播实践中蕴含着中国人的传播智慧。对华夏舆论思想的研究既可探寻中国古代政治思想，又可分析今日中国舆论传播机制如何成型；既可鉴古，又可观今。本章从拉斯韦尔的5W传播模式入手，站在中国本土的立场，结合西方的传播理论，建立出华夏舆论传播的5W模型。并利用中国古代舆论传播实践的代表——《诗经》来解析模型，同时为有关《诗经》的研究提供新的视野。

第一节 华夏舆论传播与《诗经》

自尧舜时代，舆论便已存在。华夏五千年文明中有着深刻的舆论传播观念与丰富的舆论传播实践，而《诗经》就是有关华夏舆论传播的经典案例。

一、华夏舆论传播的文献回顾

何为“舆论”?“舆论”一词起源于现代西方的“public opinion”（公共意见）一词。1762年，雅克·卢梭在《社会契约论》一文中首次提出“舆论”的概念，从此舆论的地位不断被强化。李普曼认为舆论是“民主政体的原动力”[①],哈贝马斯又扩大了舆论的范围——“公众舆论既不受制于公众讨论的规

① 〔美〕沃尔特·李普曼:《舆论学》，林珊译，中国人民大学出版社1984年版，第197页。

则或其表达形式，也不一定非得关注政治问题或向政治权威发言”[①]，而马克思把舆论看作“一般关系的实际的体现和明显的表露”[②]，舆论被认为是一种强大的力量。

回归华夏文明，何为“舆论”？胡钰指出，先有“舆”，再有“舆人”，终有“舆人之论”[③]。何为“舆”？《说文解字》有云“车舆也，从车舁声”[④]，“舆”始作“车厢”解。何为“舆人”？《周礼·考工记·舆人》言“舆人为车”，“舆人”即为造车匠，也引申指代与坐车官吏相对应的一般百姓，“舆者，众也”，“舆人”即为众人。何为“舆人之论”？“舆人之论”也就是“众人的议论”，即“舆论”[⑤]。中国古代的舆论传播实践，就是舆论的传播主体——公众，将言论发声传递给舆论的接收方——上层建筑，上层建筑会根据舆论做出一定反应——古典社会制度形成，社会整体结构变迁。[⑥]

纵观华夏文化上下五千年，自尧舜时代，舆论便已出现在华夏文明之中。“敢谏之鼓”“诽谤之木”，皆为尧舜时期华夏舆论存在的标志。伴随文明演进，商周的采诗观风制度、春秋的百家争鸣思潮、秦汉的士族“清议”现象、魏晋南北朝的“清谈”舆论抵抗……[⑦]，在华夏文明悠长的历史长河中，舆论一直以各种不同的形式影响着治国理国之策。可以说，中国古代的国家政策分为两类：一类是将舆论当作有关民情的建议纳入考量而建立政策；另一类则是为了鼓励或压制舆论而建立的集权制度。舆论，或是作为辅助建立、完善国家政策的工具，或是作为古代上层建筑建立政策的针对对象，推动了华夏文明的演进。因此，无论是探寻中国古代历史，还是探讨华夏传播观念，对舆论的分析研究都是不可忽视的一部分。同时，通过回溯华

① ［德］哈贝马斯：《公共领域的结构转型》，曹卫东等译，学林出版社 1999 年版，第 291 页。

② 中共中央马克思恩格斯列宁斯大林著作编译局：《马克思恩格斯全集（第 1 卷）》，人民出版社 1956 年版，第 237 页。

③ 胡钰：《新闻与舆论》，中国广播电视出版社 2001 年版，第 107—108 页。

④ 许慎撰，徐铉校，王宏源新勘：《说文解字（现代版）》，社会科学文献出版社 2005 年版，第 806 页。

⑤ 韩运荣、喻国明：《舆论学原理、方法与应用》，中国传媒大学出版社 2013 年版，第 43—44 页。

⑥ 谢清果编著：《华夏文明与舆论学中国化研究》，九州出版社 2018 年版，第 5 页。

⑦ 谢清果编著：《华夏文明与舆论学中国化研究》，九州出版社 2018 年版，第 6—8 页。

夏舆论传播，也有利于探究当代中国舆论传播机制是如何成型的。对华夏舆论传播的研究可观古，亦可鉴今，因此无数学者从传播学、舆论学、历史学等多种角度对华夏舆论传播进行了分析探讨，学术成果颇丰。

目前，有关华夏舆论传播的研究主要分为如下几类：首先，以华夏文明为基础、以西方较成熟的传播学理论为框架，建立起较为全面的以中国本土为特色的舆论传播学，从理论的角度较为完备地探讨华夏舆论传播的主体、客体、功能等等。其中包括陈力丹的《舆论学：舆论导向研究》，既总结了权威学者们的学术研究成果，又“以较强的舆论学学术架构面对中国的实际问题”，“提供了系统的关于舆论导向的理性认识，并以各种舆论引导方式进行了多学科的分析”。杨华曾对此书评价道：“相关研究汗牛充栋，但水平超出此书的寥寥无几。”[①] 这部分的研究还有谢清果、钟海连的《华夏文明与舆论学中国化研究》，刘建明的《舆论传播》等等。其次，专门聚焦于华夏舆论传播的发展历史，研究中国各个朝代或某个特定朝代的舆论传播形式和上层建筑管控的强度，从历史学的角度探讨舆论在华夏五千年文明中的体现与作用，如张玉霞的《中国古代的舆论与政治》、李治安的《元代政治制度研究》等。再次，很多学者以中国古代的某个历史现象或历史事件为出发点，以案例的形式探讨华夏舆论传播学，如田素美、谢清果的《舆论学视角下的汉代“月旦评”探析》，杨文韬、高恒天《中国古代“民律官”的三种模式及其借鉴意义》等文章。这部分研究用我国古代的舆论实践作为理论建立的基础，聚焦于最微观的层面。最后，由于新闻事业的兴起与新闻舆论的重大影响力，目前针对舆论的研究中的大半都以新闻舆论为主题，通过探讨新闻的舆论影响与新闻中的舆论监督，来进一步完善新闻舆论机制，如胡钰的《新闻与舆论》、林语堂的《中国新闻舆论史》等。

在已有研究中，学者或是从宏观层面建立中国本土的舆论理论体系，梳理华夏舆论传播的发展历史，或是从微观层面用案例探析舆论，探寻我国古

① 杨华：《传媒甘肃：文化思考与资源开发》，甘肃人民出版社 2015 年版，第 95 页。

代的新闻舆论机制。学术成果大多以西方理论作框架，缺乏属于我们自己的理论变革与创新。因此，本文希望在西方传播理论的基础上，通过变革与创新，建立起有中国本土特色的华夏舆论传播理论。并通过建立理论模型，较为全面地分析华夏舆论传播这一中国古代的特色传播现象。模型的解剖需要案例的辅助，在中国古代丰富的舆论案例中，本文选择《诗经》这一古老但极具舆论传播学色彩的经典作为研究案例，对模型进行辅助说明。

二、《诗经》的舆论传播观

《诗经》是中国最早的一部诗歌总集，编成于春秋中叶，收集了包括西周初年到春秋中叶约五百年间的诗歌，共 305 篇，先秦称为《诗》或《诗三百》[①]。西汉时期，《诗》被尊为儒家经典，开始称作《诗经》。《诗经》中大部分为百姓们在乡间传唱的闾巷歌谣，采诗官深入民间将歌谣搜集挑选，整理后交给音乐之官——太师谱曲，并由太师演唱给周天子听，作为施政的参考。[②]闾巷歌谣之外，《诗经》中也有一部分是士人阶层的议论，正如谢清果和王昀在《华夏舆论传播的概念、历史、形态及特征探析》一文中提到陈力丹所谓的“传统社会的舆论通常不处于哲人们的主要视野内”[③]、“古代舆论不必过度讨论”这样的观点有失偏颇，是因为“古代在上层建筑内部，以知识精英为主体的社会话语运动”[④]也占了很大且很重要的一部分。《诗经》中所包含的士人阶层的歌谣就证明了这一观点。舆论的传播主体——乡间百姓和士人大夫，将言论发声传递给舆论的接收方——上层建筑周朝天子，周天子根据舆论做出一定反应——儒家影响下的民主主义舆论观形成。《诗经》是华夏舆论传播的典型范例，是中国先秦舆论建构的感性表达。

目前，有关《诗经》的舆论传播研究主要分为如下几类：首先，宏观维

---

① 刘雪涛：《中国通史大讲堂》，中国华侨出版社 2017 年版，第 68 页。

② 台湾中国文化大学、中华学术院、中华百科全书编纂委员会：《中华百科全书》，台湾中国文化大学出版部 1983 年版，第 307 页。

③ 陈力丹：《舆论学：舆论导向研究》，中国广播电视出版社 1999 年版，第 3 页。

④ 谢清果、王昀：《华夏舆论传播的概念、历史、形态及特征探析》，《现代传播（中国传媒大学学报）》2016 年第 3 期。

度上从舆论传播学视角研究歌谚，如向德彩的《民众意识抑或舆论话语——民谣的民众性论析》、侯珊珊的《古代民谣作为舆论的特点分析》等。由于《诗经》中有大量民谣歌谚，因此这类文章中往往会提及《诗经》，但《诗经》只是他们论述中的一小部分。其次，微观层面聚焦于某一经史典籍，将其中的歌谚作为案例进行研究探讨，如王宁宁的《试论〈左传〉中的民谣歌谚》就以《左传》为聚焦对象、张庆民的《中古小说中的谶谣研究》就以《史记》《三国志》等华夏经典名著为探寻主体。在这类学术成果中，以《诗经》为案例研究的并不多，主要有谢清果、钟海连《华夏文明与舆论学中国化研究》一书中的第六章"学《诗》立身：先秦士人的舆论媒介"，潘祥辉《"歌以咏政"——作为舆论机制的先秦歌谣及其政治传播功能》和苏亦工《美刺传统今何在——新媒体时代的舆论监督与社会批评》等。最后，有关《诗经》的舆论传播研究中有一部分关注的是更加微观的"采诗观风"的舆论传播渠道，对这种舆论传播机制进行仔细分析探索，如诸雨辰的《〈诗经〉"采诗观风"制度说》、梅显懋的《周代"采诗观风"制考伦》等。

总结来看，与《诗经》舆论传播有关的研究，一部分十分宏观，《诗经》只是其论述的一部分；一部分则聚焦最微观，只关注到了《诗经》中"采诗观风"的传播渠道。真正以《诗经》为案例研究华夏舆论传播的学术成果并不多见：谢清果、钟海连《华夏文明与舆论学中国化研究》中的第六章"学《诗》立身：先秦士人的舆论媒介"主要从《诗经》的舆论载体本质、《诗经》的舆论文本体现和《诗经》的后世再创造三部分出发，阐述《诗经》作为古代舆论场的意义与价值[①]；潘祥辉的《"歌以咏政"——作为舆论机制的先秦歌谣及其政治传播功能》是以先秦歌谣的特征与分类为起始点，进而从传播学的视角探讨先秦政治歌谣的舆论学特征与政治传播功能，并提出了"歌以咏政"这一有关"歌舆"的新论述[②]；苏亦工的《美刺传统今何在——新媒体时代的舆论监督与社会批评》则主要从"美""刺"这两种诗歌功能出发，借

① 谢清果编著：《华夏文明与舆论学中国化研究》，九州出版社2018年版，第98—108页。

② 潘祥辉：《"歌以咏政"：作为舆论机制的先秦歌谣及其政治传播功能》，《新闻与传播研究》2017年第6期。

助对《诗经》中歌谚的艺术手法的解析，来研究《诗经》开启的“诗教”传统[①]。上述学术研究都从歌谚本身出发，以小见大，来探讨《诗经》舆论传播，而本文则更倾向于从华夏舆论传播的角度入手，以大见小，将《诗经》作为案例来佐证华夏舆论传播的机制，将歌谚的研究融入理论模型中，成为模型的一个板块。

如此，以《诗经》为案例研究华夏舆论传播不仅可以佐证理论模型的准确性与价值，完善有关华夏舆论传播的研究；同时也是从新的视角探析了《诗经》，让有关《诗经》的研究跳出歌谚本身，拥有新的研究维度、新的研究思路与新的研究视野。

第二节　华夏舆论传播的 5W 模型建构

正如前面提到的，中国古代的舆论传播是一个较为完善的传播机制，其中包含有作为传播主体的公众议论发声、作为传播接收方的上层建筑、作为传播渠道的媒介和能够体现传播效果和反馈的古典社会制度。为建立一个较为完善的理论模型，笔者以经典的拉斯韦尔 5W 传播模式作为理论框架，在此基础上进行改革与创新，以期建立一个符合中国本土特色的华夏舆论传播理论模型。

一、拉斯韦尔的 5W 传播模式

1948 年，美国学者 H. 拉斯韦尔在《传播在社会中的结构与功能》一文中首次提出了构成传播过程的 5 种基本要素，他认为这 5 大要素构成了传播过程，形成了著名的拉斯韦尔 5W 传播模式。这 5 个 W 分别：Who（谁）、Says What（说了什么）、In Which Channel（通过什么渠道）、To Whom（向谁说）、With What Effect（有什么效果）。拉斯韦尔认为这五大要素及其相互作用可以用一个模式显示出来：

① 苏亦工、Sang Qiubo：《“美刺”传统今何在——新媒体时代的舆论监督与社会批评》，《孔学堂》2015 年第 2 期。

图 20-1 拉斯韦尔的 5W 传播模式

这个模式简明清晰，是传播过程模式中的经典。此外，它还奠定了传播学研究的五大基本内容，即“控制分析”“内容分析”“媒介分析”“受众分析”以及“效果分析”[①]。

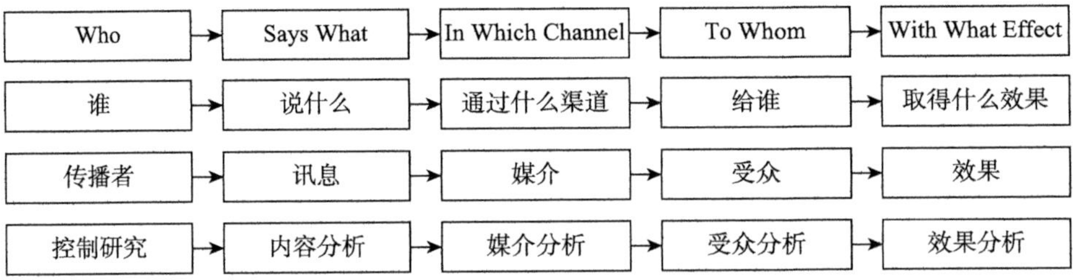

图 20-2 拉斯韦尔通过 5W 模式奠定了传播的五大研究板块

但是拉斯韦尔的 5W 传播模式有一定的局限性：首先，他忽略了传播过程中的反馈机制，即 5W 模式未能揭示传播的双向互动性质；其次，他忽略了外部环境在传播中的作用，即噪音的存在；最后，将传播划分为五个部分，忽略了传播行为的复杂性，忽略了五部分相互之间的关联。[②] 在此基础上，施拉姆、香农等著名传播学者都对传播模式进行了修正与完善，有关传播 5W 模式的模型日益完善。

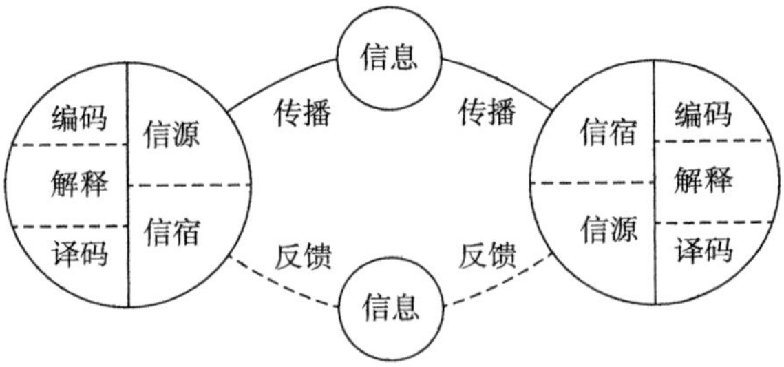

图 20-3 施拉姆将反馈纳入考量的传播模式

① 李彬：《传播学引论》，新华出版社 1993 年版，第 18—19 页。

② 徐汉文：《公共关系理论与实务》，中国科学技术出版社 2007 年版，第 93 页。

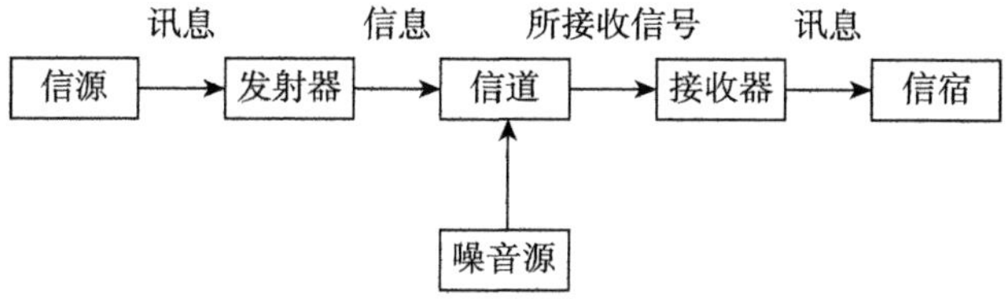

图 20-4　香农将噪音纳入考量的传播模式

无论是拉斯韦尔的 5W 传播模式，还是施拉姆和香农对模型的完善与扩展，这些理论模式的提出都是针对狭义的大众传播。厦门大学黄星民教授的《大众传播广狭义辩》一书曾对大众传播的广义狭义做出阐述，总结来说：广义大众传播与狭义大众传播的区别就在于传播过程中是否使用机器媒介。上述西方理论模型皆建立于古登堡发明活字印刷术之后，属于狭义的大众传播；而华夏传播则自古就有，无须机器媒介的参与，属于广义的大众传播。[①] 因此上述西方狭义的大众传播模型不能完全适用于我国古代广义的大众传播，但是有一定的借鉴价值。华夏舆论传播作为华夏传播研究的一部分，自然也属于广义的大众传播，在此基础上，笔者建立了符合中国本土特色的华夏舆论传播的 5W 模式。

二、华夏舆论传播的 5W 模式

结合作为传播主体的公众议论发声、作为传播接收方的上层建筑、作为传播渠道的媒介和能够体现传播效果和反馈的古典社会制度，笔者建立起华夏舆论传播的 5W 模式。

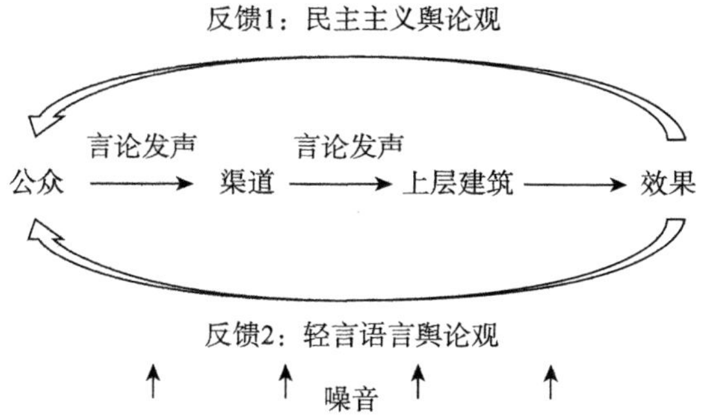

图 20-5　华夏舆论传播的 5W 模式

① 黄星民：《大众传播广狭义辩》，《新闻与传播研究》1999 年第 1 期。

1．Who（谁）——公众

在华夏舆论传播的研究中，舆论的发出者主要是公众。公众又分为两类：乡间百姓和知识精英。乡间百姓的言论往往以歌谚的形式传递，通过歌谣和谚语将褒贬不一的议论甚至是有关政治预言的谶纬融入其中。而知识精英的发声则主要体现在清谈、清议的观点表达方式之中或是言谏、劝谏的进言形式之中。

2．Says What（说了什么）——言论发声

民间百姓吟唱的歌谣和代代相传的谚语、知识精英的清谈清议方式和言谏劝谏制度，还有自古至今不断发展的新闻舆论，都是华夏舆论传播中言论发声的形式。[①]这些舆论发声的方式虽然各有特色，但内容上存在共通之处。从内容来看，言论发声的主要类型有四种：

（1）歌颂赞美型。以对忠臣、君主的颂扬为主题，通过歌颂他们的战功、政绩等来为上层建筑的统治提供舆论支持。

（2）客观叙述型。如我国古代的出版舆论中，官方通过官报、官榜等方式发布消息、传达政务，官报中传达的皇帝诏曰都是以客观的形式进行信息的传达；还有“系天下之事，亦任天下之责”[②]的“丞相、御史大夫以及隋唐以后的翰林学士及其他朝廷重臣”[③]，他们以咨询顾问、谏正违失的方式，通过客观陈述君王得失的方式来劝谏君王，以期君王继续优良的统治作风，或是更正自己有失偏颇的行为。

（3）批判讽刺型。这占了舆论内容的绝大部分，舆论之所以广泛存在，大多因为公众对上层建筑存在不满而又没有正规途径传递想法，大家只能聚集议论，当议论的声音渐渐加强，舆论由此产生。如民间歌谚，就是“以诗歌体裁发端”[④]的一种公众舆论批评形式，民间百姓们将对上层建筑的意见融进朗朗上口又极易传播的歌谣和谚语之中；再如古代的民间小报、小本常常

① 谢清果编著：《华夏文明与舆论学中国化研究》，九州出版社2018年版，第11—13页。

② 黄公渚选注：《欧阳修文》，崇文书局2014年版，第128页。

③ 曾坚、李雪华：《中国古代言谏制度探究》，《河北法学》2006年第6期。

④ 林语堂：《中国新闻舆论史》，暨南大学出版社2011年版，第16页。

会进行时政批评，但是由于中国古代中央集权制度的存在，民间的时政批评往往受官方压制。

（4）预言型。这是中国古代极具特色的一种舆论传播内容类型。预言型的舆论通过语言来表达神秘内容，用言论来预言未来的人事祸福和政治吉凶成败，谶纬之学由此而生。这种舆论类型常出现在民间谣谚之中，但往往传达的是一种对当局政治的诅咒。

3. In Which Channel（通过什么渠道）——舆论传播渠道

中国古代舆论传播的渠道从宏观上看主要有三类：通过口耳相传、通过新闻媒介、通过建立制度。所谓口耳相传，歌谚的吟唱与流传就是最典型的范例。因为歌谣的通俗和谚语的易懂，所以歌谚往往有着传播空间范围广，传播时间跨度长的特点。所谓新闻媒介，主要就是特指出版舆论的形式。从隋唐宋时期小报、边报、榜文等多种出版形式的出现，到元代邸报机制的完善，新闻媒介的传播范围往往比歌谚更加大，而纸质的载体也使得传播的准确性要比口语传播的准确性更高。而所谓制度的建立就是指上层建筑为收集舆论特别设立的传播渠道，如周朝的采诗观风制，还有“兴于汉、发展于唐、衰减于宋、终结于明”[①]的言谏制度等。上层建筑建立收集舆论的政治制度，又增设收集舆论的官位媒介（如言谏官），拓展了广开言路的渠道，完善了中国古代的舆论传播模式。

4. To Whom（向谁说）——上层建筑

华夏舆论传播模式中的传播接收方是上层建筑，大多数情况下都是君主或是帝王。

5. With What Effect（有什么效果）——效果

舆论传播产生的效果体现为上层建筑对舆论的采纳程度与满意程度。采纳程度体现为上层建筑对舆论内容的反馈，即其到底会不会根据舆论改变自己的行为；满意程度则体现为上层建筑对舆论形式的反馈，即其会选择继续积极地广开言路还是会选择管控压制舆论。所以舆论作用在上层建筑后产生

---

① 李青:《中国古代言谏制度初探》,《国家行政学院学报》2014年第4期。

的效果会影响上层建筑对待舆论的态度，会影响到反馈的机制。

6.反馈——民本主义舆论观与轻言主义舆论观

中国古代上层建筑对待舆论的观念主要分为民本主义舆论观和轻言主义舆论观两种。

民主主义舆论观强调得民心，思想渊源来自儒家对“人心”与“民意”的强调。儒家认为得民心者得天下[①],政权的维持需要依靠天意与民意。因此，这种舆论观强调积极主动广开言路，侧重于社会舆论的开放。但是儒家思想下的民主主义观过于注重道德和民意的作用而缺乏实用效验，皇权统治者在这样的舆论观引导下常会产生面对道德压力和舆论非议的恐慌情绪，这促使他们本能地试图压制舆论，降低负面风险。[②]

而轻言主义舆论观则以韩非子的法家思想为首，提议“太上禁其心，其次禁其言，其次禁其事”[③]的统治哲学，提倡以“禁”的方式巩固中央集权的统治。虽然这种舆论观轻视人伦道义，但是中国古代的统治者为了巩固集权，往往会参考这种舆论观的指导，“以传媒管制为手段的舆论管理机制”[④]逐渐成形。

总结来看，虽然民主主义舆论观与轻言主义舆论观的出发点完全不同，一个为了放宽舆论，另一个为了压制舆论，但是最终两者都渐渐体现为对舆论的加强管控。所以，这两种舆论观并非对立关系，而是一直混合贯穿于中国古代的舆论历史之中，统治者们也一直在努力寻找两者之间的平衡。如：汉朝建立了符合集权政治的御史监察制和谏议大夫，将其作为舆论传播的渠道，从而“既可以规避儒家的舆论思想中不注重实用效验力量的弊端，同时又可以规避法家的舆论思想轻视人伦道义力量的弊端”[⑤]。

民主主义舆论观和轻言主义舆论观虽然并不矛盾，但是从历史维度上来看，对舆论的管制呈现出逐渐严厉的态势：尧舜时期舆论决定社会管理，庶

① 孟轲:《孟子》，时代文艺出版社2008年版，第71页。
② 谢清果:《华夏传播学引论》，厦门大学出版社2017年版，第283—284页。
③ 赵沛注说:《韩非子》，河南大学出版社2008年版，第412页。
④ 倪琳:《现代中国舆论思想的兴起与演变》，上海交通大学出版社2017年版，第175页。
⑤ 倪琳:《现代中国舆论思想的兴起与演变》，上海交通大学出版社2017年版，第173—175页。

民通过“敢谏之鼓”“诽谤之木”发表政见，“听庶民之言而从之”被看作大吉大利的征兆；汉魏时期清议介入政治生活，上层建筑以清议作为选用官吏的标准，魏文帝利用清议制度制定了九品中正制，舆论一定程度上削弱了古代专制；唐宋时期建立起的“集议、谏议、封驳、转对、求言、上书、伏阙”等多种民意制度再一次使得言路大开、政治清明，但自宋哲宗时期开始，专制政权开始加强，中央集权的管制使得民间舆论大量减少；明清时期专制进一步加深，政府重视拉拢精英人士，对知识精英进行严格的思想控制，文字狱出现，民众言论自由被严格镇压。[①]民主主义舆论观向轻言主义舆论观的逐渐转变，体现了中国古代历史中上层建筑对舆论的反馈的变革。

7. 噪音——意义编码与解码的模糊性

在整个华夏舆论传播的体制之中，意义编码与解码的模糊性和渠道媒介本身的误差造成了噪音。传播过程中，公众对舆论的编码与上层建筑对舆论的解码之间存在噪音；反馈过程中，上层建筑对反馈机制的编码与公众对反馈制度的解码之间也存在噪音。而且由于渠道媒介本身特点的限制，信息的传递也可能会产生误差，比如歌谣的口耳相传在传播范围扩大时必然使得信息存在偏误，再比如说小报、小本这样的纸质媒介自身脆弱、不易保存，也会使得信息的传递存在失误。所以，噪音存在于中国古代舆论传播的全部过程之中。

第三节　《诗经》舆论传播的 5W 模型考察

理论模型的提出必然需要案例的辅助，正如前面提到的，《诗经》是一种古老且极具舆论特色的中国古代舆论传播实践。《诗经》，以乡间百姓和作为知识精英的士人大夫为传播主体，以其运用了赋、比、兴表现手法的议论发声为传播内容，以采诗官的采集和太师的吟唱为传播渠道，以上层建筑周朝天子为传播接收方，以周天子根据舆论所制定的社会制度及其对舆论的包容态度为传播效果与反馈的机制，《诗经》是华夏舆论传播的典型范例。

① 张玉霞：《中国古代的舆论与政治》，《新闻爱好者》2006 年第 12 期。

一、传播主体——乡间百姓和士人大夫

“在泛指的意义上，歌谣可以作为一个通称，指在广大人群中口头传唱的歌曲，它既包括民歌、民谣，也包括士大夫或官方制作的乐歌。”① 在《诗经》中，没有记录姓名的民间作者的作品，占据诗经的多数部分，其余部分则由周朝的贵族文人创作。

表 20-1 《诗经》创作者一览表

- 诗经
  - 《风》——“十五国风”——皆由民间百姓所作
  - 《雅》
    - 《大雅》——贵族文人
    - 《小雅》——部分为民间百姓
  - 《颂》——君王、贵族文人、民间百姓

诗经分为《风》《雅》《颂》三篇。其中《风》篇中的“十五国风”即为十五个地方的民歌，皆由民间百姓所作，作者不详，但都脍炙人口。而《雅》篇则分为《大雅》和《小雅》。《大雅》的作者是贵族文人，“主要歌颂周王室祖先乃至武王、宣王等之功绩，有些诗篇也反映了厉王、幽王的暴虐昏乱及其统治危机”②;《小雅》中有一部分为类似于《风》篇的民歌，作者为民间百姓。《颂》篇中则多为宗庙祭祀之乐，有一部分是舞曲，《颂》篇的作者中有君王，有贵族文人，也有不知姓名的无名氏。由于舆论是“众人的议论”，因此君王个人的言论并不能称为舆论，所以抛去“君王”这一类作者，《诗经》中的作者就由不知姓名的乡间百姓和作为知识精英的士人大夫组成。

二、传播内容——采用“赋比兴”手法的“风怨谶”

《诗经》中的《风》《雅》《颂》三篇在内容上各有特色。《风》篇出自民歌，“有对爱情、劳动等美好事物的吟唱，也有怀故土、思征人及反压迫、反欺凌的怨叹与愤怒”③。其中《关雎》《桃夭》《硕鼠》《蒹葭》都是脍炙人口的名篇。《雅》篇中《大雅》主要是祈丰年、颂祖德，但也写出了一些反映人民愿望的讽刺诗，包括《文王》《民劳》等。《雅》篇中的《小雅》中有部分民

---

① 潘祥辉:《华夏传播新探：一种跨文化比较视角》，复旦大学出版社 2018 年版，第 194 页。

② 孔丘编订:《中国古典名著百部藏书 · 诗经》，云南人民出版社 2015 年版，第 295 页。

③ 邹博主编:《百科知识全书 · 中国卷》，线装书局 2011 年版，第 3 页。

歌，如《采薇》和《鹿鸣》。而《颂》篇中则大多为宗庙祭祀之歌，比较出名的有《维天之命》《噫嘻》等。

但是《诗经》中的《风》《雅》《颂》三篇并不都是舆论歌谣。比如《关雎》《蒹葭》中对爱情的吟唱就并不算是舆论的一种。因此借鉴吕肖焕和潘祥辉对歌谣的分类，我们可以将《诗经》中的舆论歌谣划分为三类："为周王统治的合理性寻求神学的支持，并借助于上帝的权威以慑服臣民，以永保周王之天下"的颂谣；以批判为主，讽刺贵族阶级的怨谣；"把谶的神秘性、预言性与谣的通俗流行性结合起来的"具有预言性，尤其是具有政治诅咒意味的谶谣。[①②]前文中笔者把华夏舆论传播中的言论发声分为了歌颂赞美型、客观叙述型、批判讽刺型和预言型共四类。《诗经》中的颂谣有歌颂赞美型，怨谣对应批判讽刺型，谶谣即对应预言型，只有客观陈述型不存在于《诗经》之中。在距今几千年的中国古代，就已经形成了如此较为完整的舆论体系，不得不感叹于《诗经》这一古老的历史典籍，竟已包含了我国古代如此之多的舆论传播智慧。

除内容包括风谣、颂谣、谶谣之外，《诗经》中"赋、比、兴"的表现手法也一直是古今中外学者的关注对象。"比"是指类比，《诗经》中的"比"主要包括象征和通感，象征可以使歌谣"更加生动具体、鲜明浅近而为人们所知，便于人们联想和想象"[③]，而通感可以打破"事物在人的听、说、触方面的界限"[④]。如《硕鼠》中的"硕鼠硕鼠，无食我黍"，就是将硕鼠喻为剥削者，讽刺剥削阶级的贪婪可憎，既生动形象，又便于联想。亚里士多德曾在《修辞学》中说"比喻最能达成学习的效果"，"比喻是清晰的、甜蜜的和奇妙的"。[⑤]中西方修辞方面的共通与碰撞在《诗经》中的"比"中得到了体现。

---

① 吕肖奂：《中国古代民谣研究》，巴蜀书社 2006 年版，第 12 页。

② 潘祥辉：《"歌以咏政"：作为舆论机制的先秦歌谣及其政治传播功能》，《新闻与传播研究》2017 年第 6 期。

③ 王永慧：《周朝的文学及音乐概略》，四川大学出版社 2012 年版，第 74 页。

④ 熊依洪主编：《先秦文学大观》，北京燕山出版社 2008 年版，第 419 页。

⑤〔美〕埃姆·格里芬：《初识传播学：在信息社会正确认知自我、他人及世界》，北京联合出版公司 2016 年版，第 304 页。

《诗经》中的“兴”指借助其他事物作为诗歌的开头，包括“情触于物而发为歌咏”和“借助某事某物起韵”两种。[①]“兴”可激发读者的联想，增强意蕴，达成诗意盎然的艺术效果。而“赋”则是最基本的表现手法，平铺直叙中更可显笔触的细腻。《诗经》中的艺术价值一直就不只限于它的内容，其中的表现手法更是一直为学者们称道。采用“赋比兴”手法的“风怨谶”，是中国古代舆论实践中典型的言论发声案例，象征了我国古老的舆论传播智慧。

三、传播渠道——采诗官的采集与太师的吟唱

“周代设有采诗之官，每年春天，摇着木铎深入民间收集民间歌谣，把能够反映人民欢乐疾苦的作品，整理后交给太师（负责音乐之官）谱曲，演唱给周天子听，作为施政的参考。”[②]周朝的采诗观风制度是中国古代舆论实践中广开言路的体现，其中特设的采诗官以“舆论把关人”的身份，为统治者可以更好地把握民意提供途径。

把关人理论，最早由传播学四大奠基人之一库尔特·卢因提出。库尔特认为，在传播渠道中，存在着一些把关人，只有符合群体规范或把关人价值标准的信息才能进入传播渠道。这种对信息进行筛选和过滤的传播行为就叫作把关（即守门），凡有这种传播行为的人就叫作把关人（守门人）。[③]《诗经》舆论传播中的把关工作体现在很多方面，传播主体会自行对歌谣内容进行把关，太师也会对采诗官整理的作品进行把关，但是之所以称此制度为采诗观风制，更多的是因为《诗经》舆论传播中的把关就发生在采诗的过程，《诗经》舆论传播中的把关人就是采诗官。采诗官以采集诗歌名义的走遍天下，为统治者了解政治和风俗的盛衰利弊而服务。

四、传播对象——周天子

《诗经》采诗观风制度的传播接收方即为周天子，但是与传播学中有关受众分析板块一样的是，受众在传播过程中并不完全被动。同样，周天子更加不是《诗经》舆论传播中被动的接收方，受众的“使用与满足”理论可以

---

① 熊依洪主编：《先秦文学大观》，北京燕山出版社 2008 年版，第 420 页。

② 肖建春：《传播案例分析与研究》，西南交通大学出版社 2018 年版，第 153 页。

③ 吴文虎：《传播学概论》，武汉大学出版社 2000 年版，第 119—121 页。

辅佐说明。

"使用与满足"理论由卡茨提出，在此之前的研究效果主要是从传播者或传媒的角度出发，考察传媒是否达到了预期目的或者对受众产生了什么影响，而"使用与满足"研究则从受众角度出发，分析受众的媒介接触动机以及这些接触满足了他们的什么需求。但"使用与满足"理论最大的局限就在于认为受众在传播中完全主动，过分地强调了受众的能动性，过分地突出了受众的地位。考虑到以上局限，《诗经》舆论传播中的受众"使用与满足"理论就需要相应地做出转化：从"受众完全主动论"转向"受众不完全被动论"。

在《诗经》舆论传播中，周天子有主动接受舆论的特点，采诗观风制就是最好的证明。采诗观风制得以存在，就是周天子广开言路的体现，也就是说，整个《诗经》舆论传播模式得以存在，就是周天子愿意主动接收舆论的体现。但是同时也有被动的特性，这就体现在周朝的历史背景，儒家德治思想的束缚使得周天子不得不广开言路，这在下一部分会详细讲述。因此周天子在舆论传播体系下并不完全被动，但也不完全主动。

五、传播效果与反馈——民主主义舆论观

周人以农耕起家，重视社会关系的构建。周王朝是大力推行德治思想的王朝，自建立起，德治思想便成为约束天子及各级贵族们的行为、规范社会关系，进而巩固政权的思想理论根据。周王朝的德治思想不仅争取到了周邦内外广泛的政治支持，而且也成功塑造了周人取代殷商的舆论基础。其德治思想主要体现为三个方面：敬天，以端敬的态度对待上天；保民，以爱护的态度治理百姓；大德，统治者必须把个人政治无邪的品格，转换为治理百姓的成果，即让百姓广受恩德，天命也依此而决定取舍。[①] 在周朝的三条执政原则中，参考民意、考量民情占了两条，这足以见得周朝对"得民心者得天下"的肯定与重视。即使在厉王与幽王的暴政时期，百姓和士人大夫对他们的昏庸大加指责，因此采诗观风制度仍旧不曾取消，仍旧有很多讽刺厉王幽王无能的诗篇得以留存。

---

① 冯雪燕、张云华：《大学语文》，天津大学出版社 2014 年版，第 78 页。

六、噪音——意义编码与解码的模糊性

《哥伦比亚文学史》中曾说：“隐喻和其他形式的比喻语言在《诗经》中随处可见，使得诠释者经常难以断定哪些诗句是隐喻性的，哪些属于诗歌‘具体’的直叙。”[①]因此人们历来对《诗经》的理解见仁见智，所谓“诗无达诂”就是这个道理。就拿《诗经·曹风·鸤鸠》来说，其中有：“淑人君子，其仪不忒，其仪不忒，正是四国。”“淑人君子，正是国人，正是国人。胡不万年?”字面意思是指布谷鸟品性善良，仪容端庄，是君子、是榜样。而过去很长时间对这个诗篇的猜测都聚焦于这篇诗文到底是在赞美谁。魏源《诗古微》以为“四国非曹君所得正”，认为诗文在赞美曹国始封君曹书振。而蒋悌生说“反复玩味，惟周公之德足以当之”，以为诗篇在赞扬周公。在争论赞美对象究竟是谁之时，《毛诗序》又云“《鸤鸠》，刺不一也。在位无君子，用心之不一也”，认为《鸤鸠》是“刺”诗，即认为其在表达讽刺而非赞美。如此，所谓“诗无达诂”已经体现出来。而在整个《诗经》舆论传播中，传播的区段有很多，从民间百姓或士人大夫到采诗官，从采诗官到太师，从太师到周天子，从周天子再反馈到百姓或大夫。在如此多的传播区间中，意义编码与解码的模糊性发生概率增加，任意一环的理解偏差都会导致整个传播过程中存在噪音。

在《诗经》的舆论传播中，乡间百姓和士人大夫将“赋比兴”手法下的“风怨谶”作为言论发声，通过“舆论把关人”采诗官的采诗、太师的吟唱，将其传递给在传播中“不完全被动”的周天子。周天子由于儒家德治思想的束缚，往往会以民主主义的舆论观来对待舆论。而“诗无达诂”使得整个传播模式之中意义编码与解码的模糊性一直存在，噪音由此形成。

① 〔美〕梅维恒：《哥伦比亚中国文学史》，马小悟、张治、刘文楠译，新星出版社2016年版，第114页。

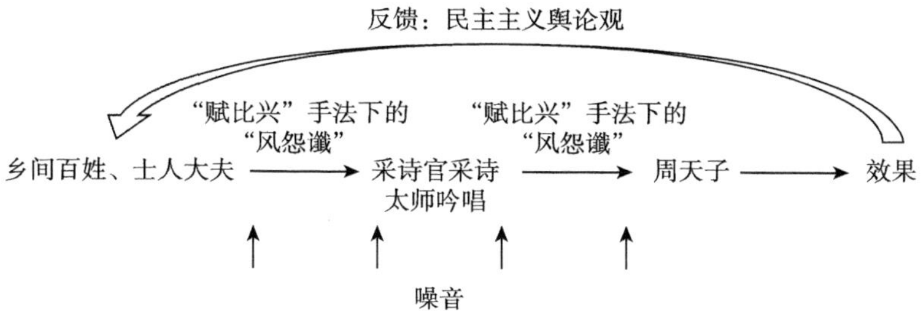

图 20-6　《诗经》舆论传播的 5W 模式

综上所述，《诗经》无疑是华夏舆论传播 5W 模型的优秀案例，它让我们从传播学的角度看到了中国古代的舆论传播思想，西方的理论在这个舆论实践中也得以体现与发展。同时，儒家治国重民的德治思想蕴含在模型之中，使得模型中拥有了中国本土的哲学内涵。

第四节　《诗经》舆论传播的研究价值与局限

关于 5W 模式下的《诗经》舆论传播研究有其价值，但也存在着一定的局限。

一、研究价值

以下分别从模型自身的角度和案例角度来阐述研究的价值：

（一）模型角度

（1）考虑了反馈与噪音在传播模式中的作用。拉斯韦尔 5W 传播模式的最大局限就是没有考虑到反馈和噪音，传播的过程不可能完全单向，因此反馈机制必定存在；传播活动中内容不可能完全准确，因此噪音的影响不可忽略。笔者建立的华夏舆论传播 5W 模型就将这两个因素纳入了考量，并根据中国古代的舆论传播实践，将反馈划分了类型。

（2）在西方理论的框架之下，有结合本土特色的改革与创新。正如前文提到的，由于华夏舆论传播是广义的大众传播，西方狭义的大众传播模型不足以解释我国古代的舆论传播现象，因此笔者站在中国本土的角度上，建立了有华夏特色的理论模型。模型中融入了中国古代政治制度，正是中央集权才使得从下至上的传播模式得以形成；模型中融入了中国古代的舆论实践，从新闻舆论到言谏制度，从闾巷歌谚到城镇舆论，华夏文明中的舆论传播类型在模型中得以呈现；模型中融入了中国古代的哲学思想，儒家道家的民主主义舆论观和法家的轻言主义舆论观在模型中有清晰的划分。

（二）案例角度

《诗经》是我国古老且极具舆论色彩的诗集专著，以《诗经》作为案例研究华夏舆论传播，不仅能够完善理论模型、证明模型的准确性，而且从华夏舆论传播的视角研究《诗经》，也让有关《诗经》的研究跳出了歌谚本身，让以往以小见大的研究维度变成了以大见小的研究维度，使得《诗经》研究拥有了新的研究思路与新的研究视野。

二、研究局限

以下分别从模型自身的角度和案例角度来阐述研究的局限：

（一）模型角度

与拉斯韦尔的5W传播模式一样，文中的模型将传播划分成了几个部分，忽略了传播行为的复杂性。由于传播是不断进行的，因此很难独立出一个具体和单一的传播行为，文中的模型简单地将各个板块以几个箭头的形式加以连接，忽略了传播过程中板块们之间的相互融合与相互作用。

（二）案例角度

《诗经》是我国古老舆论传播智慧的体现，其中的舆论传播思想很难用一个模型覆盖完全。比如，采诗官只是采集民风的官吏，他们的存在使得《风》篇得以留存，而《雅》篇和《颂》篇的收集渠道并没有在模型中得以完全展现；再比如，周天子也不是一直采用民主主义舆论观的思想看待舆论，其中也会存在着特例与偏差。《诗经》舆论传播模式只是通过参考《诗经》中的“多数情况”完成，并不十分全面。

综上所述，自尧舜之时，“舆论”便已存在。伴随着华夏上下五千年的文明，舆论既催生出了无数脍炙人口的歌谣与谚语，又展现了我国古代的政治制度，也为今天中国舆论传播机制的成型提供了经验。对舆论的研究既可以鉴古，又可以观今。本文就立足于如此重要的华夏舆论传播思想，试图通过改革 5W 传播模式来展现出我国舆论传播的独有特色。而《诗经》作为华夏文明中极具特色的舆论范例，使传播模式得以完善与发展。从华夏舆论的角度看待《诗经》又使得《诗经》的研究有了新的维度。今天，新的媒介催生出了新的舆论模式，但本文对古代华夏舆论的探讨、对今日的舆论制度如何成型，仍旧提供了一定的参考意义与价值。

（刘　烁　谢清果）

第二十一章　谶纬传播：秦汉舆论传播模式与作用机制

谶纬传播是一种独具特色的舆论传播类型，其中谶纬的传播与舆论的演化这两个过程相互交织，相互影响，促使谶纬发挥其舆论影响力。本章以秦汉时期谶纬为例，依据谶纬最终目的将其区分为维护政权型谶纬与挑战政权型谶纬，从谶纬作为舆论传播的角度出发，对谶纬传播模式和谶纬的舆论作用机制做进一步探讨。首先，本文基于谶纬传播特点提出了一个新的传播模型，并据此对传播过程的五要素展开探讨；接着，从传播主体出发，探讨谶纬传播的舆论作用机制。通过对这两方面的深入研究，以期丰富谶纬传播的研究视域。

第一节　“谶纬”与舆论传播

“谶纬”最初是作为一种预知未来的工具和手段出现，在不断的发展过程中人们逐渐发现其强大的政治功能并有意识地加以运用。究其本质，谶纬的政治功能得以发挥作用离不开其内在的舆论传播特质。为了更好地对本次研究主题展开探讨，本文在此将首先探讨“谶纬”与舆论传播的关系，进而梳理前人对“谶纬”的研究成果，进而厘清本次研究中的内容与重点。

一、“谶纬”与舆论传播

“谶纬”实际上是“谶”和“纬”的统称。“谶”最早出现在先秦时期。许慎在《说文解字·言部》中写道：“谶，验也。”“谶”指的是一种“诡为隐语，预决吉凶”[①]的神秘预言，用来作为上天的启示，向人们昭示未来的吉凶祸福、治乱兴衰[②]，“谶”是较为零散地出现的。而“纬”出现晚于“谶”，《释名·释典艺》云：“纬，围也。反覆围绕以成经也。”“纬”指纬书，是汉代儒生假托古代圣人，依托“经”而创作的各种著作，其实质上就是“以谶释经”。东汉时流传的七纬为《易纬》《书纬》《诗纬》《礼纬》《乐纬》《孝经纬》和《春秋纬》，皆以迷信方术、预言附会儒家经典[③]，此时已经进入一个较为系统化的状态。在这个过程中，“谶”“纬”不断发展合流，最终成为流行于中国两汉时期的一种思想学说。

中国的“舆论”概念起源于先秦的“舆人之诵”[④]。“舆”最早是车的含义，“舆人”的意思是下等人；而到了战国时期，“舆人”含义扩大，代指普通百姓，“论”的意思即意见。较早将“舆”“论”两字并作一词[⑤]可见于三国时期，《三国志·魏书·王朗传》中“惧彼舆论之未畅者”里的“舆论”，即泛指社会上除了直接当权者以外的各阶层人士的言论[⑥]，华夏舆论的基本内涵基本以此发轫。与西方起到“民主政体的原动力”（李普曼语）的作用不同，华夏舆论并不具有温和地促使上下阶层协商妥协的功能，其往往直接影响政权兴废。为了更好理解华夏舆论，本文遵从潘祥辉教授在《“歌以咏政”：作为舆论机制的先秦歌谣及其政治传播功能》一文中对舆论的界定，即“‘舆论’实指一种众人意见与看法的公开表达”[⑦]。

---

① 曹伯韩编：《国学常识》，当代世界出版社 2013 年版，第 64 页。

② 宣世涛纂修，中共保山市委史志委、保山学院编：《乾隆永昌府志点校》，方志出版社 2016 年版，第 286 页。

③ 马秋丽、张德苏：《儒家思想导论》，首都经济贸易大学出版社 2010 年版，第 195 页。

④ 潘祥辉：《“歌以咏政”：作为舆论机制的先秦歌谣及其政治传播功能》，《新闻与传播研究》2017 年第 6 期。

⑤ 谢清果编著：《华夏传播学引论》，厦门大学出版社 2017 年版，第 282 页。

⑥ 何梦莹：《舆论学视角下先秦“采诗观风”制度研究》，广西大学硕士学位论文，2019 年。

⑦ 潘祥辉：《“歌以咏政”：作为舆论机制的先秦歌谣及其政治传播功能》，《新闻与传播研究》2017 年第 6 期。

舆论学研究指出，舆论具有不同的信息形态，不同的信息载体与媒介就意味着不同形态的舆论。“谶纬”即是一种独特的舆论载体，其发布者可以是统治者，也可以是平头百姓。因此一方面可以反映社会大众的意见，进而对统治者产生影响；另一方面又可以引导大众意见达成统治者目标。二者共同特点就在于充分利用人们的“天命”思想，将谶纬内容与天命相联系，以天命来为谶纬内容背书，产生一种巨大的思想引领力量，民众接受发布者在谶纬中预设的思想观念，由此引发全社会合议，进而满足谶纬发布者的发布目的。由此可见，谶纬实际上具有鲜明的舆论传播特征。其直接目的是促发全社会一致面向的议论，这实则便是一种舆论引导；其间接目的就是通过谶纬产生的舆论力量来满足谶纬发布者自身的利益诉求。而在古代中国的语境下，民众议论的直接关联对象是政权，因此谶纬便成为一种极具政治性的舆论传播载体，有着不可替代的政治传播功能，谶纬传播便是在为政治目的进行舆论造势，从而产生巨大力量，影响一个政权的恒昌与衰亡。

中国古代统治者常常会利用“谶纬”的力量证明政权合法性并借此稳定政权，秦汉时期尤盛。西汉末年，王莽借助当时武功县井中打捞出的白石符命“告安汉公莽为皇帝”① 夺权；东汉时期，统治者甚至将谶纬作为一种官方学说进行大力倡导，极大地推动了谶纬的发展。刘秀更是使用谶纬的集大成者，他颁布图谶 81 篇，宣示“有命自天，乃称符谶，而八十一篇，皆托于孔子”②，以此验证王权。但是由于谶纬本身有很强的随意性，除统治者以外的普通人也可以根据自己的目的加以利用，如陈胜、吴广就利用“大楚兴，陈胜王”③ 的鱼腹藏书之谶号召起各方黎民百姓，发起大泽乡起义，极大地撼动了秦朝政权。因此谶纬一方面能够有效稳定政权，另一方面也对政权有着巨大的威胁。隋初，官方禁毁谶纬书籍，谶纬就此陷入低潮。“谶纬”对秦汉时期政权更迭与巩固发挥着至关重要的作用，“谶纬”陷入没落后并没有就此沉寂，它仍对中国古代文学、经学、阴阳五行思想等多方面产生着影

---

① 严可均辑，任雪芳审订：《全汉文》，商务印书馆 1999 年版，第 630 页。

② 刘勰：《文心雕龙》，河南大学出版社 2008 年版，第 85 页。

③ 司马迁：《史记》，哈尔滨出版社 2007 年版，第 84—85 页。

响。古往今来，学者拨开了谶纬怪力乱神的外衣，逐渐意识到了谶纬的巨大学术价值，开始对谶纬收集整理并进行了大量研究。

二、研究动态综述

对于谶纬的研究由来已久，其研究方向主要集中于三个方面：

（1）历史学角度。明清时期对谶纬的辑佚已经成为风气；清末以来，谶纬的研究一直在不断深入。这些都为现代学者对谶纬展开研究提供基础。刘师培、顾颉刚等人从谶纬的起源、题目、流变、禁毁等角度展开探索，从而对谶纬进行系统化梳理。钟肇鹏《谶纬论略》（1991）一书系统考察了谶纬的起源、形成、主要内容等问题，明确了谶纬研究的基本框架；王步贵 1992 年发表多篇文章从不同角度阐述谶纬与宗教、政治等之间的关系；其他如黄朴民《两汉谶纬简论》（2008）等从多角度对谶纬的源流发展及作用意义等进行了深入阐述。

（2）谶纬与文学的关系。这一部分所研究的时期集中于两汉、魏晋、唐朝和明清。学者们不仅从谶纬本身出发，研究其写作特点和文学特色，如《谶纬言说与中国文学意象论的演进》（2018）；也研究谶纬对其盛行时代中的作者心态、文学意象和写作题材等的影响，如罗建新《谶纬与两汉政治及文学之关系研究》（2015）。

（3）与古代政治的关系。学者们很早就已经注意到谶纬对政权兴替与相关政治策略更迭的巨大影响，由于秦汉时期谶纬最为盛行，所以谶纬与政治之间关系的研究也多集中于这一时期。如王仲修、万昌华《秦汉政治与谶纬》（1998）解析了秦汉时期谶纬与王权更迭之间的联系；彭越《谶纬与两汉政治》（2007）则从谶纬缘起出发探讨其对两汉政治的多方面影响；夏冬梅、吴燕《论谶纬思潮与东汉政治》（2019）则以刘氏政权为例，阐释了谶纬思潮中的图谶符命对其崛起和稳定所起到的作用。学者在谶纬对政治方面，尤其是对秦汉政治的影响倾注了大量心力进行研究，这正体现出谶纬对政治方面的巨大影响力。

我们之前已经提到，谶纬自诞生以来就与舆论传播有着密不可分的关系，但是在如今对谶纬的研究中，将其与舆论、传播进行结合探讨研究的学者很少。杨芸《汉代谶纬传播研究》（2019）（以下简称《传播研究》）、叶进《作为舆论机制的两汉谶纬及其政治传播功能》（2019）（以下简称为《两汉谶纬》）是笔者所查到的分别将谶纬与传播、舆论并行提及的文章。《传播研究》一文从传播角度对汉代谶纬传播的传播者、传播内容、传播方式和传播原因等进行了细致的阐述和分析，将谶纬与政治结合考虑;《两汉谶纬》作者同样以两汉时期作为时间切片，“从舆论史的角度来研究谶纬与政治之间的关系”（叶进语）。《两汉谶纬》一文虽然将谶纬放在传播学语境下，但其研究重点仍在于谶纬对政治的影响（即传播效果部分）。而《传播研究》一文则没有将谶纬传播中的舆论特征考虑在内，对各个传播要素进行独立性分析，缺乏整体性考量。

笔者认为谶纬传播是一种独具特色的舆论传播类型，其中谶纬的传播与舆论的演化这两个过程相互交织，相互影响，促使谶纬调动其舆论影响力。因而我们可以在《两汉谶纬》的研究基础上，对谶纬传播模式和谶纬的舆论作用机制做进一步探讨。“谶”与“纬”的使用存在着细微的差异:“谶”更常见于西汉以前，其使用较为分散和零碎；而在两汉时期，“纬”逐渐形成并得到大量使用，或是儒生以谶释经打造王权合法性或是统治阶层内部以谶纬进行王权争夺。据此，笔者认为可以将对谶纬研究的时间跨度延伸至秦汉时期，以期对“谶纬”有更加全面的理解。此外，《两汉谶纬》一文中作者根据谶纬内容将其分为祥瑞谶纬、灾异谶纬与符命谶纬三种，进而探讨其政治功能。上述谶纬可根据最终目的整合为两种：维护政权型谶纬与挑战政权型谶纬（政权皆指当时正在执政的政权）。在此分类下可以更加清晰地理解谶纬的传播作用机制。

综上，本文将从谶纬作为舆论传播的角度出发，对其传播模式与舆论作用机制进行更加深入的理解和分析，以期丰富谶纬传播的研究视域。

第二节　谶纬舆论传播的模式建构与分析

1948 年，传播学奠基人之一哈罗德·拉斯韦尔发表《传播在社会中的结构与功能》，明确提出传播观点的五要素，即“拉斯韦尔传播模式”。该模式通过回答 5 个问题，谁（Who）→说了什么（Says What）→通过什么渠道（In

Which Channel）→对谁（To Whom）说→产生什么效果（With What Effect），“阐释了传播的主要环节，为理解传播结构提供了认识路线”[①]，同时体现了传播过程是一个具有企图影响受众目的性的行为过程[②]。

秦汉谶纬以其神秘性和附会性成为天命在人世间的代表，通过百姓对上天的迷信而获得百姓对谶纬的认可，谶纬发布者得以利用谶纬这种形式不受阻碍地使百姓接受自己在谶纬中所传递的思想。谶纬舆论传播的过程实际上就体现了谶纬发布者对百姓的一种带有目的性的说服过程。通过5W模型对谶纬传播中的各传播要素进行解读分析，可以更加明确谶纬传播的过程、理解其说服性的作用效果。

然而5W模型有其自身缺陷，它忽视了接受者对传播信息的反馈，且没有考虑到外部环境对传播过程的影响。与此同时，谶纬传播也有其自身独特性，简单的线性5W模型并不能全面地展现其传播特点。基于此，为了更好地对谶纬传播过程加以理解，笔者以拉斯韦尔提出的传播五要素为基础，针对谶纬传播自身特性提出了一个谶纬传播背景下的传播过程模型。

传播模式图21-1中我们可以看出，谶纬传播中包含两条传播路径，而两条路径之间又呈现出相互影响、相互转化、循环往复的特点。笔者将从五个传播要素出发，对这个传播模式做进一步的解读。

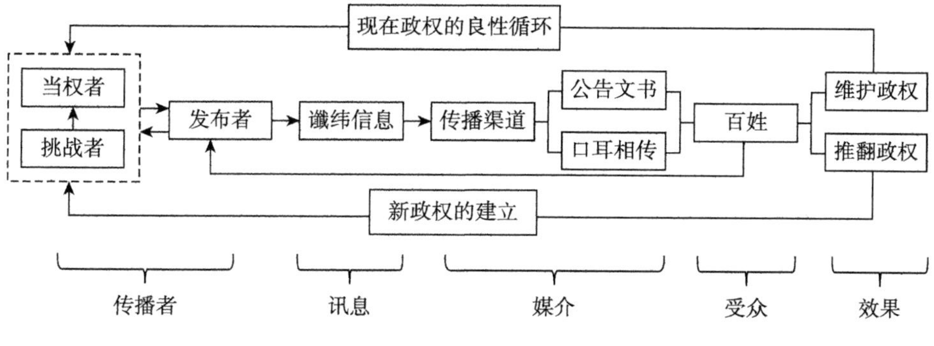

图21-1　谶纬传播模式图

① 刘建明：《张闻天与拉斯韦尔的5W传播模式》，《新闻战线》2014年第12期。

② 蒋艳：《微信与微博比较研究：基于5W模式视角》，暨南大学硕士学位论文，2014年。

一、传播者：谶纬获益者与谶纬发布者

谶纬传播的传播者并非由单一主体构成，而是呈现出多重性和复杂性的特点。首先从横向来看，因为谶纬本身的随意性，统治阶级当权者、统治阶级挑战者和被统治阶级都可以作为传播者发布谶纬。而根据三类主体发布谶纬的最终目的，主体类型整合为两类：当权者（统治阶级当权者）和挑战者（统治阶级挑战者和被统治阶级）。东汉时期，外戚王莽利用谶纬夺权篡位；刘秀和公孙述以谶纬作为政治筹码展开王权合理性之争；张角以“汉行已尽，黄家当立”的谶语号召农民起义……足以见得谶纬传播的传播者之间因其政治目的差异存在着巨大的对抗和博弈。其次从纵向来看，有时候谶纬的传播者具有双重性特征，在此笔者将传播者区分为谶纬获益者（模式图中虚线框中部分，通常为统治阶级）和谶纬发布者（通常来自民间），在这种情况下通常为谶纬发布者在谶纬获益者的授意下传播谶纬，或是谶纬发布者的谶纬信息得到了谶纬获益者的认可后经由官方渠道传播谶纬。这种特征在王莽篡权夺位时期表现得极为明显。干宝在《搜神记》中记载，王莽摄政期间，汉广饶侯刘京上言说齐郡临淄县亭长辛当梦到天使托梦“摄皇帝，当为真”，并以“亭中新井出”作为证据。[①] 此谶得到王莽认可，公告于天下，刘京也因此得到王莽的重用。因为谶纬，谶纬获益者与谶纬发布者之间建立起联系，他们通常具有目标上的一致性。

二、带有神秘性的讯息

谶纬讯息依托神秘性展示得以与天命相连，以此号召群众行动达成谶纬传播的最终目标，其具有政治性、神秘性和群众性的特点。

（一）谶纬讯息内容的政治性

“春秋战国时代，社会诸侯割据的多元格局造就了较为宽松的舆论语境”[②]，而进入秦朝以后，首次出现大一统政权，秦朝统治者厉行峻法，征收苛捐杂税，阶级冲突日益严重，谶言在此背景下应运而生，表达了底层民众的

---

① 干宝著:《搜神记译注》，北京联合出版公司 2015 年版，第 117 页。

② 谢清果、王昀:《华夏舆论传播的概念、历史、形态及特征探析》,《现代传播（中国传媒大学学报）》2016 年第 3 期。

意见。如陈胜、吴广“鱼腹丹书”之谶便为号召民众站起来抗秦提供舆论支撑。进入汉代以后，随着儒学地位上升，谶纬也随之发展，经学谶纬化成为趋势。统治者为了维护与稳固政权，根据先秦三代奠定的天命思想提出“受命改制”的政治实践，这一实践的具体表现方式之一便是利用谶纬来证明政权天授，以此为政权合理性背书。但是与此同时，政权的挑战者和被统治阶级也充分意识到了谶纬的力量，如汉朝外戚王莽利用谶纬夺权篡位，东汉张角以“汉行已尽，黄家当立”的谶语号召农民起义。无论是统治者利用谶纬维护政权，还是政权挑战者和被统治阶级利用其挑战现存政权，都旨在利用谶纬实现自身政治目的，并由此激发出群体合议的力量，体现出了谶纬内容极强的政治性特征。

（二）谶纬内容和形式的神秘性

中国古代民众知识水平低下，无法以科学的方式对自然界、社会生活中发生的超出常识的事情加以理解，因而会把无法理解的事情指托为神的旨意。早在先秦时期，人们已经形成了天命思想，认为在君权以外有着统管世间万物的上天，而上天的旨意是不可违背的。因而当谶纬带着难以理解的神秘光环出现时，不难理解其能借托神明影响民众并产生巨大的舆论力量。谶纬的神秘性主要体现在两方面：

首先，谶纬内容具有“隐”的特点。中国文字可谓是最古老的表意文字。起源于殷商的甲骨文具有很强的象形色彩。经过不断发展，至秦末汉初，古文字实际上已到其最后阶段，即“从图画对事物的摹描转变为较为抽象的线条和结构的组合，从而为文字的拆合提供了前提”[①]。这种文字的结构性特征应用于谶纬便使其拥有了近似字谜的特殊效果。比如汉献帝时期流传的一句谶言：“千里草，何青青；十日卜，不得生。”其中，千里草，寓意为“董”字；十日卜，寓“卓”字。此谶预示董卓残暴定会失败。

其次，中国汉字本身就存在着多义性的特点。中国汉字的结构可拆解和多义性等特点造成了人们对谶纬不能一下子加以解读，但是却因此“给人们

① 孙曙光：《谶纬与汉代政治的神秘性》，《社会科学战线》1998 年第 2 期。

的附会增添了兴趣”[①]，这种似是而非，似像非像的特点，使人们将谶纬与天命相连，增加了谶纬的神秘性。

（三）谶纬讯息的群众性

秦汉谶纬之所以能够产生巨大的舆论力量，从而作为政治博弈的工具，有一个原因便在于其群众性。谶纬的传播对象是广大人民群众，因此谶纬一定要适于唤起百姓的理解和接受。我们之前提到谶纬借用神的力量为自己背书，这首先就是其群众性的表现。美国哲学家查尔斯·桑德斯·皮尔斯提出：“任何事物只要它独立存在，并和另一事物有联系，而且可以被‘解释’，那么它的功能就是符号。”[②]由此来看，谶纬便是一种特殊的符号。它以其神秘性和附会性成功将自己变为神明的代言人，并以此作为群众的认同基础。

其次，谶言在语义修辞上颇有设计。在内容方面多采取具象化表达。如以各种祥瑞来预示君主贤明王朝大治，如《孝经·援神契》中载有“王者德至于草木则芝草生”；在表达上避开艰涩的理论，使用简明易懂、易于成诵的语句，如陈胜、吴广“大楚兴，陈胜王”之谶，很容易在民众间传播开来。正是秦汉谶纬的群众性特征，使其对舆论有着重要作用。

三、口语与书面、官方与民间交织中的多元媒介

秦汉谶纬的传播媒介可分为官方和民间两种。官方渠道通常表现为公文布告，昭示天下；而民间渠道通常为口耳相传。官方与民间渠道之间又是相互影响，相互作用的。谶纬通过官方发布后，在民间便会继续以口耳相传的方式进行更大规模的扩散；而民间渠道传播的谶纬一旦被统治者所了解并认可，很可能再次以官方渠道加以传播。

被统治者挑战政权式的谶纬多以民间口耳相传的方式扩散，《史记·项羽本纪》中记载有“南公曰：楚虽三户，亡秦必楚”，此谶便是因百姓的口头传播而在民间广为流传；而统治阶级因其地位特殊性，拥有官方渠道，通常会同时使用官方渠道和民间渠道来为实现自己的政治目的造势。刘秀在争取政治地位期间，多利用民间谶纬来为自己的政治合法性提供依据；在其掌权之

① 詹绪佐、朱良志：《中国古代测字术》，四川大学出版社 1993 年版，第 304 页。

② 曹顺庆、赵毅衡主编：《符号与传媒（第 14 辑）》，四川大学出版社 2017 年版，第 68 页。

后，大力组织官方进行民间谶纬的辑佚，向天下颁布 81 篇谶纬，并表明除官方发布谶纬外其他谶纬不具有合法性，以此来稳固自己的政治地位。

而“谶纬”的具体承载方式则为“大量非常规媒介”[①]。张泽兵在《谶纬叙事研究》中提到“谶纬采用符、图、箓、候等非常规媒介”，“谶纬还将传播媒介加以神化”。如《白虎通义・封禅》中载：“德至渊泉，则黄龙见，醴泉涌，河出龙图，洛出龟书。”[②]该谶纬含义即为，当皇帝实行仁德的统治，德至水中时，那么神兽黄龙就会出现，最精纯的水将喷涌而出，天下会出现“河图”“洛书”这两种预示祥瑞的神秘图案。“黄龙”“醴泉”“龙图”“洛书”都是极具神秘性的物品，当它们成为谶纬的传播媒介时，其非凡性特征极大地增强了谶纬与天意之间的联系。

四、受众

无论是维护政权型谶纬，还是挑战政权型谶纬，其最终指向的受众都是百姓。荀子曰“君舟民水”，“水则载舟，亦则覆舟”[③]，《尚书》中说“民惟邦本，本固邦宁”[④]，皆揭示了百姓对政权稳定的重要作用。秦汉谶纬因其与神秘天命之间的联系得以有效影响民众的意见和看法，从而形成合议的巨大力量，进而对现存政权产生深重影响。而民间百姓分散的意见表达并不足以激发舆论的力量，只有当百姓产生某种集体性的共同意见时才能爆发出强大的舆论力量，进而对政权产生影响。值得一提的是，事实上百姓也并没有完全被谶纬所摆布，当统治黑暗，阶级冲突严重时，百姓也会从谶纬的接收者转变为谶纬发布者，以此发出自己的声音，这对政权的影响无疑是巨大的。

五、效果

谶纬的舆论传播效果通过百姓的作为直接表现在政局变革中，依据政权变动情况可分为现存政权稳定发展，以及现存政权受到挑战，甚至被推翻。当百姓接受了谶纬所昭示的王权合理性，这种由“天命”直接下发的社会规范会约束领导百姓的行为，对现存政权形成保护作用，进而维持政权的稳定；

---

① 叶进：《作为舆论机制的两汉谶纬及其政治传播功能》，《广西职业技术学院学报》2019 年第 4 期。

② 张岱年主编：《孔子百科辞典》，上海辞书出版社 2010 年版，第 473 页。

③ 安继民注译：《荀子》，中州古籍出版社 2006 年版，第 110 页。

④ 金忠林译注：《尚书》，新疆人民出版社、新世纪出版社 2002 年版，第 62 页。

而当现存政权不治，一旦反抗政权的谶纬出现，百姓便很容易接受上天的预示，反对现存政权，推动政局向前发展。

第三节 谶纬传播的舆论作用机制

我们在前文已经提到过，谶纬传播的传播主体可根据其政治目的分为两类——当权者与挑战者（统治阶级挑战者、被统治阶级），由于主体各具有不同的政治目的，其利用谶纬形成舆论的过程也有所不同。

一、舆论的形成机制

对于不同的谶纬传播主体来说，谶纬的舆论形成过程存在着差异。统治阶级因其拥有社会公认的权威和特权，得以以社会规范的方式引发谶纬的舆论功效；而被统治阶级则需要在引发共鸣、增强集体认同的基础上引发舆论。接下来我们将对这两种不同的舆论形成机制展开详细阐述。

（一）利用谶纬塑造社会规范——统治阶级当权者与统治阶级挑战者的权力博弈

统治阶级当权者和统治阶级当权者利用谶纬进行权力博弈，其核心即为确立自身当政的合理性，体现了一种对舆论的引导，在这里舆论的生成是较为被动的。

台湾学者殷善培将谶纬内容分为两大部分[①]，一是“天文”，一是“天命”。[②]这在当权者塑造自身“王天下”形象时显得尤为明显。“天文”多体现于当权者掌权期间出现的异象，《汉书·楚元王传》载有“汉之入秦，五星聚于东井，得天下之象也”，统治者对谶纬进行意义的编织，把“自然的物象属性披上各种文化标识”[③]，可能存在或人为编造出来的自然天象就成了祥瑞，以此喻示政权得上天福佑。“天命”则体现在对当权者个人异于常人之处的塑造。《史记·高祖本纪》中记载刘邦的一系列神话，从刘媪“梦与神龙遇而感

① 杨芸：《汉代谶纬传播研究》，四川师范大学硕士学位论文，2019 年。

② 殷善培：《谶纬思想研究》，《中国学术思想研究辑刊（初编第 21 册）》，花木兰文化出版社 2008 年版，第 139 页。

③ 张泽兵：《谶纬叙事研究》，江西师范大学博士学位论文，2011 年。

生高祖”到“高祖为人，隆准而龙颜，美须髯，左股有七十二黑子”，再到高祖“醉卧显龙形”。凡此种种，皆为证明刘高祖“出身的‘神圣性’与血缘的‘正统性’”[①]，以此说明其天子地位的合理性。

在科学技术不发达、众多现象问题无法得到科学客观解释的秦汉时期，假托一个无所不能的天神成了回答难题的最好方式。对广大百姓来说上天即神明就是最高权力的象征，神的旨意是永远正确的，是不可违背的；统治者也为了方便自身统治，不断强化并利用百姓的这种信念。在这个时候，谶纬以其神秘性和附会性以及发布者的别有用心的包装，成功与天命建立联系，成为上天对人世间的召旨，对人们有着强有力的说服和导向作用。

当权者可以利用谶纬证明自身合法性，这也就意味着政权的挑战者也可以利用谶纬来为自身赋权，当权者与挑战者基于谶纬的舆论博弈就此展开。我们可以在东汉时期刘秀与公孙述基于谶纬的正统之争中对此有一个较好的理解。刘秀与公孙述追逐帝位，围绕符命开展了一场激烈的争斗。刘秀发布《赤伏符》，“刘秀发兵捕不道，四夷云集龙斗野，四七之际火为主”，提出自己要继承刘家天下的火德传统；与此同时，公孙述也引《援神契》中的“西太守，乙卯金”，来说明自己顺继王权的五德之运。因为自身对谶纬的需要，所以双方都不能提出谶纬预言的无效性，双方只能从对谶纬的解读出发，来证明自己更为正统的身份。

德国舆论学家诺埃勒·诺伊曼在 1974 年提出了“沉默的螺旋”理论，该理论指出，人因社会天性使然习惯性地寻求周围关系的和谐，以避免在交往中被孤立，也正因如此形成了“沉默的螺旋现象”：当人们自己的意见被多数人认可或是处于优势位置时，便会愿意大胆表达自己的这种意见；而当人们发觉自己的意见属于少数或处于劣势时，便会尽可能保持沉默以防止被孤立。这样一来，意见双方强弱立显，处于优势地位的意见越来越会受到大众的认可，成为舆论所支持的对象。[②]

统治阶级纷纷通过谶纬，用“天”的叙事权威来树立自身的世俗权威；

---

① 罗建新：《谶纬与两汉政治及文学之关系研究》，上海古籍出版社 2015 年版，第 49—50 页。

② 陈力丹编：《舆论学：舆论导向研究》，上海交通大学出版社 2012 年版，第 176—178 页。

与此同时又需要与竞争者进行谶纬攻势，以争夺社会主流意见的地位，从而确立其为我所用的社会规范，让百姓对其正统地位产生信服。刘建明教授说：“社会各个方面的规范，既是人类社会关系的产物，又是人类交流意见的中心话题，并制约人们的认识，使个人与社会产生一致的观点。”①

通过谶纬设立百姓心中的社会规范性认知，统治阶级便成功地进行了舆论引导。

（二）以谶纬凝聚舆论力量——被统治阶级的反抗

秦汉部分时期里，朝廷黑暗，民生凋敝。民众没有正常的渠道可以倾诉自身的悲难和苦痛，只好依托于谶言来诉说不满。谶言多以歌谣方式出现，词句含义模糊，可附会性强，经解读后往往可以与后世发生的灾变产生联系。在一定程度上可以将被统治阶级的意见反映给统治者并对其产生一定的警示，但是作用非常有限。

虽然长期处于被压制状态，生活看不到希望，但是由于中国古代统治秩序以及对天命的服从，被统治阶级在大多数情况下仅停留在心有不满的阶段。此处的舆论属于主动生成，与现代舆论意涵有相似性。因而我们可以参考当代学者对舆论生成过程的划分对此进行理解。国内外多位学者对此进行划分，如戴维森教授于1958年提出将舆论过程划分为十个阶段②，美国政治学家布莱士将舆论的发展和形成分为现实和历史两个阶段③，我国喻国明教授提出六阶段论④、刘建明教授提出四阶段论⑤，等等。本文以上述划分阶段作为参考，结合秦汉时期农民起义舆论爆发的实例，提出本文中被统治阶级利用谶纬形成舆论的四阶段为：①社会背景下潜舆论形成；②突发事件与谶纬信息造势；③舆论领袖的出现；④集体合议的形成。

我们将根据陈胜、吴广鱼腹藏书之谶对此进行解读。

① 刘建明：《舆论传播》，清华大学出版社2001年版，第56页。

② 王石番：《民意理论与实务》，黎明文化事业有限公司1995年版，第102页。

③ 王石番：《民意理论与实务》，黎明文化事业有限公司1995年版，第102—103页。

④ 韩运荣、喻国明：《舆论学：原理、方法与应用》，中国传媒大学出版社2005年版，第61—83页。

⑤ 刘建明：《基础舆论学》，中国人民大学出版社1988年版，第97页。

1. 社会背景下潜舆论形成

秦朝在歼灭六国之后并没有根据时局改变其统治方式，而是继续和之前一样贯彻法家统治思想，对百姓施加苛重的赋税和徭役。《汉书》中记载：（董仲舒言）“又加月为更卒，已，复为正，一岁屯戍，一岁力役，三十倍于古；田租口赋，盐铁之利，二十倍于古。”在赋税本就已给百姓造成沉重负担的情况下，秦朝仍为建阿房宫、造骊山墓大量征民徭役，大量青壮劳动力脱离生产，生产力急剧下降；与此同时，秦朝的法律也极为严酷。《史记·秦始皇本纪》中道“上乐以刑杀为威”；《汉书·刑法志》曰：“秦用商鞅连相坐之法，造参夷之诛，增加肉刑、大辟，有凿颠、抽肋、镬烹之刑。至于秦始皇，兼吞六国，遂毁先王之法，灭礼谊之官，专任刑罚。”秦朝法制森严，极易触犯法律，甚至出现“赭衣塞路，囹圄成市”的情况。严酷的刑法，沉重的赋税和徭役导致秦朝民生凋敝，百姓生活在水深火热之中。对黑暗统治的愤恨已经在百姓心中生根，百姓抗秦暴政的共同意见已经有了基础，“天下愁怨，溃而叛之”是局势必然。

2. 突发事件与谶纬信息造势

秦二世元年秋季，秦朝廷征调闾左贫苦百姓屯戍渔阳，途中在蕲县大泽乡为大雨所阻，不能如期到达目的地就要被杀头。百姓对大举修陵墓已经颇有怨言，被大雨所阻不能按期到达更是增加了其心中的不满。陈胜、吴广借此机会发布鱼腹藏书之谶，将大家的潜舆论进行公开表达，得到了大家的认可。

3. 舆论领袖的出现

在谶纬出现后，众人对谶纬感到惊异，“往往语，皆指目陈胜”；同时又对陈胜、吴广的人品和号召感同身受，进而产生对其认可。陈胜、吴广号召大家拼死一搏反抗秦朝暴政，这一观点得到了集体响应。陈胜、吴广成为具有影响力的舆论领袖。

4. 集体合议的形成

就此，陈胜、吴广利用谶纬凝聚众人抗秦共识，激发起巨大的舆论力量，900余名戍卒在大泽乡揭竿而起，“大楚兴，陈胜王”之谶成了号召天下人同心抗秦的口号。

二、舆论力量的生成机制

在这一部分我们仍然从两部分开始探讨，分别为：①统治阶级的舆论引导；②民间舆论力量的自主生成。

统治阶级的舆论引导。我们在上文已经提到，统治阶级利用谶纬树立起自身的主流意见地位，被统治阶级则是沉默地服从这一社会优势意见，即使有异议存在也因为数量过少而无法激起足以震动政权的波澜。刘建明教授指出：舆论内核就是社会知觉，社会知觉构成社会舆论的本质属性。一种舆论一旦形成，它容纳了许多人的共同见解[①]，个体意识与主导舆论不相融的见解被溶解，成为集体意识的一部分[②]。

在谶纬的作用下，这种舆论形成了内部与外部，抒发与抑制的双重特性。一方面舆论仍然是百姓观点意见的集中表达；另一方面，也是更占据主导地位的统治阶级所倡导的舆论对百姓自发舆论的抑制。这种舆论力量来自谶纬的天命性和统治阶级的权威性。

民间舆论力量的自主生成。这部分是本文想要重点探讨的部分。秦汉时期封建专制制度建立，封建经济发展，虽然皇权和宗教对百姓的思想有一定的压制，但是百姓思想仍然获得了一定的自由与独立性，很明显统治阶级并没有提供适合的舆论表达途径，反而是控制、压制百姓的意见表达。在阶级矛盾不断加深的背景下，“弹压反皇言论充满封建社会整个过程”[③]，谶纬成为撬起统治阶级主流控制的杠杆。

在此，我们仍以陈胜、吴广“谶纬”号召舆论为例。

该案例中“谶纬”之所以可以产生如此之大的舆论力量绝非偶然，上文提到，虽然主流思想对民间意见表达产生了一定抑制，但是民间的声音实际上是一直存在的。我们可以根据刘建明教授提出的舆论产生的“爆米花”模型进行理解。

刘建明教授对“爆米花”模式的解读是，虽然人们对某些社会问题抱有不

---

① 刘建明：《基础舆论学》，中国人民大学出版社 1988 年版，第 152—157 页。

② 刘建明：《舆论传播》，清华大学出版社 2001 年版，第 43 页。

③ 刘建明：《舆论传播》，清华大学出版社 2001 年版，第 20 页。

满情绪，但是社会意识一直保持平静状态，并没有达到舆论的规模。突然某天受到外界事件的刺激，舆论热潮如惊雷般猛然爆发，引发全社会剧烈反响。[①]

反观陈胜、吴广的谶纬案例，秦朝长期的黑暗统治引发了民众心中共同的反感，“天下苦秦久矣”，碍于强权政治无法产生影响。在前往渔阳的途中征夫为雨所困，不按期达到是死路一条，此事件更是进一步激发民怨。在此时，“鱼腹藏书”“篝火狐鸣”出现，为众人提供了一条全新的出路，而“大楚兴”的谶纬直接否定了秦王朝的合法性，这也正是百姓乐于见到的。

刘健明教授在《舆论传播》一书中指出：“舆论场的渲染物或气氛是构成舆论场的重要因素。凡显示强烈、鲜明、显赫情态的实物、场景和声响，都是构成舆论场不可忽视的力。这些因素相互作用的强劲，不断产生激发社会情绪的氛围和压力，使舆论呈现波澜壮阔的声势。”[②]喻国明教授也说：“舆论场包括若干相互刺激因素，从而能使许多人形成共同意见的时空环境。”[③]

“为雨所截，按法当斩”使本就内心不满的征夫们更加厌恶秦朝统治者，谶纬的出现为公开抗秦提供了合法、合理的心理保障，陈胜、吴广“死国可乎?”“王侯将相宁有种乎?”的反问更加激起众人的反抗意识，多种因素构成了一个极易发挥效力的舆论场，场中百姓的集体认同就此激发，反抗情绪不断升温，舆论的力量在此孕育，最终完全爆发走向整个社会。

在阶级社会中，百姓一直是处于劣势地位的弱势群体，缺乏发言权。谶纬为百姓提供了被关注的可能性，利用谶纬连接“天”的力量，一些富有反抗精神的百姓充分利用这一点冲破统治阶级主流思想的束缚，引导百姓发声，在集体认同中爆发舆论的巨大力量。

综上所述，秦汉谶纬以其神秘性和附会性成为天命在人世间的代表，通过百姓对上天的迷信而获得百姓对谶纬的认可，谶纬发布者得以利用谶纬这种形式不受阻碍地使百姓接受自己在谶纬中所传递的思想。谶纬舆论传播的

---

① 刘建明等著：《舆论学概论》，中国传媒大学出版社 2009 年版，第 60 页。

② 刘建明：《舆论传播》，清华大学出版社 2001 年版，第 65 页。

③ 喻国明、刘夏阳：《中国民意研究》，中国人民大学出版社 1993 年版，第 283 页。

过程实际上就体现了谶纬发布者对百姓的一种带有目的性的说服过程。

谶纬传播的传播者并非由单一主体构成，呈现出多重性和复杂性的特点。内容上具有政治性、神秘性、群众性的特征。谶纬传播的渠道分为官方渠道和民间渠道两种，这两种渠道通常也是连续性使用，而谶纬的具体承载方式常表现为“大量非常规媒介”，增添了谶纬的神秘性。百姓一直是谶纬传播的受众，百姓合议形成的巨大力量会极大影响政权变动。

谶纬传播的传播主体可根据其政治目的分为两类——当权者与挑战者，由于主体各具有不同的政治目的，谶纬传播的舆论作用机制就在两者间的对抗与博弈中展开。统治者利用谶纬塑造社会规范进而引导舆论利于自身政权；被统治阶级则通过谶纬凝聚社会共识，利用舆论力量反抗暴政。

随着时代的发展，社会的进步，人们的思想日益理性客观化，谶纬已经失去了赖以存在的政治和文化基础，并不能仅依靠人们对上天的盲目服从而达到某种目的。但是这并不意味着谶纬对我们的影响就此彻底消亡。时至今日，谶纬在重大社会问题发生时仍会以其他形式表现出来。因此对谶纬进行源头性分析是有其必要的，能够让我们借用古人智慧引发现代传播之思，并为我们当代的传播实践提供养料。

（尤　佳　谢清果）

第二十二章　说书舆情：华夏民间舆论传播活动的样态

自古以来，由于中国古代下层人民识字率低，“说书人”在很长历史时期内都扮演着为他们提供信息的重要角色。笔者拟从舆论学视角探讨古代“说书”，将其看作华夏民间舆论的一种传播活动，并借助场域理论、修辞学等视角，从“说书”活动的传播场地、传播主体、传播特征及传播效应四个向度剖析“说书”活动的舆论生成机制，构建“火炉”模型，进而解析“说书场”中官方舆论与民间舆论的隐形博弈，探讨其与政府、社会之间的潜在互动，以期为当代网络听书产业的发展提供些许借鉴与参考。

第一节　说书研究的意义与价值

“说书”是古代中国一种典型的口语传播形态，相比于经史子集这一类的典籍，口语传播的特点使得说书的传播对象不仅仅局限于能够识字读书的知识精英群体，还包括更加多数的大众，说书是真正与普通百姓密切相关的文化传播行为。古代中国社会流动率低，说书人通过游历四方把同样的故事带到不同的地方，让原本难以相互沟通的人通过听书形成了共同记忆。从以上两方面来看，说书的覆盖面广阔使其成为一种普遍的民间“读”物。此外，相比于官方灌输式的宣传教化，说书拥有天然的注意力吸引优势。说书人通过叙事化语言讲述情节生动的历史故事，并不时地对故事中的人物或事件加以点评，或褒奖或批判，于无形中反复多次地形塑了社会大众的共同信仰；说书人通过妙趣横生的语言与抑扬顿挫的语音语调，让听众沉浸其中，触抵他们的心灵，达到了一种“润物细无声”的境界。这样一种覆盖广、形塑强的传播活动是华夏民间舆论传播研究中十分重要的一部分。

一、研究回顾

当前学界对于我国古代“说书”的研究主要从历史、艺术、文学等视角出发。陈汝衡的《说书史话》①对说书的历史流变做出简叙，揭示了说书的源流。同样在历史学方面，李红、王红箫在《评书理论学术话语体系构建初探》②中通过对说书的溯源来探讨“说书”在我国古代不同朝代的历史沿革。也有学者聚焦于某一时期说书艺术发展出的特定模式，呈现出这一时期下说书活动的形态，如侯冲《俗讲新考》③。这些史料支持下的考证都为我们很好地阐释了“古代说书是什么”的问题。同时说书还常常被当作一种民间艺术形态去研究其表演特点与魅力，田连元在《谈评书艺术的形式特点——说、演、评、博》④中就凝练出了说书作为传统曲艺的表演风格与特点。除了以上三个维度，也有不少学者将“说书”这一娱乐活动与人们的社会生活联系起来，李勇军的《“三言”中市民意识的体现》⑤将说书看作折射当时民间社会的一面镜子，认为说书的篇章中可以反映出普罗大众的政治关怀与婚恋观、义利观的变迁。而针对不同时期下的说书活动对当时所处社会环境的影响，邵郁、王睿颖的《敦煌俗讲变文的社会教育作用》⑥阐释了唐代的俗讲对于社会各方产生的影响和教育启示作用，平谣的《居然有别弦歌曲——清末民初的说唱艺术与社会生活》则发现说唱艺术由于得到几乎整个社会的广泛参与而开辟

---

① 陈汝衡:《说书史话》，人民文学出版社 1987 年版。

② 李红、王红箫:《评书理论学术话语体系构建初探》,《广西社会科学》2019 年第 1 期。

③ 侯冲:《俗讲新考》,《敦煌研究》2010 年第 4 期。

④ 田连元:《谈评书艺术的形式特点——说、演、评、博》,《曲艺》2018 年第 9 期。

⑤ 李勇军:《“三言”中市民意识的体现》,《云南社会科学》2006 年第 1 期。

⑥ 邵郁、王睿颖:《敦煌俗讲变文的社会教育作用》,《高等函授学报（哲学社会科学版）》2012 年第 8 期。

出了一种自由平等、反秩序的文化场域。① 综上，当前对我国古代说书的研究中，相对缺乏对于其舆论功能的关注，在此基础上，本文希望探讨说书如何影响人们的共同信念和形塑我国古代的民间舆论，进而与国家和社会形成互动的，以期从舆论学视角窥探说书艺术内部蕴含的世界图景。

当前华夏舆论传播研究图景中政治色彩较为浓厚。谢清果、王昀的《华夏舆论传播的概念、历史、形态及特征探析》一文揭示了"在长期中央集权体制下，中国古代之舆论一度受到上层建筑的影响较大，并在后期极权政治的制度运作中逐渐调整为以上层建筑'舆论监督'为主导的舆论传播模式"②。华夏舆论研究也多围绕这一模式展开，林语堂的《中国新闻舆论史》通过对汉代"党锢"、宋代学潮和明代东林党运动等大规模舆论运动的分析，反映了我国古代君主专制下知识精英对于当权者的反叛③，而朱传誉在《中国民意与新闻自由发展史》中对各朝出版与言论自由的探讨也体现了民间舆论与官方舆论的争斗与博弈④。这两位先驱为华夏舆论的研究奠定了十分具有政治色彩的研究方向，后续学者在此基础上对各朝代下以官方政府为主体的舆情收集制度和民众的舆论表达进行了深入探讨，如邵培仁提出的"民本主义"与"轻言主义"舆论观⑤，张萌秋、许静《对中国古代言官制度的舆论学分析》⑥分析了我国古代不同的舆论制度，张玉霞在《中国古代的舆论与政治》⑦一文中阐明了我国古代不同时期舆论对于政治的影响，这些研究都重点关注了华夏舆论的政治功能。

二、研究意义

实际上，公共舆论既包括纵向的、政治面向的"舆论监督""舆论引导"

① 平瑶：《居然别有弦歌曲——清末民初的说唱艺术与社会生活》，《探索与争鸣》2018年第8期。

② 谢清果、王昀：《华夏舆论传播的概念、历史、形态及特征探析》，《现代传播（中国传媒大学学报）》2016年第3期。

③ 林语堂：《中国新闻舆论史》，上海人民出版社2008年版。

④ 朱传誉：《中国民意与新闻自由发展史》，正中书局1974年版。

⑤ 邵培仁主编：《20世纪中国新闻学与传播学·宣传学与舆论学卷》，复旦大学出版社2002年版，第243页。

⑥ 张萌秋、许静：《对中国古代言官制度的舆论学分析》，《青年记者》2018年第36期。

⑦ 张玉霞：《中国古代的舆论与政治》，《新闻爱好者》2006年第12期。

等功能，也包括横向的、社会面向的“社会团结”等功能。[①] 当前华夏舆论研究更多关注纵向的统治阶级对社会舆论的监督、引导和管控，以及自下而上的舆论传播活动的政治功能。本文希望从政治与社会两方面来论证“说书”作为古代中国的民间舆论传播活动与政府、与社会之间的互动，不仅关注民间舆论与上层建筑的对话，还探讨其在百姓之中的横向传播对于社会团结所起到的作用。同时，由于缺乏适度的保障，在“统治阶级——知识精英——民间大众”的舆论对话体系中民间大众的声音往往被湮灭，当前对于真正的“舆人之论”的研究并不多见。虽然陈力丹认为“传统社会的舆论通常不处于哲人们的主要视野内”[②]，这是因为此前华夏舆论研究更关注政治功能，而民间舆论在历史进程中对于政治的影响则十分有限，但是如果考虑到舆论团结社会的功能，以民间大众为主体的舆论也能显现出其价值。当前还未有将古代说书作为舆论形态的研究，那么究竟说书是如何促进民间舆论形成，又给其所处社会环境带来了怎样的影响？本文将尝试对这些问题进行探讨，从政治与社会两方面来论证“说书”作为古代中国的民间舆论传播活动与政府、与社会之间的互动，不仅关注民间舆论与上层建筑的对话，还探讨其在百姓之中的横向传播对于社会团结所起到的作用。随着工业化和城市化的发展，古时的“说书”艺术正在逐渐退出公众日常生活的舞台，但是当下网络上许多“类说书”的舆论传播活动依然活跃，本章通过对古代“说书”舆论传播机制的研究，以期为当下民间舆论传播活动在政治对话与社会团结上继续发挥积极作用提供有益参考。

第二节　故事化舆论：作为媒介的“说书”

从传播学的视角看“说书”，无论是其口语传播的形态、故事语言的运用还是社会教化和舆论引导的传播效果，都证明了“说书”并不只是简单的民间娱乐活动，而是我国古代一种寓教于乐的独特传播形态和重要的舆论机制。

---

① 方振武、吴潇阳：《公共舆论与社会团结——爱弥尔·涂尔干的“公共舆论”思想》，《新闻与传播研究》2018 年第 4 期。

② 陈力丹：《舆论学：舆论导向研究》，中国广播电视出版社 1999 年版，第 3 页。

一、“说书”的源起与流变

“说书”一词最早记载于《墨子·耕柱》篇：“能谈辩者谈辩，能说书者说书”。当然，这种“说书”还不是后来意义上的“说书”，主要是指引经据典。讲述事理之意。[①] 真正具有“说书”元素的传播形态是周朝的瞽人诵诗，《周礼·春官宗伯下》云：“瞽矇掌播鼗、柷、敔、埙、箫管、弦歌，讽诵诗，世奠系，鼓琴瑟。”这里瞽矇指盲人，倡优活动时期，他们通过创作和表演一些诗乐，为君王提供娱乐。这种比较原始的艺术活动中，包含了最早的说书元素[②]，这可以说是说书的最初的雏形。隋朝《太平广记》中有记载：“才出省门，即逢素子玄感，乃云：侯秀才可以（与）玄感说一个好话。”隋代人著作中所指“说一个好话”就是令人讲一个动听的故事的意思，这是古代记录中最早提及“说书”的[③]，当时被称作“说话”，后来在历朝历代中说书发展出了不同的形态。“说”主要指的是讲述，有些时候也包括唱，而“书”主要指故事，不同形态的说书讲述内容也有所不同，包括历史事件、文学作品和佛经讲义等。说书人的行头不过一桌一扇一醒木而已，但是却能够凭借高超的说书技艺，把故事说得引人入胜，吸引了广大人民群众。杨联陞先生曾提到那些“起媒介作用，且多数以媒介为职业（乃至主要职业）”[④] 的，不管是人与人、人与物还是人与神间的媒介，都可以称为职业性的媒介人物。[⑤] 说书人的故事常常跨越古今的时空背景和地域上的限制，为听众提供了丰富的信息内容，属于这类“媒介人物”中的一种。

二、“说书”造就“故事化舆论”的独特形态

从周初的“瞽人诵诗”、唐朝“俗讲”到明清“说书”，我国古代“说书”活动形态丰富，不同的朝代、语言或是表演方式塑造了说书的各个种类，这些前人已有丰富的考证，在此不再赘述。说书人不仅讲故事，还通过

① 倪钟之：《中国曲艺史》，春风文艺出版社1991年版，第33页。

② 倪钟之：《中国曲艺史》，春风文艺出版社1991年版，第32页。

③ 陈汝衡：《说书史话》，人民文学出版社1987年版，第9页。

④〔美〕杨联陞：《中国文化中“报”“保”“包”之意义》，贵州人民出版社2009年版，第142页。

⑤〔美〕杨联陞：《中国文化中“报”“保”“包”之意义》，贵州人民出版社2009年版，第142—143页。

对故事中的人物事件加以评价，在塑造人物形象的同时传递着某种价值观，例如《清忠谱》第二折《书闹》中颜佩韦之所以大闹书场，正是因为他听到说唱艺人李海泉讲忠臣韩世忠被奸臣诬陷受难时，心中因忠臣蒙冤而愤懑不平，进而大打说书人李海泉，以解其心中怨气。忠君爱国的教育思想就在此处说书内容中以潜移默化的方式宣传开来。[①]不过这种价值观的传递，还有赖于听众对于信息的接受程度，在说书与听书的过程中，说者与听者需要共同进入一套共时的编码与解码，二者之间双向传播，共同促使了说书“教化”与“娱乐”功能的实现。可见，古代说书活动在特定的社会情境下以说故事的方式将历史与现实、精英与百姓钩连，进而引发社会共鸣，促进民间舆论的形成，而这种舆论是通过讲故事和听故事而逐渐孕育而成的，故称之为“故事化舆论”。《休庵影语·泪史自序》中有记载“我往往见街上有弹唱说词的，说到古今伤心事体，那些听说人，一个个泪汪汪”[②]，可见说书人的故事语言的确能够通过艺术化的形式触抵人们的心灵。

三、“说书”故事化舆论的影响与效果

有关如何讲好故事，亚里士多德曾提出“在组织情节并将它付诸言词时，诗人应尽可能地把要描写的情境想象成就在眼前，犹如身临其境，极其清晰地‘看到’要描绘的现象，从而知道如何恰当地表现情景”，这正是说书活动中开场词所起到的作用。说书活动初始，说书人往往通过开场词先为听众构建一个情境，三言两语点明何年何月何人何事，一是通过这一情境的塑造引起听众的注意，交代清楚了故事所处的时间、空间、背景与人物之间的关系，再讲故事能使听众真正地走进故事[③]；二是情境中往往隐含着人物所处的冲突境遇，暗示着后续的情节和预告着人物的命运，引发人们对于故事的深入思考。而这些故事的主题往往是“官民间矛盾”“封建束缚与自由”等一些社会争议的话题，故事的冲突也反映出社会各方舆论间的冲突，故事主人公悲惨的遭遇使听众悲伤、愤懑，再次引发这一议题相关的社会舆论，

---

① 孙越:《“说书”概念及其文化转移》,《中华文化论坛》2018 年第 9 期。

② 盛于斯:《休庵影语·泪史自序》，上海开明书局 1931 年版，第 24 页。

③ 〔古希腊〕亚里士多德:《诗学》，陈中梅译，商务印书馆 1996 年版，第 125 页。

最后通过中国人喜爱的大团圆结局化解冲突与矛盾，起到舆论引导和社会教化的作用。

第三节 “火炉”模型：说书造成舆论的机制

我国古代底层人民文化程度低，接收信息的渠道少，同时缺乏一定的思考能力，他们可能对某些事物具有某种情绪，但是却很难独立形成自己的明确的一种态度和价值观。说书对他们来说不只是单纯的娱乐，还帮助他们加深对人和事物的认知，进而形成某种态度和信念，不同的人听同一类故事，久而久之便形成了共同的价值观念，可见说书引导听众产生了一种合意。刘建明在《基础舆论学》中提到“造成舆论”的含义，“是指把人们潜意识中的意见发掘出来，变成社会显意识的公开意见，把少数人的观点、态度扩展为多数人的观点、态度，把分散的、彼此孤立的意见集合为彼此呼应的社会整体意见，把声势尚小、影响甚微的局部意见变成声势浩大的社会反响”[①]。那么古代说书是如何把说书人一个人的意见变成社会大众的共同意见的呢？作为一种重要的民间舆论传播形态，在独具特色的传播场地、传播主体、传播特征和传播效果等因素共同作用下，“说书”如同一个火炉，民间舆论在其中燃烧着，源源不断地向社会外界散发着能量。

图 22-1 说书造成舆论的机制

① 刘建明：《基础舆论学》，中国人民大学出版社 1988 年版，第 276 页。

一、作为炉壁的“书场”

“field”是一个来自物理学的概念，指物体周围传递重力或电磁力的空间。[①]德国心理学家勒温最早把“场”引入社会科学，提出“心理场”，他认为：场即生活空间（life space），也就是“个人”加上（心理的和非心理的）“环境”。[②]在这一基础上，法国社会学家皮埃尔·布尔迪厄提出更加普遍的场域理论：“从分析的角度来看，一个场域可以被定义为在各种位置之间存在的客观关系的一个网络（network）或一个构型（configuration）。”[③]从传播学的角度看，即场域内的传播主体通过信息交换活动向其他各方产生“力的作用”，对“他物”产生一定的影响力。“场”不仅是舆论形成的条件、空间，而且是推动舆论发展的契机，甚至制约着它的正负方向。[④]借助“场”的范式研究社会舆论，能帮助我们认识舆论产生的具体机制。我国古代的说书活动通常拥有一个固定的场合，无论茶馆还是街头，人们总是聚集在一起听书，形成了一个“书场”。民间的平头百姓们结束了一天的劳作后，在这个“书场”中日复一日、年复一年地听说书人讲故事，除了娱乐消遣之外，说书人通过历史故事和穿插故事间的评述潜移默化地影响着群众的认知与态度。“书场”中说书人和听众不断交换信息，说书人使用慷慨激昂的语言对故事内容进行歌颂或批判，这一富有感染力的刺激因子在“书场”中震荡，引起听众的附和与心理上的趋同，并最终形成某种共同意见，成为一个意见产生的社会共振圈。

（一）书场人员密集和交往频率高

舆论作为“公众的意见或言论”[⑤]，需得在人群密度大、交往频率高的场合内才得以产生。根据《东京梦华录》中的记载“街南桑家瓦子，近北则中

① 刘海龙:《当代媒介场研究导论》,《国际新闻界》2005年第2期。

② 刘海龙:《当代媒介场研究导论》,《国际新闻界》2005年第2期。

③ 〔法〕皮埃尔·布尔迪厄、华康德:《实践与反思——反思社会学导引》，李猛、李康译，中央编译出版社1998年版，第133—134页。

④ 刘建明:《社会舆论原理》，华夏出版社2002年版，第35页。

⑤ 中国大百科全书总编辑委员会:《中国大百科全书·新闻出版卷》，中国大百科全书出版社1990年版，第457页。

瓦，次里瓦。其中大小勾栏五十余座，内中瓦子莲花棚，牡丹棚；里瓦子夜叉棚，象棚，最大可容数千人”[①]，可以看出北宋汴都的“瓦子”规模较大，而且作为公共场合，人人都能去。即便其中的一些需要纳钱进入，但是票价并不高，即便是买不起票的人也可以在门口听书，只听书不吃茶，同样也能参与到“书场”中来。在这里包括说书在内的各类民间艺术表演吸引着广泛的群众，把原本不相关的各类人群聚集在同一物理空间内，通过他们在“书场”中的不断地碰撞，整个火炉灶内的能量相互转换与迁移，营造出了易于舆论生发的环境。说书活动看似只有说书人一个人在提供观点，但其实听书的观众们无时无刻不在通过鼓掌、喝彩与唏嘘的方式向说书人提供着反馈，并与周遭一同听书的观众产生互动。用掌声表达集体意志，诉诸一致意见，是最简单、最常见的肢体舆论。[②]当群体对说书内容十分认可和赞赏时会通过鼓掌这一集体行为把自己对所讲内容的拥护传递给说书人，同时掌声也是听众群体中的一种信息交往，鼓掌的人们之间形成一种共识，也传递给那些不十分认可当前内容的听众以舆论压力，这种压力也可能会改变其态度。

（二）高开放度的“书场”社会环境

一个场域的开放度依赖于其中的信息种类与数量，而意见的丰富对于舆论导向的正误起着重要作用。“书场”并非是封闭闭塞的，而是与外界环境紧密相连的，不会关起门来说书。对于场外社会中的各种思潮与不同意见，说书人的故事基本都能涉及，是一种杂说而非对某一派别思想的专门宣传。同时，舆论场的开放度还包括这样一种含义，即社会环境有宽松的言论自由。[③]一方面，从场外环境出发，说书作为一种民间娱乐活动，比起依赖于出版业的书籍和报刊，受到官方政府的言论限制较少，从秦始皇焚书坑儒开始，在我国传统社会各个阶段都常常能看到禁书以愚民的政策，相对而言，说书这般活态的文本难以真正禁止与消灭，统治阶级的管控度相对低，因此说书场的舆论氛围更为宽松。另一方面，从场内互动出发，书场内部的开放度也比

① 孟元老：《东京梦华录》，中州古籍出版社2010年版，第44页。

② 刘建明、纪忠慧、王莉丽：《舆论学概论》，中国传媒大学出版社2009年版，第81页。

③ 刘建明：《社会舆论原理》，华夏出版社2002年版，第37页。

较高。虽然“书场”形式上与私塾中的讲授十分相似，但相比于有着严明纪律和等级差异的学堂，“书场”中各方人员之间权力距离小，规范约束少，说书人可以比较自由地决定说什么，听众也可以在说书过程中随时发表自己的态度，场内人员之间信息可以自由流通。综上，“书场”是社会上各类舆论碰撞的地方，不同的意见之间展开对话，在讨论中形成一种主流意见并不断地吸引新的个体逐渐壮大成为广泛的民间舆论。

（三）“书场”中的渲染物象

如果对“舆论”这一个单元进行拆分，可以看到每一种舆论当中都有若干个“舆论细胞”，其中一种重要的部分就是“情感与情绪”。为了让“书场”中的物质都活跃起来，说书人常常通过语言与非语言符号给“书场”升温，因为通过语音语调的起伏顿挫来避免观众的审美疲劳，保持其情绪的高昂，在这样一种持续性专注和兴奋的状态下，人们更容易被故事情节所感染，对于故事中的坏事产生“愤怒、悲伤与担忧”等情绪，形成情感共振。

如上述所言，作为“炉壁”的书场在空间上起到了聚合的作用，为群众提供了一种共识性的集体体验，加强了“炉内”人们的交流与联系，促进了思想观念的整合，但与此同时“炉壁”也具有某种隔离的效应，它将火炉内的火焰与外界区隔开来，炉内之火往往难以冲出炉壁。相比于那些“爆米花”式的突然爆发的舆论，说书人的舆论传播是润物细无声的，它并不形成暴风雨式的冲击，而是一般社会意见的平稳传播，属于平缓式舆论生成模式。说书人通过讲故事而引发的合意通常并不直接与当时政治挂钩，虽然他们可能在故事中痛斥贪官污吏，讽刺官场黑暗，但是通常只进行到“态度确立”的环节而难以发展到“揭竿而起”，所以即便“书场”是十分活跃的，但这种活跃仅限于燃烧而难以形成爆炸，“书场”中的舆论可以在火炉中熊熊燃烧，却难以突破炉壁的约束对外界产生直接的影响。这一点也是“书场”区别于西方公共领域的重要标志，哈贝马斯认为“公共领域说到底就是公众舆论领域，它和公共权力机关直接相抗衡”[①]，而我国古代社会由于处于

① 〔德〕哈贝马斯：《公共领域的结构转型》，曹卫东译，学林出版社1999年版，第2页。

中央集权的专制制度之下，缺乏民主制度的保障，“书场”中的舆论很难直接与国家上层建筑对话，难以真正地实现舆论监督的功能和产生行为层面的政治影响。

二、“书场”中作为柴火的听众

燃烧最基础的原料是可燃物，书场中的听众如同柴火，他们本身虽然具备燃烧的物质元素，但是由于缺乏适宜的条件一直无法引起舆论的“燃烧”。纵使我国古代人民对于生活中的某些事物都有自己的看法与感受，但正如李普曼在《舆论学》中指出的“身外世界与脑海图景”的差异，“任何人对于没有经历过的事件，只能有一种凭他对那事件的想象所引发的感情”①，听书人个体由于信息渠道闭塞，且其自身的思考能力不足，难以形成对某人、事物完善的见解的价值判断，是没有被点燃的柴火，但是听书人所具备的“流动性”与“感染性”的特质决定了它们一旦在书场中被“点燃”，就可以通过自身影响更多的人。没有燃烧的柴火是可燃物，而燃烧起来的柴火又可以作为“火源”点燃其他柴火。“书场”中的听众是流动的，他们在书场里通过故事习得其中的行为规范并接受某种价值观念，走出书场他们就会按照这种习得的规范约束自己的行为举止，并对身边的他者产生期待，期待他们也能按照这种规范行事，这样的期待随着听书人数量的增长和在人群之间的流动不断扩大影响，慢慢就会形成一种社会性的期待，一旦有人想要违反这一规范，就需要承受巨大的舆论压力和担心社会群体的负面反馈。这一过程中，作为柴火的听众因为被说书故事所吸引和感染，自觉自愿地通过书场外的“二次传播”促进了社会上集体意识的形成和发展。

三、“书场”中作为火源的“说书人”

“舆论的最后形成，必须借助舆论领袖的评价指导，把不同层次、不同社会环境的舆论圈连成一个整体，使局部意见转化为大多数人的共同意见。”②可见“书场”把作为可燃物的人群聚集起来还不够，还需要作为“火源”的说书人提供燃烧所需要的能量，由于信息渠道受限，民间大众常常需要借助说书人

---

① 〔美〕沃尔特·李普曼：《舆论学》，华夏出版社 1989 年版，第 8 页。

② 刘建明：《基础舆论学》，中国人民大学出版社 1988 年版，第 106 页。

提供丰富的信息与精辟的分析来确立和塑造意见，此时，说书人作为“人群中那些首先或较多接触信息，并将经过自己再加工的信息传播给其他人的人”[①]便扮演着一个舆论领袖的角色，承担起在传播活动中“为他人提供信息、观点或建议并对他人施加个人影响”[②]的功能。在喻国明、韩运荣为舆论领袖描绘出的大致“轮廓”中，舆论领袖一定是具备公共利益的代言人，且具备“消息灵通”“分析力强”和“人格魅力”的特质。[③]明末清初的大说书家柳敬亭不仅拥有炉火纯青的高超说书艺术，而且“对人和善，随时随地排难解纷，肯帮人家的忙，也是大众热爱的人物”[④]。吴伟业《柳敬亭传》中记载：“客谓有生者曰：‘方海内无事，生所谈皆豪猾大侠草泽亡命，吾等闻之笑谓必无是，乃公故善诞耳，孰图今日不幸竟亲见之乎？’生闻其语慨然。”吴伟业将其所处社会中亲眼所见的真实事件与柳敬亭说书中“豪猾大侠草泽亡命”的故事联系起来，曾经他笑噱的荒诞故事，都成了事实。[⑤]可见，“说书人大多识文断字，具备一定的文化基础，有些艺人甚至拥有较深的文学功底”[⑥]，不仅能够接触到不同种类的信息与意见并对其进行整理和再加工，充当着民间大众和社会信息、文学作品之间的媒介，而且通过深入人心的说书艺术手法对故事中反映出的各类社会现实进行分析评述，揭露了古代封建社会中的黑暗面，体现出了一定的社会责任感，吸引着听书的人们自觉、自愿地成为他们的舆论追随者。

四、“书场”中作为助燃剂的说书技巧

无论何时探讨说书，我们都无法忽视说书技巧对传播效果产生的巨大影响。在“书场”舆论生成的过程中，说书人精湛而富有趣味的说书技巧，起到了相当大的助推作用，如同助燃剂一般地促使火炉中的舆论“燃烧”得更迅速、更充分。

---

① 郭庆光：《传播学教程》，中国人民大学出版社 2011 年版，第 189 页。

② 郭庆光：《传播学教程》，中国人民大学出版社 2011 年版，第 189 页。

③ 韩运荣、喻国明：《关于舆论领袖的“素描”》，《新闻知识》2005 年第 6 期。

④ 陈汝衡：《说书史话》，人民文学出版社 1987 年版，第 169 页。

⑤ 陈汝衡：《说书史话》，人民文学出版社 1987 年版，第 173 页。

⑥ 郝佩林、小田：《近代江南说书人的乡村地位》，《上海师范大学学报（哲学社会科学版）》2018 年第 3 期。

我国古代的说书活动与西方的公共演讲一同作为人类传播历史上典型的口语传播活动，而西方早有对这一类演讲技巧较为系统的理论归纳与总结，这里借助亚里士多德修辞论，从修辞学角度分析我国古代说书中的修辞艺术是如何发挥其“说服”作用的。

亚里士多德提出了说服论证三种形式：说之以理、动之以情和服之以德。“服之以德”在本文传播主体的部分已经阐述了说书人是如何通过自己的博闻强识和德艺双馨来赢得声望和获得听者追随的，这里不再赘述。“说之以理”是指每提出一个主张，就要给出支持这一主张的论据，说书人对于故事中正负面人物的赞赏和批判，都需要给出相应的故事情节作为例证，这种例证既可以是史料，也可以是虚构的寓言，只需从逻辑上使听众信服。此外，由于人们处在忧愁或愉快、友善或者憎恶的情绪下做出的判断也是不尽相同的，在感情上赢得听众的认同后，说理也更容易令人信服。“动之以情”希望通过选择百姓热爱的故事和对故事的细节进行生动描摹，搭配适当的语调和用词，综合使用各类充满艺术感的非语言符号来激发人们的情绪进而促使舆论的形成。

在说书的“火炉模型”中，上述要素不断刺激着“书场”中意见的碰撞和相互影响，在这种氛围的烘托下，炉内温度升高，多数人的情绪和态度活跃起来，在相互交往中人们的思想逐渐凝聚为一种集体意识并在不断的重复确认中形成了民间舆论。

第四节　说书舆论与社会生活的内在互动

公共舆论研究主要存在两种路径，一种是政治意义上的“竞争与服从”路径，即现在的主流研究路径，另一种是社会意义上的“个人与集体”路径。[①] 前者关注舆论的政治功能，考察国家上层建筑自上而下对民间舆论的引导与监督同民间舆论的下情上达之间的互动。后者关注舆论的社会功能，重点关注如何通过民间舆论维护社会团结。

① 方振武、吴潇阳：《公共舆论与社会团结——爱弥尔·涂尔干的“公共舆论”思想》，《新闻与传播研究》2018年第4期。

一、书场中民间舆论与官方舆论的隐性博弈

布尔迪厄的场域理论中，每个场域都规定了各自特有的价值观，拥有各自特有的调控原则。这些原则界定了一个社会构建的空间，行动者即根据他们在空间里所占据的位置进行运作，以求改变或维持其空间方位。[①]而传播在布尔迪厄这里不仅仅是说者和听者之间的对话关系，而是不同说话者的社会地位、力量、禀赋、才能、资本和知识等各种显示权力的因素之间的交换活动和语言游戏。[②]按照这种观点，我们可以把“书场”看作一个各方博弈的游戏场，在这里场域既是资本作用的舞台，也是惯习养成和延展的地方，更是主体的实践体验的场所[③]，官方舆论和民间舆论在场内依据自己的“资本”和“惯习”，以制定对自己有利的游戏规则和取得游戏的胜利为目标进行实践。

（一）“书场”中行动主体与其“资本”力量

“书场”中的行动主体主要包括“统治阶级”“说书人”和“民间大众”，这三个主体共同处于一个充满冲突与竞争的空间，他们手中掌握的不同资源决定了各主体在“书场”中的不同地位和竞争力。作为监管者的统治阶级在“政治资本”和“经济资本”上具有很大优势，封建专制制度下的统治阶级有权颁布禁令来限制民间的说书活动，而被统治的民间大众的权力则通过“文化资本”体现，作为说书活动的真正受众，他们的喜好与反馈对说书人的内容生产具有重要的影响，说书人总是千方百计地迎合听众口味。处于这两种力量之间的是作为内容生产者的说书人，其最大的优势则是能够通过自己对文本的创作与加工，结合生动的现场演绎吸引足够的社会关注，拥有相当一部分的社会影响力，这种资本被称为“社会资本”，一般代指话语主体产生的社会关系网、拥有的各种资本质量和数量，可以外化为关注度。[④]

---

① 朱清河：《场域理论视野下弱势群体媒介势弱的形成及其救助》，《新闻大学》2010 年第 1 期。

② 张斌：《场域理论与媒介研究——一个新研究范式的学术史考察》，《新闻与传播研究》2016 年第 12 期。

③ 王学琛：《媒介场域理论：媒介研究的新范式》，《传播与版权》2017 年第 10 期。

④ 刘栢慧：《网络场域中舆论生成的影响因素研究》，《声屏世界》2019 年第 9 期。

表 22-1　书场的行动主体、扮演角色与资本力量

行动主体	扮演角色	资本力量
统治阶级	监管者	政治资本、经济资本
说书人	内容生产方	社会资本
民间大众	反馈者	文化资本

（二）说书人的“干预性”和“受干预性”

除了关系性、斗争性这些场域的普遍性特征，媒介场域最重要的特征在于它的“干预性”和“受干预性”。[①]一方面，说书人能够“以仲裁者的身份按他的逻辑做出评定”，借助舆论的现实效力对统治阶级和底层人民产生一定的干预和影响。我国传统社会由于长期缺乏民主制度的保障，民间群众难以参与到政治生活当中，然而“说书”作为古代中国民众最普遍的读物，通过《三国》和《岳传》等故事向听者传输忠孝礼义和诛奸除佞的价值观念，另外也有以现实社会中的政治斗争事件为题材的作品向官僚阶级发出质疑和挑战，这些活动不但促进了底层人民政治意识的萌芽和发展，也对统治阶级的为所欲为起到了一定的震慑作用。

如《沈小霞相会出师表》借一个女子与公差巧妙争斗的故事，反映了权臣严嵩父子专权误国的政治事件。[②]诸如此类具有政治色彩的故事反映了民众对当世的一些不满，而这些蕴含在故事中的政治观念随着说书活动渗透进听众的心里，形成一种民间对于官方政府的普遍态度。

同时，说书人又受到来自政府管控和市场规律的双重限制。在我国古代的传统社会中，一切涉及意识形态的传播活动都或多或少地受到上层建筑的管控，不同朝代下政府给予说书的自由和宽松程度不同，但是从保留下来的说书资料及旧艺人说书内容看，举凡劝忠教孝、三纲五常、三从四德（妇女）之类的封建道德，经常成为说书的重要题材。[③]明朝时期《莺哥行孝义传》和

① 程粟：《新媒体环境下的媒介场域分析》，《青年记者》2019 年第 24 期。
② 李勇军：《“三言”中市民意识的体现》，《云南社会科学》2006 年第 1 期。
③ 陈汝衡：《说书史话》，人民文学出版社 1987 年版，第 2 页。

《开宗义富贵孝义传》两篇开场唱词虽长短不一，但是其内容宣唱均是围绕“贞、烈、孝”而展开的。[①]这样看来说书艺人因为被统治阶级所利用，而在许多场合做了他们的代言人。[②]对于说书，官方政府常常通过严苛的压制或是引导性的指示来干预它。元完颜纳丹等篡《通制条格》卷二十七《班词》中记载过这样一条禁令——“诸民间子弟，不务生业，辄于城市坊镇，演唱词话，教习杂戏，聚众淫谑，并禁治之”，可见元代蒙古贵族统治集团入主中原颇害怕汉人和南人的反抗，除在政治上加紧他们的压迫和剥削而外，对于民间的群众说唱也施加残酷的禁令。[③]很多时候，统治阶级又期望借助说书人帮助他们传输他们希望人民具有的价值理念和意识形态，进而巩固统治和维护当前的社会现状。因此清人在入关以后，就不像当初蒙古人对民间说唱那样横施禁令，反而利用说唱艺人代他们宣扬封建道德，或者代统治阶级讲说上谕。[④]长期在这样的管控中，说书人自然就慢慢培养出一种无意识地为统治阶级说话的惯习以保障说书活动的进行。但这绝不代表说书人就完全成为官方舆论的发言人，那些富有人民性的、反映现实的故事不但没有消失，而且一直兴盛着，因为这些是听众喜欢的故事。《包龙图断曹国舅传》中，曹家二国舅仗着自己是皇亲国戚，夺人妻子，杀人孩子，但经过包公的秉法断案，他最终被斩杀。“杀人偿命从来有，欠债还钱自古闻”[⑤]，公案类故事迎合了人们对于“善恶终有报”的期待，做坏事的权贵受到惩罚，平头百姓所遭遇的不公终能得到解决。故事是讲给人民听的，只有人民买账，说书活动才得以继续运作，他们的集体力量同样对说书的内容选择起着至关重要的作用。

无论在哪个国家和历史时期，无论是民主制、君主立宪制，还是独裁君主制的社会，统治者和被统治者之间总是存在着一种对立——一种拔河式的博弈和较量。[⑥]我们可以看出，说书既倡导官方舆论，也为民间舆论发声，在

① 刘楠：《明代说书研究》，延安大学硕士学位论文，2019年。

② 陈汝衡：《说书史话》，人民文学出版社1987年版，第3页。

③ 陈汝衡：《说书史话》，人民文学出版社1987年版，第11、96—97页。

④ 陈汝衡：《说书史话》，人民文学出版社1987年版，第12页。

⑤ 朱一玄校点：《明成化说唱词话丛刊》，中州古籍出版社1997年版，第187页。

⑥ 王海、何洪亮：《中国古代舆情的历史考察——从林语堂〈中国新闻舆论史〉说起》，《湖北社会科学》2007年第2期。

这一场拔河比赛中，舆论主体之间的话语博弈是一个重要景观。强势的一方占领话语高地，形成“显舆论”，弱势的一方处于劣势，形成“潜舆论”。两者并非割裂存在，而是会在一定条件下相互转换。[①]

二、说书建构的集体意识维护社会团结

社会团结是一个国家有秩序运作的前提和基础，法国社会学家涂尔干按照不同的时空背景将社会团结分为“机械团结”与“社会团结”。机械团结依赖于社会的集体意识，在这个社会中人们无论是在生活方式上还是在思想意识上的同质化程度都较高，全部社会成员都受到共同意识的影响，偏离者会受到社会舆论的强烈谴责。换言之，机械团结社会的制裁机制是严厉的社会舆论，而一种行为或现象之所以受到共同的批判，是因为社会成员具有相似的价值观，他们对事物的生活意义具有相同的认知[②]，通常是劳动分工程度较低的社会，即对应我国古代“说书”所处的传统社会。后者则对应一种个性鲜明的现代社会。当前社会正处于一个从机械团结到有机团结转换的过程之中，一方面传统社会的共同意识显著下降，而另一方面，一套服务于有机团结的法律与道德体系尚未架构完成，所以从社会团结这样一个新的视角来研究说书活动引发的民间舆论十分必要，它将为我们当下持续发挥社会共识维护社会团结和避免社会失范的作用提供有益参考。

涂尔干的集体意识是指“社会成员信仰和感情的总和，以及由此构成的明确的生活体系”[③]。而道德是指以善恶为标准，通过社会舆论、内心信念和传统习惯来评价人的行为，调整人与人之间以及个人与社会之间相互关系的行动规范的总和。[④]集体意识和道德共同作用于维护社会秩序，前者内化于个体的内心，是一种自我约束，而道德更多体现为外界和他人的规范。在这个从个人到集体的过程中，说书通过“道德规范”和“社会意识整合”两种

① 刘栢慧：《网络场域中舆论生成的影响因素研究》，《声屏世界》2019 年第 9 期。

② 周立民：《涂尔干社会理论的文化维度及其方法论意义》，《合肥学院学报（社会科学版）》2015 年第 4 期。

③ 〔法〕埃米尔·涂尔干：《社会分工论》，渠东译，生活·读书·新知三联书店 2013 年版，第 42 页。

④ 谢清果编著：《华夏文明与舆论学中国化研究》，九州出版社 2018 年版，第 210 页。

路径增进社会的机械团结。

说书引发的民间舆论对社会道德的形成确立和发展调整都起着十分重要的作用。如果按照戈夫曼所说“世界是一个大舞台”，那么说书为民间群众提供的“人生模仿模式”就如同前台，具有一整套抽象的、模式化的期待。[①]说书人借助对正面人物的塑造引导人们按照他们的样子来要求和塑造自己，使公众自觉自愿地希望成为那样的人，为他们提供一种行为规范，从而保证公民行为的正确性，或是通过负面人物引发群体对这类行为的共同抵制，进而对现实生活中的某些行为造成舆论压力，对人的思想和行为进行较强的规范。如说书文本中暗含着不同时期人们的“婚恋观”“义利观”等价值观的引导，《包侍制断歪乌盆传》中杨宗富被杀害后通过其灵魂与她的夫人对话时说“念我家中相聚日，再莫将身去嫁人。若还嫁了由闲事，苦了孤男孤女身。在家敬重公婆老，天地神明作证盟。休在家中称男女，劳心将息过朝春”[②]，从中我们不仅能够看到杨宗富对他妻子的期待，同时也折射出了我国古代传统社会对于女性的要求。说书活动通过刻画贞洁烈女来推行妇道，通过倡导佛教实现“佛教庶民化”，通过这种潜移默化的方式教化群众，塑造共同的价值观。有时，说书引发的舆论也能够对当前社会中的已有规范发出挑战，并对其进行改造或者建立新的体系。

有学者指出：“即便是在高度专业化和职业化的社会，机械团结和有机团结仍交叉存在着，共同联结着社会中的每一个成员。”[③]中国本身就是一个多民族国家，且没有共同的宗教信仰，因此在劳动分工无法取代集体意识的当下，我们不能忽视机械团结对社会秩序的作用，而对古代说书民间舆论的社会功能的探讨，有助于我们持续巩固我们社会的集体意识，来维护社会团结和避免社会秩序的混乱。

综上所述，从中国故事生产传播的历史脉络看，绵延上千年的说书艺术

---

① 王晴锋：《戈夫曼拟剧论的内涵、误释与道德性》，《西北民族大学学报（哲学社会科学版）》2019 年第 4 期。

② 朱一玄校点：《明成化说唱词话丛刊》，中州古籍出版社 1997 年版，第 182 页。

③ 韦兰明：《民族团结教育论》，广西师范大学出版社 2013 年版，第 26 页。

及其口语叙事传统深刻影响着中国的通俗文化文学样态①，尽管步入现代以来，随着互联网技术的发展各类新兴媒介对传统曲艺造成了相当大的冲击，但是这种“听故事”的行为却并没有退出人们的生活，而是借助网络媒介以“有声阅读”的形式重新焕发出了新的生命力。由于网络听书具有“伴随性”的特质，人们可以随时随地进行听书，满足了现代都市人们希望充分利用碎片化时间的需求，听书正逐渐成为人们“阅读”的主要方式之一。当前除了“喜马拉雅”“懒人听书”等专门的听书 App 外，许多微信公众平台也通过小程序或者推送的方式为大众提供有声阅读，不仅有专业化提供听书的“十点读书”，而且新华社、人民日报等官媒也推出了“夜读”专栏。媒体融合的背景下，这种多平台、跨媒介的传播方式极大地提高了广播媒体的覆盖面与影响力②，为网络听书提供了大量的听众。将当下这一网络听书与传统社会中的说书相比较，我们发现“传统的说书是在场的口语叙事，有声阅读是虚拟在场的口语叙事，两者都诉诸听觉和口头传播，呈现出一定的传承和延续性”③。口语传播是人类早期最重要的传播方式，文字出现之前，人们大都通过口耳相传的方式实现信息交流，而对于古代中国底层群众而言，他们的识字率很低，说书这种听觉文化是他们生活中极其重要的一部分。现代化以来，随着技术发展人们越来越依赖视觉文化，进入了“图片为王”的读图时代，如今有声阅读逐渐兴起，不仅有助于纠偏“视听失衡现象”④，而且象征着一种听觉文化的复归，正如麦克卢汉所预言的“重新部落时代”和“听觉空间的回归”。目前，中国的有声阅读在内容选取、叙事手段、互动性等方面都处于摸索阶段，传统说书以及由此形成的整套改编和叙事体系，非常值得借鉴。⑤在

① 赵丽华、林佩：《从说书到有声阅读：中国故事生产传播的历史脉络》，《现代出版》2019 年第 4 期。

② 张文东、王雪纯：《融媒体时代广播有声书发展路径研究——以吉林健康娱乐广播〈青雪故事〉为例》，《传媒》2019 年第 21 期。

③ 赵丽华、林佩：《从说书到有声阅读：中国故事生产传播的历史脉络》，《现代出版》2019 年第 4 期。

④ 刘世博：《基于场景构建的有声阅读的创新发展策略》，《视听》2019 年第 4 期。

⑤ 赵丽华、林佩：《从说书到有声阅读：中国故事生产传播的历史脉络》，《现代出版》2019 年第 4 期。

故事生产与传播方面，当前听书产业可以汲取古代说书在情境塑造和情节演绎上的经验，打造逼真的“在场感”，在内容题材选择上，也可以充分利用传统说书中的经典故事和结合当代民情民意再加工起到反映和引导舆论的作用，通过网络听书向听众传递一种积极健康的认知和应对社会问题的态度观念。随着城市化的进程现代都市人越来越成为孤立的原子化个体，失去了以往礼俗社会中人的聚合，而听书应用可以充分发挥互联网的优势打造听书社群，让拥有共同兴趣的书友之间产生对话，让人们在听书过程中感受到他人的陪伴、集体的在场，重新找回那种被陪伴、被联结的集体记忆。①

因此，说书作为我国古代的民众的重要信息来源蕴藏着丰富而尚未发掘的舆论价值，本文借助中西方优秀的传播学理论，从舆论学视角出发探讨我国古代传统社会中的说书活动，希望能够引起更多学者对于这一重要的民间舆论传播活动其舆论色彩的关注。其次，在学理上提出了“火炉模型”来分析说书引发舆论的具体机制，避免了西方理论先入为主的框架，而且在对华夏传播活动的研究中根据需要引入中西方理论，不仅更加贴合我国传播活动的实际状况，还能凝聚西方传播理论与华夏传播理论的精华，造就具有中国特色和中国气派的研究范式。最后，通过回溯我国古代的舆论传播，可以从我国古代几千年社会的稳定存续中汲取经验，为当代中国的“听书产业”提供借鉴与参考。

（张萌萌　谢清果）

① 李汇群：《中国故事再生产〈红楼梦〉移动有声阅读研究》，《现代出版》2019 年第 3 期。

十一

华夏修辞传播的特色

第二十三章　名正言顺：孔子的君子修辞思想探究

孔子作为中国历史上知名的哲学家、思想家、教育家，其思想观念对中国人有着深厚的影响。在最能体现孔子的思想的《论语》一书中，包含大量的修辞思想与案例，能为华夏修辞学的修辞研究提供较为充足的思想基础。但其中的修辞思想一直没有受到修辞学家的重视，许多关于《论语》的修辞研究也仅仅停留在修辞的具体技法或思想观念上，研究流于碎片化、简单化，没有深入地结合当代修辞学进行理论拓展。本章将主要聚焦于《论语》的文本，总结出孔子两个主要的修辞学思想观念：君子修辞观、名正言顺观。并结合亚里士多德的修辞人格理论和肯尼斯·伯克的戏剧主义理论，一方面解释孔子的修辞观念的传播效用，另一方面提炼出具体的修辞模型，为修辞学研究提供一种理论参考。

第一节　华夏修辞传播研究的兴起

一、西方修辞与东方修辞之理论初探

修辞学的学术渊源最早可以追溯至公元前5世纪的古希腊的修辞活动。当时古希腊盛行雄辩士，以能言善辩为荣。修辞一词的希腊语“rhetor”即为

大庭广众演讲的人。[①] 经过以苏格拉底、柏拉图、亚里士多德为首的古希腊哲学家的研究和总结，修辞活动被归纳成为专门化的、系统化的修辞学理论。在英语里，修辞学最初是一种“引进”学科，直到 16 世纪，英国才产生了威尔逊、坎贝尔等负有盛名的修辞学家。

中国的华夏历史中虽然没有系统的修辞理论，但史书中充满了丰富的修辞行为和成熟的修辞思想。修辞一词最早出现于春秋战国时期的《周易·乾·文言》中：“君子进德修业。忠信，所以进德也。修辞立其诚，所以居业也。”意为建立言辞以表现自己的美好品德。这既是中国古代文献中第一次出现这样的措辞，也是孔子在中国修辞学史上第一次提出的修辞学的术语。[②] 许慎的《说文解字》中提出：“修，饰也。”“辞，讼（说）也。”按照《说文解字》解释，修辞应当是修饰文辞的意思。[③] 尽管孔子时期还没有出现“修辞”这一说法，但《论语》中已经出现了大量的修辞案例以及修辞思想。《论语》作为儒家文化的经典，其思想内涵一直作为中国的主流文化深刻渗透到中国人思维之中。发掘《论语》中蕴含的修辞学理论胚胎，有助于帮助中国更好地发展东方修辞学。

关于修辞，中西方有着许多不同的相关定义。亚里士多德将修辞定义为一种不管面对任何情况都能判断何为可用说服手段的能力，从而赋予修辞以理论意义和批评评价意义。[④] 肯尼斯·伯克则将修辞定义为“人使用词语形成态度或导致他人采取行动”，修辞研究“用语言这种符号诱使那些本性能对符号产生反应的动物进行合作”，同时指出修辞不仅仅是一种工具，而是无所不在的符号。例如食物和大楼本身并不是修辞，但其中蕴含的“精美”“奢侈”或“安全”“力量非凡”等意义却隐含了修辞。“哪里有劝说，哪里就有修辞；哪里有意义，哪里就有劝说。”修辞的力量无处不在。[⑤]

---

① 肖耘：《英语修辞学的起源与发展》，《江西师范大学学报（哲学社会科学版）》1987 年第 3 期。

② 贾楠：《孔子的修辞理论和修辞实践》，云南师范大学硕士学位论文，2007 年。

③ 冯志英：《论中西方修辞之比较》，《语文学刊》2015 年第 10 期。

④ 〔美〕巴里·布鲁梅特、郭恩华、李秀香：《修辞的功能与形式》，《当代修辞学》2018 年第 6 期。

⑤ 鞠玉梅：《肯尼斯·伯克新修辞学理论述评：关于修辞的定义》，《四川外语学院学报》2005 年第 1 期。

在东方关于修辞学的研究中，陈望道认为："修辞以适应题旨情境为第一义，不应是仅仅语辞的修饰，更不应是离开情意的修饰。"①《修辞学新论》认为："修辞并不单纯研究语言材料本身，也不单纯研究使用语言的人这一实体，也不研究时空（语境情景）这些物理世界，修辞学真正的对象是一种关系模式—话语和使用语言的人与时空语境情景之间的一种关系模式 。"② 修辞学的理论经由东西两方的不断研究和挖掘，其外延和内涵都在不断拓展。

二、修辞学与《论语》文本研究

目前，针对《论语》的修辞学研究主要分为四类：

第一类是针对《论语》的跨文化传播中不同译本之间的修辞翻译策略研究。这一类与修辞学关系较小，不在讨论范围之中。第二类是针对论语的具体修辞手法的研究。这类文章多聚焦于论语中具体的修辞手法如比喻、类比等，对于《论语》的修辞观念并没有做过多的阐述，使得研究流于表面化。第三类是研究《论语》中修辞与儒家文化之间的关系，但大多数是披着修辞的皮来探讨儒家思想，对于修辞部分着墨不多。第四类是总结研究《论语》的修辞观念与修辞思想，或与西方的修辞理论互相比照映衬，或与先秦其他学派的修辞思想进行对比，研究较为深入清晰，但所得结论过于碎片化，难以形成完整的修辞体系，对于这种修辞的传播效果也一笔带过。

因此，本章将以《论语》的文本为主要研究对象，不谈具体的修辞技巧，而是总结概括《论语》中一些主要的修辞思想，并试图用西方相关理论来解释《论语》修辞观的传播效果，最后试图生发出一套基本的修辞模型。

第二节 《论语》的君子修辞观

《论语》中，关于君子的内容多达一百多处。君子一词与小人相对，在现代基本不做解释，通常分别指品德高尚的人与品德低劣的人。但在论语中，君子和小人的区别有时候并不在品德上。《尚书·无逸》中有"知稼穑之艰难，乃逸，则知小人之依"，这个小人指的就是种田的平民百姓。

---

① 陈望道:《修辞学发凡》，教育出版社 2001 年版，第 11 页。

② 王希杰:《修辞学新论》，北京语言学院出版社 1993 年版，第 304 页。

一、修辞的起点：君子

孔子在《论语·颜渊篇》中提出："君子之德风，小人之德草，草上之风必偃。"这里的小人指的也是普通的老百姓。因此在《论语》中，君子起码有两个含义：一是指具有一定政治地位的人，如"士"和"大夫"；二是指品德高尚的人。这两个含义互相重叠渗透，其中价值层面的比重在君子的概念中占比更多一些。孔子在《论语·季氏》中针对君子这一概念先后提出了三戒、三畏和九思："少之时，血气未定，戒之在色；及其壮也，血气方刚，戒之在斗；及其老也，血气既衰，戒之在得。""君子有三畏：畏天命、畏大人、畏圣人之言。""君子有九思：视思明，听思聪，色思温，貌思恭，言思忠，事思敬，疑思问，忿思难，见得思义。"可以说，孔子的一切修辞观念和修辞行为都是在君子这一概念的基础上而提出的。一旦忽视了君子这一角色属性，孔子的修辞思想也就成了看似正确却难以实际操作的屠龙术。

二、修辞的准则：辞达

针对君子应当如何进行修辞活动，孔子在《论语》中展开了许多论述，其中最经典的属孔子在《论语·卫灵公》中提到的"辞达而已矣"。这直接成为孔子修辞思想的一个重要准则，并在后世引起了广泛的讨论。但这并不意味孔子反对修辞。孔子在其他篇章中指出："巧言令色，鲜矣仁"(《论语·学而》)，"巧言乱德"(《论语·卫灵公》)，"焉用佞？御人以口给，屡憎于人，不知其仁，焉用佞？"(《论语·公冶长》)，"恶利口之覆邦家者"(《论语·阳货》)。从中可以看出，孔子反对的不是修辞，而是巧言令色、花言巧语。孔子认为，巧言令色有以下三个危害：一是背弃道德，损害仁义；二是言多必失，受人憎恨；三是挑拨离间，危邦害国。

基于这样的理由，孔子认为君子首先应当慎言少言。如"敏于事而慎于言"(《论语·学而》)，"君子欲讷于言，而敏于行"(《论语·里仁》)，这些篇章都强调了慎言的重要性。其次，在修辞内容方面，成为君子的一个重要前提条件就是要做到文辞与本质相匹配，不能过分矫饰文辞，也不能过分粗野。"质胜文则野，文胜质则史，文质彬彬，然后君子。""言而无文，行之不远。"由此可见，孔子的"辞达而已矣"绝不是简单的对修辞的轻视，而是具有丰富的修辞内涵，其强调的是信息的准确传递，隐含的要求是对修辞技法的使用要恰当，不仅要合乎自己的身份，也要合乎信息内容本身，做到修辞与内容二者之间的平衡。因此，孔子针对修辞，提出的是一条求实尚朴的原则。在修辞实践中，孔子也有力践行了这条准则。

三、修辞的终点：仁

结合前面两个部分，我们不难得出：在孔子看来，一切修辞手段和修辞技巧都要放在合乎道义和品德的框架下进行，进行修辞的行为主体也必须是“君子”。这其中隐含着这样一个逻辑：修辞水平和修辞方式，直接反映的是个人的道德水平和内在品质。孔子在《周易》中提到的“修辞立其诚”，就是这种思想的体现。孔子说“有德者必有言，有言者不必有德”（《论语·宪问》），“非礼勿言”（《论语·颜渊》）。这就突出了道德在言论中的指导作用，表明修辞是依附于个人道德这个框架而存在的。“修辞”立其诚的学说体现了孔子注重立言修辞结合自身道德修养的言行一致性。这里的“诚”，既涵盖了立言修辞内容的真实性，也涵盖了立言修辞态度的忠信，也就是要求修辞必须出于真诚。做到这样，也就体现了道德的高尚和完美。① 这个道德在《论语》中，又可以被高度概括为“仁”。可以说，孔子的修辞，是以追求仁为大前提的。

在对“仁”高度追求的前提下，孔子又十分强调修辞的局限性，指出修辞并不是万能的。即便是“仁”也不是每个人都愿意去践行遵从的。孔子强调：“事君数，斯辱矣，朋友数，斯疏矣。”（《论语·里仁》）“忠告而善道之，不可则止，毋自辱焉。”（《论语·颜渊》）这里体现的是在人际传播中，孔子主张点到为止，不要自取其辱。更进一步，孔子在谈到君子的处世之道时提出：“宁武子，邦有道则知，邦无道则愚。其知可及也，其愚不可及也。”（《论语·公冶长》）“危邦不入，乱邦不居。天下有道则见，无道则隐。”（《论语·泰伯》）“邦有道，危言危行；邦无道，危行言孙。”（《论语·宪问》）在这些内容中，我们可以看到，虽然儒家一直以天下为己任，但孔子也很清楚地认识到，君子应当学会明哲保身，在社会污浊时退隐江湖。

---

① 贯楠：《孔子的修辞理论和修辞实践》，云南师范大学硕士学位论文，2007年。

从孔子提倡的观念来看，论语中的修辞并不是为了说服和争论存在的。修辞作为个人品质道德的附属参照物，其展现和打磨都是为了追求所谓的“仁”。换言之，修辞不是为了外化的说服行动而产生，而是为了内化的自我传播而产生。修辞行为说到底，是为了提高自身的品德道德修养，再带动身边的人共同提升人格修养，从而对外达到齐家治国平天下，对内达到修身求仁。在整个过程中，自我探求是第一位的，对外传播是第二位的。

第三节　《论语》的名正言顺论

孔子在修辞活动中也非常注重名正言顺的修辞观念，认为社会上的一切命名法则都遵循礼乐，有着严格的等级制度，不能乱用，否则会出现礼崩乐坏的现象。《论语·子路》中记载：

子路曰：“卫君待子而为政，子将奚先?”

子曰：必也正名乎!

并在随后给出了详细的论证：

名不正，则言不顺；言不顺则事不成，事不成则礼乐不兴，礼乐不兴则刑罚不中，刑罚不中则民无所措手足。故君子名之必可信也，言之必可行也。君子于其言，无所苟而已矣。

这种名正言顺思想观念是建立在一定的政治背景之下。当时卫灵公已死，卫出公即位，拒绝其父蒯通回国。孔子针对这种现象做出抨击，认为这样的行为缺乏名分上的正当性，故而提出了“名正言顺”的概念。[①] 由于春秋末期周王朝的统治式微，各诸侯国分崩离析，礼乐制度作为周王朝统治的外在表征而不断受到冲击。孔子维护礼乐制度，强调名正言顺，也是强调周天子的唯一性和合法性以及周王朝统治的不可撼动性，具有很强的政治意义。李泽厚在《论语今解》中指出：名正言顺体现了儒家对于实用主义的高度认同，

① 贯楠：《孔子的修辞理论和修辞实践》，云南师范大学硕士学位论文，2007年。

指出了“名”在支配人的行为活动的过程中起到了指导作用。“名”表示的是一种社会规范，而正名体现的是实用政治的理念。[①]

但我们同样需要看到，同时这一理论也被置于社会框架之中，有着深刻的社会背景。孔子的“名正言顺”观，恰恰是看到了“君君臣臣，父父子子”的阶级制度背后的社会角色这一属性，各安其分，各尽其职，具有很强的社会意义。

《左传·襄公·襄公二十五年》记载了孔子另一段关于言辞社会功能的例证：“晋为伯，郑入陈，非文辞不为功，慎辞哉。”郑国讨伐陈国，获得胜利，派子产到晋国报捷，并要郑国承认，晋国向子产提出了一系列问题，子产都用美妙而切要的言辞回答清楚了，最后得到了晋国的认可。[②]

第四节　西方修辞理论与孔子修辞思想的对话

中西修辞学也存在有跨越时空的相似性，这里以亚里士多德与肯尼斯·伯克修辞理论来对话孔子的修辞智慧。

一、亚里士多德的“修辞人格”说

孔子认为，在说服过程中，修辞手段是次要的，个人品质是主要的。这与当代西方修辞学中的“修辞人格”概念不谋而合。西方修辞学认为，修辞人格是指演说者在演说过程中展现出来的人格魅力与道德品质，在说服过程中起到了至关重要的作用。

亚里士多德的著作《修辞学》是世界上第一部系统的修辞学著作，针对口语传播、传播者性格、受众情感变化、口语传播者的表达方式等进行了研究。[③]在《修辞学》中，亚里士多德将修辞人格作为三种修辞学手段中最重要的一种，将其列于情感和道理之上。亚里士多德指出，当听众在演说过程中产生了对演说者的信任感时，“说服”这一事实也就通过人格得到实现了。在

① 李泽厚：《论语今读》，中华书局2015年版，第221页。

② 唐朝阔：《先秦儒家修辞思想探析》，《中国人民大学学报》1998年第3期。

③ 侯瑞华：《从古典修辞学到社会学：传播学研究方法与内容的嬗变》，《绵阳师范学院学报》2019年第7期。

演说过程中，个人品德更加公允、正直的人无论说什么都会比其他人更能迅速地赢得信任。如果关于所讨论的话题尚无确切知识因而仍然有存疑的空间时，人格的作用将会更大。有些修辞手册的作者在讨论修辞艺术时认为，演说者为人的公允是对演说的说服力没有什么影响。事实正相反，人格对于说服几乎可以说是起支配作用的因素。

亚里士多德将修辞人格分为“智慧”“美德”与“善意”三大要件，与孔子在修辞活动中试图建立的“君子”观念不谋而合。据学者研究，鉴于修辞人格的重要作用，孔子也在日常的修辞活动中试图构筑出“忠实”“谦逊”“严谨”“仁义”“权威”五种修辞人格。[①]这五种人格都被广泛地纳入“仁”的框架之中，只有具备或无限接近于“仁”的标准的君子，才能达到更好的修辞效果，也即“修辞立其诚”。

二、肯尼斯·伯克的戏剧主义修辞观

肯尼斯·伯克的戏剧主义修辞观认为，人的语言是一种象征行为。人通过符号指称事物并影响自身的态度。肯尼斯·伯克将戏剧主义定义为“一种分析方法以及与之对应的术语批评”。因此，戏剧主义是一种分析方法。肯尼斯·伯克提出，可以用戏剧中的五个术语要素来进行修辞分析，何事、何处、何人、如何、为何，以此来判断参与者的修辞动机。肯尼斯·伯克认为，人类社会是不平等的，人一生出来就被各种阶级等级所束缚。每个人在社会生活中都会自觉地往应该处于的社会等级靠拢，寻找位置的途径就是选择适当的言辞和修辞方法，正如在戏剧种每个人都扮演独特的角色，有着不同的地位和分工一样。[②]

孔子在自己的修辞实践中也十分注重戏剧五要素的分析。如《论语·八佾》中孔子提出：“八佾舞于庭，是可忍也，孰不可忍也。”就是强调“君君臣臣，父父子子”的伦理思想，强调每个人在社会中都有自己的角色定位，不能越界，否则就是“失礼”。毫无疑问，孔子的“名正言顺”说正是儒家思想体系和哲学框架下的戏剧主义理论。

---

① 周念哲、詹大好：《孔子修辞实践中的修辞人格构筑》，《宜春学院学报》2017年第8期。

② 田起帅：《象征、戏剧与修辞——肯尼斯·伯克传播思想研究》，《新闻传播》2018年第14期。

可见，孔子的“君子修辞”观和“名正言顺”观的思想基础，与亚里士多德的修辞人格理论、肯尼斯·伯克的戏剧主义理论的思想基础都是不谋而合的。其中，君子修辞观代表的是“仁”的思想，是从道德的角度出发，强调的是对个体，即君子的修辞要求；而名正言顺观代表的则是“礼”的思想，是从政治、伦理角度出发，强调的是对社会整体的修辞要求。仁与礼互相影响，构成了孔子的两种修辞观念。换言之，孔子的修辞观，正是基于“仁”与“礼”这两大基本概念产生的，具有高度的中国特色和东方文化的印记，因此也更适用于东方的语境。

第五节　螺旋修辞模型：孔子修辞模型的提出

王希杰教授在《修辞学新论》一提到了修辞的四个世界：语言世界、物理世界、心理世界、文学世界。胡裕树教授在为其撰写的序言中提到，修辞就是对这四个世界关系的协调：“所谓修辞学，即有助于提高语言的表达效果的，语言世界同物理世界、心理世界、文化世界之间的关系模式的学问。即从交际活动中抽象概括出来的同影响、制约着的话语的表达效果的物理世界、文化世界、心理世界诸变量之间的一种关系模式，而这关系模式表现为多层次的网络式的结构状态，绝不是彼此没有联系的孤立的个别的规则的简单的相加杂乱的堆积。”[①]

王希杰认为，传统的修辞理论过分注重语言世界的修辞研究，从而忽视了作为修辞发生的前提的物理世界，以及修辞者的心理世界及文化世界。这导致了有的时候正确的、美好的话语材料，可能起不到预期的表达效果；而一些朴实的、简单的乃至错误的话语材料，表达效果却比较好。因此在表达时，我们要关照四个世界之间的联系。并且他对于四个世界的关系给出了以下的示意图（图 23–1）：

① 王希杰：《略论修辞学的基本概念》，《云梦学刊》1995 年第 2 期。

图 23-1　修辞的四个世界

借用王希杰的四个世界理论，我们可以构建出孔子的修辞模型。首先，孔子的修辞起点是君子。其次，在孔子的修辞思想观念中，横向来看，语言世界受到文化世界的影响；纵向上，语言世界与物理世界、心理世界分别呈现出对应的状态。名正言顺观强调的是物理世界和语言世界的对应，以君子修辞观强调的是心理世界和语言世界的对应。即，物理世界与心理世界借由语言世界为中介，形成了一种对照的关系。对内，语言世界体现了说者的心理世界；对外，语言世界影响物理世界，以礼乐为形式、以名正言顺为准则干涉物理世界的事物命名、他人的言行举止。一方面，语言世界作为沟通两个世界的桥梁，具有重要的意义；另一方面，语言世界无论与哪个世界相对照，都处于一种附属地位，真正受到高度关注的仍然是心理世界和物理世界。从这个意义上来说，孔子对于修辞所持有的一种战略上忽视、战术上重视的中庸态度也就得到了很好的解答。

前面提到，从君子修辞观的视角来看，孔子的修辞思想往往以君子为修辞起点，以自我道德为最终导向。在西方文化中，往往是以“我”的主观视角来认识“非我”的世界，其传播思维往往是第一人称的“我”指向第三者的“他”。但在东方文化中，我们更强调“我”这一概念的普适性。东方的传播思维，更加注重接受者“我”指向传播者“我”。[①] 因此在修辞活动中，西方修辞活动往往以说服为活动导向，而以孔子为代表的修辞活动往往是以提升品德为导向。这种品德的提升既包括传播者“我”，也包括接受者“我”，二者是一体的。从这个意义上来说，西方修辞活动最后落脚点往往在于他，偏向人际传播；东方修辞活动最后落脚点往往偏向于“我”，更类似于人内传播。

---

① 邵培仁、姚锦云：《传播受体论：庄子、慧能与王阳明的“接受主体性”》，《新闻与传播研究》2014 年第 10 期。

但另一方面，从名正言顺观的视角来看，孔子又十分注重修辞活动的社会属性。在孔子看来，君子的修辞活动应指向仁，而仁作为个人品质道德的最终目标，又具有高度的社会性，是服务于社会的。孔子在谈到管仲时，表示管仲并不知礼，但是知仁："邦君树塞门，管氏亦树塞门；邦君为两君之好，有反坫。管氏亦有反坫，管氏而知礼，孰不知礼?"（《论语·八佾》）"桓公九合诸侯不以兵车，管仲之力也。如其仁，如其仁!"（《论语·宪问》）"管仲相桓公霸诸侯，一匡天下，民到于今受其赐。微管仲，吾其被发左衽矣。岂若匹夫匹妇之为谅也，自经于沟渎而莫之知也。"（《论语·宪问》）从这些篇章中我们可以看到，个人在到达了"仁"的境界后并不意味着终点，因为仁最终还是要以社会为导向的，也就是儒家经常说的"修身治国齐家平天下"。

具体回归到王希杰的四个世界理论，我们以语言世界为横轴，以君子为修辞起点，很容易得到，孔子的修辞观是一种"螺旋发展"的修辞模型：

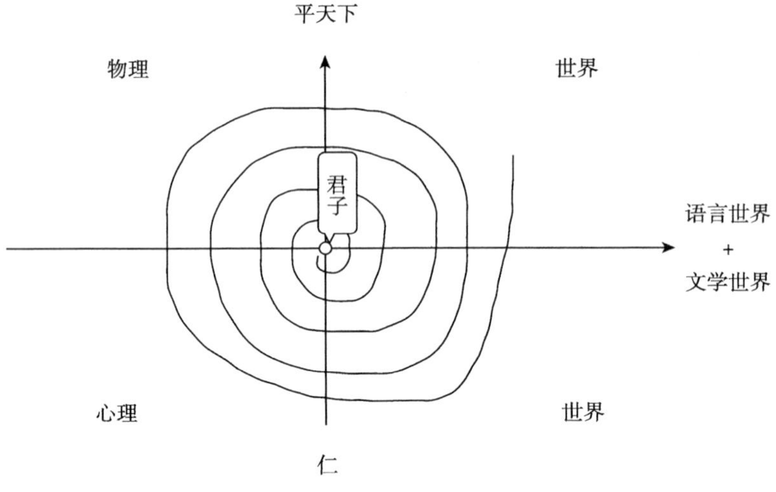

图 23-2　孔子的修辞观模型

从这个模型中我们可以看到，语言世界与文学世界，组成了物理世界和心理世界沟通的桥梁。其中物理世界与心理世界呈现出一种息息相关的对称状态。孔子的修辞模型首先从君子出发，呈螺旋状不断经过物理世界和内心世界，通过修辞活动一方面向外干涉物理世界，也就是“治国齐家平天下”，一方面向内提升自己的道德水平修养，也就是探求所谓的“仁”。只有当心理世界达到了“仁”这样一个圆满的状态，才能做到“平天下”。这一修辞模型主要关注的是作为修辞传播者的宏观层面上的思想观念，并不聚焦于具体的修辞活动，但对具体的修辞活动有着指导作用，其本质是由“仁”“礼”“中庸”这三个概念指导下的修辞理念，具有深厚的东方特色。

这一理论的指导意义在于，以孔子为代表的儒家修辞观，尽管在现代已经不太适用，但在东方历史文化的背景下，这种传播思想强调的是个人的道德修养，对于后世的文人学者有着巨大的影响。通过对这一理论模型的理解，我们能够更好地梳理从先秦到两宋再到明清时期儒家修辞思想的流变，为华夏传统的修辞思想的学术发展背景的总结起到一定的参考作用。

（柯　浩　谢清果）

第二十四章　纵横捭阖：《鬼谷子》的修辞思想探析

《鬼谷子》一书是先秦时期纵横家的智慧结晶，内容涉猎广泛，包含政治、军事、心理学等多方面的思想，而将其放在修辞学的视角看，其也是我国古代的修辞著作之一，一些学者对其有着高度评价，其中高圣林先生将其看作是我国修辞学著作的源头。而学界目前对于《鬼谷子》修辞思想的研究还处于起步发展阶段，对于《鬼谷子》的修辞思想的发掘与探索还有许多的空间与可能性。因此本文就从探析《鬼谷子》的修辞性出发，借由“5W”模式从修辞主体、修辞内容、修辞情境、修辞受众、修辞效果这五个方面解析《鬼谷子》的修辞思想及修辞策略。并通过对《鬼谷子》自身与历史两方面原因进行分析，探寻《鬼谷子》修辞思想没落以及在修辞学界相对地位不高的原因。

第一节　《鬼谷子》的传播学研究

随着传播学本土化研究的兴起，对中华传统经典的研究尤其突出，对老庄孔孟的研究最为明显，当然，对《鬼谷子》的论辩思想等研究也层出不穷，蔚为壮观。

历朝历代对《鬼谷子》的评价褒贬不一，但是无论如何，《鬼谷子》都是我们研究先秦诸子思想的宝库之一，有着重要的史料价值。

一、《鬼谷子》一书

战国时期，百家争鸣，以鬼谷子、苏秦、张仪等人为代表的纵横家依靠着过人的智谋与辩才活跃于纷乱的政治舞台上。《鬼谷子》，又名《捭阖策》，是战国时期纵横家的独传之书，凝聚了纵横学派的思想精华，内容十分丰富，涵盖了哲学、传播学、政治学、心理学等多方面。

学界一般认为，《鬼谷子》一书是由战国时期纵横家的鼻祖鬼谷子及其弟子共同编撰而成，而其书的主体内容通常认为还是由鬼谷先生亲著。《鬼谷子》内共分为 17 篇：《捭阖》第一、《反应》第二、《内揵》第三、《抵巇》第四、《飞箝》第五、《忤合》第六、《揣篇》第七、《摩篇》第八、《权篇》第九、《谋篇》第十、《决篇》第十一、《符言》第十二、《转丸》第十三、《胠乱》第十四、《本经阴符七术》第十五、《持枢》第十六、《中经》第十七。但《鬼谷子》一书在历史长河流传的过程中，出现了残缺、题注丢失等情况，现《转丸》第十三、《胠乱》第十四的原文已丢失，《持枢》不全，所以说《鬼谷子》留有较为完整内容的现仅剩 14 篇。

南北朝著名文学理论家、评论家刘勰曾在其著作《文心雕龙·论说》一篇中对纵横家以及《鬼谷子》中《转丸》和《飞箝》两篇做了如下的评价："暨战国争雄，辩士云涌，纵横参谋，长短角势。《转丸》骋其巧辞，《飞箝》伏其精术。一人之辩，重于九鼎之宝，三寸之舌，强于百万之师。六印磊落以佩，五都隐赈而封。"[①] 就此可以看出刘勰对《鬼谷子》有相当高的评价。

虽然自唐代大家柳宗元对《鬼谷子》一书的真伪性提出质疑以来，后世学者对《鬼谷子》一书的真伪、成书时间、实际作者的质疑接连不断，至今仍无定数，但是本文对这些问题不专门进行探讨，后文对《鬼谷子》一书的分析皆以许富宏先生所译注《鬼谷子》（中华书局 2016 年 1 月出版）[②] 为

① 刘勰：《文心雕龙》，商务印书馆 1937 年版，第 27 页。

② 许富宏：《鬼谷子》，中华书局 2016 年版。

参考。

二、传播学方面的研究

对于《鬼谷子》一书思想的探索在政治、军事、管理、心理学、哲学等研究领域早已有所涉及，而在传播学领域对其的研究则也渐渐兴起。自 20 世纪 80 年代，得益于传统文史哲领域研究的深厚积淀，以及对历史史料等相关材料的充分挖掘，随着传播学本土化研究逐渐发展兴盛起来，针对先秦诸子传播思想的研究始终保持着强劲的发展势头。[①] 其中有关儒家、道家、法家等学派的传播思想的研究最受重视，已经有了诸多成果，而以鬼谷子为代表的纵横学派的思想则也因这股研究潮流渐渐步入研究者的视野，《鬼谷子》一书的传播学价值也渐渐得到发掘与认可。

目前传播学领域对《鬼谷子》的研究大致可以分为两个层级，第一层级的研究属于零星涉猎，第二层级的研究属于系统思考。

在第一层级的研究中，对《鬼谷子》传播思想的探讨最初是暗含在其他诸子的研究中的，或者是利用《鬼谷子》中体现的纵横家思想与其他诸子的思想进行对比或辅助论证某一观点或思想，如在《无形的网络——从传播学的角度看中国的传统文化》这本吴予敏先生的著作中，在“古代关于传播的理论观念”一章中对于法家言论风格进行解释时，其就提到“文辩辞胜，在春秋战国之际，是盛行于儒、名、纵横诸家之中的风气”[②]。因此我们可以看出，在这一层级，《鬼谷子》中的传播智慧已经被部分研究学者所认识到，但《鬼谷子》的传播智慧并不是学界对先秦诸子传播思想的研究重点，往往只是零星提及，所占篇幅不大。

而在第二层级的研究中，研究者们尝试开始对《鬼谷子》的传播思想进行系统性的整理与思考，常常将《鬼谷子》放在说服传播、人际传播等细化的传播门类下进行具体的研究。

比如在《华夏传播论——中国传统文化中的传播》这本较早的华夏传播

① 谢清果：《2011—2016：华夏传播研究的使命、进展及其展望》，《国际新闻界》2017 年第 1 期。

② 吴予敏：《无形的网络：从传播学的角度看中国的传统文化》，国际文化出版公司 1988 年版，第 193 页。

研究著作中，在其中"说服传播"这一章的内容中，孙旭培先生就从五个说服传播的主要元素——传播者、受播者、传播内容、传播技巧、传播效果，对《鬼谷子》中的说服传播思想进行了较为系统的分析，但是其论述可以说只是点到为止，短短千余字的论述并没有对《鬼谷子》的说服传播思想进行更为详细的剖析。

而这一层级中研究《鬼谷子》传播思想的相关学位论文也不断出现，这也表明《鬼谷子》的传播思想已经受到更高的重视：于倩的学位论文《传播学中国化研究的新探索——从先秦诸子看中国古代的传播思想》，有一小节对《鬼谷子》中"受众本位"的传播思想进行了初步的分析①；毕琳的学位论文《解析〈鬼谷子〉的传播理论及应用》，跟随传播学中国化的浪潮，以本土化的视角较为详细地解析了《鬼谷子》中的传播理论的构成、功能及影响；王帅的学位论文《先秦纵横家典籍〈鬼谷子〉说服传播思想探析》，从说服传播视角下传播主体、传播动机、传播客体等多个维度分析了《鬼谷子》的说服传播思想……此外，还有王亚涛的《〈鬼谷子〉的说服性人际传播观念》，胡丽丽的《浅谈"捭"与"阖"的传播策略——以〈鬼谷子〉为例》等学者发表的期刊文章也都丰富了《鬼谷子》的传播理论研究。

总的来说，我们可以看到，在传播学方面对《鬼谷子》的研究目前仍处于发展阶段，传播学界对于《鬼谷子》的传播学价值已经有所认识，已经在逐步进行理论探索与构建，虽然已经有了一定的相关成果，但还没有形成完善的、系统的理论构架以及研究体系。

三、修辞方面的研究

《鬼谷子》中所涉及的修辞学内容主要属于广义修辞学，我们可以把《鬼谷子》看作是广义修辞学的一座宝库。②而如果进一步聚焦到《鬼谷子》修辞方面的研究的话，可以发现对于《鬼谷子》修辞方面的研究才刚起步不久。

---

① 于倩：《传播学中国化研究的新探索》，四川社会科学院硕士学位论文，2010年。

② 高胜林、常晓玲：《中国古代三大修辞著作——〈鬼谷子〉、〈文心雕龙〉、〈文则〉之比较》，《毕节学院学报》2009年第10期。

2000年，高圣林先生在《〈鬼谷子〉：中国修辞学著作的最早源头——兼与亚里士多德的〈修辞学〉比较》一文中从多个修辞元素对《鬼谷子》中对于修辞的相关论述进行了分析，并创造性地提出“《鬼谷子》是中国第一部口语修辞著作”并将其看作是中国修辞学著作的最早源头，在与亚里士多德的修辞著作《修辞学》进行对比后，高圣林先生发现二部著作“同时代产生，同为说服术、同属口语修辞学范畴”，因此号召学界应重视《鬼谷子》的修辞价值，研究者更应重新认识其价值与地位。①

而在高圣林之后对于《鬼谷子》的修辞研究所取得的成果大多属于广义的比较修辞学研究范畴，即“以比较的手法为最主要的方法的修辞研究成果”②。与《鬼谷子》进行比较的对象大致分为两类，一类是将《鬼谷子》与西方早期修辞学家思想进行比较，包括王梦怡的《〈鬼谷子〉中的修辞思想——兼与亚里士多德的〈修辞学〉比较》、李金隆的《〈修辞学〉与〈鬼谷子〉修辞对比研究》、施文娟的《西方人眼中的鬼谷子与古希腊三贤的修辞对比》等文章；另一类是比较《鬼谷子》与其他中国古代著作中的修辞思想，包括高胜林和常晓玲的《中国古代三大修辞著作——〈鬼谷子〉、〈文心雕龙〉、〈文则〉之比较》、霍四通的《中国古代修辞思想的两种传统——基于〈论语〉〈鬼谷子〉的比较》等文章。这些文章主要都是通过对著作的具体内容、相关的修辞思想的比较，来解释、阐发《鬼谷子》的修辞思想的。

除却这类比较修辞学的研究外，还有一些著作及文章是对于《鬼谷子》中所涉及的修辞定义、手段等修辞的具体元素进行研究的。比如陈光磊、王俊衡编著的《中国修辞学通史——先秦两汉魏晋南北朝卷》一书中，“纵横家的修辞思想”这一章节就对于《鬼谷子》的修辞思想，包括修辞定义、修辞原则、修辞手段等有所论述，还有丁云亮的《〈鬼谷子〉的修辞哲学及其现代价值》、董秀枝的《从西方修辞学的角度重新解读〈鬼谷子〉》等期刊文章也

① 高圣林：《〈鬼谷子〉：中国修辞学著作的最早源头——兼与亚里士多德的〈修辞学〉比较》，《湘潭师范学院学报（社会科学版）》2000年第1期。

② 王希杰：《论比较修辞学》，参见何伟棠主编《王希杰修辞学论集》，广东高等教育出版社2000年版，第250页。

都就《鬼谷子》中的一些具体修辞元素进行了分析。

综合来看，对于《鬼谷子》中的修辞思想已有不少的相关论述，但仍存在一些问题，即研究成果零散，研究模式类似，尚未形成专门论述《鬼谷子》修辞思想的专著，虽然研究成果越来越多，但对其形成系统化呈现的少有。

第二节　《鬼谷子》文本的修辞性取向

鬼谷子被一些学者认为是中国古代修辞对话的主要参与者[①]，其所著的《鬼谷子》于春秋战国时期成书，而春秋战国时期也是中国历史上修辞学思想较为活跃的时期，加上特殊的政治社会环境，因此《鬼谷子》有其出现的历史必然性，也可以将其看作是一部教授修辞技艺的著作。[②]一些学者对《鬼谷子》有着如此高的评价，那作为一部古代修辞著作，其修辞性体现在以下几个方面：

一、对修辞的认识

游说是春秋战国时期一种独特的口语活动，在修辞学视角下，我们可以把它划入口语修辞的范畴。《鬼谷子》中虽未直接谈到修辞一词，但是对游说有着相应的解释，因此我们可以把这个解释看作是鬼谷子对于修辞的认识。

《鬼谷子》中对于游说是这样描述的："说者，说之也；说之者，资之也。饰言者，假之也；假之者，益损也。"（权篇第九）翻译过来就是说游说就是为了说服对方，要说服对方必须要对他有所帮助。修饰言辞，需要借助动人的言辞（打动对方），要借助动人的言辞，就要对言辞加以增减修饰。这一解释指明了游说的目的及手段，即通过修饰言辞，最终达到说服的目的。

因此我们可以归纳出《鬼谷子》对修辞的定义：修辞是通过对言辞进行

① 施文娟、毛浩然、徐赳赳、高丽珍：《西方人眼中的鬼谷子与古希腊三贤的修辞对比》，《当代修辞学》2016 年第 5 期。

② 王梦怡：《〈鬼谷子〉中的修辞思想——兼与亚里士多德的〈修辞学〉比较》，《海外英语》2012 年第 13 期。

适当的增减修饰，打动对方，最终达到说服对方的目的。

我国现代汉语修辞学体系建立者陈望道先生曾在其书中讲道："修辞原是达意传情的手段。主要为着意和情，修辞不过是调整语辞使达意传情能够适切的一种努力。"[①] 陈望道先生所强调的修辞就是对语言的充分运用。古希腊的诡辩家对修辞的看法是：修辞术是说服的艺术。其强调的是修辞与说服的密切相关。古希腊修辞学家亚里士多德在著作《修辞学》中也给修辞下了这样的一个定义：一种能在任何一个问题上找出可能的说服方式的功能。[②] 他强调的也是修辞说服的目的。

无论是"饰言""益损"与"调整语辞"都是对语言运用的强调，还是修辞的最终目的都是"说服"，我们可以看到，东西方修辞学家对于修辞的定义，同《鬼谷子》对于修辞的定义有很多相似之处。《鬼谷子》对于修辞的定义虽然并没有用精练的语言加以阐述，但是确实涉及了众多关键点，可以说有其独到之处。

二、修辞的根本法则

《鬼谷子》一书的开篇即是《捭阖》篇，根据其内容来说，也可以把它看作是《鬼谷子》的总则。鬼谷子从道家"道"的思想出发，"道"是生发万物的最终源泉，阴阳是万事万物的普遍属性。

捭阖一词的本意是打开闭合。"捭之者，开也，言也，阳也。阖之者，闭也，默也，阴也。"（捭阖第一）意思是捭就是开，就是开口言说，就是阳；阖就是闭，就是默而不说，就是阴。由此我们可以看出，"捭"与"阖"其实就代表了阳与阴。"捭阖者，道之大化，说之变也"（捭阖第一），其意为捭阖是阴阳之道的无限变化，是游说时应变的关键。"捭阖之道"其实就是阴阳观念在纵横学的特定表述。

捭阖之道就是游说时利用阴阳对立转化的规律。在游说活动中，"捭"就是表达自己的意见，让对方"开"，暴露真实意图或接纳我方观点；"阖"就是

① 陈望道：《修辞学发凡》，上海教育出版社 2006 年版，第 3 页。

② 〔古希腊〕亚理斯多德：《修辞学》，罗念生译，生活·读书·新知三联书店 1991 年版，第 24 页。

闭口不言，让对方夸夸其谈，了解对方想法，获取信息以进行下一步行动或退而自保。游说活动中的“纵横反出，反复反忤”、以阴阳两类事物试探他人等手段皆源于“捭阖”。

《鬼谷子》中的“捭阖”不仅仅停留在“术”这一层面上，而是将其与阴阳观念结合上升至“道”的层面。从其阐释的“捭阖”的地位上来看，“阴阳相求，由捭阖也。此天地阴阳之道，而说人之法也。为万事之先，是谓圆方之门户”（捭阖第一）。意思是阴阳之间相互依赖，这是由捭阖之道决定的，这是天地阴阳的大道，是游说他人的根本法则。捭阖是处理万事之本，是天地的门户。鬼谷子认识到了阴阳之间对立统一的辩证关系，将阴阳辩证的思想融入了其口语修辞思想当中，凝练为“捭阖”二字。

上文也提到鬼谷子对于修辞的认识其实是基于游说这一具体修辞形式的，因此我们可以把“捭阖”这一游说他人的根本法则，也看作是鬼谷子修辞的根本法则。

三、重视积极修辞

陈望道先生在《修辞学发凡》一书中提出了“修辞的两分野”这一概念，将修辞划分为消极修辞和积极修辞，二者的区别在于消极修辞是抽象的、概念的，积极修辞是具体的、体验的。[①] 从陈望道先生提出的这一概念出发，我们可以判断《鬼谷子》所提倡的是一种积极修辞，其表现在：

在《反应》篇中有提到“言有象，事有比；其有象比，以观其次”，基本意思是言语中有“象”，事物中有“比”，通过“象”和“比”的手法来探求言辞背后隐藏的真实意图。这里的“象”指的是形象化，“比”指的是比喻、类比，这句话其实是要告诉我们要利用生动形象化的表达方式及言辞来获取信息。在《揣篇》中也有提到“此揣情饰言成文章，而后论之也”，基本意思是要求我们在揣情中善于修饰言辞，然后再去进行论说。其强调的还是在修辞活动前要对言语进行修饰，增强语言的形象性，进行游说前，言辞要“富有文采”正是其前提条件。[②]

---

① 陈望道：《修辞学发凡》，上海教育出版社2006年版，第41—48页。

② 董秀枝：《从西方修辞学的角度重新解读〈鬼谷子〉》，《科技信息（科学教研）》2008年第2期。

包括《反应》篇还有提到的“钓语”（隐瞒自己的真实意图，故意说一些话语诱导对方说出真情）、“反听”（从正反两方面反复倾听审察）等方法，也体现了修辞者积极的态度，主动诱导修辞受众参与进修辞活动中。

这些都体现了《鬼谷子》对于积极修辞的重视，强调修辞活动中积极修辞手法的运用，强调语言表现力的作用，主张用积极的修辞手段增强语言的力量。[①]

第三节 《鬼谷子》修辞思想与技巧的“5W”模式考察

人类交际被一些研究者认为是传播与修辞最本质的共同属性。[②]《鬼谷子》中探讨的修辞基于的是以面对面交谈为特征的游说活动，从现代传播学的学科分类来看，属于人际传播。因此这部分对于《鬼谷子》修辞思想及修辞技巧的分析将以人际传播学基本模式之一，即拉斯韦尔的“5W”模式为基础进行展开，并利用布雷多克“7W”模式的部分理论进行补充。

一、“5W”模式的内容

1948年，美国著名研究学者哈罗德·拉斯韦尔于发表了《传播在社会中的结构与功能》一文，他在其中首次提出了构成传播过程的五种基本要素，以建立传播模式的形式展现了人类社会的传播活动构成，这便是著名的“5W”模式：Who（谁）→ Says What（说了什么）→ In Which Channel（通过什么渠道）→ To Whom（向谁说）→ With What Effect（取得什么效果）。“谁”就是指传播者，“说了什么”就是指传播的讯息内容，“通过什么渠道”就是指信息传递的媒介载体，“向谁说”就是指传播的受众，“取得什么效果”就是指信息到达受众后在其认知、情感等层面引起的反应。这一模式为理解传播过程的结构与特点提供了基本的参照。[③]

而后在1958年，布雷多克补充了这一模式，加了两个“W”，即 In What Situation（在什么情况下）和 For What Purpose（为了什么目的），“在什么情

---

① 马宏基：《〈鬼谷子〉中的语言学思想》，《管子学刊》2016年第3期。

② 陈汝东：《新兴修辞传播学理论》，北京大学出版社2011年版，第6页。

③ 薛可、余明阳：《人际传播学》，上海人民出版社2012年版，第101—102页。

况下”就是指传播的情境，“为了什么目的”就是指传播活动的目的。因此后世把布雷多克的这一模型称作“7W”模型：谁→说了什么→通过什么渠道→向谁说→在什么情况下→为了什么目的→取得什么效果。

二、《鬼谷子》中的修辞思想及修辞技巧体现的“5W”模式

因为《鬼谷子》中的修辞活动的传播渠道是基于言语的面对面交谈，修辞活动的目的就是达成说服受众的基本目标，这两个“W”其实是比较明确的，而《鬼谷子》中也没有花大量篇幅来阐述这两方面的内容，因此通过结合修辞的具体要素，后文对于《鬼谷子》中的修辞思想及修辞技巧的阐释，将从修辞主体（Who）、修辞内容（Says What）、修辞情境（In What Situation）、修辞受众（To Whom）、修辞效果（With What Effect）这5个“W”来详细展开。

1. 修辞主体（Who）

《鬼谷子》中的语句大多都是无主句，即没有明确提出句子的主语，因此我们可以把《鬼谷子》修辞思想的修辞主体看作普通大众，而普通大众能达到的最高境界就是圣人，或者说其理想人格是圣人。因此《鬼谷子》一书其实是借圣人立论，来传授普通人如何通往圣人的成功之道。①

《鬼谷子》中的或者说纵横家的圣人与其他诸子所提的圣人不同。比如儒家的圣人指的是最高的人格层次，是把握事物发展规律的圣贤，像尧舜禹般的就可称作是圣贤；道家的圣人则强调的是顺应自然规律，无为而治，与世无争，有一种出世的心态；墨家的圣人则是兼爱天下，没有个人私欲，把身心和灵魂全部奉献给天下的人。而《鬼谷子》中的圣人是积极入世的，他能够将纵横之术融会贯通地运用，对阴阳之道有着深刻的理解，对自然和社会的本质及规律有着深刻的把握，善于观察人与社会，对政治活动得心应手，能进行周详严密的谋划，在游说时能让对方全部听从己方意见，能让所做之事一定成功，这些只有圣人才能够做到，因此这也可以看作是评判圣人的标准之一。《本经阴符七术》中还提到了七种途径来提高修辞主体的综合素养，

① 霍四通：《中国古代修辞思想的两种传统——基于〈论语〉〈鬼谷子〉的比较》，《福建师范大学学报（哲学社会科学版）》2017年第5期。

比如蓄养神气、控制欲望、静心以提高思维能力等。

2. 修辞内容（Says What）

《鬼谷子》中对修辞的话题进行了分类，分成了积极话题与消极话题，积极话题包括了“长生、安乐、富贵、尊荣、显名、爱好、财利、得意、喜欲”（捭阖第一），消极话题包括了“死亡、忧患、贫贱、苦辱、弃损、亡利、失意、有害、刑戮、诛罚”（捭阖第一），对修辞话题的选择要根据修辞对象的品行进行选择。

《鬼谷子》还提到了要根据修辞对象及话题不同而选用不同言辞，《鬼谷子》中根据言辞的特征和目的将其分成了十种，包括我们可以常常使用的佞言、谀言、平言、戚言、静言，和我们应该规避的病言、恐言、忧言、怒言、喜言。

根据想要达到的不同个人目的，修辞主体要选择不同的言辞来作为修辞的呈现形式与载体。《鬼谷子》中为我们提供了一些具体的建议，如“应对者，利辞也；利辞者，轻论也。成义者，明之也；明之者，符验也”（权篇第九）。这句话就是说明回答对方突然的发问，要用机巧的言辞浮泛作答；申说义理的言辞必须要让对方明白某个道理，若使对方明白某个道理，又必须要举事实加以论证。又如“由夫道德、仁义，礼乐、忠信、计谋，先取《诗》《书》，混说损益，议论去就”（内揵第三）。即在游说时，要顺着道德、仁义、礼乐、忠信、计谋等方面来进言，从《诗经》《尚书》中征引语句，在此基础上夹杂进自己的言辞，再借此议论时局。

3. 修辞情境（In What Situation）

陈望道先生曾提到“修辞以适应题旨情境为第一义”[①]，说明了其对于修辞情境的重视。西方现代修辞学家肯尼斯·伯克则认为对于使用语言的人类而言，修辞情境是永恒存在的，其对戏剧主义五要素的探讨其实就是建立在对修辞情境的分析上。[②]这也说明了修辞情境对于修辞活动的重要性。

《鬼谷子》也十分重视修辞情境的动态性，强调对于进行修辞活动前要审

---

① 陈望道：《修辞学发凡》，上海教育出版社2006年版，第10页。

② 徐永：《语境、修辞情境与语篇》，《外语研究》2018年第3期。

时度势，了解情况后再随机应变选择恰当的修辞策略。如“乃揣切时宜，从便所为，以求其变”（内揵第三）就提到了要揣摩游说的时机是否适宜。又如“钩箝之语，其说辞也，乍同乍异”（飞箝第五）这句话强调的就是作为修辞话语的飞箝之辞要根据情势随机应变。

《鬼谷子》中针对不同的场合为我们提供了一些修辞表达策略：在《中经篇》中就提到了当我们身边之人将要离开时，为留住其心可以使用的缀去术；在交谈中抓到别人言语的缺陷和漏洞时，为要挟利用对方可以使用的却语术；等等。

4. 修辞受众（To Whom）

因为《修辞学》一书用了六个篇章分别对于年轻人、老年人、壮年人、贵族、富人和当权者的性格进行了区分与分析，所以亚里士多德常被看作是西方修辞学受众研究的先驱者。在亚里士多德之后，众多的修辞学家也都对修辞的受众提出了自己的见解与看法。如 18 世纪的修辞学家坎贝尔就认为修辞者可以改变自己，从而去适应受众；20 世纪的修辞学家的肯尼斯·伯克则提出“同一”的概念，“同一”是指修辞者与修辞受众之间在本质上具有相同或相似之处。①

鬼谷子对于修辞受众的关注也与西方修辞学家注重受众研究不谋而合。因此鬼谷子被有的学者看作是本土文化中对受众进行分类的创始人②，足见其对受众的重视。

受众在中国传统的修辞活动过程中长期被看作是弱势方，一直被忽视，修辞者本身则更受到普遍的重视，而《鬼谷子》中的修辞的出发点，虽未明确提及，但其实我们可以发现对受众的分析是《鬼谷子》修辞活动的起点。《鬼谷子》中的修辞的表现形式就是游说，受众即是各国的君主，其以受众为修辞的基本出发点体现在修辞活动的前期与中期都保持对于受众的重视：

---

① 杨卉芊：《〈鬼谷子〉的修辞理论与修辞技巧研究》，渤海大学硕士学位论文，2014 年。

② 施文娟、毛浩然、徐赳赳、高丽珍：《西方人眼中的鬼谷子与古希腊三贤的修辞对比》，《当代修辞学》2016 年第 5 期。

（1）前期准备

在修辞活动前期，需要取得君王内心的信任并进行信息的收集，即关注受众的主观内在与客观外在信息。

就受众的主观内在而言，重要的是探知君王内心，获取信任。《内揵》篇提到“故远而亲者，有阴德也。近而疏者，志不合也”。这句话体现的是获知君主的心意是很重要的，甚至关系到游说的成败，因此可以通过“或结以道德，或结以党友，或结以财货，或结以采色”（内揵第三）的方式，顺应君主的心意，打开君主的内心世界，与之结交，赢得君主对自己的信任，并通过侧面打探、旁敲侧击，揣摩探测其内心隐秘的实情与真实想法，从而为后续的游说做好铺垫。

就受众的客观外在而言，重要的是了解其外在信息，量权度势。《飞箝》篇中就提到了收集信息的重要性“凡度权量能，所以征远来近”，意思主要就是在洞察分析情势的时候，需要从多个方面来广泛地获取所需要的信息。因此在游说前，要“量权”，知悉包括其国家基本情况、综合国力、君臣关系等信息。

对受众主观内在和客观外在信息的收集，二者是缺一不可的，均是为后续的游说做准备，也是修辞活动必要的准备。就如战国时苏秦始以连横说秦，他充分了解了秦国的国情，自恃对秦国国情很了解，但却不知秦惠王内心觉得此时还不是时候，结果“书十上而说不行”，说秦失败；后其说燕文侯合纵之时，由于深知燕国国情和燕文侯的真实内心想法，因此大获成功。

（2）中期游说

修辞活动中期强调“因人设辞”，根据受众各方面的不同对受众进行分类，再选择不同的修辞内容与策略，具体体现在：

以品行区分受众：游说品行高尚的人，要说“长生、安乐、富贵、尊荣、显名、爱好、财利、得意、喜欲”（捭阖第一）这类“阳”的事；游说品行卑劣的人，要说“死亡、忧患、贫贱、苦辱、弃损、亡利、失意、有害、刑戮、诛罚”（捭阖第一）这类“阴”的事。

以人格特质区分受众：《谋篇》对此的描述是“夫仁人轻货，不可诱以利，可使出费；勇士轻难，不可惧以患，可使据危；智者达于数，明于理，不可欺以不诚，可示以道理，可使立功；是三才也。故愚者易蔽也，不肖者易惧也，贪者易诱也，是因事而裁之”。其意就是区分仁义的人、勇士、智者、愚人、不肖的人、贪婪的人，根据他们的人格特质发现他们的弱点，再选择相应的修辞策略说服他。

以个人特点区分受众：“故与智者言依于博，与博者言依于辨，与辨者言依于要，与贵者言依于势，与富者言依于高，与贫者言依于利，与贱者言依于谦，与勇者言依于敢，与愚者言依于锐。此其术也，而人常反之。”（权篇第九）这句话体现的就是根据不同特点的受众，如智者、明辨事理的人等，与其进行修辞活动时要采取九种不同的态度。

《鬼谷子》中还提到了根据性格特性、好恶等区分受众的情况。但总而言之，其意都是对受众进行细分，再“因人设辞”，达成说服他人这一最终修辞目的。

5. 修辞效果（With What Effect）

《飞箝》篇提到了“飞箝之术”这样一种修辞策略，也提到了“飞箝之术”要达到的最终效果，因此我们也可以把它看作是鬼谷子运用修辞想要达到的修辞效果。

“飞箝之术”是“引钩箝之辞，飞而箝之”。“飞”，即飞语，是通过假装赞扬对方来提高其声誉，借此博得对方的好感。“箝”，即钳制。所以“飞箝之术”就是用假意夸赞的言辞，让对方降低戒备，通过引诱的话语，最终达到钳制他人的目的。总的来说，鬼谷子想要达到的修辞效果强调的就是控制对方，让对方供己方任意驱遣，“可箝而从，可箝可横；可引而东，可引而西；可引而南，可引而北；可引而反，可引而覆”，但无论是怎样的驱遣，都能“不失其度”，将自己保持在主动位置上，让对方处于在自己的掌控中。

“修辞不仅是一种语境行为、符号行动，而且是一种互动行为、社会行为和策略行为。”修辞学家 Gerard A.Hauser 曾这么提到。[①]《鬼谷子》的修辞思想其实就是更多地带有这样一种社会性和策略性，因此他对修辞效果的评估也更多地带有一种实用性。

第四节 《鬼谷子》修辞思想没落的原因

先秦诸子各家各派对修辞的论述中唯有《鬼谷子》中有对修辞成段成篇的论述，并且可以说有着较为完备的内容。[②]但为何鬼谷子的修辞思想似乎在漫漫历史长河中渐渐淡出人们的视野了呢？笔者认为有以下两方面的原因：

一、自身原因

温科学教授曾提到：修辞的原则、对象、修辞情境等修辞的根本性问题在中国古代对修辞的研究中都有所涉及，但多是局部的、微观的研究，没有系统的整理，不像西方修辞学一样重视理论框架的建构。[③]

《鬼谷子》中的修辞学思想其实也是如此，书中虽然对修辞有较多的论述，但是《鬼谷子》一书中本就是混杂着文、史、哲等多种学科思想，较难进行学科细分，《鬼谷子》中提及的修辞学理论也常常是贯穿在对很多不同学科的问题的探讨及论述中的，因此整体的修辞理论中留下了很多“或然性”，许多修辞观点都是互相融合，互为支撑的，没有形成清晰的理论体系。

二、历史原因

历史原因对于鬼谷子修辞思想的衰微则造成了更大的影响。

首先，《鬼谷子》中强调的是口语修辞，而随着国家的大一统，中央集权的加强，大众的言论自由受到了愈加严苛的管控，甚至到清朝还大兴文字狱。国家对民众自由说话权利的压制，也使得《鬼谷子》的口语修辞思想没法得到很好的运用，因此不受百姓所重视，人们转而更为关注书面修辞的运用，包括后来中国古代著名的修辞学著作刘勰的《文心雕龙》和陈骙的《文则》，

① 范玲娟：《中西文化视野下言语的修辞控制》，《语文学刊（外语教育与教学）》2010 年第 7 期。

② 高圣林：《〈鬼谷子〉：中国修辞学著作的最早源头——兼与亚里士多德的〈修辞学〉比较》，《湘潭师范学院学报（社会科学版）》2000 年第 1 期。

③ 温科学：《中西比较修辞论：全球化视野下的思考》，中国社会科学出版社 2009 年版，第 19 页。

都是对书面修辞进行探讨。

其次，也是最为重要的原因，即《鬼谷子》修辞思想与传统儒家思想的相悖。从汉武帝时期“罢黜百家，独尊儒术”一直到五四运动以来，儒家思想一直在中国占据着统治地位。儒家思想以仁、义、礼、忠为核心，对修辞强调“修辞立其诚”，要用言辞以表现自己的美好品德。而鬼谷子则强调“圣人所以能成其事者，有五：有以阳德之者，有以阴贼之者，有以信诚之者，有以蔽匿之者，有以平素之者”（决篇第十一），即可以运用各种手段来达到自己的修辞目的，具有较高的功利性。

这与儒家倡导的价值观不符，因此《鬼谷子》的修辞思想长期以来一直是处于主流意识的对立面的，因此受到冷落也不难理解。

最后，《鬼谷子》被中国主流思想抛弃的原因还在于其太重视对受众反应的预测了。[①]

亚里士多德在《修辞学》中是通过分析演说活动来探究修辞的，包括用于劝说和劝阻的政治演说、用于控告和答辩的诉讼演说和用于称赞或谴责的典礼演说，书中也提到无论是劝说还是劝阻，无论是控告还是答辩，无论是称赞还是谴责，演讲者都企图指出那些好的或坏的事、光荣或不光荣的事、正当或不正当的事，所以我们可以看出其修辞的目的并不一定在于说服他人，而是在于更好地表达自己的观点，并且演说内容也并不一定是为了自己的利益服务的。

不同于亚里士多德的《修辞学》中对受众进行区分更多是为了更好地表达自己的观点，《鬼谷子》修辞思想中对于受众的重视则更多是为了预测其心理及行为，借此更好地选择自己的修辞策略，但其根本目的还是实现自己的利益。

而后来君主对臣子的提防是连“腹诽”都要治罪，怎可能会允许臣子预测君主在想什么呢？所以《鬼谷子》的修辞思想也因此受到打压。

---

① 施文娟、毛浩然、徐赳赳、高丽珍：《西方人眼中的鬼谷子与古希腊三贤的修辞对比》，《当代修辞学》2016 年第 5 期。

从上文分析来看，《鬼谷子》一书虽未成修辞理论体系，但其内容也涉及了当代修辞学研究诸多重要的方面，例如修辞的定义、情境等等。可以说《鬼谷子》为对当代修辞学研究提供了一个古老的范本，其纵横捭阖的修辞艺术达到了相当高的审美境界[①]，而其中仍蕴含着许多宝贵的修辞学财富等待着研究者们的发掘。

（叶凌超　谢清果）

① 吕先琼：《论〈鬼谷子〉之修辞及其对后世的影响》，《西南农业大学学报（社会科学版）》2012 年第 6 期。

第二十五章　引诗论政：先秦政治传播中的修辞艺术

先秦时期，诗歌作为一种艺术形式，在社会上受到广泛的传播；因背后丰厚的内涵和情感，其更被视作一种独特的传播媒介，不仅成为百姓表达情感与舆论的载体，更被广泛运用于政治传播之中。本章从政治传播的视角梳理诗歌在外交辞令、宫廷谏言，以及公众的舆论表达三个层面所起的作用；挖掘诗歌背后所蕴含的礼制要求与崇古意识，并引入华夏传播面子观理论进行探究；结合马莱茨克的“场论”传播模式，总结出“引诗论政”这种传统修辞艺术下的独特传播模式。

第一节　华夏传播研究的修辞学取向

中国古代政治传播领域的研究，目前虽然已经产生了一定的研究成果，但整体上仍呈现出零散化特点，其研究的群体也还未形成。

一、古代政治传播研究概述

白文刚教授曾提出：“中国古代政治传播学基本上还是一块亟待开垦的处女地。”针对中国古代政治传播的研究领域和研究主题学术界目前尚未形成一个比较一致的看法。[①] 而目前学术界较多的研究主要聚焦于中国古代政治传

① 白文刚：《中国古代政治传播研究》，中国社会科学出版社 2014 年版，第 18 页。

播思想及具体的政治传播活动这类议题。较为出名的包括陈谦教授的《中国古代政治传播思想研究》①一书，书中从监察、谏议、教化三个方面出发，系统研究了中国古代在政治传播领域的思想特点；此外，贾兵教授的博士论文《先秦诸子政治传播观念研究》②则聚焦于先秦时期的政治传播观念，从多元角度进行解读。白文刚教授的《中国古代政治传播研究》③同样具有较强的代表性，该书通过展现不同的中国古代政治传播现象，从合法性、政治文化传承、政治运转及“对外”政治传播四个方面进行切入研究，展现其传播特点并得出现代启示。

在政治传播学领域，应该从何种视角进行切入研究，同样是一个未达成共识的问题，对于此，荆学民教授曾提出一种，要将“政治”与“传播”结合起来的研究方式。荆学民教授明确指出界定政治传播存在政治学与传播学两个视角，他认为应该“分别解构‘政治’与‘传播’两个范畴，从‘政治’的本质中探求其传播的要素，从‘传播’的内容中探求政治的要素，二者有机结合构成元态的、具有独立而完整内涵的‘政治传播’范畴”④。简要来说，目前在探究政治传播时，既要考虑“政治”的本质和要求，又要结合“传播”的理论来进行研究。

二、修辞与政治传播研究回顾

政治传播与修辞存在着密不可分的关系。在涉及具体的政治传播活动的研究时，修辞往往相伴而生。早在古希腊时期，亚里士多德的《修辞术》和《政治学》就包含了诸多政治传播的内容，此时的修辞与政治传播并无精确的分割与定义，但二者的紧密联系仍然能够得到窥视。

针对中国古代的政治传播研究，结合中国传统修辞进行研究同样必要。在黄鸣奋教授所著《说服君王——中国古代的讽谏传播》⑤一书中，旨在“说

---

① 陈谦：《中国古代政治传播思想研究》，中国社会科学出版社 2009 年版。

② 贾兵：《先秦诸子政治传播观念研究》，上海大学博士学位论文，2011 年。

③ 白文刚：《中国古代政治传播研究》，中国社会科学出版社 2014 年版。

④ 荆学民、施惠玲：《政治与传播的视界融合——政治传播研究五个基本理论问题辨析》，《现代传播》2009 年第 4 期。

⑤ 黄鸣奋：《说服君王——中国古代的讽谏传播》，文化艺术出版社 2001 年版。

服君王”的政治传播活动里的“讽谏”便是一种独特的政治传播现象；而在进行研究时，要探讨“讽谏”如何进行，在传播过程中应该注意的言语规范等问题时，都需要结合中国古代的传统修辞进行研究。陈谦教授在《传播学视野中的中国古代政治——以“一言兴邦，一言丧邦”的传播观为例》一文中，也强调了政治话语在政治传播过程中的重要地位[①]，修辞的重要性由此可见。政治沟通需要修辞，修辞促进政治沟通；因此从中国传统修辞的角度切入，有利于我们进一步探索中国古代政治传播的特点。

然而目前学界对于政治传播研究与中国传统修辞的研究仍然呈现出一定的割裂化特点：国内的修辞学研究，大部分是对中国传统文学的文学修辞研究，基于一定的文学作品进行文本分析以得出结论；而结合政治传播这一种动态传播过程进行的修辞研究则屈指可数。

目前国内大部分所结合修辞与政治传播研究的文章，多以当代的政治传播修辞为主要研究方向，如《中国形象在政治传播中的视觉修辞实践——以〈纽约时报〉“中国规则”为例》[②]关注到的是视觉修辞与当代政治传播间的关系；另一类包括《新媒介场域下我国当代政治修辞的转进》[③]关注道德上新媒介下当代政治传播修辞的变迁。聚焦于古代传统政治传播中的传统修辞研究仍然乏善可陈。

针对以上问题，笔者提出“引诗论政”，探讨诗歌这种传统修辞艺术在古代政治传播中的使用及背后意涵。“引诗论政”，其意为通过引用诗歌的方式，在政治传播领域进行的一种修辞表达，具体表现包括引诗（引用之诗通常来源于《诗经》）以及作新诗两种方式。

诗歌作为中国传统的文学艺术形式之一，很早就服务于政治，并作为一种独特的修辞形式一直传承至今。过往针对诗歌的文学研究成果斐然，从

① 陈谦：《传播学视野中的中国古代政治——以“一言兴邦，一言丧邦”的传播观为例》，《东方论坛》2005 年第 4 期。

② 谭思铭：《中国形象在政治传播中的视觉修辞实践——以〈纽约时报〉“中国规则”为例》，《青年记者》2019 年第 20 期。

③ 王一岚：《新媒介场域下我国当代政治修辞的转进》，《郑州大学学报（哲学社会科学版）》2018 年第 3 期。

《诗经》到唐诗宋词，各个方面都有所涉及；而结合华夏传播学与诗歌的研究成果却并不多，较为出名的有李海文、谢清果教授从姓名文化切入来研究诗歌在华夏大众传播中的作用的《诗性传播：中国姓名的大众传播之道》，以及结合华夏舆论传播与诗歌研究的潘祥辉教授的《"歌以咏政"：作为舆论机制的先秦歌谣及其政治传播功能》。

修辞的目的在于告知信息或增强说服的效果，亚里士多德在《修辞术》中曾提到"修辞术是一种能力，能就每件事情，审视出可能的说服法"。通过回望历史，我们发现早在先秦时期，"引诗论政"就成为一种独特的修辞艺术，广泛运用在政治传播中：从诸侯各国之间的外交，到宫廷间君臣的沟通，再到百姓对政治的舆论表达，诗歌在整个政治传播领域中都有所引用。在内外部皆面临着纷乱政治环境的先秦时期，进行政治表达时对修辞的要求也随之被进一步提高，而诗歌是如何适应了当时的社会现状，符合了何种传播传统，并进一步得到广泛的采用的，诸如此类的问题在当今鲜有学者从华夏传播学的视角去进行研究探讨。

因此，本章将集中于"引诗论证"这种富有先秦智慧的独特艺术形式及修辞表达，系统阐释"引诗论政"在先秦时期的政治传播中起到的作用以及内在意涵，结合西方传播学理论分析古代政治传播现象，从而为华夏传播的传统修辞研究添砖加瓦，展现一种具有中国风格，符合中国传统的修辞艺术。

第二节　"引诗论政"：三种政治传播形态下的修辞艺术

具体的政治传播活动是中国古代政治传播研究这一主题下的重要研究内容，从外交游说到宫廷劝谏再到民间的舆论表达，在先秦时期的不同政治传播活动中都能窥见"引诗论政"身影的出现。因此，本部分将展示三种不同政治传播形态下，"引诗论政"作为一种独特的修辞艺术的具体表现。

一、外交中的修辞——诸侯国间隐秘的唇枪舌战

外交通常伴随着一定外交目的而进行，《左传》作者对外交辞令的交际目的有明确认识。"襄公·襄公元年"："凡诸侯即位，小国朝之，大国聘焉，以继好、结信、谋事、补阙，礼之大也。""襄公·襄公二十五年"："若敬行其

礼，道之以文辞，以靖诸侯，兵可以弭。”“昭公·昭公三年”：“令诸侯三岁而聘，五岁而朝，有事而会，不协而盟。君薨，大夫吊，卿共葬事；夫人，士吊，大夫送葬。足以昭礼命事谋阙而已。”从上述引文可知，以最得体的方式进行交际，主要为实现昭明礼节、有所命令、安抚诸侯、承继友好、谋划大事、止息战争、缔结盟约、弥补过失的目的。①

在外场合里，如何让双方都能通晓其意而不产生误会且要尽可能地实现自身的外交目的，可以说是一门很大的学问。此时的外交辞令要昭明礼节能显示国家气度，又要进退有度达到外交目的，“引诗”的修辞便伴随着需求应运而生。

“引诗论政”的独特修辞在外交场合中出现频繁，诸多史料中也对此有所记载。《左传》中收录了许多春秋时期诸侯国之间通过赋诗、诵诗来进行沟通与外交的场面。有研究者考证：“据从《左传》《国语》所获资料，自僖公二十三年至定公四年（公元前637—前505年）约百年间，共赋诗六十七篇次，用诗五十八篇。计颂一，大雅六，小雅二十六，风二十五篇。计往来交际之国，共有鲁、晋、郑、宋、齐、秦、楚、卫、曹、株十国。”②

在当时，这种“引诗”以论政达意的方式在各国之间似乎成为一种共识，一方引诗，另一方便能准确解读予以回应，符合了双方的交流期待。

> 夏，诸侯之大夫从晋侯伐秦，以报栎之役也。晋侯侍于竟。使六卿帅诸侯之师以进。及泾，叔向见叔孙穆子，穆子赋《匏有苦叶》，叔向退而具舟。（《左传·襄公·襄公十四年》）

春秋时期，鲁国大夫穆叔出使晋国，想让鲁将渡河，在面对晋国的叔向时，他赋诗《匏有苦叶》，“匏有苦叶，济有深涉。深则厉，浅则揭”，以表达自己的意向。叔向听后便领悟其意，为其准备船只，从而为伐秦做好准备。穆叔通过引诗，以“匏”代船，以“济”代渡河，从而表达了想渡河的意向。

① 武惠华：《〈左传〉外交辞令探析》，《中国人民大学学报》1994年第4期。

② 黄振民：《诗经研究》，正中书局1982年版，第294—295页。

除了一方赋诗以言意，另一方接收以外，诸侯各国间也会通过相互赋诗来转达意思。据《左传・文公・文公十三年》记载，郑穆公设宴招待鲁国使者，郑子家赋《鸿雁》，鲁季文子赋《四月》作答。郑子家又赋《载驰》，鲁季文子再赋《采薇》相回应。①

因此，无论是引诗来传达内心所想，还是理解诗背后的意思，这种将引诗修辞手段运用到极致的背后所体现的是当时沟通双方对诗歌的深层次了解以及灵活的运用能力。在笔者看来，先秦时期的外交中的“引诗论政”不仅让原本直接的外交变得含蓄而委婉，更体现了当时外交双方对知识积累与才学的自我展示。

《左传》中外交辞令所展现的大量征引，合乎当时复杂的政治环境下的外交需要。“引诗”不仅能委婉地表达观点、论证论点，更为辞令增添“言外之意”，达到一种较好的传播效果。

二、“诗谏”——君臣间灵活的政治沟通

“在世界古代政治史中，尤其在著名的古代大帝国中，专门设立谏官来对帝王予以批评与匡正的，大概只有中国。”② 自古以来，臣子对君王有“劝谏”的传统。《说文・言部》曰：“谏，证也。”《广雅・释诂》曰：“谏，正也。”“谏”，即指出他人的过失并加以劝诫匡正。“诗谏”是劝谏的一种形式，强调以诗歌作为劝谏的形式及依据，通过表达诗歌背后的含义，从而达到一种告知或说服的目的。

“诗谏”作为“劝谏”的一种修辞形式，其产生最早也可追溯到先秦时期。《大雅・民劳》中“王欲玉女，是用大谏”一句，点明作诗的目的在于“大谏”；在《诗经》的大、小雅中，还记载着大量的讽谏诗。当时王廷贵族面对礼崩乐坏、诸侯相伐的社会背景，为了让国家摆脱暗淡的现实，希望通过劝谏君王的方式来针砭政治，而“引诗”因其独有的修辞效果，适应了当时劝谏的需要，以“诗谏”的形式，被广泛地使用。

① 李炳海：《春秋后期引诗、赋诗、说诗的样态及走向》，《社会科学战线》2011年第1期。

② 白文刚：《中国古代政治传播研究》，中国社会科学出版社2014年版，第224页。

> 中国以诗书礼乐法度为政，然尚时乱，今戎夷无此，何以为治，不亦难乎？（《史记·秦本纪》载秦穆公之言）

先秦时期，“诗”在国家政治体制运行中具有一定的权威地位。在这种情况下，借引诗、赋诗行劝谏之事，自然能使谏言具备足够的说服力，使得“事之是非曲直，锱铢不爽其衡”[①]。

被用作“谏”的诗的大部分来源于《诗经》,《诗经》中所收录的从西周初期到春秋中叶的诗歌在先秦时期就被广泛地引征。《左传·昭公·昭公十二年》中记录了一条周代的“诗谏”例子：

> 昔穆王欲肆其心，周行天下，将皆必有车辙马迹焉。祭公谋父作《祈招》之诗以止王心。王是以获没于祗宫……其诗曰：“祈招之愔愔，式昭德音。思我王度，式如玉，式如金。形民之力，而无醉饱之心。”

祭公谋父引用《祈招》中的诗，以劝谏周穆王来达到“以止王心”的目的，最终通过这种“诗谏”的方式，使周穆王放弃了“周行天下”的奢靡之举，达到了进谏的目的。

从《左传》279条、《国语》38条用诗实例可以看出[②]，臣子通过引诗的方式表达对君王的劝谏之意在先秦时期十分普遍，这种政治沟通的方式委婉又有所依据，使得臣子能够灵活简洁地表达意见进行劝谏。“引诗”的过程中，不仅可以通过一些诗中本身所承载的意思来论证观点，有时也可通过一种内容层面的引申来达到更进一步的说服，他们“关注的是诗乐之外的文字语言意义，这个意义不一定是作诗的本义，也不一定是整篇诗作所具有的意义，而是诗句的语言层面有可能具有的意义，以及其作为文学所具有的无限的象征性、隐喻性意义”[③]。

除了引用《诗经》等过往名录中所收录的诗歌以针砭政治外，臣子“诗

---

① 劳孝舆：《春秋诗话》，中华书局1985年版，第25页。

② 董治安：《先秦文献与先秦文学》，齐鲁书社1994年版。

③ 刘毓庆、郭万金：《从文学到经学——先秦两汉〈诗经〉学史论》，华东师范大学出版社2009年版。

谏”时还会引用当时民间所传唱的诗歌，这个过程被称为“采诗”。李敬一先生指出：“采诗可以看作是一种传播行为，它包括三个层次的含义：其一是诗歌的创作，无论其作者为人民大众或者是贵族、士人，他们创作某诗时，实际上传播了自己的思想情感，或者报道了当时社会发生的某一特定事件、特定人物的信息。其二是这些诗歌在民间、在士人中，或者在朝堂上流传开来，起到了交流信息、扩大传播效果的作用。其三是这些诗歌从各地采集得来之后，经过文字、音乐方面的统一整理加工，编定成册，供人演唱、习诵、阅读，又在更大范围内进行传播。”[①] 这里的“采诗”指的便是臣子通过收集民间的歌谣上谏，来更好地为君王为政提供现实依据。诗歌本身所反映的便是当时社会的现状以及百姓对于政治的看法，因此能够客观展现政治治理结果与亟待改进之处。

因此，“诗谏”在君臣间的政治沟通过程里，充当了一种“劝谏”的手段，以其委婉含蓄、灵活多样的修辞特点，成为先秦时期下臣进谏时的一种独特选择。

三、表达舆论——诗歌联结下的田野与朝堂

“引诗论政”过程中，在外交场合及宫廷之中，“引诗”大部分时候指的是引用《诗经》中的诗；而相对于外交场合和朝堂上引经据典、出口成章的文人或政治家，民间百姓不一定有那么深厚的文学积累，因此在此时，田野间的“引诗论政”更多时候不是通过引用过去的诗词来表达内心之所想，而更偏重于以诗歌的形式来作诗吟唱，表达对政事的看法或抒发情感。

前文提到的“采诗”制度便是采集田野间传唱的诗歌。这种制度下，所采之诗皆来源于民间。不难发现，先秦时期的民众同样在利用诗歌转达自己对政治的看法和意见。《左传·僖公·僖公二十八年》：“晋侯患之，听舆人之诵。”体现出当时的诗歌能够作为一种公众舆论的表达为上层官员所闻，达到补察时政的传播效果。因此，“引诗论政”不仅仅出现在朝堂之上，在田野之间同样广受欢迎。在《舆论学》一书中，陈力丹教授提出了“艺术形态的舆

---

① 李敬一：《中国传播史论》，武汉大学出版社 2003 年版，第 17 页。

论”这一概念，它指“公众自身以各种体裁的文学、音乐、舞蹈，绘画等艺术信息形态表达的意见倾向”。而诗歌作为一种艺术形式，在政治传播领域中，自然也对表达公众舆论起到一定作用。

《尚书·康诰》:“天畏棐忱，民情大可见。”民心民情对于统治者而言是至关重要的，是评断理政好坏的重要标准之一。这也进一步使得民间诗歌这一集中反映民意的艺术形式受到上层较大的关注。

先秦的《击壤歌》显然是一首具有政治色彩的歌谣，据《帝王世纪》载，帝尧之世，天下大和，百姓无事。有八九十老人击壤而歌:“日出而作，日入而息。凿井而饮,耕田而食。帝力于我何有哉？”[①]虽然这首诗歌背后的意义是在于歌颂朝政还是讽刺朝政如今仍不得而知，但足以体现当时的民众会通过作诗引诗的方式，来抒发自己对于政事的看法。

引诗是田野间的民众论政的一种方式，他们以作诗吟唱的方式表达舆论，发出对于特定时期政事的看法。而朝堂之上的人能够通过民间所传之诗来采集民间的想法，引诗在此时联结了田野与朝堂，具有重大的政治传播意义。

第三节　“引诗论政”：华夏政治传播独特的内在意涵及艺术表现

“引诗论政”在先秦时期的各种政治传播活动中都广受重视，擅长“引诗论政”者也更能在特定的场合下表达内心所想、达到政治目的。那么，从传播学视角考察，“引诗论政”何以在当时得到认可？其背后又蕴藏着怎样的传播逻辑与艺术内涵?

一、高语境文化下的独特修辞——“引诗”背后的礼制要求

美国人类学家爱德华·霍尔在《超越文化》[②]一书中曾提到“高低语境”文化理论。他根据不同文化的主流交际方式，将世界上的文化分为高语境文化及低语境文化两种。

高语境文化的成员由于历史、传统、民俗风土等高度的重叠性，绝大部

---

① 刘立志:《先秦歌谣集》，南京师范大学出版社2014年版，第2—3页。

② 〔美〕爱德华·霍尔:《超越文化》，何道宽译，北京大学出版社2010年出版。

分信息都已储存于成形的物质语境中，成为全体成员共有的资源，很少内化在个人身上，因此在人际交往上，更擅长借助共有的“语境”进行交流。[①]根据霍尔的高低语境文化理论，华夏文化属于一种高语境文化。在高语境文化下，传播过程中的双方在理解彼此意思时，较少依靠语言本身的编码信息，而更多依靠交流当下的语境及交流双方的背景。

结合高语境文化理论进行探讨，便可以发现其背后体现的是华夏文化中对“礼”的要求在言语层面的实现，而具体到本文所探讨的政治传播过程中的引诗修辞，其产生与发展的原因同样在于此。

先秦时期，礼制是社会的核心，《论语·颜渊》中有“非礼勿言”，在儒家看来，不符合“礼”的话不该说，而如何表达才能符合“礼”，则离不开修辞。在国与国之间的外交场合，外交使臣一言一行皆要符合礼制要求，但同时，外交使臣代表国家利益，为一定的目的而进行外交商讨，因此这其实是一种矛盾的处境：若要把话说白，那么违背“礼”；不说，便违背了外交目的。

先秦时期，诸侯各国间以及宫廷之中的交往是长期而稳定的，他们基于统一的华夏文化背景，对当时的社会环境有着相似的理解，在这个前提下，双方不必用直白清晰的语言进行沟通来理会双方的意思，因此“引诗”便可以达到其传播目的。大量的信息内涵隐藏在诗句之中或在诗句之外，在一来一回间得到充分的解码。然而为什么“引诗论政”能够在众多不同的修辞传统里脱颖而出？在笔者看来，这离不开诗歌背后的深刻内涵和其本身所具有的含蓄特质。

“不虞君之涉吾地也，何故？”（《左传·僖公·僖公四年》）

当时齐国联军侵略楚国领土，而楚国的外交使臣却以“涉”代“侵略”，在这里的“涉”指的是“涉水渡河”，引申为“进入”的意思。楚国的使臣委婉地暗示了齐国侵略事实，同时又合乎“礼”的要求，使得双方仍能在一个相对平和的外交场合下沟通。

① 林晓光：《中国由高语境文化向低语境文化移动的假说》，《新闻与传播研究》2009 年第 2 期。

同理，宫廷之上，无论是要点明君王的过失还是对某项决策进行“劝谏”，臣子所言都需合乎“礼”。在其位，谋其职，“礼”的要求同样如此，在什么位置，说什么话。因此，劝谏之语不能僭越，不能逾矩，应保持含蓄同时又能点醒君王。

先秦时期对“礼”的看重，使得在政治传播过程中，臣子必须懂得修辞之道，以一种合乎“礼”的方式含蓄表达内心所想，而“引诗”修辞手段较好地满足了这种需求，因而被较多地采用。引诗的两种手段——引过去之诗（将意义隐藏在诗中的过去的典故，用过往例子表达当时的意思）和赋新诗以达意（用含蓄的语言表达观点，以艺术的形式美化来呈现）都是以一种委婉迂回的方式传达内心所想的。当时的人们仿佛达成了一种共识，心照不宣地接受了“引诗论政”，以此独特的修辞方式来适应高语境文化的需要；华夏文化稳定的特点使得人们得以用一种“共有的语境”进行交流，这种“共有的语境”具体到政治传播过程，指的便是诗歌，通过引诗这种修辞方式，双方共同塑造了这种“共有的语境”，得以理解彼此的意思。

简单来说，礼制的要求让政治传播时的语言需要尽可能地委婉含蓄，而高语境的文化背景为这种传播提供了可能，此时诗歌能够作为一种“共有语境”帮助双方理解彼此，“引诗论政”在一种修辞中脱颖而出，成为绝佳的选择。

而回望历史，我们很容易发现“引诗”不仅仅在先秦时期所流行，在后来的华夏政治传播历史中，始终有它的身影出没。因此，可以得出结论，“引诗论政”顺应了华夏文化作为一种高语境文化下对于“礼”的要求，其本身在政治传播领域的存在与发展，也为华夏文化持续保持一种“高语境”作出贡献。

二、“引诗论政”中的崇古意识

华夏文化自古就有崇古的传统。在儒家思想为核心的文化背景、宗法制为家庭结构的社会背景下，华夏人民对于自身的历史积淀及文化传统有着深沉的信任与依赖，对于古人所言更有一种天然的敬畏。在春秋时期，礼崩乐坏，孔子主张“克己复礼”，希望回到西周时的社会，这便是一种较为直观的崇古意识的体现。

在先秦文献中同样隐含着这种崇古意识，人们总是在悠远的历史深处为自己寻找精神偶像和信仰的归宿。孔子敬仰创制了周代礼乐制度的周公，而孟子则在论辩中“言必称尧舜”（《孟子·滕文公上》）；周代政治家周公和尧舜这些古代圣贤即是儒家的精神楷模；墨家也追忆往古圣贤的治国之道，他们从夏禹治水、躬籍处苦的献身精神中汲取了无穷的精神力量，所以墨家“为民兴利”，为理想奋斗能够做到“赴汤蹈火”“死不旋踵”。①

崇古意识对华夏人民的生活有着深远影响，自然不可避免地也影响到古人的修辞。“语言是民族心灵的印证，一个民族的历史经历、思维方式、价值观念以及思想情绪的种种细节不仅散发于这个民族遣词造句的声息之间，而且隐含于民族语言的深层结构中。”② 在修辞层面的崇古意识，集中体现为一种“稽古”，即为文时，喜欢引用前人事迹以证明自己的观点。③ 先秦时期，受到这种崇古意识的影响，修辞便不免带上复古痕迹，以荀子为例，“天下之大隆，是非之封界，分职名象之所起，王制是也。故凡言议期命，是非以圣王为师”（《荀子·正论篇》）。在荀子看来，圣王的修辞水平值得为后世所学习，应该得以推崇。

而政治传播领域里，“引诗论政”这种修辞手段背后也暗藏着崇古艺术。“引诗”所引之诗，大多是过往之诗，这便是一种崇古体现。在先秦时期的外交中，崇古意识以诗为载体，跨越不同的国家，在一场场的外交活动中都展现其身影。在春秋战国时诸侯并起，外交活动往来频繁，对外交辞令的要求水涨船高，外交语言要保持含蓄优美又极富深意离不开引诗的修辞，因此，作为凝聚了众多过往经典诗歌的《诗经》在当时成为首选，外交使臣常常通过吟咏《诗经》来表达所想。

> 重耳至秦，穆公以宗女五人妻重耳，故子圉妻与往。重耳不欲受，司空季子曰：“其国且伐，况其故妻乎！且受以结秦亲而求入，子乃拘小

① 杨雅丽：《〈礼记〉引经与稽古修辞选择的崇古意识》，《学术论坛》2007 年第 10 期。

② 杨雅丽：《〈礼记〉引经与稽古修辞选择的崇古意识》，《学术论坛》2007 年第 10 期。

③ 张玉金：《崇古意识与中国修辞传统》，《辽宁师范大学学报（社科版）》1998 年第 6 期。

礼，忘大丑乎!”遂受。穆公大欢，与重耳饮。赵衰歌《黍苗》诗。穆公曰：“知子欲急反国矣。”赵衰与重耳下，再拜曰：“孤臣之仰君，如百谷之望时雨。”(《史记·晋世家》)

当时，晋国的重耳公子从楚国到秦国后当上了秦国的女婿，在秦穆公所设宴之上，重耳身边的使臣赵衰吟唱了《诗经》中的《黍苗》：“芃芃黍苗，阴雨膏之。悠悠南行，召伯劳之。”赵衰把秦缪公比作天，把重耳比作黍苗，委婉表示希望秦穆公能够如同阴雨润泽黍苗一般，让重耳返回国家，担任君王。秦穆公听后很快了解并应允，也才会有后来重耳与赵衰下拜秦穆公一幕，“引诗”背后所隐藏的崇古意识由此可见。

君臣间的交流过程里同样有崇古意识的身影出现，通过援引过去的诗歌，来劝谏当今的君王，这是君臣交流中较多采用的方法之一。春秋战国时期，晋国晋灵公大量赋税，享受奢侈的生活，大臣赵盾引诗《诗·大雅·荡》进行劝谏：“‘靡不有初，鲜克有终。’夫如是，则能补过者鲜矣。君能有终，则社稷之固也，岂惟群臣赖之?”，委婉表示希望晋灵公犯了错误及时改正；而后又引用《诗·大雅·烝民》，“衮职有阙，惟仲山甫补之。能补过也。君能补过，衮不废矣”，以周宣王因为荒淫治政最终失去王位的例子来说服晋灵公。这种修辞背后蕴藏的道理，便是相信过去的道理、相信过去的例子，并希望能够透过古人的“权威”，来达到一种说服的目的。

先秦时期的政治传播过程中，浸润着崇古意识，它融合在“引诗论政”这种独特的修辞之中，对一场又一场的政治传播活动产生影响。

三、华夏政治传播中的面子观——诗歌与脸面

“面子”的概念最早由中国的人类学家胡先缙介绍到西方，指“个人在社会上有所成就而获得的社会地位或声望”，“脸”则是因高尚的道德品质而获得的声誉，获得声誉的原因或途径不同。[①] 美国华裔丁允珠曾根据“面子”这个概念，进一步提出“面子—商议理论”：在集体主义文化中，成员通常表现得毕恭毕敬来避免突出个人；较少攻击别人，在冲突中表现含蓄；常常回避

① 黄光国、胡先缙：《面子：中国人的权力游戏》，中国人民大学出版社2004年版。

矛盾，不正面讨论矛盾，更多时候注重通过一种关系的维护来保全传者受者两方的“面子”。

美国社会学家韩格理结合中国的“家国同构”，进一步提出，不同层级的中国人有一种“自我维持”的角色系统，他认为在不同层级中各自维持的方式都是不同的，但总的目标是相同的，都是为了“和谐”与“秩序”。[①]因此，在官场之中，人们在处世时总是避免得罪他人，期待获得他人的正面评价，使得自己能够得到“面子”。

因此，在互动过程中，个人通过作出符合社会规范的表现来得到“面子”，而具体到语言的运用上，修辞帮助个体更好地表达自我从而获得“面子”。

在政治传播领域，“由于高社会地位者已经拥有了权力，所以他们在交流中不需要直截了当”，同时对于地位低者，则需要表现得毕恭毕敬来维持一种权力距离，保全“面子”。在华夏文化这种高权力距离文化中，官位越高，地位越高，面子越大，传播效果也越好，面子的重要性可见一斑。此时，“引诗论政”顺应了先秦时期官本位下君臣对于“面子”的需要，以其委婉灵活的风格受到青睐。

政治传播过程中，地位相同的人彼此间通过委婉的语言来相互试探或表达所想，引诗言意，从而达到一种“给面子”的目的，双方保持着场面上的和谐与平衡，互相“给足面子”；高社会地位者面对较低社会地位的人时，因为本身已经有了“面子”，因此也不再需要直截了当，言语的深意都暗含在诗歌词句之中，让沟通对象领悟，从而给对方“留面子”；而低社会地位的使臣面对高社会地位的君王时，不仅要“给足对方面子”，更要通过自己深厚的文学底蕴，引诗作赋来“要面子”，让自己的话能更受到重视。

华夏政治传播过程中，诗歌与脸面的关系密不可分，“引诗论政”这种传统修辞适应了华夏传播中的面子观，更在传播过程里实现了“给面子”“留面子”以及“要面子”的目的。

---

① 韩格理：《天高皇帝远：中国的国家结构及其合法性》，参见韩格理《中国社会与经济》，联经出版事业公司1990年版，第115—116页。

第四节　“引诗论政”的传播模式探索

美国社会学家赖利夫妇在 1959 年在大众传播的研究过程中引入社会学的观点，他们提出要把传播的过程置于整个社会系统之下进行研究，认为传播系统和社会间的各系统相互联系又保持自身的相对独立。相较于在此以前研究传播学的直线模式与循环模式，这种对宏观社会环境的把握开启了大众传播研究的新的方向。

而在这个基础之上，德国学者马莱茨克在 1963 年建立了一个较为复杂的大众传播过程模式，即大众传播场（CMR）模式（图 25-1）。

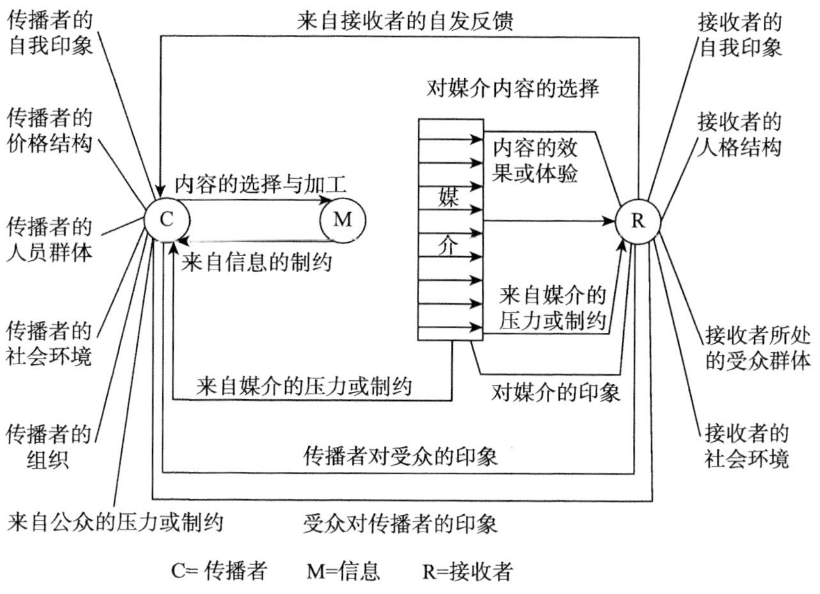

图 25-1　马莱茨克的大众传播过程模式

马莱茨克提出的大众传播场模式，主要从社会心理学角度进行研究，对大众传播过程中的相关因素进行总结，自提出以来便受到学界的重视和应用。[①] 大众传播场指大众传播过程中诸种社会关系的群集和总和，在他看来，无论是传者还是受者的行为，都基于一定“社会磁场”而进行，且在社会的

① 邱沛篁：《新闻传播百科全书》，四川人民出版社 1998 年版，第 42 页。

互动中显示其传播的性质和作用。

在马莱茨克看来，受传者与传者一样，都有着个人、组织及社会层面的复杂背景，因此这些背景不仅影响传者的加工过程，也会影响受者接收讯息的情况。此外，“感觉”与“效果”是一个双向互动的过程，讯息与受者间也会相互作用，受者对于媒介内容并不是照单全收，而是有选择性地进行接收，受者对媒介内容的感受能够决定受者对媒介的印象以及对讯息的进一步接受。马莱茨克在“场域模式”模式中强调：受传者的媒介印象会导致其对媒介内容的期待，并影响受传者对内容的选择、感受及反应方式，这种来源于受传者心中的媒介印象构成了媒介的知名度、可信性。①

CMR 模式中，“社会磁场”是一个对整个传播过程都具有巨大影响的存在。自我印象、人格结构、所属群体以及社会环境同时影响着传者对传播信息的编码，与受众对信息的译码，媒介本身会给予传者和受众以压力或制约，而受者对媒介内容的选择又进一步影响其对传播信息的接受。

总的来说，CMR 模式探讨了整个传播过程中，传播媒体对信息的传递者和受众的强制性以及传者和受众的自我形象因素。②

虽然在古代的政治传播过程中，这种传播更多时候是集中于使臣与使臣间，或使臣与君王间的人际传播，但 CMR 模式中所提到“社会磁场”概念以及模式中对传者和受传者的社会心理因素的关注仍能给我们较多的启发。因此，基于 CMR 模式，笔者归纳出一种政治传播过程中，“引诗论政”这种传统修辞下的传播模式，如下页图 25–2 所示。

---

① 李跃华：《马莱茨克大众传播理论的区域价值观研究》，《学理论》2016 年第 1 期。

② 徐小娟：《广告传播学》，首都经济贸易大学出版社 2016 年版，第 63—64 页。

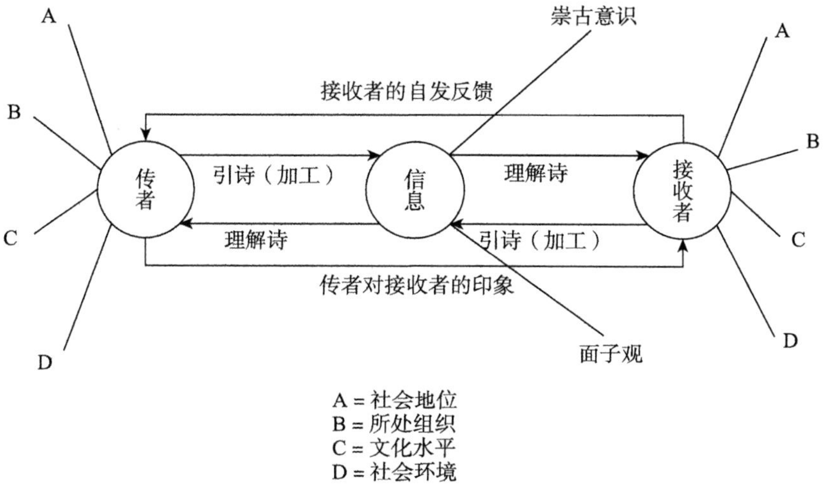

图 25-2 “引诗论政”的修辞传播模式

如前文所说，古代的政治传播过程脱离不开“礼”。作为社会核心的礼制牢牢约束着传者与受传者的言行举止，使得整个传播过程中，传者受者双方都要遵循礼制。这种礼制的要求具体到个人身上，便是要其依照自身的社会地位与所处组织，说出合适的、恰当的话；与此同时还要关注到传播过程中受传者的地位与所处组织，针对不同的人可以采取不同的话术。此外，传者内心的崇古意识会对信息的编码过程产生影响，对于“面子”的重视又进一步让传者在编码过程中注意对言语的使用；受传者因为和传者同处一种文化背景中，能够较为容易地理解传者的言语规范；而其社会地位、所处组织及文化水平与传者越相近，受者越容易理解信息的内涵，并从而作出即时的反馈；若二者的社会地位、所处组织及文化水平相差较大，则越容易产生误解与不理解。

因此，把 CMR 的内核进行解构，这种用于解释大众传播的模式对古代的政治传播同样有较贴切的解释度。礼制的要求是整个政治传播过程的大背景，作为当时的“社会磁场”存在；在这种背景下，传者和接收者的社会地位、所处组织、文化水平以及当下所处传播环境，会对信息的传播受到制约与影响。

而在信息的编码过程中，传者受到崇古意识及面子观的影响，选择“诗歌”这种含蓄的传统修辞作为“信息”，此时的诗歌承载着传播的实际内容；而在解译过程中，受众理解引诗背后的原因，但仍会受到其自身文化水平、对传者的印象以及主观选择的多重影响，进而影响其对“信息”即诗歌的解译。当受众理解后，会再作出即时的反馈，开启新一轮的传播。

在整个传播过程中，前文中所提到的崇古意识以及面子观都浸润其中，礼制大背景下，传者受者之间通过“引诗”达到了“论政”的目的。

（曾雨涵　谢清果）

参考文献

古籍

（清）曹雪芹:《红楼梦》，中华书局 2001 年版。

（清）曹雪芹原著:《脂砚斋重评石头记（上）》，天津古籍出版社 2006 年版。

（北宋）欧阳修、宋祁:《新唐书》，中华书局 1995 年版。

（北宋）王钦若等:《册府元龟》，中华书局 1960 年版。

（宋）王溥:《唐会要》，中华书局 1955 年版。

（后晋）刘昫等:《旧唐书》，中华书局 1997 年版。

（晋）葛洪:《西京杂记》，三秦出版社 2006 年版。

（元）陈澔注:《礼记集说》，中国书店 1984 年版。

（汉）茆泮林辑:《古孝子传》，中华书局 1985 年版。

（清）吴炽昌:《续客窗前话》，时代文艺出版社 1987 年版。

（北宋）司马光等:《资治通鉴》，首都师范大学出版 2012 年版。

（清）严可均辑、任雪芳审订:《全汉文》，商务印书馆 1999 年版。

（南北朝）刘勰:《文心雕龙》，河南大学出版社 2008 年版。

（清）严可均辑:《全后汉文》，商务印书馆 1999 年版。

（晋）干宝:《搜神记译注》，北京联合出版公司 2015 年版。

（汉）董仲舒著，陈蒲清校注:《春秋繁露 · 天人三策》，岳麓书社 1997

年版。

（西汉）司马迁:《史记》，太白文艺出版社 2006 年版。

（东汉）班固:《汉书》，太白文艺出版社 2006 年版。

（汉）许慎撰，（宋）徐铉校，王宏源新勘:《说文解字（现代版）》，社会科学文献出版社 2005 年版。

（战国）孟轲:《孟子》，时代文艺出版社 2008 年版。

（清）劳孝舆:《春秋诗话》，中华书局 1985 年版。

（春秋战国）鬼谷子:《鬼谷子》，许富宏译注，中华书局 2016 年版。

（东汉）应劭:《风俗演义》，国家图书馆出版社 2019 年版。

中文著作

郭庆光:《传播学教程》，中国人民大学出版社 2011 年版。

胡正荣:《传播学引论》，北京广播学院出版社 1998 年版。

毛峰:《传播学概论》，中南大学出版社 2006 年版。

戴元光:《传播——人的本能》，交通大学出版社 2003 年版。

段鹏:《传播学基础：历史、框架与外延》，中国传媒大学出版社 2006 年版。

杜维明:《诠释〈论语〉“克己复礼为仁”章方法的反思》，（台北）“中央研究院中国文哲研究所”2015 年版。

崔炼农:《孔子思想的传播学诠释》，湖南大学出版社 2008 年版。

孔健:《阳光下的孔子——孔子与大众传播学》，中国民主法制出版社 2009 年版。

陈怡:《〈庄子内篇〉精读》，南方教育出版社 2013 年版。

宋林飞:《西方社会学理论》，南京大学出版社 1997 年版。

王昆仑:《红楼梦人物论》，北京出版社 2009 年版。

欧丽娟:《红楼梦人物立体论》，里仁书局 2006 年版。

朱一玄编:《中国古典小说名著资料丛刊〈红楼梦〉资料汇编》，南开大学出版社 2012 年版。

王怡红：《人与人的相遇——人际传播论》，人民出版社 2003 年版。

刘嗣：《国剧角色和人物：丑角》，百花文艺出版社 2013 年版。

何士龙：《〈红楼梦〉语言美鉴赏》，中国地质大学出版社 1989 年版。

朱光潜：《诗论》，生活·读书·新知三联书店 2014 年版。

马经义：《红楼论稿集》，四川大学出版社 2017 年版。

孙爱玲：《语用与意图——〈红楼梦〉对话研究》，北京大学出版社 2011 年版。

鲁曙明主编：《沟通交际学》，中国人民大学出版社 2008 年版。

谢清果：《华夏传播学读本》（修订版），世界道联出版社 2018 年版。

胡河宁：《组织传播学：结构与关系的象征性互动》，北京大学出版社 2010 年版。

周鸿铎：《应用传播学引论》，中国纺织出版社 2005 年版。

刘勰著，周振甫译：《文心雕龙今译》，中华书局 1986 年版。

邹德文、李永芳编：《国学经典：尔雅》，中国古籍出版社 2017 年版。

杨建新：《中国西北少数民族史》，宁夏人民出版社 1988 年版。

陈寅恪：《唐代政治史述论稿》，上海古籍出版社 1982 年版。

向达：《唐代长安与西域文明》，湖南教育出版社 2010 年版。

包惠卿：《唐代对西域之经营》，文史哲出版社 1987 年版。

刘双、于文秀：《跨文化传播：拆解文化的围墙》，黑龙江人民出版社 2000 年版。

麻守中：《汉乐府》，春风文艺出版社 1999 年版。

谢清果：《华夏传播学引论》，厦门大学出版社 2017 年版。

杨泓、李力：《中国古兵二十讲》，生活·读书·新知三联书店出版社 2013 年版。

宋博年、李强：《丝绸之路音乐研究》，新疆人民出版社 2009 年版。

单波、石义彬：《跨文化传播新论》，武汉大学出版社 2005 年版。

单波：《跨文化传播的问题与可能性》，武汉大学出版社 2010 年版。

宋博年、李强：《丝绸之路音乐研究》，新疆人民出版社 2009 年版。

刘双、于文秀:《跨文化传播——拆解文化的围墙》，黑龙江人民出版社2000年版。

吴凯主编:《中国社会民俗史》，中国古籍出版社2010年版。

石义彬:《批判视野下的西方传播思想》，商务印书馆2014年版。

李小江主编:《让女人自己说话——文化寻踪》，生活·读书·新知三联书店2003年版。

杨宾儒:《中国古代思想中的气论及身体观》，巨流图书公司1997年版。

李存山:《气论与仁学》，中州古籍出版社2009年版。

金岳霖:《论道》，商务印书馆1998年版。

郭沫若:《青铜时代》，科学出版社1957年版。

周晓明:《人类交流与传播》，上海文艺出版社1990年版。

王鹤鸣:《中国家谱通论》，上海古籍出版社2010年版。

徐建华:《中国的家谱》，百花文艺出版社2010年版。

李学勤主编:《礼记正义》，北京大学出版社1999年版。

邹昌林:《中国礼文化与儒学研究》，社会科学文献出版社2018年版。

汤海艳:《成人之道：中国传统礼仪及其道德教育功能研究》，南京大学出版社2015年版。

胡平生:《孝经译注》，中华书局1996年版。

杨伯峻:《论语译注》，中华书局1980年版。

李世化:《墨子大讲堂：墨子的兼爱非攻》，中央编译出版社2015年版。

张国刚主编:《家庭史研究的新视野》，生活·读书·新知三联书店2004年版。

黄鸣奋:《说服君主——中国古代的讽谏传播》，文化艺术出版社2001年版。

龚文庠:《说服学——攻心的学问》，东方出版社1994年。

李亚宏:《中国古代说服艺术》，云南人民出版社2011年版。

中国社会科学院历史研究所宋辽金元史研究室校:《名公书判清明集》，中华书局1987年版。

周立公:《现代广告学：理论·策略·技巧》，上海财经大学出版社 2010 年版。

刘星:《古律寻义：中国法律文化漫笔》，中国法制出版社 2015 年版。

马亚中、钱锡生、严明:《诸子曰》，福建教育出版社 2014 年版。

李敬一:《中国传播史论》，武汉大学出版社 2003 年版。

孟森:《明清史讲义》，中华书局 1981 年版。

张永刚:《东林党议与晚明文学活动》，中国社会科学出版社 2009 年版。

王卫东:《网络社区》，武汉大学出版社 2018 年版。

张学洪:《舆论传播学》，南京大学出版社 1992 年版。

周群、高晓敏主编:《东林党学术档案》，武汉大学出版社 2019 年版。

董璐:《传播学核心理论与概念》，北京大学出版社 2008 年版。

徐潜主编:《变革与改制》，吉林文史出版社 2013 年版。

张思纯:《尚书诠解》，开明出版社 2017 年版。

王宝琳:《尚书现代版》，上海古籍出版社 2003 年版。

马秋丽、张德苏:《儒家思想导论》，首都经济贸易大学出版社 2010 年。

潘祥辉:《华夏传播新探：一种跨文化比较视角》，复旦大学出版社 2018 年版。

詹绪佐、朱良志:《中国古代测字术》，四川大学出版社 1993 年版。

安继民注译:《荀子》，中州古籍出版社 2006 年版。

殷善培:《谶纬思想研究》,《中国学术思想研究辑刊（初编第 21 册）》，花木兰文化出版社 2008 年版。

陈力丹编:《舆论学：舆论导向研究》，上海交通大学出版社 2012 年版。

刘建明:《舆论传播》，清华大学出版社 2001 年版。

王石番:《民意理论与实务》，黎明文化事业有限公司 1995 年版。

韩运荣、喻国明:《舆论学：原理、方法与应用》，中国传媒大学出版社 2005 年版。

刘建明等:《舆论学概论》，中国传媒大学出版社 2009 年版。

喻国明、刘夏阳:《中国民意研究》，中国人民大学出版社 1993 年版。

罗建新:《谶纬与两汉政治及文学之关系研究》，上海古籍出版社 2015 年版。

谢清果:《华夏文明与舆论学中国化研究》，九州出版社 2018 年版。

林语堂:《中国新闻舆论史》，暨南大学出版社 2011 年版。

胡钰:《新闻与舆论》，中国广播电视出版社 2001 年版。

谢清果、王昀:《华夏公共传播的概念、历史及其模式考索》，《华侨大学学报》(哲学社会科学版)2016 年第 1 期。

李彬:《传播学引论》，新华出版社 1993 年版。

徐汉文:《公共关系理论与实务》，中国科学技术出版社 2007 年版。

倪琳:《现代中国舆论思想的兴起与演变》，上海交通大学出版社 2017 年版。

邵培仁主编:《20 世纪中国新闻学与传播学 · 宣传学与舆论学卷》，复旦大学出版社 2002 年版。

吕肖奂:《中国古代民谣研究》，巴蜀书社 2006 年版。

刘立志:《先秦歌谣集》，南京师范大学出版社 2014 年版。

谢贵安:《中国谶谣文化研究》，海南出版社 1998 年版。

吴文虎:《传播学概论》，武汉大学出版社 2000 年版。

吴磊:《媒介传播理论》，中国传媒大学出版社 2017 年版。

肖建春:《传播案例分析与研究》，西南交通大学出版社 2018 年版。

陈汝衡:《说书史话》，人民文学出版社 1987 年版。

林语堂:《中国新闻舆论史》，上海人民出版社 2008 年版。

朱传誉:《中国民意与新闻自由发展史》，正中书局 1974 年版。

杨联陞:《中国文化中“报”“保”“包”之意义》，贵州人民出版社 2009 年版。

孟元老:《东京梦华录》，中州古籍出版社 2010 年版。

陈望道:《修辞学发凡》，教育出版社 2001 年版。

王希杰:《修辞学新论》，北京语言学院出版社 1993 年版。

李泽厚:《论语今读》，中华书局 2015 年版。

白文刚:《中国古代政治传播研究》，中国社会科学出版社 2014 年版。

黄振民:《诗经研究》，正中书局 1982 年版。

刘立志:《先秦歌谣集》，南京师范大学出版社 2014 年版。

邱沛篁:《新闻传播百科全书》，四川人民出版社 1998 年版。

黄光国、胡先缙:《面子：中国人的权力游戏》，中国人民大学出版社 2004 年版。

吴予敏:《无形的网络——从传播学的角度看中国的传统文化》，国际文化出版公司 1988 年版。

贾奎林:《论辩传播述评：游说·社会·人生》，知识产权出版社 2008 年版。

陈望道:《修辞学发凡》，上海教育出版社 2006 年版。

陈汝东:《新兴修辞传播学理论》，北京大学出版社 2011 年版。

薛可、余明阳:《人际传播学》，上海人民出版社 2012 年版。

温科学:《中西比较修辞论：全球化视野下的思考》，中国社会科学出版社 2009 年版。

罗渊:《中国修辞学研究转型论纲》，中国社会科学出版社 2008 年版。

彭新武主编:《中国管理智慧》，首都经济贸易大学出版社 2008 年版。

王希杰:《汉语修辞学》，商务印书馆 2014 年版。

郑子瑜、宗廷虎主编:《中国修辞学通史：先秦两汉魏晋南北朝卷》，吉林教育出版社 1998 年版。

余英时:《中国思想传统的现代诠释》，江苏人民出版社 1989 年版。

外国著作

〔日〕小野泽精一、福永光司、山井涌:《气的思想：中国自然观与人的观念的发展》，上海人民出版社 2007 年版。

〔美〕乔治·赫伯特·米德（G.Mead）:《心灵、自我与社会》，霍桂桓译，华夏出版社 1999 年版。

〔美〕欧文·戈夫曼:《日常生活中的自我呈现》，冯钢译，北京大学出版社 2008 年版。

Rudolph F. Verderber，Kathleen S. Verderber.：《人际关系与沟通》，曾端真、曾玲珉译，扬智文化出版公司 1996 年版。

〔美〕沃纳丁·塞弗林、小詹姆斯·W. 坦卡特：《传播学的起源、研究与应用》，福建人民出版社 1985 年版。

〔美〕哈罗德·拉斯韦尔（Harold Lasswell）：《社会传播的结构与功能》，中国传媒大学出版社 2015 年版。

〔美〕拉扎斯菲尔德：《人民的选择》，中国人民大学出版社 2012 年版。

〔荷〕霍斯夫泰德：《文化与组织：心理软件的力量》，李原、孙健译，中国人民大学出版社 2010 年版。

〔美〕Stella Ting-Toomey：*Communication Across Cultures*，上海外语教育出版社 2007 年版。

〔美〕Carley H Dodd：*Dynamics of Intercultural Communication*，上海外语教育出版社 2006 年版。

〔英〕雷蒙德·威廉斯：《文化与社会》，吴松江、张文定译，北京大学出版社 1991 年版。

〔加〕哈罗德·伊尼斯：《传播的偏向》，何道宽译，中国传媒大学出版社 2013 年版。

〔英〕克里斯·希林：《文化、技术与社会中的身体》，李康译，北京大学出版社 2011 年版。

〔美〕塞缪尔·早川、艾伦·早川：《语言学的邀请》，柳之元译，北京大学出版社 2015 年版。

〔美〕埃姆·格里芬：《初识传播学——在信息社会正确认知自我、他人及世界》，展江译，北京联合出版公司 2016 年版。

〔英〕约翰·斯道雷：《文化理论与大众文化导论》，常江译，北京大学出版社 2019 年版。

〔美〕詹姆斯·W. 凯瑞：《作为文化的传播：“媒介与社会”论文集》，丁未译，华夏出版社 2005 年版。

〔荷〕丹尼斯·麦奎尔:《麦奎尔大众传播理论》，崔保国、李琨译，清华大学出版社 2010 年版。

〔古希腊〕亚里士多德:《诗学》，陈中梅译注，商务印书馆 2018 年版。

〔美〕杜威:《经验与自然》，傅统先译，商务印书馆 1960 年版。

〔奥〕冯·贝塔朗菲:《一般系统论：基础、发展和应用》，林康义、魏宏森等译，清华大学出版社 1987 年版。

〔美〕欧文·戈夫曼:《日常接触》，徐江敏、丁晖译，华夏出版社 1990 年版。

〔古希腊〕亚里士多德:《修辞学》，罗念生译，上海人民出版社 2006 年版。

〔日〕小野和子:《明季党社考》，李庆、张荣湄译，上海古籍出版社 2013 年版。

〔美〕朱莉娅·伍德:《生活中的传播》，董璐译，北京大学出版社 2009 年版。

〔法〕布尔迪厄、华康德:《实践与反思——反思社会学导引》，李猛、李康译，中央编译出版社 1998 年版。

〔法〕哈贝马斯:《公共领域的结构转型》，曹卫东译，学林出版社 1999 年版。

〔美〕沃尔特·李普曼:《舆论学》，华夏出版社 1989 年版。

〔法〕埃米尔·涂尔干:《社会分工论》，渠东译，生活·读书·新知三联书店, 2013 年版。

〔英〕崔瑞德、〔英〕鲁惟一编:《剑桥中国秦汉史》，杨品泉等译，中国社会科学出版社 1992 年版。

学位论文

仝冠军:《先秦诸子传播思想研究》，北京大学博士学位论文，2005 年。

周仁清:《人际传播中的“戏剧理论”研究》，兰州大学硕士学位论文，2008 年。

刘丽莉:《〈红楼梦〉刘姥姥进荣国府的会话含义分析》，渤海大学硕士学位论文，2015 年。

刘枫:《中国古代蚕桑神话和先蚕礼的组织传播功能分析》，西南大学硕士学位论文，2014 年。

徐婷婷:《明嘉靖时期先蚕礼研究》，湖南大学硕士学位论文，2018 年 6 月。

费银银:《我国古代军事信息传播研究》，安徽大学硕士学位论文，2013 年。

张云:《中国古代檄文的修辞阐释》，福建师范大学硕士学位论文，2012 年。

陈金生:《中国古代民族关系中的质子研究》，兰州大学硕士学位论文，2008 年。

成琳:《唐代民族关系中的质子制度研究》，陕西师范大学硕士学位论文，2008 年。

柯卓英:《唐代的文学传播研究》，陕西师范大学硕士学位论文，2006 年。

谭晓祎:《影响中国文化跨文化传播效果的原因探析》，山东大学硕士学位论文，2011 年。

朱丰俊:《论佛教在古代中国的跨文化传播》，武汉大学硕士学位论文，2005 年。

陆宜玲:《唐代质子研究》，陕西师范大学硕士学位论文，2008 年。

任紫薇:《中国音乐跨文化传播的路径探究》，中国音乐学院硕士学位论文，2019 年。

张艳艳:《先秦儒道身体观及其美学意义》，复旦大学博士学位论文，2005 年。

赵希睿:《先秦两汉简帛医书中的气论与身体观研究》，北京中医药大学硕士学位论文，2018 年。

孙延波:《养气思想研究》，首都师范大学硕士学位论文，2013 年。

谌湘闽:《詹姆斯 · W. 凯瑞传播仪式观研究》，中南大学硕士学位论文，

2013年。

贾南:《礼之用 和为贵——从〈礼记〉看先秦儒家人际传播思想》，安徽大学硕士学位论文，2017年。

赵一非:《乔治·赫伯特·米德的符号互动理论与芝加哥学派》，吉林大学硕士学位论文，2015年。

王帅:《先秦纵横家典籍〈鬼谷子〉说服传播思想探析》，河北大学硕士学位论文，2016年。

黄霞（黄侠）:《中国古代判词的情理与文采》，湘潭大学博士学位论文，2017年。

陶碧云:《中国古代判词中的“情理场”与法律语言——以〈名公书判清明集〉为主要视角》，上海师范大学硕士学位论文，2018年。

雷彬:《明代民事判词的说理方法研究——以〈折狱新语〉为中心》，山东大学硕士学位论文，2017年。

刘军:《顾宪成与晚明东林运动——传统士大夫政治研究》，南开大学博士学位论文，2010年。

蒋艳:《微信与微博比较研究：基于5W模式视角》，暨南大学硕士学位论文，2014年。

张泽兵:《谶纬叙事研究》，江西师范大学博士学位论文，2011年。

何梦莹:《舆论学视角下先秦“采诗观风”制度研究》，广西大学硕士学位论文，2019年。

刘楠:《明代说书研究》，延安大学硕士学位论文，2019年。

贾楠:《孔子的修辞理论和修辞实践》，云南师范大学硕士学位论文，2007年。

李青苗:《〈左传〉辞令研究》，东北师范大学博士论文，2010年。

贾兵:《先秦诸子政治传播观念研究》，上海大学博士学位论文，2011年。

于倩:《传播学中国化研究的新探索》，四川社会科学院硕士学位论文，2010年。

杨卉芊:《〈鬼谷子〉的修辞理论与修辞技巧研究》，渤海大学硕士学位论文，2014年。

王帅:《先秦纵横家典籍〈鬼谷子〉说服传播思想探析》，河北大学硕士学位论文，2016年。

毕琳:《解析〈鬼谷子〉的传播理论及应用》，西北大学硕士学位论文，2011年。

白晓曼:《试析传播修辞学》，山东大学硕士学位论文，2012年。

汪亚萌:《〈两汉书〉引〈礼〉研究》，南京师范大学硕士学位论文，2017年。

李国侠:《两汉灾异诏书研究》，华中师范大学硕士学位论文，2018年。

张庆杭:《诏书与两汉政治》，江西师范大学硕士学位论文，2008年。

张宇:《两汉生死观与两汉文学关系研究》，福建师范大学硕士学位论文，2006年。

期刊论文

陈力丹:《自我传播与自我传播的前提》,《东南传播》2015年第8期。

陈力丹:《自我传播的渠道与方式》,《东南传播》2015年第9期。

云龙:《孔子“正名”与儒道精神》,《湖北工程学院学报》2018年第1期。

杨伟:《孔子思想的传播学解读》,《西部广播电视》2016年第22期。

罗贝贝、王晓江:《内向传播的社会性与文化性探讨》,《新闻前哨》2019年第6期。

谢清果:《儒家“修身为本”的内向传播意蕴考析》,《吉林师范大学学报（人文社会科学版）》2018年第3期。

陶雪玉:《儒家传播方式探析》,《广西民族大学学报（哲学社会科学版）》2009年第S1期。

葛熠:《浅谈主我和客我在自我构建中的特征和关系——对米德自我构建理论的研究》,《剑南文学（经典教苑）》2012年第7期。

王慧莉、崔中良:《符号互动论思想下的具身认知研究》,《外国语文》

2018年第1期。

孟至岭:《从“庖丁解牛”“物莫之伤”到“以其无死地”——浑然一体的老庄“摄生”之道》,《中国道教》2019年第1期。

郭勇健:《养生并非养神——庄子“养生”本义复原》,《南开学报(哲学社会科学版)》2015年第2期。

谢清果:《自我与超我的蝶变——内向传播视角下的庄子之梦新探》,《诸子学刊》2018年第2期。

谢清果:《我与华夏传播学体系的建构(中)——以“华夏内向传播”理论提出的过程为例》,《广西职业技术学院学报》2019年第6期。

汪振军、杨利贞:《从四个维度看老子〈道德经〉的传播观》,《郑州大学学报(哲学社会科学版)》2019年第6期。

谢清果:《道家内向传播的观念、路径及其目标》,《未来传播》2019年第2期。

谢清果:《传播学“中华学派”建构路径的前瞻性思考》,《新疆师范大学学报(哲学社会科学版)》2017年第6期。

谢清果、董婧玮:《中庸:儒家内向传播的独特运思方法》,《名作欣赏》2017年第9期。

谢清果:《作为儒家内向传播观念的“慎独”》,《暨南学报(哲学社会科学版)》2016年第10期。

谢清果、季程:《内向传播视域中的佛教心性论》,《扬州大学学报(人文社会科学版)》2016年第4期。

谢清果:《新子学的当代转向——以儒家道心、人心的博弈与当代自我传播智慧为例》,《管子学刊》2018年第4期。

谢清果、祁菲菲:《华夏传播理论的内涵、特征及其未来展望》,《今传媒》2017年第1期。

王平、马潇湘:《老子的自我修养传播思想探析——基于人内传播理论视角》,《传播力研究》2019年第22期。

董方霞:《内向传播观照下的“致良知”研究》,《中华文化与传播研究》

2018 年第 1 期。

芮必峰:《人际传播：表演的艺术——欧文·戈夫曼的传播思想》,《安徽大学学报》2004 年第 4 期。

黄建生:《戈夫曼的拟剧理论与行为分析》,《云南师范大学学报（哲学社会科学版）》2001 年第 4 期。

黄涛:《刘姥姥新论》,《红楼梦学刊》1994 年第 3 期。

黄星民:《礼乐传播初探》,《新闻与传播研究》2000 年第 1 期。

黄星民:《“大众传播”广狭义辨》,《新闻与传播研究》1999 年第 1 期

刘峨:《中国古代檄文研究述评》,《成都师范学院学报》2016 年第 4 期。

黄春平:《汉代军事信息的传播——檄文》,《新闻与传播研究》2011 年第 3 期。

韩建立、黄苹:《古代檄文的形成、功用及其特点》,《兰台世界》2014 年第 26 期。

胡元德:《文字何以成为武器？——檄文战斗力解码》,《齐鲁学刊》2015 年第 1 期。

尹韵公:《三国时代与新闻信息》,《中国文化研究》1997 年第 1 期。

詹昌平:《移民活动对中国古代边疆地区文化传播影响考述》,《武夷学院学报》2013 年第 1 期。

叶舒宪:《文化传播：从草原文化到华夏文明》,《内蒙古社会科学》2013 年第 1 期。

王琛:《中国古代交聘、国家形象与跨文化传播》,《国际新闻界》2008 年第 6 期。

兰宇:《丝绸之路与中原戏剧的西向传播——以秦腔为例》,《西安电子科技大学学报（社会科学版）》2016 年第 3 期。

邹一清:《南方丝绸之路与道教在东南亚的传播》,《中华文化论坛》2017 年第 10 期。

刘婷玉:《明代海上丝绸之路与妈祖信仰的海外传播》,《中国高校社会科学》2017 年第 6 期。

黎羌:《中国古代行旅者与丝路乐舞戏文化传播》,《石河子大学学报(哲学社会科学版)》2015 年第 2 期。

葛承雍:《西安唐代奚族质子热瓌墓志解读》,《考古》2014 年第 10 期。

濮仲远:《唐代吐谷浑质子考——以唐代吐谷浑王室慕容氏墓志为中心》,《河西学院学报》2014 年第 4 期。

刘兴云:《唐代藩镇质子制度》,《南都学坛》2009 年第 6 期。

陈金生、费翔:《试论唐代质子制度的内容》,《社科纵横》2009 年第 4 期。

谢清果、杨芳:《老子非言语传播思想的内涵、功能及其当代启示》,《周口师范学院学报》2017 年第 4 期。

谢清果:《天下一家:新时代人类文明交往观的中国气派》,《广州大学学报(社会科学版)》2019 年第 3 期。

谢清果:《中华新文明主义的共生交往特质》,《今传媒》2019 年第 1 期。

徐晓望:《论郑和下西洋与明朝构建大同世界的梦想》,《中共福建省委党校学报》2017 年第 12 期。

关世杰:《中国跨文化传播研究　十年回顾与反思》,《对外大传播》2006 年第 12 期。

刘嵬:《驼铃古道丝绸路　胡马犹闻唐汉风——古丝绸之路中外音乐文化交流研究》,《乐府新声(沈阳音乐学院学报)》2019 年第 2 期。

吴延:《传播学视域下的丝绸之路音乐文化的交流与融合》,《音乐天地》2015 年第 5 期。

孙玮:《交流者的身体:传播与在场——意识主体、身体—主体、智能主体的演变》,《国际新闻界》2018 年第 12 期。

陈月华:《传播:从身体的界面到界面的身体》,《自然辩证法研究》2005 年第 3 期。

赵建国:《实体传播与传播分类探讨》,《新闻与传播研究》第 2009 年第 4 期。

赵建国:《身体在场与不在场的传播意义》,《现代传播(中国传媒大学学报）》2015年第8期。

刘海龙、束开荣:《具身性与传播研究的身体观念——知觉现象学与认知科学的视角》,《兰州大学学报（社会科学版）》2019年第2期。

刘海龙:《传播中的身体问题与传播研究的未来》,《国际新闻界》2018年第2期。

周逵:《沉浸式传播中的身体经验：以虚拟现实游戏的玩家研究为例》,《国际新闻界》2018年第5期。

白文刚:《政治传播在中国古代政治中的地位与作用》,《哈尔滨工业大学学报（社会科学版）》2013年第2期。

赛汉:《权力与裹脚：基于福柯“权利”理论的分析》,《内蒙古农业大学学报（社会科学版）》2010年第3期。

王展:《紧身胸衣——人体的束缚和人性的解放》,《装饰》2007年第7期。

李为香:《从缠足到高跟鞋——中国近代女性身体审美符号的变迁》,《山东女子学院学报》2011年第1期。

谭雪芳:《图形化身、数字孪生与具身性在场：身体—技术关系模式下的传播新视野》,《现代传播（中国传媒大学学报）》2019年第8期。

郑大群:《论传播形态中的身体叙事》,《学术界》2005年第5期。

谢清果、赵晟:《身体交往观视域下的老子思想新探》,《文化研究》2018年第33辑。

赵建国:《传播视野下的人的身体》,《现代传播（中国传媒大学学报）》2013年第12期。

黄俊杰:《中国思想史中身体观研究的新视野》,《现代哲学》2002年第3期。

左克厚:《论老子的身体意识》,《青海民族大学学报（社会科学版）》2010年第4期。

胡河宁、孟海华、饶睿:《中国古代人际传播思想中的关系假设》,《安徽史学》2006年第3期。

那薇:《道家的专气致柔的赤子本性与海德格尔的最本己的能在》,《国际汉学》2004 年第 2 期。

阿可夫:《关于交流的行为理论》,《管理科学》1949 年第 4 期。

刘海龙、束开荣:《具身性与传播研究的身体观念——知觉现象学与认知科学的视角》,《兰州大学学报(社会科学版)》2019 年第 2 期。

谢清果、杨芳:《交流的无奈:老子与彼得斯的不谋而合》,《阜阳师范学院学报(社会科学版)》2016 年第 3 期。

朱秀凌:《家庭传播研究的逻辑起点、历史演进和发展路径》,《国际新闻界》2018 年第 9 期。

杨席珍:《家庭传播刍议》,《新闻传播》2015 年第 12 期。

王卫明、冯白云:《探析抖音短视频平台的家庭传播》,《新闻论坛》2019 年第 6 期。

王卫明、罗俊敏:《从〈小欢喜〉看家庭传播中亲子关系的构建》,《媒体融合新观察》2019 年第 5 期。

吴伟:《光耀门楣:华夏传播对沟通路径的社会学理解》,《东南传播》2019 年第 9 期。

杨昌鸣、徐磊、李湘桔:《门里乾坤——门的文化、心理含义解析》,《天津大学学报(社会科学版)》2004 年第 3 期。

马跃峰、张庆顺:《浅析中国传统之“门”的建筑形式与文化含蕴》,《重庆建筑大学学报》2017 年第 1 期。

傅道彬:《门:一个语词的诗学批评》,《北方论丛》1994 年第 3 期。

陈梦盈:《浅析〈红楼梦〉中的“门”对于文本叙事的作用》,《长春师范大学学报》2016 年第 1 期。

杨立川:《论家庭仪式传播的意识形态作用及其特征》,《中国地质大学学报(社会科学版)》2015 年第 4 期。

陈瑞:《明清时期徽州族谱的控制功能》,《安徽大学学报(哲学社会科学版)》2007 年第 1 期。

舒敏华:《“家国同构”观念的形成、实质及其影响》,《北华大学学报

（社会科学版）》2003 年第 2 期。

马蕾:《符号—信仰：以国家仪式为载体的政治认同》,《云南行政学院学报》2019 年第 5 期。

朱秀凌:《家庭传播研究的逻辑起点、历史演进和发展路径》,《国际新闻界》2018 年第 9 期。

刘建明:《“传播的仪式观”与“仪式传播”概念再辨析：与樊水科商榷》,《国际新闻界》2013 年第 4 期。

胡翼青、吴欣慰:《再论传播的“仪式观”：一种社会控制的视角》,《河南社会科学》2015 年第 5 期。

杨立川:《论家庭仪式传播的意识形态作用及其特征》,《中国地质大学学报（社会科学版）》2015 年第 4 期。

陈延斌、王伟:《传统家礼文献整理、研究的学术史梳理与评析》,《广西师范大学学报（哲学社会科学版）》2018 年第 3 期。

赵星植:《论皮尔斯符号学中的传播学思想》,《国际新闻界》2017 年第 6 期。

张芬芳:《从系统论看人际传播》,《福建论坛（社科教育版）》2007 年第 S1 期。

车淼洁:《杜威、格尔茨对凯瑞传播仪式观的影响——解读〈作为文化的传播〉》,《东南传播》2011 年第 10 期。

方朝晖:《礼治与法治：中西方制度的基础研究》,《邯郸学院学报》2015 年第 1 期。

周梅、李桂平:《人际互动中的戏剧理论——解读〈日常生活中的自我呈现〉》,《经济研究导刊》2010 年第 12 期。

张金荣、李文祥:《中国文化演进中的亲子传承模式转换研究》,《吉林大学社会科学学报》2006 年第 5 期。

李桂梅:《中西传统家庭伦理的基本特点》,《深圳大学学报（人文社会科学版）》2008 年第 2 期。

高艳阳:《传播仪式观视阈下孔子的仪式传播观分析》,《东南传播》2018

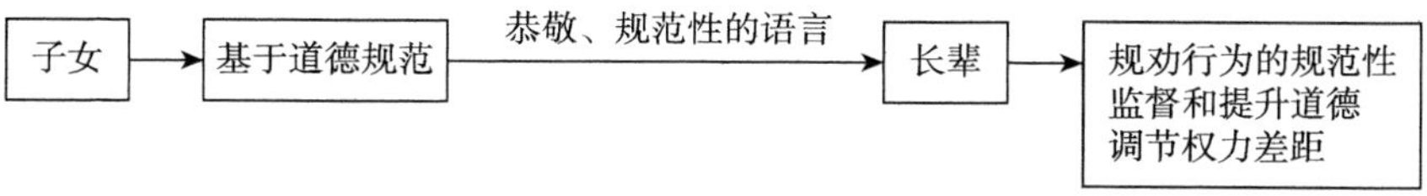

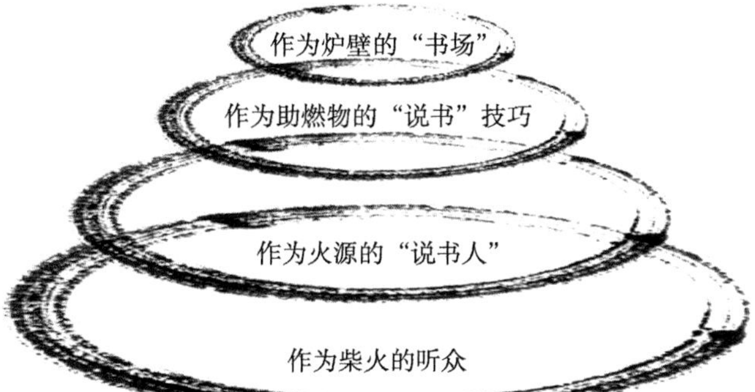

年第 9 期。

陈谦:《论中国古代臣谏君的若干原则——说服学与传播学视角》,《东方论坛》2008 年第 2 期。

朱瑞玲:《中国人的社会互动:论面子的问题》,《中国社会心理学评论》2006 年第 1 期。

王晴锋:《情境互动论:戈夫曼社会学的理论范式》,《理论月刊》2019 年第 1 期。

吴中宇、胡仕勇:《戈夫曼与舒茨的社会情景中个人及个人行动理论分析——现代社会学思想流派中的主观主义倾向》,《华中科技大学学报(社会科学版)》2001 年第 4 期。

金小燕、傅永军:《谏亲:儒家孝道的“实践智慧”》,《理论学刊》2015 年第 5 期。

赵平:《孔孟的说服学思想和说服技巧》,《吴中学刊》1996 年第 4 期。

赵映诚:《中国古代谏官制度研究》,《北京大学学报(哲学社会科学版)》2000 年第 3 期。

柴洪全、石晓玉:《论先秦儒家“孝忠”观中的“谏诤”思想》,《理论学刊》2008 年第 7 期。

崔锁江:《儒家谏亲思想新探——从〈论语〉孝悌章岐解谈起》,《当代中国价值观研究》2016 年第 3 期。

邱新有、章绍甫:《说服传播研究在中国反思与展望——兼论传播研究的本土化》,《大江周刊(论坛)》2009 年第 8 期。

姜小东:《判词的历史沿革及其在宋代的发展》,《南京师范大学文学院学报》2012 年第 6 期。

赵静:《中国古代判词的修辞蕴涵:说服与劝导》,《修辞学习》2006 年第 7 期。

谭丹桂:《亚里士多德修辞学三种劝说模式在说服行为中的应用》,《咸宁学院学报》2009 年第 2 期。

彭中礼:《论中国古代判词中的修辞论证》,《时代法学》2010 年 8 期。

马秀娟、李麒:《论我国古代的判词说理》,《理论探索》2013 年 1 期。

郝铁川:《中国儒家化法官审案的特点与方法》,《南京大学法律评论》1997 年第 2 期。

胡百精、杨奕:《公共传播研究的基本问题与传播学范式创新》,《国际新闻界》2016 年第 3 期。

谢清果、王昀:《公共传播视域下的“魏晋清谈”及其当代遗思》,《广西师范学院学报（哲学社会科学版）》2013 年第 2 期。

刘宝村:《晚明东林党人对党争的态度及其命运分析》,《理论界》2014 年第 8 期。

冯建华:《公共传播的意涵及语用指向》,《新闻与传播研究》2017 年第 4 期。

史安斌:《从“政府宣传”到“公共传播”》,《小康》2007 年第 9 期。

吴飞:《公共传播研究的社会价值与学术意义探析》,《南京社会科学》2012 年第 5 期。

胡百精、杨奕:《公共传播研究的基本问题与传播学范式创新》,《国际新闻界》2016 年第 3 期。

潘忠党:《导言：媒介化时代的公共传播和传播的公共性》,《新闻与传播研究》2017 年 10 期。

胡百精:《先秦修辞思想与中国古代公共关系史》,《当代传播》2014 年第 2 期。

胡百精:《古代的新闻发言人》,《国际公关》2016 年第 4 期。

朱至刚:《〈盘庚〉别传——对一个上古文本的传播学解》,《新闻与传播研究》2003 年 02 期。

孙曙光:《谶纬与汉代政治的神秘性》,《社会科学战线》1998 年第 2 期。

叶进:《作为舆论机制的两汉谶纬及其政治传播功能》,《广西职业技术学院学报》2019 年第 4 期。

谢清果、徐莹:《中国古代典籍对传统社会舆论的型塑探究》,《南京晓庄学院学报》2019 年第 3 期。

潘祥辉:《瞽矇传诵：先秦“盲媒”的传播考古学研究》,《西北师大学报（社会科学版）》2019 年第 2 期。

潘祥辉:《“歌以咏政”：作为舆论机制的先秦歌谣及其政治传播功能》,《新闻与传播研究》2017 年第 6 期。

王庆菽:《宋代“话本”和唐代“说话”“俗讲”“变文”“传奇小说”的关系》,《社会科学》1982 年第 1 期。

谢清果、王昀:《华夏舆论传播的概念、历史、形态及特征探析》,《现代传播（中国传媒大学学报）》2016 年第 3 期。

张萌秋、许静:《对中国古代言官制度的舆论学分析》,《青年记者》2018 年第 36 期。

张淑华:《从学术到学科：2015 年中国公共传播研究综述》,《新闻大学》2016 年第 6 期。

石长顺、石永军:《论新兴媒体时代的公共传播》,《现代传播》(中国传媒大学学报) 2007 年第 4 期。

胡伟:《试析〈尚书·盘庚〉篇中的民本思想》,《殷都学刊》2016 年第 2 期。

聂玉海:《试谈〈尚书·盘庚〉中的“众”》,《殷都学刊》1986 年第 3 期。

张玉霞:《中国古代的舆论与政治》,《新闻爱好者》2006 年第 12 期。

方振武、吴潇阳:《公共舆论与社会团结——爱弥尔·涂尔干的“公共舆论”思想》,《新闻与传播研究》2018 年第 4 期。

王海、何洪亮:《中国古代舆情的历史考察——从林语堂〈中国新闻舆论史〉说起》,《湖北社会科学》2007 年第 2 期。

赵丽华、林佩:《从说书到有声阅读：中国故事生产传播的历史脉络》,《现代出版》2019 年第 4 期。

唐朝阔:《先秦儒家修辞思想探析》,《中国人民大学学报》1998 年第 3 期。

侯瑞华:《从古典修辞学到社会学：传播学研究方法与内容的嬗变》,《绵阳师范学院学报》2019 年第 7 期。

周念哲、詹大好:《孔子修辞实践中的修辞人格构筑》,《宜春学院学报》2017 年第 8 期。

田起帅:《象征、戏剧与修辞——肯尼斯·伯克传播思想研究》,《新闻传播》2018 年第 14 期。

邵培仁、姚锦云:《传播受体论:庄子、慧能与王阳明的“接受主体性”》,《新闻与传播研究》2014 年第 10 期。

陈玉芳:《〈论语〉的语言修辞与教学浅析》,《语文建设》2015 年第 32 期。

安性栽:《〈论语〉之修辞特征分析——以前十章为例》,《外国语文研究》2015 年第 2 期。

盛林:《儒家文化与汉语修辞的含蓄表达法》,《江苏教育学院学报(社会科学版)》1997 年第 4 期。

鞠玉梅:《肯尼斯·伯克与陈望道修辞学思想——从修辞学的定义、范围和公用来看》,《当代修辞学》2012 年第 5 期。

谢清果:《2011—2016: 华夏传播研究的使命、进展及其展望》,《国际新闻界》2017 年第 1 期。

高胜林、常晓玲:《中国古代三大修辞著作——〈鬼谷子〉〈文心雕龙〉〈文则〉之比较》,《毕节学院学报》2009 年第 10 期。

马宏基:《〈鬼谷子〉中的语言学思想》,《管子学刊》2016 年第 3 期。

霍四通:《中国古代修辞思想的两种传统——基于〈论语〉〈鬼谷子〉的比较》,《福建师范大学学报(哲学社会科学版)》2017 年第 5 期。

徐永:《语境、修辞情境与语篇》,《外语研究》2018 年第 3 期。

张玉金:《崇古意识与中国传统修辞》,《辽宁师范大学学报》1998 年第 6 期。

何博超:《论亚里士多德对修辞术的再定义及其政治内涵》,《浙江学刊》2018 年第 6 期。

唐朝阔:《先秦儒家修辞思想探析》,《中国人民大学学报》1998 年第 3 期。

杨雅丽:《〈礼记〉引经与稽古修辞选择的崇古意识》,《学术论坛》2007年第10期。

刘怀荣:《先秦进谏制度与怨刺诗及〈诗〉教之关系》,《文学评论》2011年第3期。

翟学伟:《脸面运作与权力中心意识——官本位社会的心理机制研究》,《人民论坛·学术前沿》2012年第13期。

陈谦:《传播学视野中的中国古代政治——以“一言兴邦,一言丧邦”的传播观为例》,《东方论坛》2005年第4期。

李跃华:《马莱茨克大众传播理论的区域价值观研究》,《学理论》2016年第1期。

邵培仁、姚锦云:《传播理论的胚胎:华夏传播十大观念》,《浙江学刊》2016年第1期。

钱晶晶、史安斌:《危机传播研究的本土化初探:以〈尚书·大诰〉为例》,《扬州大学学报》2014年02期。

王雅雯:《元传播与中国古典“参悟”思想的互鉴》,《新闻研究导刊》2019年17期。

王传林:《崇孝与尊老——西汉诏令中的“孝”伦理思想探究》,《湖北工程学院学报》2015年04期。

外文著作

Berry, J. W., *Socio-psychological Costs and Benefits of Multiculturalism: A view from Canada*, Stockholm: Stockholm University, 2002.

Berry, J. W., Kim, U., Minde, T., Mok, D., “Comparative Studies of Acculturative Stress”, International Migration Review vol.21, 1987, pp. 491-511.

Peirce, C.S., Welby, V.L., *Semiotics and Significs*: *the correspondence between C.S. Peirce and Victoria Lady Welby*, Bloomington and Indianapolis: Indiana University Press, 1977.

Erving Goffman, *Behavior in Public Places*: *Notes on the Social Organization of Gatherings*, New York: Free Press, 1963.

Erving Goffman, *Forms of Talk*, Philadelphia: University of Pennsylvania Press, 1981.

后　记

近年来，大连外国语大学在中华文化海外传播研究方面着力耕耘，尤其是依托文化传播学院筹建了大连外国语大学中华文化海外传播研究中心，敦聘著名专家唐润华任中心首席专家。唐教授到任后，随即组织团队成功申报了国家社科基金重大项目《"一带一路"背景下中国价值观的国际传播研究》，成为该校第一个国家社基金重大项目，可喜可贺！蒙研究中心信任，我也受邀参与了该项目的申报，成为一名光荣的项目组成员。且在项目开题的时候，荣幸地受聘为中心的兼职研究员。

为了成为一位名副其实的兼职研究员，我近年来也以项目组员的名义发表了几篇文章。这次主持的这部著作也荣幸地成为该课题的阶段性成果之一。我所以能与大连外国语大学中华文化海外传播研究中心有直接合作，这是因为我的主要研究领域是华夏传播研究，这一领域主要就是探讨传播学与中华优秀传统文化的融合发展，打造传播学本土化成果，建构与西方传播学相媲美的中华传播学派。换言之，我的研究主要是中华文化的传播学研究，侧重是中华文化传播的内容建设，练内功。而大连外国语大学研究中心的重点在于中华文化的海外传播研究，展风采，这是他们外国语大学的优势所在。如此，我们就有了彼此配合的交汇点。

这十多年，我在华夏传播研究领域辛勤耕耘，主编有《中华文化与传播研究》《华夏传播研究》两本集刊，也主编"华夏文明传播研究文库""经典与传播研究丛书”“华夏传播学文丛”“华夏传播研究论丛”等多套丛书，已出版了《华夏传播学引论》《华夏文明与传播学本土化研究》《华夏文明与舆论学中国化研究》《华夏传播研究：媒介学的视角》《华夏文明研究的传播学视角》《共生交往观：文明传播的“中国方案”》《中庸的传播思想》《庄子的传播思想》等20多部著作。并在厦门大学长期开设本硕博课程，主要有《华夏传播概论》《中国传播理论》《史论精解——华夏传播史论》《研究前沿——华夏传播研究》《华夏文明传播》等课程，积极建设有“华夏传播学引论”慕课，已在中国大学MOOC上运营，同时还主持着国家社科基金一般项目“华夏文明传播的观念基础、理论体系与当代实践研究”、福建省教育厅研究生教改项目“华夏文明传播学的理论体系、教学模式与实践探索的综合改革研究”以及厦门大学一流本科课程《华夏传播概论》的建设项目。因此，我既在沿着自己的研究方向不断前进，又能够很好地呼应配合大连外国语大学中华文化海外传播研究中心的重大项目的研究工作。

作为这部著作的主持人，我与我的团队们在从事华夏传播学习与研究中，努力本着中西传播思想对话的思路，同时注重突出中国传播思想的独特性。一方面既参照了西方的内向传播学、人际传播学、大众传播学、组织传播学、跨文化传播学的传播学基本框架，同时又关注当下的学术前沿与热点，比如家庭传播、身体传播、修辞传播、符号传播、舆论传播、公共传播、说服传播等方面的中西理论成果；另一方面侧重以我为主，综合创新的原则，坚持“中华文化立场，全球传播视野”的导向，在探讨华夏传播思想与理论的同时，对话西方传播学，明晰中西传播思想的分野。总之，努力比较同中之异与异中之同，从而呈现华夏传播学的独特魅力。

需要说明的是，由于著作是由我建构基本框架与研究思路，再由团队分工写作，最后由我在初稿基础与各位合作者一起多次打磨，三易其稿而成的。但由于所涉及中国文化上下五千年，许多领域的文献短期内难以兼顾周全，但我们本着先开个头，后续不断持续推进，以接力的方式，不断把这项事业推向前进的宗旨。其中疏漏之处在所难免，请读者朋友们见谅，并敬请多多指教。建构华夏传播学，是你我共同的责任！

特别感谢唐润华首席研究员和张恒军院长对我们研究工作的大力支持，感谢编辑同志的辛勤工作！

感谢大连外国语大学中华文化海外传播研究中心为本书出版提供的资助！

谢清果

华夏传播研究会会长

厦门大学传播研究所所长

2020 年 3 月 8 日